Diogenes Taschenbuch 21355

Niklaus Meienberg

Heimsuchungen

Ein ausschweifendes Lesebuch

Diogenes

Nachweise der einzelnen Beiträge am Schluß des Bandes
Umschlag:
Michelangelo Caravaggio ›Judith und Holofernes‹ 1599
(Ausschnitt)

Veröffentlicht als Diogenes Taschenbuch, 1986
Copyright © by Limmat Verlag, Zürich
40/86/36/2
ISBN 3 257 21355 7

Inhalt

Elegie über den Zufall der Geburt. Für Blaise Cendrars   7

Adressen

Aufenthalt in St. Gallen (670 m ü. M.). Eine Reportage aus der Kindheit   11
O du weiße Arche am Rand des Gebirges! (1133 m ü. M.)   26
250 West 57th Street. Mein Loft in New York   43
Rue Ferdinand Duval, Paris 4e. (Mein Standort)   53
Auf einem fremden ›stern‹, 1983   73
Zurick Zurick horror picture show   84

Figuren

Jo Siffert (1936–1971)   89
Fritzli und das Boxen   107
Bleiben Sie am Apparat, Madame Soleil wird Ihnen antworten   125
Herr Engel in Seengen (Aargau) und seine Akkumulation   139
Im Kabinett des Exorzisten der Erzdiözese Paris   154
Frau Arnold reist nach Amerika, 1912   160
Gespräche mit Broger und Eindrücke aus den Voralpen   168

Anlässe

Der restaurierte Palast (und seine ersten Benützer)   185
O wê, der babest ist ze junc. Hilf, herre, diner Kristenheit. Eine übernatürliche Reportage, oder noch ein Beitrag zur Realismusdebatte   195
Denn alles Fleisch vergeht wie Gras   212

Schätzungen

André Malraux zum ehrenden Gedenken. Notiz zur Publikation seiner gesammelten Leichenreden   223

Sartre und sein kreativer Haß auf alle Apparate   229

Deutscher Schmelz, und der windhohl geöffnete Mund des Prinzen   238

Wer will unter die Journalisten? Eine Berufsberatung 1972   243

Landschaften

Ein langer Streik in der Bretagne   253

Blochen in Assen, und auch sonst   275

Von der bestürzenden, gewaltsamen, abrupten Lust des Motorradfahrens   291

Châteaux en Espagne   302

Vielfach Nebel und Hochnebel   322

In den Kanälen   334

By the Rivers of Babylone   338

Elegie über den Zufall der Geburt

Für Blaise Cendrars

Das zufällige Land
Wo ich der Mutter entfiel
Ausgestoßen abgeschnitten eingewickelt
im Mutterland
der befleckten Empfängnis
O mein Heimatland
O mein Vaterland
Mit dem Muttermal
Der motherfucker
Weshalb z. B. nicht in Corpus Christi
Auch Thule wäre
ein möglicher Ort
Ultima Thule
Weshalb ließ sie mich
in diese Falle fallen
Zwischen Zwetschgenköpfe
Ins unerhörte Zwitscherland
Gelandet durch Zufall
in diesem Nichtland
Wo die Spitzbäuche die Rundköpfe bespitzeln
abgesondert
auf diesen fleißigen Fleck
diesen sauren Landstrich
Hominid
Unter Hominiden

Weshalb nicht ausgebrütet

in Feuerland Apulien Sierra Leone
Weshalb in diesem Rentnernationalpark
Im Binnenland das an seiner Vergangenheit lutscht
Weshalb nicht empfing sie mich im Kreuz des Südens
statt unter diesem unempfänglichen bleichen Kreuz
zu dem sie täglich kriechen
Warum nicht trug sie mich nach Massachusetts
bevor ich ausgetragen war
Oder British Columbia wo die Ebene glänzt
Oder staatenlose Meergeburt
Auf der MS Tübingen
abgenabelt vor Neufundland
schaumgeboren salzgesegnet

oder brüllend erschienen
in einer Transatlantikconcorde
aber nicht der SWISSAIR

Weshalb hat sie mich
in diesem Loch geworfen
Wo Berge sich erheben
Wie Bretter vor dem Kopf

Adressen

Aufenthalt in St. Gallen (670 m ü. M.)

Eine Reportage aus der Kindheit

Aus wirtschaftlichen Überlegungen in die Schweiz getrieben, unter anderem nach St. Gallen, wo ich aufgewachsen bin, denn ein Motorrad kostet in der Schweiz ein Drittel weniger als in Frankreich, weil die Mehrwertsteuer wegfällt, aber wirklich nur gekommen, um diese Maschine zu kaufen und dann sehr schnell zu verzischen hinunter ins Pariserbecken, wurde ich im vergangenen April durch die anhaltend schlechte Witterung und ein für die Jahreszeit unverhältnismäßig heftiges Schneetreiben in meiner Vaterstadt länger als geplant zurückgehalten, so daß der knirschend akzeptierte Aufenthalt ein Wiedersehn mit den Gespenstern der Kindheit ermöglichte.

*

Im Vaterhaus noch die Uhren und das alte Holz, die gedrechselten Lampen, ehemalige Ochsenjoche und Spinnräder, die der Vater zu Beleuchtungskörpern umgebaut hatte, drunten in seinem Reich der Drechslerwerkstatt neben der Zentralheizung, wo er auch die Uhren reparierte. Der Vater ist vor zwei Jahren gestorben auf seine stille Art, liegt jetzt auf dem Ostfriedhof unter einem schmiedeeisernen Kreuz, von Maler Stecher leicht aufgefrischt. Wenn die Russen dann in St. Gallen einmarschieren, werden sie mit ihren Stiefeln nicht über die Gräber des Ostfriedhofs zu trampeln vergessen, denn sie haben keine Pietät. Das hatten wir in der Schule gelernt beim Lehrer Ziegler zur Zeit des Koreakrieges, im Krontalschulhaus bei den Kastanienbäumen. Die Russen wollten St. Gallen als Einfallstor benutzen, wie schon Hitler. St. Gallen ist ein unübertreffliches Einfallstor, das war ja auch den Hunnen aufgefallen. Der Vater hatte im Hinblick auf seinen Tod schon jahrelang Grabkreuze gesammelt, die nicht benützten hängen jetzt im Keller neben der Waschküche. So hat er vorgesorgt für seine ganze zahlreiche Familie, die jetzt in der Welt draußen zerstreut ist. In St. Gallen geblieben ist keines.

Der Vater war nicht nur ein Grabkreuzsammler, sondern ein Uhrensammler, in erster Linie. Die Uhren haben ihn überlebt und ticken auf ihre verschiedenen Arten. Die getriebenen Zifferblätter mit ihrem Kupferschimmer, die Bleigewichte, Uhrenschlüssel, die Unruhen in den Uhren, ziselierte Gehäuse, mannigfaltige Töne beim Viertelstundenschlag, mit Samt unterlegte allegorische Figuren, die grünlich getönten Sumiswalder, auch zwei seltene Zappeler und eine vom Hofuhrenmacher Ludwig XIV., Louis Martinot, und die vielen Perpendikel. Es tickte, knackte, tönte aus allen Ecken, es schlich auf vielen Zifferblättern, es ging ringsum, ringsum. Den Vater hatte es schon früh gepackt, so daß er überall im Ausland Uhren suchen mußte, aus Wien und vom Flohmarkt in Paris kam er mit barocken Stücken heim. Einmal kam er mit einer Orgeluhr nach Haus die zwölf verschiedene Volksweisen pfiff, für jede Stunde eine andere. »Jetzt gang i ans Brünnele trink aber net«, war die Einuhrmelodie. Diese Uhr war hörbar bis zur Tramhaltestelle St. Fiden, wo die Leute aufhorchten, wenn es hinausdrang in die Mittagsstille. Eine andere Uhr hat er heimgebracht mit einem ovalen kupfernen Zifferblatt, darauf war ein Lustgarten eingraviert, in der Mitte des Gartens ein Brunnen mit Frauenstatue, die Wasser aus ihren Brüsten spritzte, zwei Sprutz Liebfrauenmilch ins Becken, dem sich höfisch gekleidete Männer näherten, die ihren Frauen unter die Röcke griffen, ca. 1730, aus dem süddeutschen Raum. Wohin sie griffen, habe ich erst in der Pubertät begriffen, vorher war es für mich einfach ein golden schimmerndes Zifferblatt, aber in der Pubertät stand ich oft vor dieser Uhr und spürte meinen Schwengel wachsen. So hat mein Vater die Zeit gesammelt, die ihm sonst viel schneller verrieselt wäre, und hat die Zeit konzentriert in seinem Haus eingeschlossen, die vergangene höfische Weltzeit aus Frankreich und der Donaumonarchie. In dem verwunschenen Haus war alles gerichtet für den Empfang des Kaisers, vergilbte Stiche und Zinnplatten und alte halbblinde Florentinerspiegel und Intarsienschränke und Meißnerporzellan und die Uhr des Hofuhrenmachers Louis Martinot und Silberbesteck, aber der Kaiser ist nicht gekommen, also füllte der Vater den Rahmen mit den nächstbesten Leuten, die zu haben waren, zu denen er nicht gehörte, zu denen er aber aufschaute, der Vater war nämlich dem Kleinbürgertum zugehörig, christlichsozial gestimmt sein Leben lang, war Revisor bei der Darlehenskasse System Raiffeisen, beruflich gesehen hätte er Umgang haben müssen mit Prokuristen und Kassierern. Doch der gediegene Rahmen schrie nach einem gediegenen Bild, und darum haben uns die Uhren einen leibhaftigen Bundesrat ins Haus getickt, Holenbein oder Holenstein oder Holbein, ich weiß nicht mehr genau, auch päpstliche Hausprälaten und Gardekapläne und sogar die Witwe Saurer, die Lastwagenerbin aus Schloß Eugensberg. Diese war sehr herablassend. So pendelte der Vater zwischen den Klassen, ein ewiger Perpendikel. »Jetzt gang i ans Brünnele trink aber net.« In den Vater war eine Unruhe eingebaut.

Wenn man aus dem Haus nach Norden geht, ist man sofort beim Primarschulhaus. Noch immer die Gerüche aus der Kindheit, die Bodenwichse und der Kiesplatz, nur der Abwart Merz ist nicht mehr da. Und dort hinter der Tür im ersten Stock das Pissoir, schwarz gestrichen, wo der Lehrer Tagwerker, der immer von Müllern und Mühlsteinen und Mühlrädern vorlas, jeden Tag pünktlich um fünf nach zehn brünzelte, es klappert die Mühle am rauschenden Bach klippklapp, man konnte seine Uhr danach richten, wenn man schon eine geschenkt bekommen hatte zur Firmung oder Konfirmation. Wir wurden angehalten, ebenso pünktlich zu brünzeln in der Pause. Nicht alle haben es gelernt, Seppli Allenspach, der immer in löchrigen Strümpfen und mit seiner Schnudernase in die Schule kam vom Hagenbuchquartier herunter und der später in der Nähe des Gaskessels wohnte, hat es nie kapiert, streckte mitten in der Geschichte vom Grafen Eichenfels seinen Arm auf und wollte hinaus, mußte sein Wasser zur Strafe dann einige Minuten zurückbehalten. Er ist dann auch in der dritten Klasse sitzengeblieben. Der Lehrer war kein Tyrann, nur sehr ordentlich, er galt als Reform-Lehrer, hatte viele neue pädagogische Ideen, Tatzen haben wir selten bekommen. Bei ihm haben wir auch gelernt, daß man die Tätigkeit des Scheißens nicht Scheißen nennen darf, sondern: ein Geschäft machen, äs Gschäft, auch seichen durften wir nicht mehr, sondern nur noch brünzeln oder brünnele. Sehr jung haben wir gelernt in St. Fiden-St. Gallen, daß ein Geschäft etwas Selbstloses ist, man gibt das Liebste her, das man hat, und verspürt Erleichterung dabei. Oder war damit etwas Schmutziges, aber Naturnotwendiges gemeint? Jedenfalls war Geben und nicht Nehmen gemeint. Rolf Ehrenzeller, der Sohn des Tramkondukteurs, und Seppli Allenspach haben weiterhin geschissen bis weit in die dritte Klasse hinauf, vielleicht machen sie auch heute noch keine Geschäfte, sie hatten Schwierigkeiten mit der neuen Sprache, durften die altvertraute Tätigkeit plötzlich nicht mehr beim Namen nennen. Dem Lehrer Tagwerker bin ich viel später einmal im Trolleybus begegnet und habe ihm seine Krawatte öffentlich straffgezogen, die mir unordentlich gebunden schien. Da wurde er ganz blaß in seinem zeitlosen Gesicht, das unverändert in die Welt hinaus glänzt.

Wenn man vom Vaterhaus weg in den Süden geht, kommt man über eine lange Stiege zur Speicherstraße, die ins Appenzellische führt, hat einen weiten Ausblick über den Bodensee bis ans deutsche Ufer. Zuerst eine Anstrengung auf der langen Stiege, dann der schöne Weitblick. Der Vater nannte das einen lohnenden Spaziergang. Ich war etwa vier Jahre alt, da haben sich die St. Galler in lauen Kriegsnächten dort oben versammelt und nach Friedrichshafen geglotzt, wo ein Feuerwerk abgebrannt wurde bei den Dornier-Flugzeugwerken. Mir schien dort drüben ein besonders lohnender Erstaugust gefeiert zu werden, Geräusche wie von Raketen und Knallfröschen und ein Feuer wie das Bundesfeuer auf dem Freudenberg, manchmal bebte auch die Erde wie beim Vorbeifahren der Speicherbahn, und lustige Feuergarben und Leuchtkugeln standen am süddeutschen Himmel, und über unsern Köpfen war ein dumpfes Rollen, ein Tram fuhr den Himmel entlang. Am nächsten Sonntag predigte der Vikar Hugenmatter in der Kirche von St. Fiden, der sanfte Hugenmatter mit den Haselnußaugen und dem welligen Haar, nahm Bezug auf den Feuerschein, sagte, der Hl. Landesvater Bruder Klaus habe die Heimat wieder einmal gnädig behütet, nach der Predigt singen wir das Lied: »O Zier der Heimat Bruder Klaus o Vorbild aller Eidgenossen.« Seit dieser Zeit hat der Vater eine Abneigung gegen die Schwaben gehabt, die er in zwei Aktivdiensten bekämpfte, zuletzt als Brückenwache in Gonten/AI. Der Gefreite Alois M. hat seine militärischen Effekten immer in einwandfreiem Zustand gehalten, die Schwaben sind dann auch wirklich nicht bis nach St. Gallen vorgedrungen, dieser Hitler, der dank dem Frauenstimmrecht an die Macht gekommen ist, wie der Vater immer mit einem triumphierenden Lächeln zur Mutter sagte, wenn die Rede aufs Frauenstimmrecht kam oder auf Hitler. Nachdem der Abwehrkampf nach außen erfolgreich verlaufen war und die Deutschen 15 Kilometer vor St. Gallen gestoppt werden konnten, auf der Linie Buchs/St. Margrethen–Rorschach, hat es der Vater sehr empfunden, daß ich ihm lange nach Kriegsende eine Deutsche in die Familie einschleppte, die Byrgit aus Hamburg, die ich vor der Verlobung, die dann nicht zustandekam, einige Tage in St. Gallen akklimatisieren wollte. Aber obwohl Byrgit großes Interesse für seine Uhren entwickelte, hat der Vater all die Tage kaum ein Wort mit ihr gewechselt. Ich habe damals nicht viel gehabt von der Byrgit und ihren Zitterbrüsten, ihren steifen Wärzchen und flaumig-schwäbischen Schenkeln, wir wurden getrennt untergebracht im ersten und im dritten Stock, der Vater wollte den Lustgarten nur auf Zifferblättern dulden. Es war ein bitterkalter Winter, und wir versuchten auf einen Heustock auszuweichen ins Appenzellische hinauf, verkrochen uns in einen Stall in der Nähe von Trogen, wo damals die Maul- und Klauenseuche herrschte und alle Ställe mit einem Sägemehlkreis umgeben waren, zum Zeichen, daß man nicht eindringen dürfe wegen Ansteckungsgefahr. Aber wir durchbrachen den Sägemehlkreis, bestiegen den Heustock, schälten uns aus den Kleidern, die Halme stachen ins Fleisch, wegen der Kälte ging es zuerst nicht richtig, als ich endlich in die Byrgit eindringen konnte, tönte ein Hundegebell vor dem Stall, knarrend ging die Tür auf und ein Appenzellerbauer mit seinem Bläß rief: »Was treibt ihr dort oben?« Die Kleider zusammenraffend sagte ich: »Wir machen ein Picknick, es ist kalt draußen.« Der Bauer eskortierte uns auf den Polizeiposten nach Trogen, wo die Personalien überprüft und wir auf die Symptome der Maul- und Klauenseuche aufmerksam gemacht wurden, die wir vielleicht jetzt mit uns herumtrügen. Wer weiß, sagte der Kantonspolizist, denn sie sei auch auf Menschen übertragbar.

St. Gallen und sein Hinterland, Gallen- und Nierenstadt, eine Gegend, wo die Liebe reglementiert war und die Blasen reguliert wurden und die Eingeborenen den wöchentlich einmal stattfindenden Geschlechtsverkehr *mörgele* nannten. Dieser fand im allgemeinen am Sonntagmorgen früh statt. Die Woche über war die Liebe zugunsten der Geschäfte unterdrückt, die Stickereiblüte war mit werktäglichem Mörgele nicht vereinbar. Die Liebe überall zurückgebunden, sogar im Freudenbergwald sah ich die

St. Galler immer nur spazieren. Die Lust hatte sich in Ortsbezeichnungen hineingeflüchtet, und dort bleibt sie auch, Lustmühle, Nest, Freudenberg. Der Freudenberg hat seinen Namen von der Freude, welche die spazierenden St. Galler empfinden, wenn sie auf den gegenüberliegenden Rosenberg blicken, der herrschaftlich überbaut ist durch die Residenzen der reichen Mitbürger, die es durch *ihre* Tüchtigkeit zu einer Villa gebracht haben, während es die meisten St. Galler nur zu einem lohnenden Spaziergang bringen, etwa durch das Tal der Demut zum Wenigerweiher. Sie konnten auch aufblicken zur Handelshochschule, welche den Rosenberg krönend abschließt, oder den Blick verweilen lassen in der Niederung bei der Strafanstalt St. Jakob, welche den Rosenberg unten säumt. Soweit ich mich zurückerinnern kann, hat man in St. Gallen das Gefängnis nie Gefängnis genannt, sondern immer: Strafanstalt. Nur die Großmutter, die im ländlichen Thurgau aufgewachsen war und sich nicht gerade genierte, sprach in ihrer unkultivierten Art vom ›Chäfig‹.

Spazieren, bewundern, aufschauen, Erholung für das Volk: spazierend am Sonntag den Reichtum der Reichen betrachten, welchen es werktags geschaffen hatte. Monumente bewundern, über den Klosterplatz, der ins Sonntagnachmittagslicht gebadet war, Sonnenschein am Boden sehen wir und trockenen Staub, nicht jeder kann eine Villa haben, hatten sie in der Schule gelernt, es muß auch Straßenputzer geben, wohin geht sonst der Staub und das Fettpapier, es gibt keine schmutzigen Berufe und jeder Beruf hat seinen Stolz, lieber ein guter Straßenwischer als ein schlechter Doktor. Sie hatten es nie andersherum gehört: lieber ein guter Doktor als ein schlechter Straßenputzer. Bald aber wird, wie ein Hund, umgehn in der Hitze meine Stimme auf den Gassen. Hat einer gewohnt in der Nähe von St. Gallen, war Hauslehrer in Hauptwil im Landhaus eines St. Gallischen Industriellen, mit einem Straßenputzerlohn, nur zehn Kilometer nördlich im Thurgau, gehörte zur Dienerschaft, kam den

Industriellen billig zu stehen, aß am Katzentisch, hieß Hölderlin Friedrich. Rauscht so um der Türme Kronen/Sanfter Schwalben Geschrei. Wer die Primarschule überlebt hatte, nicht sitzengeblieben und nicht in die Förderklasse oder die siebte Klasse gekommen war, wurde, wenn er nicht ein katholischer St. Galler war, normalerweise im Schatten der Klostertürme versorgt, wo die Kath. Sekundarschule liegt, gleich neben der Sparkasse des Kath. Administrationsrates, Mädchen und Buben getrennt, nur in der Schulmesse und für den Lateinunterricht im gleichen Raum. Latein durfte nehmen, wer für einen höheren Bildungsgang vorgesehen war, und das waren zu meiner Zeit wie durch Zufall oft solche, deren Väter auch schon Latein gehabt hatten. Gut so, da konnte der Vater bei den Lateinaufgaben helfen. Latein war ja sehr streng, da konnte man nur die Besten brauchen, es war auch sehr viel Wille verlangt für die fremdartigen Vokabeln, ein gutes Elternhaus zur Unterstützung des Schülerwillens war notwendig. Der Lateinlehrer wurde Präfekt genannt, da waren wir gleich ins alte Rom versetzt. War ein bleicher Kobold, spitz und bleich, hatte es auf der Galle, hatte viel aus den stalinistischen Schauprozessen gelernt, hatte wieder dieses zeitlos pergamentene Lehrergesicht, hatte schon nach der Schlacht von Bibracte den Helvetiern die a-Konjugation eingebläut. Der unvergeßliche Präfekt! Nicht daß er ungerecht gewesen wäre, er bewertete streng nach Leistungen, ganz wie Stalin. Beim Zurückgeben der Lateinklausuren hatte er eine Art, seine Teilnahme zu steigern, je weiter die Noten sanken. Je schlechter die Leistung eines Zöglings war, desto genußvoller wurde sie besprochen, gegeißelt, wie ein amputiertes Organ kunstvoll präpariert und herumgezeigt, mit wonnigem Schmatzen ins rechte Licht gestellt. Es waren ungemein scharfsinnige Rezensionen, die uns das zapplige Priesterlein dort bereitete, und bald war der anfängliche Bestand an Lateinschülern auf die Hälfte zusammengeschrumpft. Da ich den Unterschied zwischen

Akkusativ und Ablativ immer als pervers empfand und die reinen i-Stämme *sitis turris puppis vis febris Neapolis Tiberis* kaum von den unreinen unterscheiden konnte und überhaupt am römischen Getue wenig Freude empfand, hatte ich bald Anrecht auf die längsten und kunstvollsten Ansprachen des Präfekten, stand fortwährend als oberster akkreditierter Lateintrottel im Mittelpunkt der Aufmerksamkeit. Davon bekam ich eine dicke Haut und hätte mich wohl klaglos mit den Geißelungen abgefunden, *suum cuique*, jedem das Seine, da ich das Latein nicht kapierte, mußte ich von niederer Intelligenz sein und hatte die Kasteiungen verdient. Und hätte auch den Lateinunterricht längst quittiert, wäre er nicht in dieser Schule die einzige Möglichkeit gewesen, Cécile E. aus der Nähe zu betrachten, nachdem für alle übrigen Fächer eine strikte Geschlechtertrennung herrschte; in welche Cécile ich mich sehr verliebte. Vielleicht war es nicht nur die Person, sondern auch ihre hervorragenden Leistungen auf dem Lateinsektor, welche die Liebe erzeugten, die unerreichbaren Sechser und Fünf-bis-Sechser, zu welchen ich bewundernd aufschauen konnte, denn ihre Leistungen waren monumental. Es war eine ausweglos-tragische Situation. Ging ich weiter ins Latein, so wurde ich regelmäßig im Angesicht der still verehrten Cécile E., welcher meine Liebe nicht bekannt war, gedemütigt. Gab ich das Latein auf, so wurde mir der Anblick des sanften Mädchens entzogen. Es war ja damals noch nicht so, daß man sich in der Freizeit treffen, umarmen und lieben durfte, das war in jener Zeit auch den freisinnigen ausgewachsenen St. Gallern kaum gestattet, viel weniger noch den konservativen Halbwüchsigen. Blieb nur die Möglichkeit des stillen Verschmachtens während des Unterrichts, und nach dem Latein konnte man ihr durch den St. Galler Herbstnebel nachschleichen, sah die geliebten Konturen von weitem und ihren Atem in der harten Luft gefrieren. Bald stellte sich heraus, daß sie am Rosenberg wohnte, droben bei den

Dichtern, welche die Reichen konfisziert hatten: Lessingstraße, Hölderlinstraße, Goethestraße. Und es kam auch an den Tag, daß ihr Vater Direktor war in derselben Bank, wo mein Vater Prokurist war. Der Abstand zwischen ihrem Vater und meinem war so groß wie die Kluft zwischen meinen Lateinkenntnissen und den ihrigen. Ach, die ferne, unerreichbare Cécile dort am Rosenberg, wo Geld, Latein, deutsche Dichter und höhere Töchter den Abhang besetzt halten! Eine ungeheure Gier und Hemmungslosigkeit wären nötig gewesen, um diese Schranke zu überspringen, ein großer ungezügelter Appetit.

Daß dieser schöne Appetit nicht auflodert, dafür war der Rektor der Kath. Sekundarschule besorgt, aus ganzer Seele, ganzem Herzen und all seinen Kräften, welche beträchtlich waren. Er hatte immer irgendeine Kampagne gegen die Erotik laufen, ob es nun die Anti-Familienbad-Kampagne war, die Kampagne für eine angemessene Länge der kurzen Hosen, die Kampagne gegen schüchterne Ansätze von Paarbildung auf dem Schulweg, die Kampagne gegen die tödlichen Gefahren des Onanierens. Bei der Anti-Familienbad-Kampagne gelang es ihm, ganz Katholisch St. Gallen einzuspannen, vom aufstrebenden christlich-sozialen Politiker namens Fu. bis zu Jungwachtführern und Müttervereinspräsidentinnen. Um die Vermischung der Geschlechter zu verhindern und jeden fehlbaren Zögling sofort im Griff zu haben, hatte dieser Rektor besonders abgehärtete und gegenüber den Verlockungen des Fleisches widerstandsfähige Burschen (oder ›Porschten‹, wie man in St. Gallen sagt) in den verschiedenen sanktgallischen Familienbädern postiert, wo sie die Namen der Fehlbaren notieren mußten, welche sodann hinter den gepolsterten Türen des Rektorats einer postbalnearen Massage unterzogen wurden. Es waren dick gepolsterte Türen, aber sie waren nicht undurchlässig genug für die herausdringenden Schreie, wobei es sich in den wenigsten Fällen um Lustschreie handelte. Unvergeßlicher Rektor, unvergessene Schreie!

Ausschweifender, lasziver Rokokobau, im ersten Stock die Stiftsbibliothek mit den alten Manuskripten und der ägyptischen Mumie, der heilige Gallus hat das Christentum aus Irland eingeschleppt, und gleich anschließend im zweiten Stock das Kabinett des Rektors. Dieser, im Gegensatz zum spitzig-bleichen Präfekten, war ein kolossal wuchtiges Mannsbild mit blauen Porzellanaugen, ein schwitzender Koloß voll unerlöster Männlichkeit, wußte genau, in welchem Glied der Teufel hockte, hat die Höllenpein geschildert, die auf alle Pörschtli wartet, die fahrlässig mit dem Glied spielten. Der heilige Gallus hatte das Christentum seinerzeit gebracht ohne lange zu fackeln, hatte es den Alemannen aufgehalst, die mit ihren heidnischen Faunen eigentlich gut gefahren waren. Als Medizin gegen die teuflischen Verlockungen empfahl der Rektor kalte Duschen, Abhärtung durch Langlauf und Weitsprung, in besonders hartnäckigen Fällen den Verzehr von Gemüse und, falls unsere Schwänze trotzdem nicht stillhalten wollten und der Saft nach einer gelungenen Abreibung hervorspritzte, einen sofortigen Gang zum Beichtvater, damit er uns die Todsünde nachließe. Wer nämlich sofort anschließend an die Todsünde starb ohne beichtväterliche Nachlassung, der fuhr stracks zur Hölle, so stand es in den Beichtspiegeln. Den Genuß von Gemüse hat er übrigens nicht mehr empfohlen, nachdem einst zur schwülen Sommerszeit, als die Mädchenbrüste besonders lustig an der Kath. Sekundarschule vorbeiwippten und es überall nach Fruchtbarkeit roch, ein Zögling mit brünstiger Stimme in den Pausenhof hinunterschrie: Gemüüüse, Gemüüüse!

So war das im Schatten der Klostertürme, im Herzen St. Gallens, dort beim Steinachwasserfall, wo Gallus gestolpert und dann auf die Idee gekommen war, die Gegend mit Christentum zu überziehen. So war das in dieser Schule. »It seems so long ago«, wie Leonard Cohen sagen würde. So weit entfernt und abseits scheint diese Zeit zu liegen, obwohl es erst 18 Jahre her sind, daß man sie nur noch als Archäologe und Paläontologe der eigenen Vergangenheit erfassen kann, so eingeschrumpft und verdorrt wie die Mumie der ägyptischen Königstochter in der Stiftsbibliothek. Und doch steht die Kathedrale noch im alten Glanz, wurde sogar restauriert, wo wir immer zur Schulmesse gingen, wo die vielen geilen Barockengel herumflattern und Maria Magdalena in ihrer Brunst die Hände verwirft und der sinnliche Stuck uns Zöglingen den Kopf verdrehte. Und dann die Kuppel mit der hemmungslosen Durcheinandermischung verzückter Frauen und Männer, besonders schöne Leistung des Barockmalers Joseph Wannenmacher aus Tomerdingen bei Ulm, eine richtige Seelenbadewanne, wenn man sich die Kuppel umgekehrt vorstellte, das schamlose Familienbad mitten im Sakralraum. Manchmal haben wir uns die Kathedrale während langen Hochämtern oder Maiandachten auch als spanische Reithalle vorgestellt, ein vorzüglicher Rahmen für die internationalen St. Galler Pferdesporttage. Erst wenn man die enthemmte Sinnlichkeit dieser Kathedrale kennt, wird man die Leistung des Rektors vollumfänglich würdigen: uns mitten in dieser lüsternen Architektur zur Enthaltsamkeit vergattern, das wäre nicht jedem gelungen. Aber wenn man's richtig bedenkt, lag es eventuell doch in der Natur der Sache. Der Barock stachelte unsere Sinnlichkeit an, und weil die Sinnlichkeit nirgendwo anders herauskonnte, mußten wir sie voyeurhaft am Barock befriedigen. Der Präfekt hätte gesagt: Diese Kunst ist *terminus a quo* und *terminus ad quem*. Der Barock biß sich in den Schwanz, wie man vielleicht sagen könnte. Die Brunst konnte aber nicht nur zu den Augen hinaus, sondern auch über die Stimmbänder entweichen, indem die Zöglinge dem Domchor beitraten. Der Domchor war weitherum berühmt für die Qualität seiner Aufführungen.

Die nächste Anstalt in St. Gallen, in die ich gesteckt wurde, war die Kaserne auf der Kreuzbleiche. Es war noch nicht die Zeit der Dienstverweigerer und auch nicht die Zeit der Aufrührer, die gerne in der Rekrutenschule ausharren, weil man dort schießen lernt. Die Kaserne war überhaupt nicht mehr barock, sondern im klassizistischen Stil gehalten, wie das Schlachthaus und die Kantonsschule. Der Klassizismus entspricht dem aufblühenden Bundesstaat, so wie der Barock dem absterbenden Ancien régime der sanktgallischen Äbte entspricht. Das Schweizerkreuz auf den Militärwolldecken mußte sich immer genau im Zentrum der eisernen Betten befinden. Das sanktgallische Liktorenbündel, die sogenannten *fasces*, war hier nirgends zu erblicken. Neue Manieren wurden eingeführt, eine Steigerung der Sekundarschulmanieren fand statt. Man mußte den Vorgesetzten, welche an ihrem feinen Tuch erkennbar waren, seinen Namen über 50 Meter weit lauthals entgegenschreien. Sie nannten es grüßen oder melden. Ärschlings mußte man sich eine große Verkniffenheit und Straffung angewöhnen. Sie nannten es strammstehen. Der Feldweibel prüfte die Strammheit der Arschmuskeln. Sollte ich einst liegenbleiben in der blutüberfüllten Schlacht, sollt ihr mir ein Kreuzlein schneiden auf den dunklen tiefen Schacht. Die Armee dient sowohl der Abwehr von Angriffen von außen als auch der Aufrechterhaltung von Ruhe und Ordnung nach innen. Die Ordnung des Lehrers Tagwerker wurde in letzter Instanz auf der Kreuzbleiche garantiert, ebenso die Ordnung am Rosenberg. In der dritten Woche war Bajonettexerzieren. Parade vor, Parade rückwärts, Leiche abstreifen hieß der Befehl, dazu wird eine Bewegung mit dem aufgepflanzten Bajonett ausgeführt, indem man zuerst horizontal in den Feindkörper hineinsticht, der vorläufig noch imaginär war, und sodann den Leichnam mit dem linken Fuß abstreift, dabei mit dem rechten Fuß Posten fassend. Nachdenklich geworden, weil uns in der Kath. Sekundarschule die Liebe zum Feind eingeflößt worden war, auch das Hinhalten der linken Wange, wenn der Rektor auf die rechte geschlagen hatte, und weil wir die Feindesliebe so weit getrieben hatten, sogar den Rektor und Präfekten zu lieben, ließ ich mich bei Leutnant R. für die Sprechstunde vormerken, die immer nach dem Hauptverlesen stattfand. »Kommt nur zu mir, wenn ihr ein Problem habt«, hatte er gesagt. Leutnant R. hörte sich mein Problem an: Warum sollten wir einen abstrakten Feind abstechen, wenn wir bisher unsere konkreten Peiniger in der Schule hatten lieben müssen?

Er lächelte kurz und sagte: »Sie sind doch Katholik, oder? Also dann. Die schweizerischen Bischöfe haben erklärt, daß die Ableistung des Militärdienstes mit dem christlichen Gewissen vereinbar ist. Ich hoffe, damit auf ihre Frage geantwortet zu haben.«

Seit diesem Gespräch hatte es mir in der Rekrutenschule, obwohl man dort viel Nützliches über den Umgang mit Sprengkörpern lernt, nicht mehr richtig gefallen wollen, und nach insgesamt drei Wochen Aufenthalt in dem langgestreckten klassizistischen Gebäude war der Dienst für mich zu Ende. Ich hatte ein altes Röntgenbild finden können, welches unerträgliche Schmerzen an der Wirbelsäule nachwies, einen alten Scheuermann. Mein Vater schaute bitter auf den dienstuntauglichen Sohn, als ich in Zivil nach Hause kam. Jetzt mußt du Militärersatz zahlen, sagte er, und das Militär hätte dir gut getan.

Als das Wetter aufhellte und die Gespenster im Schneetreiben untergegangen waren und das Motorrad strotzend bereitstand für die Fahrt in eine mildere Stadt, schlenderte ich mit B. noch ein wenig durch die Altstadt, Metzgergasse, Goliathgasse, Augustinergasse. Vieles hat sich geändert seit jenen Zeiten, sagte B., eine gewisse Humanisierung hat auch hier stattgefunden, wollen jetzt abschließend eins trinken. Wir tranken Rotwein im Restaurant ›Alt-Sankt-Gallen‹, an der Augustinergasse. Das ist eine freundliche Pinte mit falschem Renaissancetäfer und falschen Butzenscheiben, wodurch der Eindruck des Alten entsteht. Rentner und Arbeiter, auch ausrangierte Huren verkehren hier. Die Wirtsstube mit niedriger Decke und gemütlich, Stumpenrauch, Sangallerschöblig, Bratwörscht, Bierflecken, Stimmen. Und die Sanktgaller Freisinnigen, welche jetzt die Wiedereinführung der Todesstrafe verlangen? Nach einiger Zeit sagte er, zur Serviertochter gewandt: »Fräulein, könnten Sie uns einmal den Schrank dort öffnen?« Das Fräulein öffnete den Schrank für eine Gebühr von 20 Rappen. Eine Guillotine kam zum Vorschein, kein nachgebautes Modell, sondern eine richtige Guillotine aus dem Anfang des 19. Jahrhunderts, ein fahrbares Stück, das in Süddeutschland auf den Dörfern gedient hatte. Die Serviertochter nannte sie ›Güllotine‹. Früher sei sie offen im Restaurant gestanden, sagte das Fräulein, aber weil die Leute sie immer betätigen wollten und das Fallbeil heruntertätschen ließen, habe man die Güllotine einschließen müssen, sie sei außerordentlich heikel, und man könne sie nicht versichern. Wo normalerweise der Nacken liegt, ist jetzt ein Holzscheit mit einer tiefen Kerbe zu sehen.

O du weiße Arche am Rand des Gebirges!
(1133 m ü. M.)

Die Ankunft möglichst lange hinauszögern. Die Rückkehr nicht so brüsk erleben. Samstags um fünf Uhr, so war vereinbart worden, werde man sich zuerst in der ›Krone‹ treffen, zum Aperitif, hatte Augustin, der die Einladungen verschickte, uns wissen lassen, und man werde später gemeinschaftlich soupieren im Hotel Soundso und sonntags früh sich zum Klassenfoto versammeln und dann zur Messe gehen, mit Predigt unseres ehemaligen Klassenkameraden Giovanni, anschließend die Ausgrabungen (innerer Klosterhof, 8. Jahrhundert) in Augenschein nehmen und sodann von den Mönchen, unsern ehemaligen Lehrern, zu Tisch gebeten werden im Gastsaal des Konvents, wonach dann schließlich zum Ausklang das gemütliche Beisammensein in einem Restaurant erfolge.

Ausgrabungen.

Beisammensein.

Es sollte gedacht werden, anläßlich des 25. Jahrestages der Matura (Typus A): unseres langjährigen Beisammenseins in der Klosterschule von D.

Gemütlich?

Gemütlich jedenfalls von Domat-Ems die alte rechtsrheinische Straße hinaufgefahren, über Versam/Valendas. Also nicht die Schnellstraße über Flims, sondern die Mäanderstraße, welche sich windet und schlängelt wie tief drunten der Rhein in seinem Canyon und durch alte, fast unzerstörte Dörfchen führt, durch das alte Graubünden nach Ilanz. »Nicht liebt er es in Wickelbanden zu weinen«, hatten wir in der Klosterschule gelernt, und das war auf den jungen Rhein gemünzt, den brodelnden, ungestümen. »Ein Rätsel ist reinentsprungenes«. Er war immer kalt gewesen, fast wie Gletschermilch, und schwimmen konnten wir darin nicht. Ein Schwimmbad gab es auch weit und breit keines, mit dem Wasser wurde sparsam umgegangen, 1955, in meinem ersten Internatsjahr. Damals konnten wir jede dritte Woche einmal in den Einzelkabinen im Keller des Zellentrakts duschen, aber natürlich immer mit Badehose, obwohl die Gummivorhänge streng geschlossen waren und der Pater Godehard, der Präfekt, wie man die Aufsichtsperson nannte, zwischen den Kabinen, das Brevier in der Hand, patrouillierte, während aus allen Kabinen der Dampf quoll. Pater Godehard war zugleich unser Deutschlehrer, und in dieser Eigenschaft liebte er meine Aufsätze, während er mich in seiner Eigenschaft als Präfekt nicht riechen konnte, denn ich hatte Schwierigkeiten mit der Disziplin. Godehard hat uns viel Hesse vermittelt.

Versam, Valendas, Ilanz. Der Uhren- und Bijouterieladen der Familie V. ist noch an der alten Stelle, das beruhigt. In diesem Haus – sehr hablich! – ist doch Hanspeter aufgewachsen, der etwas Überlegenes, Gediegenes hatte, Sohn aus gutem Hause, angelsächsisch *cool*, und uns nervte mit der Pommes-frites-Pfanne seiner Mutter (sogenannte Friteuse). Pommes frites waren damals eine Delikatesse, von der man in D. nur träumen konnte, das Essen war oft trist, aber für 1500 Franken Pensions- und Schulgeld pro Jahr (alles inbegriffen) war wohl kein besseres zu haben, und so träumten wir denn von Pommes frites, und Hanspeter drangsalierte uns mit den Erzählungen von dieser speziellen Pommes-frites-Pfanne, die noch nicht im Schwange war und eine unerhörte Knusprigkeit garantiere, und seine Mutter war eine der seltenen Besitzerinnen des Utensils. Hanspeter hatte außerdem noch Beethoven in seinem Köcher, die Familie besaß einen modernen Plattenspieler und etliche Platten der *Deutschen Grammophongesellschaft*, die er triumphierend herumbot im Internat.

Ob Hanspeter wohl auch kommt heute abend?

Ilanz, Tavanasa, Truns. Die Landschaft noch unverstellt auf dieser Strecke, wenig Überbauungen, aber die Straße ist breiter und jetzt überall geteert. Daneben die Rhätische Bahn, die uns nach den Ferien jeweils hinauftransportiert hat. Das Würgen im Hals, wenn man an die Rhätische Bahn denkt und an das Ferienende. Die geflochtenen Koffer mit den Lederriemen.

Ob Reto wohl auch kommt?

Bruno kann nicht kommen, das habe ich telefonisch erfahren, er ist Dramaturg an einem großen ausländischen Theater und hat ausgerechnet heute abend eine Galavorstellung. Um Bruno habe ich heftig geworben im Internat, er war irritierend hübsch und gar nicht dumm und mit Stefan, dem Klassenprimus, befreundet, der in allen Fächern Spitzenresultate erzielte, einen reinen Sechser hatte der als Endnote in der Matura. Stefan bewunderte man, und Bruno... liebte man ihn? Er hatte eine starke Aura, wirkte zerbrechlich, der kleine Asthmatiker war aus gesundheitlichen Gründen in die Bergluft hinaufgeschickt worden, wo er stracks genas. »An ihrem Duft gesundet, wenn er ihn gläubig trinkt«, hieß es im Marienlied. Brunos Vater besaß ein Schlößchen im Thurgau, dort konnte man sich Bruno gut vorstellen. Er hatte etwas Intensives, und ich versuchte ihm mit meinen Bach-Kenntnissen auf dem Klavier Eindruck zu machen, zwei- und dreistimmige Inventionen, Beethoven war bereits von Hanspeter annektiert.

Wenn Reto kommt... Reto ist Regierungsrat geworden in Graubünden (CVP), aber war es nicht lange, weil er einen Titel führte, den er nicht erworben hatte (lic. oec.). Warum er nur auf diesen Titel so großen Wert legte, man konnte doch auch ohne ein guter CVP-Regierungsrat sein. Der ›Beobachter‹ hat die Sache dann aufgedeckt, und mich hat es gejuckt, und glaubte einen Artikel schreiben zu müssen in der kleinen bündnerischen Zeitschrift ›Viva‹, weil Reto nämlich überhaupt nicht ans Demissionieren dachte und die Sache mir ungerecht vorkam, ein *Linker* mit falschem Titel wäre sofort aus dem Amt entfernt worden – hatte man uns nicht in der Klosterschule das Gerechtigkeitsgefühl eingepflanzt? Ungerecht war mir auch vorgekommen, daß die schüchternen Bergbauernsöhne in unserer Klasse, die Romontschen, wie die Unterländer sie nannten, nur unter größten Opfern studieren konnten, Stipendien gab es nicht, der Stolz eines ganzen Dorfes ruhte dann auf ihnen, erdrückte sie aber auch fast, man kratzte das Geld mühsam zusammen und hoffte, daß der Jüngling nach der Matura Priester werden möge und so das in ihn gesteckte Kapital mit himmlischen Zinsen zurückzahle; während zum Beispiel der privilegierte Reto, Begabung hin oder her, einfach schon deshalb ins Internat gesteckt wurde, weil sich das bei wohlhabenden Familien so gehört, rein aus Gewohnheit. Der Artikel in der Zeitschrift ›Viva‹ muß dann etwas scharf geraten sein, obwohl er eigentlich satirisch gemeint war, und soll schließlich zur Demission des Regierungsrates beigetragen haben, was nun allerdings nicht in der Absicht des Schreibenden gelegen hatte, der sich eher darüber amüsiert hatte, daß dem lustigen Reto die Maskierung einige Jahre lang geglückt war; und wie der Schuster von Köpenick eine militärgläubige Gesellschaft mit der Hauptmannsuniform narrte, hatte unser Reto in der titelgläubigen Provinz eine Zeitlang mit Erfolg seine luftige Dekoration herausgehängt: lic. oec.

Wenn Reto kommt, gibt es vielleicht Handgreiflichkeiten. Das könnte man ihm nicht verargen, wenn er doch glaubt, daß ich an seiner Entthronung mitschuldig bin. Aber es geht ihm nicht schlecht, sein Steuerberatungsbüro soll florieren, die CVP-Genossen sind doppelt so nett mit ihm wie früher, er hat viel leiden müssen, jetzt soll er nicht darben – denkt sich die CVP.

Rabius, Somvix. Bis Somvix steigt die Straße, dann geht es ebenaus nach D., und Pater Vigil, der Lateinlehrer, hatte uns erklärt, daß *Somvix* abgeleitet sei von *summus vicus*, das höchste Dorf. Wird schon stimmen! Vigil war etwas grobschlächtig, aber nett gewesen, und zu Pius, der unterdessen Staatsanwalt (CVP) im Unterland geworden ist, hat er öfters gesagt: »Pius, du hast keinen Horizont«, weil dieser nämlich eher eine prosaische Natur war und an den alten Römern ohne Begeisterung nagte. Pater Vigil zeigte sich sehr von Augustus und Mussolini eingenommen, zwischen denen er eine direkte Verbindungslinie herstellte, und Mussolini habe Ordnung geschaffen in Italien und echte antike Größe besessen, wie schon Kaiser Augustus vor ihm. Die Notengebung war human.

Vigil ruht auf dem Friedhof, aber Pius wird sicher kommen. Vor zwei Jahren hatte ich eine Kollision mit ihm im Tram, »wir waren doch befreundet im Internat«, sagte ich, »wie kannst du Staatsanwalt werden in diesem Staat, bei diesen fürchterlichen Krawallprozessen, und der CVP angehören, das C ist doch eine Blasphemie, keine Partei darf sich christlich nennen, und diese schon gar nicht, das ist eine Titel-Usurpation«. Pius hatte nicht viel gesagt, sondern war einfach beim Obergericht aus dem Tram gestiegen.

*

Bald nach Somvix wird es dann heiß, von der alten Holzbrücke an bis nach D. ist jeder Meter besetzt: von Erinnerungen. Bis zur Holzbrücke (Maximum) ging der Spaziergang, den wir in den unteren Klassen täglich nach dem Mittagessen absolvierten, bei jeder Witterung. Der Autoverkehr war so gering damals, daß die kompakte Gruppe von jüngeren Eleven fast ungestört die Straße in Beschlag nehmen konnte. Auf ein Zeichen des begleitenden Paters wurde an einem bestimmten Punkt rechtsumkehrt gemacht, damit man spätestens um halb zwei Uhr, bewacht von einer spätgotischen Madonna und dem Präfekten, sich wieder im Studiensaal hinter die Bücher klemmen konnte. Also jeden

Moment wird man jetzt, an diesem Samstagabend im Herbst 1985, kurz nach fünf Uhr, das Kloster auftauchen sehen hinter dem letzten Rank vor dem Dorf, wie man es früher jeden Tag nach dem Spaziergang auftauchen sah, rechts noch die Plazikirche, lawinengeschädigt, links stand früher ein altes, bröckelndes Hotel inmitten von Lärchen, das ist verschwunden, was haben wir denn jetzt da, eine Art von überdimensionierten Alphütten erhebt sich, bombastisch-volkstümelnde Architektur, die Gegend wurde dem Tourismus ausgeliefert, früher gab es im Dorf nur wenige bescheidene Hotels, jetzt stehen Kästen in der Gegend, Talsperren, die am obern und untern Rand von D. die Landschaft zerschneiden, die Zürcher haben anscheinend die Schönheiten der Surselva, wie man diesen Teil des Oberlandes auf romanisch nennt, entdeckt, und die langgestreckte strenge Klosterfassade, welche so unerbittlich wirkt, fast wie der spanische Königspalast des Escorial, wird durch die Neubauten relativiert, darf nicht mehr allein dominieren. Früher drohte diese unheimlich lange Klosterfront viel herrischer, es gab hier eigentlich nur Landschaft und diesen harten Trakt, das Dorf unterhalb fiel nicht in Betracht. Wenn man vom Lukmanier kam, sah man das weißglänzende Gebäude in der Ferne blinken, und der Dichterpfarrer Hauser aus Sisikon, welcher ein Anhänger von Paul Claudel war und oft im Kloster Ferien machte, hat sich denn auch einen passenden Vers darauf gemacht –

»O du weiße Arche am Rand des Gebirges«

Sie hatte allerhand Getier beinhaltet, zu unserer Zeit, und der unumstrittene Noah von damals, Abt Beda, hatte mit sicherer, manchmal harter Hand regiert. Er trug ein goldenes Brustkreuz. Man nannte ihn offiziell den *gnädigen Herrn*, und als wir in die Arche aufgenommen wurden, war er schon steinalt, an die 80, und verabfolgte uns noch jeden Tag eine Portion Griechisch, und unter uns nannten wir ihn *Bäppeli*, während er auf lateinisch *abbas* hieß, Genitiv *abbatis*. Politische Assoziationen hatte man damals bei dem Wort *abbas* noch nicht. Er regierte, nachdem er im Jahre 1925 Abt geworden war, bis in die sechziger Jahre hinein, aber immerhin war die Klosterverfassung so demokratisch, daß die Mönche ihn aus ihrer Mitte hatten wählen können, während die Fabrikarbeiter ihren Direktor nicht wählen dürfen; natürlich nur die Priestermönche, denn die Klosterbrüder besaßen kein Wahlrecht. Als Altphilologe war er auch im hohen Alter noch brillant, und wer Griechisch gern hatte, brachte es bei ihm bald einmal auf einen grünen Zweig und konnte zum Beispiel Homer mit einigem Genuß im Urtext lesen. Fünf Jahre Griechisch, jeden Tag mindestens eine Stunde. Aber nur knapp die Hälfte unserer Klasse schätzte das Griechische wirklich, für die andern war es eine Last, die hätten lieber Englisch, das nur als Freifach existierte, studiert. Heute ist in D. – der alte Abt wird sich im Grabe umdrehen unter seinem schmiedeeisernen Grabkreuz – das Griechische entthront und Freifach geworden, mit dem Beton kam das Englische in die archaische Landschaft hinauf, und das Latein wird auch nicht mehr sein, was es einmal war, hatte der Gnädige Herr doch immer betont, daß man Latein ohne griechischen Unterbau gar nicht richtig begreifen könne. Wird schon stimmen! Der Abt sprach übrigens, wenn er sich nicht gerade auf griechisch ausdrückte, prinzipiell nur Hochdeutsch, akzeptierte aber immerhin, daß man ihn, außerhalb der Schule, auf schweizerdeutsch anreden durfte. Einmal im Semester wurde jeder Eleve zu einem Privatissimum in seine äbtische Zelle, die mit einer Doppeltüre abgeschirmt war, gebeten, und man durfte ihm dann eine Stunde lang, immer von fünf bis sechs Uhr, die ganz persönlichen Probleme unterbreiten, er saß bei dieser Gelegenheit auf einem alten Sofa, ließ das Brustkreuz durch seine Finger gleiten und hatte für jeden ein gutes Wort, und bevor man entlassen wurde und in den Studententrakt zurückhuschte, sagte er: »Wollen noch den Segen geben.« Dann gab er den Segen. Er trug einen rotschimmernden, funkelnden

Abtsring dort, wo die Verheirateten den Ehering tragen, und diesen haben manche, nachdem der Segen gegeben worden war, geküßt. Das war aber nicht obligatorisch. Man hatte den Eindruck, daß er mit Überzeugung, oder fast mit Begeisterung, Unterricht erteilte, das war keine Pflichtübung für ihn, sondern Lebenselement, er hat nichts dabei verdient und bescheiden gelebt, spartanisch, und die Eleven eigentlich gern gehabt, ohne sie zu vereinnahmen, und im Vergleich mit den langweiligen tyrannischen Gymnasiallehrern, die ich an der Kantonsschule Chur, als Interims-Kantonsschullehrer, später kennenlernen durfte oder mußte, schneidet er überaus glänzend ab.

Einmal haben wir ihm, nachdem in der Chemie das Tränengas durchgenommen worden war, zehn Jahre vor den großen Tränengasschwaden des Jahres 1968, ein in Tränengas getunktes Lümpchen ins Innere seines Lehrerpultes gehängt, und er mußte furchtbar husten und tränen und konnte den Geruch überhaupt nicht einordnen, weil für einen Mann seines Alters das Tränengas noch etwas ganz und gar Unbekanntes, Ungerochenes war.

*

Von jenem Tränengas des Jahres 1958 – »weißt du noch« – sprachen wir dann u. a. auch im Restaurant ›Krone‹, als man sich dort nach fünf Uhr zum Aperitif versammelte, »in Begleitung der Ehefrauen oder Lebensgefährtinnen«, wie es auf der von Augustin verschickten Einladung geheißen hatte. Langsam trudelten sie ein, die meisten mit Ehefrauen, einer mit Freundin und zwei *Singles*: Die waren Priester geworden. Gottfried hatte ohnehin im Oberland als Feldprediger zu tun gehabt und konnte den geselligen Anlaß gleich mit dem Militärdienst verbinden. Die meisten Körper hatten eine Veränderung durchgemacht, analog zur Landschaft, und waren nicht mehr so attraktiv wie früher, nur Gottfried schien noch schlanker als damals, und Peter war immer noch ein Sprenzel, während einer, nämlich

Hanspeter, auch im Gesicht sozusagen aussah wie früher. Keiner hatte sich so sehr verändert, daß er nicht mehr erkennbar gewesen wäre, man mußte beim Anblick dieser meist erfolgreichen, gestandenen Männer etwas Haare hinzudenken, die Haarfarbe ein bißchen verändern und manchmal Fett und Muskeln subtrahieren – schon waren die Figuren der fünfziger Jahre wiederhergestellt. Weißt du noch ... Reto, der gestürzte Regierungsrat, fehlte, er wollte sich nicht mit dem Journalisten an denselben Tisch setzen, und Giachen, der sich zum Missionarsberuf entschlossen hatte, dann aber ausgestiegen war nach der Priesterweihe, lebt jetzt in New York, und der sanfte musische Emil konnte auch nicht teilnehmen, er war schon vor langer Zeit mit dem Auto tödlich verunglückt. Emil hatte immer so schön Geige gespielt. Auch Stefan fehlte, das unumstrittene Alphatier von damals, der hochbegabte Klassenprimus, aus ihm war ein renommierter Augenarzt geworden. Beruflich unabkömmlich. Peter, Hirtenbub aus einer vielköpfigen Valser-Familie, hatte es zum ETH-Professor gebracht, Tullio aus dem Puschlav war in das Baugeschäft seines Vaters eingestiegen, Adalgott aus dem Tavetsch Primarlehrer, Punschi Bezirksförster in Ilanz, Kuno Personalchef und eigentlich jeder von den 22 etwas Rechtes geworden. Einen Tierarzt hatte die Klasse auch hervorgebracht, und einen Immobilienspezialisten. Fünf oder sechs hatten anfänglich Priester werden wollen, sind auch ins Priesterseminar eingetreten, aber drei davon nicht bis zur Weihe gediehen, und mindestens von einem weiß ich, daß ihn diese Sinnesänderung lange Zeit gequält hat. Die Männer reden an diesem Abend vom Beruf und von der Männergesellschaft damals im Internat, die Ehefrauen reden meist von den Kindern, sie haben anscheinend alle den Beruf ihren Männern und der Familie zuliebe aufgegeben, und eine sagt, man könne im Leben nicht alles haben, und natürlich hätten die Männer ohne ihre Frauen nicht Karriere machen und sich dem Beruf vollumfänglich widmen können, sagt sie. Manche von den Frauen haben auch Geld in die Ehe gebracht, andere sind durch Heirat in materieller Hinsicht aufgestiegen. Von Erotik ist kaum ein Hauch zu spüren, und verliebt sehen die Gesponse eigentlich auch nicht aus, aber zufrieden. Wer nicht verheiratet ist, fällt aus dem Rahmen und ist selber schuld. Nicht-Verheiratung, so läßt die oben schon erwähnte Ehefrau durchblicken, könne man sich lediglich in einem *freien Beruf* leisten, und nicht zufällig seien nur Giusep und Niklaus, die beiden Journalisten, und Hanspeter, der in einem selbstverwalteten Betrieb arbeitet, ledig geblieben. Wird schon stimmen!

Freier Beruf, freie Liebe.

*

Wie war es mit der Freiheit damals bestellt?

Aufstehen um Viertel nach fünf. Dieser Summton! In den Schlafsälen dünstet der Jungmännerschweiß. Aufstehen, in die Pantoffeln fahren, hinausschlurfen im Pyjama in den Waschsaal, das Zahnbürstchen aus dem Schränklein nehmen, jeder hat sein eigenes mit einer Nummer, Wasserstrahl, es gibt nur kaltes Wasser, faulig schlägt's den Halberwachten aus dem Waschtrog entgegen, der Präfekt geht auf und ab in den Gängen, Brevier lesend, ab und auf, das Zurückfluten der Zöglinge in den Schlafsaal beobachtend, hat Heilandsandalen an den Füßen, und jetzt in die Kleider gefahren, wo sind die Socken, oben im Kasten, nein, da ist die Schokolade vom letzten Liebesgabenpaket der Mutter, der lange Summton setzt aus, jetzt dreimal kurz, das bedeutet Pressieren, hinunter in den Studiensaal, dort wartet schon die Muttergottes spätgotisch und dominiert den Studiensaal, und jetzt Händefalten. Jetzt wird aber sofort gebetet.

Ave Maria gratia plena. *Vobiscum, cuicumque, omnia sua secum portans.* Das lateinische Gebet, fließend geht es über in das Studium des Lateinischen, immer sofort nach dem Gebet studieren, *Gallia omnis divisa est in partes tres*. Am Nachmittag wird bei Pater Vigil Lateinkompos sein, Cäsar droht schon und hat wieder einmal Gallien besetzt, *ora* und dann aber *labora*, in wie viele Teile zerfällt Gallien, die Angst krampft schon die Mägen zusammen. Kalter Schweiß zum voraus, eine Stunde Studium. Und dann im Gänsemarsch hinunter in die kältende, durchkältete Kirche, Marienkirche oder Hauptkirche, mit herausgestreckten Zünglein, falls in der Nacht nicht eine Befleckung oder Selbstschwächung, wie man das Onanieren mit dem katholischen Fachausdruck nannte, eingetreten ist, die Hostie mit dem darin enthaltenen Herrn-Gott empfangen, wenn Selbstschwächung, dann zuerst beichten, am besten bei Pater Pius, der macht einen vernünftigen Tarif und hört auch nicht mehr gut, Nachlaß der Sünden für nur drei Ave Maria, ein günstiger Tausch, um sieben Uhr ist die Messe aus. Vorbei an der Krypta, wo die vielen Votivbilder hängen, und schon wieder eine Muttergottes, die Huldigung und Examensangst entgegennimmt, bist die einzige Frau hier weit und breit. Dein im Leben und im Tod, Dein in Unglück, Angst und Not, das nächste Unglück kommt sofort, um Viertel nach sieben Morgenessen, dünner Kaffee, schlechte Konfitüre, und Butter nur an Feiertagen, aber das Brot ist manchmal frisch und gut.

Sodann:
7.45– 8.45 Uhr Studium
8.45–12.00 Uhr Schule
12.00–12.30 Uhr Mittagessen
12.30–13.30 Uhr Spaziergang
13.30–14.00 Uhr Studium
14.00–14.45 Uhr Schule
15.00–15.30 Uhr Nachmittagstee
15.30–16.00 Uhr Studium
16.00–17.00 Uhr Schule
17.00–18.00 Uhr Studium

18.00–18.30 Uhr Nachtessen
18.30–19.30 Uhr Rekreation
19.30–20.30 Uhr Studium
20.30–20.35 Uhr Nachtgebet
20.35–20.50 Uhr Zähneputzen
20.50–20.55 Uhr Lichterlöschen
21.00–05.15 Uhr Schlaf

In den Schlafsälen gab es je einen Schlafsaalmeister, welcher für Ruhe und Ordnung zu sorgen hatte. Es schliefen ca. 50 Eleven in einem Saal. An Sonn- und allgemeinen Feiertagen wurde der Tagesablauf insofern modifiziert, als keine Schule stattfand, dafür mehr Kirche. Die Messe war dann länger: Hochamt. Im Monat Mai kam 19.30 Uhr die Komplet dazu, das kirchliche Nachtgebet. Die war lateinisch wie die Vesper, und der Gregorianische Choral war schön. Alte Strophen aus dem 9. Jahrhundert wurden gesungen, Beschwörungsformeln, »procul recedant somnia et noctium phantasmata. Hostemque nostrum comprime ne polluantur corpora«. »Weit mögen die Träume und die Trugbilder der Nacht von uns weichen; halt unsern Feind darnieder, damit die Körper nicht beflecket werden«. Nach der Komplet ging es in Zweierreihen hinauf in den Schlafsaal, und dort konnte der Feind, welcher zwischen den Beinen der Zöglinge baumelte, mancherorts nicht darniedergehalten werden und ist immer größer geworden, bis er dann halt explodierte.

*

So habe ich mir das 1980 notiert, als ich die Biografie des Hitler-Attentäters Maurice Bavaud rekonstruierte, der das Internatsleben 1937 in der Bretagne auskostete und fast haargenau dem gleichen Tagesablauf unterworfen war wie wir in den fünfziger Jahren; katholische Internationale, die sich über Zeit und Raum hinweg immer gleich geblieben ist während eines Jahrhunderts, bis sich nun im letzten Jahrzehnt die Verhältnisse geändert haben, weil in den Klöstern der Nachwuchs fehlt und Laienlehrer angeheuert, aber auch Schülerinnen aufgenommen werden müssen, damit man Subventionen vom Staat bekommt, und die patriarchalische, exklusive, hermetische Männergesellschaft also ein Ende zu nehmen scheint. Gestorben ist damit auch eine traditionelle katholische Kultur, die sich der profanen Kultur entgegenstemmte, man hat jetzt keinen Gesellschaftsentwurf mehr, der sich vom Freisinn abhebt (wenn auch leider nur im reaktionären Sinn: In den Klosterschulen wurde der Ständestaat propagiert, aber manchmal kam ein sozialer Impuls zum Vorschein, der sich mit den Ungerechtigkeiten einer geldorientierten Gesellschaft nicht abfinden wollte). Man ist jetzt integriert im freisinnigen Staat.

*

Diese katholische Kultur vermittelte in den Klosterschulen eine konservative Ideologie, manchmal auch eine reaktionäre, aber sie hatte klare Konturen, man konnte sich daran profilieren, und lieferte den Schülern zugleich die Instrumente, mit denen sie zu bekämpfen war. Es wurde ernsthaft studiert und sehr viel gelesen. Man war nicht abgelenkt, oder nur von jenem Feind zwischen den Beinen.

Weißt du noch... Pater Odilo aus dem Sensebezirk, der immer sein gepflegtes Hochdeutsch sprach und nur in den Ferien in Düdingen den Dialekt brauchte: Er wolle sich, sagte er, diesen nicht im Kloster durch Kontamination mit andern Dialekten verderben. Pater Odilo gab Französisch auf eine höchst kultivierte Art, sozusagen Ancien-régime-Französisch, weil er nämlich die Revolution bestens haßte und Voltaire schärfstens bekämpfte, aber um ihn richtig bekämpfen zu können, mußte er ihn uns zuerst vorstellen, und so hat er dann ausgiebig von Voltaire erzählt, auch lange Passagen aus seinen Werken vorgelesen, und zwar mit *gusto*, obwohl sie ihm doch nicht gefallen durften, und abschließend hat er jeweils gesagt: »Voltaire il a fait beaucoup de mal, surtout en France.« Und die Mechanik der Großen Revolution hat er so lange und präzis geschildert, daß sie uns wirklich einzuleuchten begann und man sich Gedanken darüber machte, wie denn nun ein Umsturz in der Klosterschule, und auch sonst, zu bewerkstelligen wäre. Ganz ähnlich Pater Basil, der uns Philosophie erteilte. (Drei Jahre lang wurde Philosophie studiert.) Hegel konnte er auf den Tod nicht leiden, aber die Dialektik hat er uns so lange, zwecks Widerlegung, erklärt, bis sie schmackhaft wurde und wir seiner These eine Antithese entgegenzustellen in der Lage waren, und in der Synthese waren wir sodann recht gut aufgehoben. Es war übrigens nicht so, daß man schlechte Noten kriegte, wenn man in den ideologischen Fächern dem katholisch-konservativen Standpunkt widersprach; schlecht benotet wurden das unlogische Denken, die Argumentationsschwächen, die geistige Faulheit. Pater Iso zum Beispiel war ein konservativer, aber quirliger Geist und exzellenter Historiker, der den Umgang mit Quellen ganz wissenschaftlich erläuterte, ein höchst belesener polyglotter Humanist, das totalitäre Denken verabscheuend, und sein Unterricht hatte nur einen Nachteil: Man fand später die historischen Vorlesungen und Seminare, zum Beispiel an der Universität Zürich, ganz ungenießbar und geisttötend und hatte an derartigen höheren Lehranstalten keine Freude. Er hat zwar mit ständestaatlichen Ideen und anderm reaktionären *Nonsens* geliebäugelt, seine *Vorlesungen* zum Spanischen Bürgerkrieg waren mehr als dubios, aber man konnte mit ihm streiten und brauchte seinen Standpunkt nicht zu teilen.

Kultur des Streitens: dazu wurde man ermuntert. Gesunde Auseinandersetzungen. Einmal hat es mir allerdings den Atem verschlagen. Das war zehn Jahre nach der Matura, ich wollte den gescheiten Iso wieder sehen und war begleitet von einer anarchistischen Freundin. Ihre Eltern waren aus Franco-Spanien geflohen und konnten nicht zurückkehren, der Vater hatte zwei Polizisten der *Guardia civil* umgebracht, mit gutem Grund. Spaziergang auf der *via lada*, wo die Mönche oft lustwandelten. Als der geschätzte Iso vernimmt, daß Ilusión (der die Eltern in alter Liebe zur anarchistischen Tradition, welche die christlichen Vornamen ablehnt, diesen schönen Namen gegeben haben) aus Spanien gebürtig sei, ruft er voll Begeisterung aus: *Arriba España*! und denkt dabei, daß die so Begrüßte sich freuen müsse, weil sie einen spanischen Urlaut hört; und hatte nicht bedacht, daß dieser Schlachtruf der Falangisten nicht allen gefällt. Vermutlich konnte er sich auch nicht vorstellen, daß sich eine spanische Anarchistin in das Gebirge verirrt, er hatte immer nur mit Spaniern von der andern Sorte gesprochen. Fast hätte es damals Handgreiflichkeiten abgesetzt auf der *via lada*.

*

Am Samstag abend, nachdem die gegenseitige Beschnupperung der Klassenkameraden ohne weitere Zwischenfälle erfolgt war, schritt man zum Nachtessen im Hotel Soundso. Es lockerte sich jetzt einiges, man kam ins Reden und Erinnern, durfte etwas tiefer schürfen, und nachdem die beiden Patres, welche am Nachtmahl partizipiert hatten, wieder im Kloster verschwunden waren, war es vielleicht an der Zeit, delikate Probleme aufzutischen und ein wenig die Vergangenheit aufzuhellen. Der Wein tat ein übriges. Wie war das bei dir, fragte ich Hanspeter, hast du auch die erotische Ausstrahlung des Bruno so stark empfunden wie ich? Und gab gerne zu, daß mich der zierliche Bursche, der jetzt leider abwesend war, immer fasziniert hatte. Es ging so etwas von ihm aus... Man hätte ein Holzklotz sein müssen, um das nicht zu spüren. Außerdem ging von den Frauen, die sich in unserm Gesichtsfeld aufhielten, gar nichts aus, die Muttergottes in der Krypta war aus Gips, jene im Studiensaal aus Holz, die Klosterfrauen, die den Mönchen die Wäsche besorgten und gleich neben dem Kloster wohnten, waren mit ihren Tschadors verhüllt, und die beiden Frauen aus dem Dorf, welche am Morgen jeweils die Betten und Säle wieder in Ordnung brachten – die Studenten mußten in diesem Internat keinerlei körperliche Arbeit verrichten, die Körper waren dem Sport geweiht, militärischer Vorunterricht, Skifahren u. a. m. –, waren von den Präfekten so ausgewählt worden, daß man sie wirklich nicht begehrte. Prinzipiell kamen für diesen Job nur die häßlichsten Frauen aus dem Dorf in Frage. Also hat man sich für männliche Körper zu interessieren begonnen, klar, irgendwohin mußte die Sehnsucht sich richten können, aber das war selbstverständlich streng verboten, obwohl man im Griechischen dann doch wieder einiges über die Vorteile der gleichgeschlechtlichen Liebe erfuhr.

Liebeleien?

Eigentlich kaum etwas Direktes, Offenes, aber ständig eine latente Erotik, ein An- und Abschwellen der Gefühle, man hat mehr oder weniger um die Gunst, zum Beispiel in unserer Klasse um Brunos Gunst, gebuhlt. Passiert ist nicht viel, im positivistisch-erfaßbaren Sinn sogar fast nichts, und das war eigentlich ein Wunder, bei dem ständigen engen Beisammensein. In den oberen Klassen bewohnte man Vierer- oder Dreierzimmer, da wäre einiges möglich gewesen. Aber man mußte schon an den Philosophentagen sich einen Schwips antrinken, bevor man ganz verstohlen sich einmal am Nächsten zu reiben, wenn auch nicht zu vergreifen, wagte. Aber ständig dieses wabernde Gefühl, auch Machtspielchen, wem wendet jetzt zum Beispiel Bruno wieder seine Sympathie zu, wo appliziert er sein nettestes Lächeln. Philosophentage waren übrigens solche, an denen man Ausgang hatte, einen Nachmittag lang, ab 18 Jahren einmal im Monat, aber im Dorf durfte man nicht einkehren, Alkohol war erst in solchen Pinten gestattet, die mindestens sieben Kilometer von D. entfernt waren, so daß man, falls überhaupt eine Beschwipsung stattfand, vom langen Fußmarsch wieder ausgenüchtert im Internat eintraf, und doch ist es mir wenigstens einmal gelungen, die Hemmungen abzubauen und mich auf einem lieben Gschpänli, allerdings in voll bekleidetem Zustand, ein bißchen hin- und herzubewegen, verfolgt von der Angst, eine Aufsichtsperson könnte jene Bewegungen entdecken.

Was aber erfährt man jetzt, 25 Jahre post festum?

Daß Hanspeter total in Beat verschossen gewesen ist, mit dem mich eine nun wirklich total platonische Freundschaft verband, fand diesen überhaupt nicht anziehend, man konnte lediglich gut mit ihm reden. Hanspeter aber war eifersüchtig und hat mir die Nähe zu Beat, mit dem er gern etwas Reales erlebt hätte, mißgönnt und sich deshalb mir gegenüber als Rivale benommen und immer die Vorzüge der Pommes-frites-Pfanne seiner Mutter und andere kulturelle Überlegenheiten seines Milieus, wie etwa die Beethoven-Schallplatten, herausstreichen müssen. Ekelhaft. Anderseits erfährt man jetzt auch, daß Hanspeter das Privileg genoß, mit dem lieben Bruno auf dem Estrich eines alten Hotels, in das sie einzubrechen pflegten, Seite an Seite liegend in Büchern zu schmökern, ohne daß er seinerseits die geringste Versuchung gespürt hätte, mit Bruno etwas anzufangen.

Wir haben übers Kreuz geliebt und nicht davon reden können (dürfen), und heute, wo endlich Klartext gesprochen werden darf, stellt Bruno keinerlei Verlockung mehr für mich dar.

Ist das nicht schade?

250 West 57th Street

Mein Loft in New York

Viele Schweizer, aber auch Deutsche von der bundesrepublikanischen Färbung, die im künstlerischen Sektor *tätig* und manchmal auch erwerbstätig sind, können heute ihr Künstlertum nur noch dann, sagen sie, auf ersprießliche und eventuell erfolgversprechende und zugleich absatzfördernde Art entfalten, wenn sie einen *Loft* in New York besitzen oder doch zeitweise bewohnen dürfen, weil doch dieses N. Y. ihrer Kunst und ihrem ganzen künstlerischen Wesen einen derartigen drive und punch und Stoß von sozusagen elektrischer Art versetze that they really get mesmerized und eine tausendfach gesteigerte Kreativität daraus resultiere und die ununterbrochenste Vibration einsetze und man dieses N. Y. nicht mehr missen möge welches so heavy von Impulsen & Expulsen durchzuckt und durchfetzt und durchschletzt sei und von einer unglaublich geilen Masse der begabtesten Künstler und kreativsten creative piipel aber auch beautiful people mit radical chic bewohnt sei die sich mutually in einen Höchstzustand von Hyperkreativität und schöpferischer Rauschhaftigkeit hinaufspeeden und hinaufpütschen und nicht eher müde werden als bis der letzte New Yorker und Wahl-New Yorker die ihm innewohnende creativity auf dem creatifigsten way realisiert habe so daß jeder ein Latschy und hintermüpfiger backwoodsman und hilly-billy genannt werden müsse der zur Erweiterung seiner sensitivity und artefactory noch nie in Manhattan gelaicht habe; juhui.

Und eben dazu brauche man einen Loft, ehemaligen Fabrikraum oder Werkstätte von der geräumigsten Sorte, wo die Produktion geboren und auf den Boden der Wirklichkeit gestellt

werden könne, nachdem sie den Schöpfern und Schöpferinnen entschlüpft ist bzw. entwürgt worden ist; wobei ein spezieller Reiz dieser Lofts darin liege, daß jetzt eine spirituelle Produktion in demselben Raum erfolge, wo vor wenigen Jahren noch eine durchaus materielle oder, wenn man so sagen dürfe, prosaische Produktion die Regel gewesen sei und dergestalt eine Regression von der industriellen Serienfabrikation zur handwerklichen Einzelanfertigung erfolge; wo jetzt ein Schriftsteller seine Buchstaben ordne, seien früher Wadenbinden (Gamaschen) verfertigt worden, wo jetzt eine Malerin ihre Pinsel in ihre Töpfchen tunke, seien noch bis 1960 Kaffeebohnen *en gros* in riesigen Maschinen geröstet worden, wo jetzt eine Silberschmiedin ihre wildesten, aber zugleich zartesten und meditativsten Schmuckstücklein behämmere, sei vor nicht geraumer Zeit eine Sackfabrik der allergröbsten Art beheimatet gewesen, wo jetzt eine zürcherische Ballettratte ihr Ballettschwänzlein & -röcklein dressiere, seien durch puertoricanische Arbeitskräfte noch vor kurzem ungezählte Kilometer billigster Textilien produziert worden.
– – – (Am Laufmeter) – – –

Kommt mir jetzt eine Stadt in den Sinn die heißt auch New York. Ich mußte dort Geld verdienen. Damals mußten die meisten Leute in New York Geld verdienen. Das war 1961. Fast alle sind damals zum Geldverdienen verurteilt und in senkrecht stehenden Sardinenbüchsen eingepfercht gewesen in New York. Sie lebten wie ich auf eine erbärmliche Art. Fast niemand hatte ein Stipendium. Wenige machten Kunst. Im Sommer war es süttig heiß, im Winter fror man sich den Arsch ab. Manchmal war es auch umgekehrt, das kam von den blöden Temperaturstürzen. Eine gute Stadt für Hunde. Überall Hundescheißdreck. Die Löhne waren schlecht. Der Fraß war mies. Der Weg zur Arbeit lang. Eine fucking drecking town war es gewesen. Die Einwohner fanden sie nicht interessant, fast niemand konnte aus dem

Elend Kunst schlagen. Ich und viele Hunderttausende von andern Sekretärinnen wurden morgens anderthalb Stunden lang von Brooklyn in einer kaputten subway nach Manhatten gerollt und abends wieder zurückgerollt. Das war monoton, und die Leute stierten wütend aneinander vorbei, weil sie wieder an ihre Dreckarbeit mußten. (Büro.)

In der subway rubschten die Männer ihre Schwänze gegen die Frauen und manchmal gegen die Männer. Die Straßen waren dreckig, wenn man aus der subway kam. Der Wind trieb Dreck in die Augen und Fettpapiere gegen die Kleider der Büroleute, welche verpflichtet waren, in sauberen Kleidern zur Arbeit zu kommen. Fast die ganze Stadt bestand aus Büroleuten, so erinnere ich mich. Die Nicht-Büro-Teile der Stadt waren besonders wüst, in der Bowery lagen schorfige Alte auf dem Pflaster und starben manchmal dort. Dorothy Day kümmerte sich um die Sterbenden, man nannte sie den Engel der Bowery. Zwischen den Halbtoten schnüffelten die dreckigsten Ratten. Es gab Zusammenrottungen von ungeheurer Brutalität. Für Künstler interessant, für Büroleute nur bedrohlich. Nach der Schweinebucht-Invasion stachen sich Castro-Gegner und Castro-Anhänger gegenseitig tot. Sie lagen dann unter anderem auch vor dem Building, wo die *Federation of Migros Cooperatives* ihr Büro hatte, 250 W 57th Street.

Dort habe ich einige Monate gearbeitet als Sekretärin, das heißt die Arbeit gemacht, welche in den allermeisten Fällen auch in dieser Stadt den Frauen vorbehalten ist. Ich war ein Berufs-Transvestit. Dadurch habe ich die täglichen Demütigungen kennengelernt, welche Männer sonst nicht kennenlernen. Ich war mit einem ›Non Immigrant Visa‹ nach New York gekommen, wollte dort studieren, kam zu spät für den Semesteranfang und suchte dann Arbeit in Manhattan. Ohne Immigrant Visa konnte man damals aber nicht einmal Tellerwäscher werden oder Straßenputzer, weil man nämlich keine Social Security Card kriegte, ohne die man nirgends angestellt wurde. Deshalb suchte ich Schwarzarbeit in einer Firma, welche bereit war, in ihrer Buchhaltung den irregulären Posten zu vertuschen. Und kam schließlich, nachdem ich vom letzten Geld eine guterhaltene Occasions-Schale gekauft hatte und eine neue Krawatte, im Büro von Herrn Strasser unter, bei welchem ich mich demütigst und sozusagen mit dem Hut in der Hand vorgestellt hatte. Herr Strasser leitete das Einkaufsbüro der Migros in New York, engl. Federation of Migros Cooperatives. Ich rühmte meine Schreibmaschinenkenntnisse, meine sehenswerten Lateinkenntnisse, die Matura lag ein paar Monate zurück, rühmte mein gutes Französisch; meine Anpassungsfähigkeit, Englisch hatte ich nur als Freifach gehabt, und machte extra einen bescheidenen Eindruck. Ich hatte Angst, nicht angestellt zu werden.

Strasser musterte mich neugierig, kein Fleck auf meinem weißen Hemdkragen, die Schuhe glänzig. Man darf sagen, daß er mich von Kopf bis Fuß gemustert hat. Herr Trefzger, der Assistent von Herrn Strasser, assistierte bei der Musterung. Ich kam mir vor wie eine Hure im Bordell. Ficken wir die Mamsell, oder ficken wir sie nicht? Und wieviel kostet sie denn? Die warfen so Blicke auf den Neuen! Strasser in Hemdsärmeln, ich in Bürouniform. Er sinnierte, musterte, drehte einen Bleistift zwischen Zeigefinger und Daumen, und Herr Trefzger sinnierte auch. Dann sagte Strasser mit Kummer in der Stimme: »Für 40 Dollar die Woche können wir sie nehmen, mehr ist leider nicht möglich im Moment, mir händ grad än finanziellä Ängpaß.« Herr Trefzger ist unterdessen Chef der Migros Basel geworden, ein rechter Aufschwung, war damals ein junger aufstrebender Migrosangestellter gewesen, den seine Vorgesetzten in der Schweiz ein wenig amerikanische Luft hatten wollen schnuppern lassen. Herr Strasser ist unterdessen pensioniert, eventuell tot. Er war ein Amerika-Fan von der glühendsten Sorte gewesen, Typus erste Generation Auswanderer, man durfte nicht das kleinste Wörtchen gegen Amerika sagen. Trefzger war gemäßigter. Strasser war von Duttweiler nach Amerika geschickt worden, um dort die unsterbliche Migros-Idee bekannt zu machen und zu unsterblich niedrigen Preisen für die Migros direkt an Ort und Stelle einzukaufen. Wenn Herr Strasser von Duttweiler oder Amerika sprach, bekam er feuchte Augen und zahlreiche Bläschen vor dem Mund. Ich werde sein *redneck* nie vergessen. Beim Wort ›Castro‹ wurde er grün im Gesicht; so erinnere ich mich.

Nun hatte ich mein New York, das New York der meisten Leute. Büro von dreiviertel vor neun bis siebzehn Uhr mit dreiviertelstündiger Mittagspause. Sekretärinnen-Lehrling. Meine Aufgabe bestand darin, englische und deutsche Briefe zu tippen auf diesem dünnen Luftpostpapier, auf welchem man fast nicht radieren konnte. Die englische Post ging an die amerikanischen Geschäftspartner.

Dear Mr. Thorneycroft, we acknowledge receipt of your letter concerning the shipment of 30 000 cans of frozen orange juice.

Auch das Wort ›Poultry‹ werde ich nie vergessen, Geflügel aus Kentucky (Ky.), ich verdarb mit der gefinkelten Geschäftssprache mein Englisch, bevor ich es noch richtig konnte. Aber die postalischen Abkürzungen für die amerikanischen Bundesstaaten werde ich *auch* nie vergessen, Fla. für *Florida*, wenn es mir recht ist. Postleitzahlen gab es damals noch nicht. Für *Georgia* schrieb man Ga. und Col. für *Colorado*. Mein Blick ging aus dem neunten, oder war es der fünfzehnte Stock des mittelmäßigen dreckigen Wolkenkratzers, in die Büroschluchten hinaus, die Luft war klebrig, und war es überhaupt ein Wolkenkratzer. Von welcher Höhe an wird einer zum Wolkenkratzer ernannt? Mit Sicherheit war es ein Abgaswolkenkratzer. Ich träumte von den Landschaften in Fla., Cal., Ga., Col., hörte das Meer rauschen am Strande von Malibu und ritt den farbigen Kreidefelsen von Colorado entlang, aber immer nur bis Herr Strasser den nächsten Fehler auf dem dünnen Luftpostpapier entdeckte und der Brief unter dem von mir stets zu heftig und wütend gehandhabten Gummi verrumpfelte und dann neu geschrieben werden mußte. Manchmal bis zu fünf oder sechs Mal neu geschrieben. Tipp-Ex gab es damals noch nicht, wenn es mir recht ist. Dann machte Strasser, der manchmal zwei Telefonhörer, welche er mit hochgezogenen Schultern festklemmte, am Kopf hatte, so gierig kaufte er *poultry* und *frozen orange juice* und *frozen chicken* telefonisch irgendwo in Amerika ein, machte Strasser, der mit seiner linken Hand einen Börsenbericht durchblätterte, mit der rechten Hand *seine* Unterschrift unter *meine* Briefe, an denen ich so lange gearbeitet hatte, und ich mußte noch die Marken aufkleben. Für die Markenbefeuchtung, es gingen manchmal Dutzende von Briefen täglich hinaus, stand ein Schwämmchen zur Verfügung in einem roten Rezeptakel, aber weil die Luftbefeuchtung ihrerseits im Sommer schlecht war, trocknete das Schwämmchen immer sehr schnell aus, obwohl zu meinen Obliegenheiten auch gehörte, daß ich das Schwämmchen zweimal pro Tag unter den Wasserhahn hielt am Brünnchen im Gang, wo man auch Trinkwasser schnappen konnte; und dann leckte die Sekretärin trockenheitshalber die Marken mit ihrer Zunge, bis die Zunge und die Marken klebrig waren. Am schmackhaftesten waren die 25-Cent-Marken, die mit der Freiheitsstatue auf der andern Seite, wenn ich mich recht erinnere.

Jawohl, Herr Strasser.
Sofort, Herr Strasser.
Natürlich, Herr Strasser, dä Kafi chunnt grad.
Bis morgen, Herr Strasser.

Die Bürotür war aus Milchglas. Ärmelschoner trug ich nicht, immerhin. Die Schreibmaschinen waren nicht elektrisch. Über Mittag durften Trefzger und ich mit dem immer überfüllten, von schwitzenden, traurigen, hastenden, verquollenen, bleichen, krampfenden Büroleuten knallvoll geladenen Lift in die Tiefe

fahren, im Lift war ein Liftboy, und während Strasser weiter im Büro droben sein Leben den gefrozenen Sachen widmete und sich dabei etwas in den Mund schoppte, mit welcher Hand war mir nicht klar, überquerten wir die 57th Street, kauten im Drugstore ein ›Tuna Fish Sandwich‹ oder ein ›Chicken Salad Sandwich‹ oder sonst etwas von diesem amerikanischen Eßdreck auf wattigem Brot, welcher unterdessen die ganze Welt überkrustet hat. Damals kannte man das Zeugs in der Schweiz noch nicht, ich fand es nicht den Hit. Und dann wieder hinter die Milchglastür, auf welcher mit altertümlichen Lettern *Federation of Migros Cooperatives* geschrieben stand. Das Büro kam mir klein vor, und war nicht an der Decke ein Ventilatorpropeller? Die Gummierung der fehlerhaften Stellen auf dem Papier erfolgte mit Schablonen. Wenn vor der Milchglasscheibe eine weibliche Silhouette vorübertrippelte (stöckelte; die meisten Silhouetten trugen Bleistiftabsätze), trällerte Herr Strasser gern eine Melodie, und Trefzger summte den Refrain
*Itsy bitsy teenie weenie
Honolulu strand Bikini.*

Dann durfte ich *auch* lachen und mir eine Aufheiterung gestatten und mich gemütsmäßig den beiden anschließen, welche hierarchisch ob mir standen; sobald Strasser trällerte und Trefzger summte. Vormittags mußte die eingehende Post sortiert und abgelegt, wie der Fachausdruck lautete, werden, aus der Migros-Zentrale in Zürich kamen immer ein paar auflockernde Geschäftsmännersprüche am Ende der Briefe, welche im übrigen trocken abgefaßt waren, aber am Schluß war immer etwas Launiges, und Herr Strasser grüßte ebenso locker zurück nach Züri. Remember the time when the air was clean and sex was dirty. Die Luft war aber damals nur upstate New York ein bißchen clean, hingegen der Sex war überall dirty. Jeden Tag ein frisches weißes Hemd, nachmittags war der Hemdkragen bereits schmuddelig. Kardinal Spellman herrschte in der Stadt, so hörte man, das dicke Buch im Büchergestell meiner Eltern in Sankt Gallen kam mir in den Sinn, worin sein Aufstieg geschildert war, Verfasser Henry Morton Robinson, Titel *The Cardinal*. Auch Cardinal Spellman hatte klein angefangen, aber nicht als Sekretärin. In der St. Patrick's Cathedral war ein wächserner, überlebensgroßer Papst Pius XII. in einer Vitrine ausgestellt, und The Daughters of the American Revolution, ein amerikanischer Frauenverein, sorgten für Sauberkeit im moralischen Sinn, während die Güselmänner streikten und der Dreck wuchs.

Einmal mußte ich alle Reden, welche dieser Duttweiler, den Strasser familiär *Dutti* nannte, je in Amerika gehalten hatte, und er hatte viele gehalten, nach geographischen und innerhalb der geographischen wiederum nach chronologischen Gesichtspunkten sortieren, und das war noch die schönste Arbeit; auch alles, was je über Duttweiler geschrieben worden war in amerikanischen Zeitungen. Dabei fühlte ich mich bald einmal in der Lage, mindestens so gute Reden zu halten wie Duttweiler, auch war mein Englisch nach einigen Anfangsschwierigkeiten mindestens so gut wie sein Holzhacker-Englisch, aber Sekretärinnen halten keine Reden, sondern legen sie ab. Dezimalklassifikation.

Schon im zweiten Monat durfte ich, wenn Strasser & Trefzger zufällig beide für kurze Zeit abwesend waren, etliche *poultry-and-chicken-* und manchmal auch Truthahn-Telefonate nach Texas selbständig ausrichten. Ich stellte mir dann vor, was für ein Typ am andern Ende der Telefonleitung saß im wilden Texas unter der knallenden Sonne, wo der Kaktus wächst. Vermutlich auch so ein redneck, dachte ich, aber einer mit Stetson-Hut. Stimmen hatten die in Texas! Wie John Wayne, dachte ich ganz excited und kam wegen der so entstehenden Verzauberung nie zu befriedigenden Geschäftsabschlüssen, sondern lauschte immer nur dem Timbre dieser Stimmen, und was sie sagten, war mir schnurz. Bei allen andern Büroarbeiten habe ich mich aber so sehr bewährt, daß Strasser zufrieden gewesen sei. Als ich dann nach einiger Zeit den Posten quittierte, bekam ich ein Referenzschreiben auf Migros-Federation-Papier, *To Whom it May Concern*, daß ich eine tüchtige Bürokraft gewesen sei. Die Empfehlung hat mir dann überall in der Welt weitere Bürotüren geöffnet.

Von den Telefonaten gab es verschiedene Sorten. *Long distance call* (zum Beispiel) nach Zürich oder Texas, *collect* nannte man es, wenn der Empfänger bezahlte, und *person to person*, wenn Strasser mit einem andern Strasser reden sollte; Geschäfts-Stimmen unter sich.

Abends war man k. o. und wie eingeweicht im Schweiß und wünschte, daß die Unterschriften-Zeremonie möglichst schnell vorbeigehe, aber der Chef unterschrieb nur absolut tadellos geschriebene Briefe, ein unschön gummierter Buchstabe, schon war das Papier zerknüllt. Härr Meiebärg mir sind kain Sauschtall was söllod öiseri Gschäftspartner vo dä Migros tänke wänn sie senigi Briäf überchömed, und so kam man kaum vor halb sechs auf die Straße, zitternd vor Wut. Zu dieser Zeit entleerten sich die Wolkenkratzer durchfallartig wie kranke Mastdärme, und im nahen Central Park begann das Geziefer der Bäume, die Vögel, zu schreien, das heißt, ich hörte sie erst jetzt schreien und konnte mit allen andern New Yorkern an die Pracht des Empire State Building hinaufschauen oder an das Time-and-Life-Building, wo die Augen abglitschten. Man war nichts in dieser Stadt, und die hochaufragenden Gebäude schrien mir entgegen: Wir sind prächtig/du bist nichts, nicht einmal eine Maus verglichen mit uns. Ein Dreck bist du ein zappelnder Dreck, und wir sind alles, Yes Ma'am.

Schauet hinan, es kommt nicht auf euch an. Und ihr könnt unbesorgt sterben.

So war das Leben damals in den langen Gehäusen des Eilands Manhattan, für die meisten Leute so und noch gräuer, als die

Strassers und Fultons und Spellmans in den Büros herrschten, und es gab fast nur Büros in der Stadt. So erinnere ich mich. (Ich war seither nie mehr dort. Aus den Erzählungen der Zürcher darf ich folgern, daß New York unterdessen eine todaufgestellte Stadt geworden ist, wo keine Büroarbeit mehr gemacht wird von traurigen Sekretärinnen. Nur noch Lofts und Künstler, nur noch Zürcher.)

Damals kam man abends geil wie ein Bock aus dem Büro zu den andern Büromännern in die Straßen und wollte noch etwas erleben auf die Nacht, die Reklamen geilten uns wahnsinnig auf, aber die Frauen auf den Reklamen würde man niemals haben. Itsy bitsy teenie weenie. Einen 40-Dollar-a-week-boy from Switzerland wollten die prächtigen blitzgebissigen, deodorierten girlies mit den wattierten brassières (abgekürzt bra) nicht haben. Sweden is a very lovely country o yes. Und auch die meisten andern Büromänner kamen mir vereinsamt vor, aber immer geil und traurig wie arme Seelen die Straßen auf und ab zappelnd. Am Times Square billige Huren, aber schon zu teuer, und Trefzger hatte gesagt, dort gibt es Tripper im Fall. In den Kinos lief *Wenn die Kraniche ziehn*, der englische Titel war *Story of a Soldier*, es ging um einen russischen Soldaten, der sich im Krieg verliebt. Und Kennedy habe persönlich die Verantwortung für das Desaster in der Bay of Pigs, wo die Exilkubaner landen wollten und nicht konnten, übernommen, sangen die Schlagzeilen der ›Daily News‹. Da waren wir alle ganz beruhigt und hätten auch noch gern einen Teil der Verantwortung übernommen, und ich fuhr über die Brooklyn Bridge zurück nach Brooklyn, dort wohnte ich in der Nähe einer Kaserne namens Fort Hamilton, so daß die süße Melodie des amerikanischen Zapfenstreichs in meine Kammer drang, c/o Mamie Wachinger, wenn ich das frische Hemd für den nächsten Bürotag zurechtlegte und das verschwitzte wusch, damit ich am nächsten Tag sauber dastand in meinem Loft, 250 West 57th Street, in Manhattan, vor langer Zeit.

Rue Ferdinand Duval, Paris 4e

(Mein Standort)

Metro St-Paul. Den Perron entlang, die Stiegen hinauf, an der Billettknipserin vorbei, der ewig strickenden Penelope, Odysseus läßt grüßen, am WC-Urinoir vorbei, an der stämmigen Schuhwichserin vorbei, die faulige Luft aus der Unterwelt im Rücken, nochmals eine Stiege, frische Benzindämpfe in der Nase.

Oberwelt. Eine Bank mit Vetteln, Rücken an Rücken sitzen die jeden Tag auf dieser Bank, verhutzelt und mit langen Zehennägeln, kommen aus dem Quartier zur Bank gehumpelt, geschlichen, auf dürren Beinchen gehinkt, sobald die Sonne scheint, kriechen wieder in ihre Unterschlüpfe, wenn es Nacht wird. Zu einem Schnaps in den billigen Pinten reicht es nicht ganz, also sitzen sie auf der Gratisbank. Wenn die Ampel auf Rot steht, hört man ihr Keifen und Schnattern, irgendeinen arabischen Dialekt. Wenn der Verkehr bei Grün wieder flüssig wird, sieht man nur noch ihre zahnlosen Mäuler auf- und zuschnappen. Manchmal kratzen sie ihre unförmigen Leiber, manchmal bekämpfen sie einander, streiten um den besten Platz, fahren einander an die Gurgel. Dann auch wieder ein schöner Schluck aus der Flasche, Vin Nicolas oder Préfontaines oder Vin des Rochers. Ein Teil der verschupften Weiber schaut auf den Verkehr, der andere Teil auf den Bretterverschlag gerade vor ihrer Nase, auf dem steht: »Abaixo guerra colonial.« Eine Inschrift der portugiesischen Arbeiter, die mit ihren Preßlufthämmern die Luft erschüttern. Auf der Männerbank gleich daneben liegt einer ausgestreckt. Wenn er noch ein bißchen weiter hinausrutscht, fällt er von der Bank. Interessiert bleiben die Passanten stehen. Richtig, jetzt schlägt der Kopf auf den Asphalt, während die Beine noch auf der Bank bleiben. Die Leute sagen: Was er wohl hat? und betrachten ihn gründlich. Dann kommt die Polizei und schleift ihn an den Armen weg. Der kommt jetzt nach Nanterre, ins Clocharddepot zur Entlausung. Am nächsten Tag liegt er frisch gereinigt wieder auf der Bank, und die Leute werden sagen: Der macht's nicht mehr lange.

»Farah bangt um das Leben des Schahs.« Schlagzeilen am Kiosk. »Das Volk von Paris bereitet dem Genossen Breschnew einen warmen Empfang.« Im Studio Rivoli läuft *Il était une fois dans l'Ouest*. Aus der Metro quellen die Leute, klauben ihre Batzen hervor und kaufen bei der Zeitungsfrau die tägliche Vergiftung. Abend will es wieder werden.

Am besten überqueren wir jetzt die Rue de Rivoli und schwenken beim Crédit Lyonnais rechts ab. Sodann dringen wir in die Rue Ferdinand Duval ein, vormals Rue des Juifs, im Jahr 1900 als Spätfolge des Dreyfus-Prozesses umgetauft, weil Jude ein Reizwort geworden war. Nach zehn Schritten wird die Rue Ferdinand Duval durchschnitten von der Rue du Roi de Sicile, so benannt nach Charles d'Anjou, König von Neapel und Sizilien, gekrönt Anno 1266, Bruder des heiligen Ludwig. Hier stoßen wir sofort auf Martine, die triefäugige Hur, welche an der Hinterfront des Crédit Lyonnais auf den Strich geht. Sie ist abgetakelt und mußte ihren Preis auf 30 Francs senken, Hotel inbegriffen, um im Geschäft bleiben zu können. Martine stöckelt regelmäßig hinüber bis zur Rue Pavée, streicht dem alten Gemäuer entlang, wo unter der Monarchie das Hurengefängnis war, genannt *la petite force*. Sie trägt einen Hut aus den frühen dreißiger Jahren. Tu viens, chéri? Der Patron der Bûcheron-Bar sagt von der hochbetagten Martine: Spare in der Zeit, dann hast du in der Not. Vielleicht kommt an einem Herbstabend der König von Sizilien, Arm in Arm mit Mackie Messer, und belohnt seine treue Untertanin Martine, welche seit 1927 in Wind und Regen ausharrt. Gott mach's ihr einmal wett.

In der Rue Ferdinand Duval selbst gibt es keine Huren mehr im engeren Sinn. Die vier Bordellchen, welche bis 1939 existierten, haben Bankrott gemacht. Es hat sich alles an die Bastille oder an die Rue Quincampoix verlagert. Aber vielen ehrbaren Mädchen graust es hier auch ohne Huren. Suzanne sagt: Es ist so dunkel im Quartier, und Ellen meint: Es riecht, als ob man stirbt, und Judith sagt: Hier wird vergewaltigt! Doch die sanften Araber und die jüdischen Metzger mit ihrem koscheren Fleisch denken gar nicht daran. Hier ist nämlich Morgenland, mitten in Paris, aus Phrygien und Pamphylien, aus Korinth und Thessalonich, aus Bessarabien und Wolhynien, aus Litauen und Sankt Gallen, aus Tunis und Kabylien sind sie gekommen, um an der Rue Ferdinand Duval zu wohnen. Mit dem Duft von Hammelbraten und Kuskus und von gefüllten Karpfen steigen Gebete wie ein wohlgefälliger Opferrauch in die Luft, auf hebräisch, arabisch, lateinisch, Gebete zum Gott Jakobs, Abrahams und Isaaks. Jerusalem! Jerusalem! ist an die Mauern geschrieben worden, und auf den Briefkästen steht: Mandelbaum, Blumenfrucht, Rosenstiel, Eisenstein, Zlotnik, Davidowics und lauter so Namen, die auf -berg auslauten. Die alten Ost-Juden mit Kaftan, schütteren Bärten im Gesicht und den rituellen Hüten promenieren auf und ab, ab und auf. Ottomar Scholem sagt zu Abraham Loeweren: Hanoten ne Kamoth begoim tholahoth beleoumin! Worauf Abraham Loeweren antwortet: Tholahoth, tholahoth. Der Rest wird überdeckt von arabischer Musik, die aus dem Café-Restaurant ›Bar Oriental‹ kommt. Dann die Juden aus Nordafrika, welche von den Arabern kaum zu unterscheiden sind. Auch einige Christen und Heiden. Und die Zigeunerin Anna aus dem Kaukasus mit ihren grellen Röcken, welche all diesen Stämmen aus der Hand liest. Für 15 Francs werden Ferien an der Riviera in Aussicht gestellt, für zehn Francs eine günstige

Erbschaft, für fünf Francs Glück in der Liebe. Die orthodoxen Juden lassen sich aber nicht aus der Hand lesen, das ist mit der Thora nicht vereinbar.

Um die Übersicht nicht zu verlieren, angesichts der vielen Völkerschaften, steigen wir jetzt in den fünften Stock in der Nr. 7 der Rue Ferdinand Duval. Ein Gebäude aus dem 17. Jahrhundert, unter Denkmalschutz, die Fassade neigt sich deutlich. Wertvolles Treppengeländer (Schmiedeeisen), Plumps-Klosette aus dem 19. Jahrhundert, je eins für sieben Wohnungen. Auf jedem Treppenabsatz ein Messinghahn mit fließendem kaltem Wasser, in allen Wohnungen Elektrizität aus dem 20. Jahrhundert. Die aus dem sechsten Stock entleeren ihren Fäkalieneimer im fünften Stock, wenn sie nicht damit schon auf der steilen Stiege ausgerutscht sind. Badezimmer, Warmwasser, Duschen und ähnlichen Kram gibt es nicht, wenn man das einbauen würde, könnten die Leute ihre Miete nicht mehr zahlen und müßten in die Vorstadt auswandern, in einen Sozialbau. Da ist ihnen der gemütliche Dreck doch lieber. An menschlichen Lauten ist zu hören: »Ordure, tu me fais chier, je te coupe les couilles, fumier, je te pisse au cul, ta gueule.« Daran merkt man, daß die Alkoholiker im sechsten Stock zurückgekehrt sind und die ehelichen Beziehungen wieder aufgenommen haben, indem sie algerischen Rotwein saufen. Es sind die einzigen lauten Menschen im Haus, sie haben noch nicht resigniert. François Villon war dabei und hat seine Eindrücke zusammengefaßt:

»Doch ab und zu, da schlag' ich aber mächtig Krach, wenn Margot blank vom Strich kommt und sich zu mir legt. Dann klau' ich ihr die Kleider, Gürtel, Mantel, was sie trägt, und tobe, fluche, möchte sie am liebsten stracks vergiften. Da stemmt der Teufelsbraten beide Arme in die Hüften und kreischt und schwört bei unseres Heilands Leidenszeit, das werd' ich bleiben lassen! Und drauf packe ich ein Scheit, mit ungebrannter Asche tu' ich ihr den Schädel lausen...«

Die anderen Bewohner schleichen still und vergrämt in ihr Gemäuer, grüßen kaum im Stiegenhaus, haben bei den vielen Stufen auch nicht mehr genug Atem, um etwas zu sagen. Es riecht nach feuchter Wäsche und Urin, auch nach Gemüse und Abfällen aus dem nordafrikanischen Laden im Parterre. Dafür sind die Wohnungen auch billig, 100 Franken im Durchschnitt. Es wird in letzter Zeit viel gestorben im Haus. Am schönsten starb der Stammvater der jüdischen Gemüsehändlersippe, Monsieur Dahn. Er hatte mit einem gebrochenen Herzen im Spital gelegen, hatte den Auszug aus Algerien nicht verkraften können, der Ärger mit der Entkolonisierung war dem Kolonialwarenhändler auf den Magen gefahren. Kurz bevor er den letzten Schnauf tat, brachten ihn seine Söhne ins Haus zurück, damit er in den eigenen vier Wänden sterben konnte. Dort starb er beruhigt und sofort. Da fing eine orientalische Totenklage an im ersten Stock, ein gewaltiges Wehklagen schallte aus den offenen Türen, die Söhne Simon und Maurice rauften sich die Haare und hatten viel Bekümmernis. Eine Stunde lang wurde verzweifelt und lauthals geschrien, an Wasserflüssen Babylons, an- und abschwellend die Trauer herausgeschrien, kaputtgeheult, dann war es plötzlich still, sie hatten ihren Schmerz liquidiert, am nächsten Tag standen die Gebrüder Dahn wieder aufgeräumt hinter ihren Lauchstengeln. Madame Pernelle frißt demgegenüber ihre französische Trauer in sich hinein, jeden Tag ein bißchen mehr, nachdem ihr der Mann weggestorben ist, und wird ganz bitter dabei.

Doch zurück in meine karge Wohnung, im fünften Stock, wo bei großen Regengüssen das Wasser durch die Decke tropft. Hier hat früher Madame Cucu gewohnt, eine Normannin, die sich während des Krieges aufs Land verzog. Als Madame Pernelle 1944 im Auftrag von Madame Cucu einen Kontrollgang durch die Wohnung machte, fand sie die Tür offen und einen Partisanen am Fenster, welcher eben einen deutschen Soldaten erschoß, der mit erhobenen Händen unten an der Ecke stand. Madame Pernelle fand das unmenschlich. Heute wird in der Straße sehr selten geschossen, seit ich 1969 die Wohnung bezog, erst dreimal, und jedesmal aus nichtpolitischen Gründen. Stellmesser tun's auch. Wenn die Dämmerung kommt, hört man oft den kriegsinvaliden (1914–1918) Zeitungsboten, wie er seine Ware ausschreit. Er verkauft ›France-Soir‹, hat es aber auf der Lunge und kann deshalb nur ›France‹ rufen, für ›Soir‹ reicht die Kraft nicht mehr. »France!« ruft er, »France, France«, und läßt sein Holzbein auf dem Pflaster klappern. Die Metzger, Beizer, Patissiers, Schneider, Farbenhändler, Buchdrucker, Fischhändler, Rabbiner, Gemüsehändler, Bäcker, Tuchhändler kommen aus ihren Boutiquen und kaufen ihm den neuesten Dreck ab. Es kommt auch der Glaser mit schwerem Tritt und dem Gestell auf dem Rücken und ruft die Gasse entlang: Vitrieeeer! Vitrieeeer! Wer eine zerbrochene Scheibe hat, holt ihn von der Straße weg, der Mann hat alle Zutaten auf seinem Gestell, Spachtel, Kitt und Scheiben, nimmt bescheidenen Nutzen. Einmal im Monat ist der Scherenschleifer mit seinem fahrbaren Laden zur Hand, die Metzger bringen ihre Hackbeile, die Halsabschneider ihre Stellmesser. Zwei Franken kostet so ein Schliff. Etwas seltener, vielleicht alle sechs Wochen, kommen die Straßensänger, ein blinder Mann mit Frau und Kind, und singen Lieder, wie sie auf keiner Schallplatte zu haben sind. Ach, das Lied vom früh verhurten Vorstadtmädchen, c'était une fille de quinze ans, die Eltern so arm, so arm, sie mußte ihre Haut verkaufen. Oder *Un petit gamin au fond des Faubourgs* oder *La rôdeuse de barrières*, auch das Lied von den Augen der Mutter, *Les yeux de maman sont des étoiles*. Die Straßensänger, es sind die letzten von Paris, singen mit dünner Stimme, kommen gegen die automatische Musik in den Cafés nicht mehr an, aber viele hören doch noch zu, bringen dem Kind ihren Franken. Wenn die Polizei kommt, verkrümeln sich die Sänger, die nimmt ihnen sonst das Geld ab.

Gegenüber von Jakobs Brockenhaus (La brocante de Jacob) singen sie zum letztenmal *Il était une fois une fille de roi*, dann werden sie vom Menschenstrom der Rue de Rivoli verschluckt.

*

Wenn der Verkehr in der Rue Ferdinand Duval gegen 21 Uhr erlischt, hört man das Tamtam und die klagende Arabermusik aus den drei morgenländischen Cafés. Modulationen aus dem Gregorianischen Choral, immer die gleichen paar Töne, zum Verrücktwerden. Über den Dächern schwebt beleuchtet die Kuppel der ehemaligen Jesuitenkirche St.-Paul. Als Bossuet dort die saftigen Leichenreden hielt, seinerzeit, mußten die Domestiken aus dem Quartier die Plätze ihrer Herren schon um sechs Uhr morgens besetzen, obwohl die *oraison funèbre* erst um 15 Uhr anhub. Über den Dächern schwimmt ein bleicher Mond. Bossuets Leichenreden verblassen gegenüber den Reizreden, welche ab Mitternacht unter dem Mond der Rue Ferdinand Duval geführt werden. Einmal pro Woche darf man damit rechnen, daß in der tunesischen Halunkenbar grad gegenüber ein Streit vom Zaun gebrochen wird. Die feindlichen Brüder Zapata und Baasino schaukeln durch gezielte Beschimpfungen ihre Wut hoch, ganz im Sinn und Geist des Hildebrandslieds. Es ist ein Familienzwist, innerhalb einer einzigen jüdisch-tunesischen Sippe ausgetragen, er berührt die andern Völker nicht. Du Hurensohn, sagt Zapata. Du verfaulte Leibesfrucht, antwortet Baasino. Du dreimal räudiger Hundsfott. Du syphilitischer Bastard. Wenn der Streit dann gar ist und die Stimmen schriller werden, gehen die Lichter an in der Rue Ferdinand Duval. Die Leute installieren sich im Schlafrock an den Fenstern, schieben ein Kissen unter die Ellbogen. Jetzt zerspellt Baasino eine Bierflasche auf dem Trottoir. Damit ist der Bann gebrochen, es kann von den Verbalinjurien zu den eigentlichen Tätlichkeiten geschritten werden. Meist umklammern Baasinos Frauen seinen

Körper, damit er nicht zuschlagen kann. Doch Baasino-Laokoon schüttelt die Kletten ab, holt auf dem Bauplatz einen Prügel und zertrümmert die Flaschenbatterie in der ›Bar Oriental‹. Baasino geht hierauf vor die Tür und nimmt den großen Kehrichtkübel. Diesen wirft er durch die Scheibe, schon ist der Boden mit den stinkenden Überresten des Tages bedeckt. Die Musiker drücken sich in die Ecken, versuchen ihre arabischen Trommeln und Lauten zu retten. Wenn der Kampf abflaut und Gefahr besteht, daß nichts mehr passiert, telefonieren die Zuschauer meist der Polizei – nicht vorher. Sobald diese erscheint, kann mit weiteren Prügeln gerechnet werden. So kommen auch die Allerärmsten im Quartier auf ihre Rechnung; sie können sich kein Kinobillett kaufen, um *Il était une fois dans l'Ouest* zu sehen, im Studio Rivoli.

Dabei ließe sich in der ›Bar Oriental‹ so angenehm ein kleiner Rosé sec schlürfen! Hier wirken die besten Bauchtänzerinnen der Straße. Zum Wein werden gratis gebackene Sardinen und Oliven gereicht, und wenn einmal die erste Flasche leer ist, wird reihum weiterspendiert. Früher wurde auch Haschisch geraucht, als Michels Bande hier verkehrte, la bande à Michel, manchmal wurde auch Heroin gespritzt. Leider machten sich die Bandenleute im Quartier unmöglich, weil sie ihre Mädchen an den Koch von Goldenbergs Restaurant verkuppelten und dazu, wenn der Koch es mit Danièle trieb, seiner Schublade 500 Francs entnahmen. Sie wohnten gleich über dem Restaurant der ›Bar Oriental‹. Sie lebten vom Mundraub und von Gelegenheitsarbeit. Der Dreck in ihrer Kommune stand so hoch, daß die Ratten kamen, schwarze fette Kanalratten. Wenn sie nichts mehr zu essen hatten, stahlen sie Enten in den öffentlichen Pärken. Diese haben sie über einem offenen Feuer in ihrem Zimmer gebraten. Dabei wurden sie von der Wohnungsinhaberin überrascht, und die Herrlichkeit hatte ein Ende.

Die bande à Michel ist verschwunden, unter Hinterlassung

von Gestank und Dreck. Die Bauchtänzerinnen sind immer noch da, Allah & Jahwe sei Dank. Bauchtanz besteht darin, daß die Bewegungen des Oberkörpers von jenen des Unterkörpers streng getrennt sind. Der Körper wird in zwei autonome Hälften zerlegt. Demarkationslinie: knapp oberhalb des Bauchnabels. Die Bewegung der Arme muß schlangenhaft aus den Achseln fließen. Darin haben es Baasinos Frauen zu Spitzenleistungen gebracht. Trommler Baasino und der arabische Lautenschlager befeuern das wogende Gewackel mit ihren Rhythmen. Auch die ungestalten Frauen dürfen. Man sieht sogar die sechzigjährige Fatima, meine geschätzte Putzfrau, ihren Hintern von den zwei Barstühlen herunterwuchten, welche dieser als Unterlage braucht, und ebendiesen Hintern in den harten Rhythmus versetzen. Auch eine kleine Dicke mit großer Leibesfülle und Krampfadern ist dabei, der Tanz verklärt ihre Häßlichkeit. Immer wieder das Gestampfe wie beim Flamenco, und die alten fetten Tunesier, welche ihre Bäuche einziehen und rhythmisch die Hüften rotieren lassen. Das geht so weiter bis morgens zwei oder drei Uhr, wenn gerade keine Prügelei vorgesehen ist. Nur Europäerinnen hat man bei Baasino noch nie bauchtanzen sehen. Sie schmatzen an ihrem Kuskus, schauen wehmütig auf die elastischen Bäuche.

*

Gleich rechts neben der ›Bar Oriental‹ haben die algerischen Kabylen ihren Stammsitz. Knorrige Appenzellerköpfe, viel weniger aufbrausend als die Tunesier, in sich gekehrt und klagende Musik bevorzugend, fast kein Kontakt mit der ›Bar Oriental‹, nur Fatima geht hinüber und herüber. Die andern bleiben unter sich und können stundenlang vor ihrem Bier hocken. Hier verkehren keine Halunken, Zuhälter oder Hehler, die Verhältnisse sind ziemlich klar. Alle arbeiten, als Dreher, Köche, Kellner, Maler, am Fließband bei Renault. Im Musikautomaten ist eine Platte, die fängt mit dem Wort ›Minijupe‹ an, geht dann arabisch weiter. Das Wort ›Minijupe‹ kehrt am Anfang jeder Strophe wieder. Gefragt, was das bedeute, sagt Hocine, der Patron: Die Platte soll unsere algerischen Frauen vor den Gefahren des Minijupes warnen. Jede Strophe zählt eine neue Gefahr auf. Die algerischen Frauen bei Hocine tragen denn auch keine Minijupes, sondern lange farbige Hippieröcke. Wenn eine Frau in festen Händen ist (verheiratet oder in regulärem Konkubinat lebend), wird sie am Kinn mit einem blauen Streifen tätowiert. Französinnen verkehren hier kaum, im Gegensatz zur ›Bar Oriental‹. Fast alle Kabylen sind dreisprachig: arabisch, kabylisch, französisch. Die Familie ist meist in Algerien geblieben. Ihre Sexualnot ist dementsprechend. Keine Rede davon, daß sie eine französische Freundin haben können. Unmöglich auch, mit den adretten Huren der Rue St-Denis zu schlafen, denn die sind alle rassistisch. Also gehen sie ins Araberbordell in der Gegend von Barbès-Rochechouart (20 Francs), und das ist kein ungetrübter Genuß. Man muß sie sehen, wie sie Schlange stehen vor dem traurigen Puff. Auch politisch haben sie es nicht leicht. Hocine war während des Algerienkrieges 28 Monate eingesperrt, in Fresnes, ohne Gerichtsverhandlung. Dabei war er nicht mal FLN-Kämpfer. Viele von seinen Freunden wurden während der großen Polizeirazzien gefesselt in die Seine gekippt, andere sind aus Helikoptern ins Meer geworfen worden. Er und die andern Algerier erleben täglich den Rassismus der Franzosen, für die sie arbeiten. Ihre religiösen Traditionen haben sich im Kontakt mit Frankreich oder schon vorher verflüchtigt. »Was wollen wir in die Moschee rennen und dort Leibesübungen auf dem Gebetsteppich absolvieren, Liegestütz und dergleichen, nach der Arbeit sind wir kaputt«, sagen sie. Dagegen ist ihr politisches Bewußtsein stark entwickelt. Nur zehn Prozent der Kabylen respektieren noch den Fastenmonat Ramadan: Einen Monat lang essen sie vom Morgengrauen bis 18 Uhr nichts, trinken nichts, rauchen nichts, rühren keine Frau an. Sie sind das Proletariat der Rue Ferdinand Duval und zugleich die höflichsten Leute in der Straße. Nach ihnen kommen nur noch die Lumpenweiber, die Krüppel, Blinden und Verrückten, welche hier in Freiheit leben. Noch weiter unten kommen die senegalesischen Fremdarbeiter, die auf Schleichwegen nach Frankreich geschleust wurden. Sie besorgen morgens um halb sieben die Kehrichtabfuhr und putzen die Straße, trinken nachher einen Kaffee bei Hocine. Verglichen mit den Senegalesen, leben die Algerier im Wohlstand: Die meisten haben ein eigenes Hotelzimmer, während die Senegalesen in einer Art von Apfelhurde übernachten. Früher hat Frankreich aus dem Senegal Scharfschützen rekrutiert, die *tirailleurs sénégalais*, heute werden aus derselben Gegend die Schmutzarbeiter importiert. Manche tragen noch ihre Orden aus den Schlachten des Imperialismus.

*

Rue Ferdinand Duval, Paris 4e. 120 Schritte lang, acht Schritte breit, lauter kleine Ghettos. Die Tunesier verkehren nicht mit den Algeriern, der jüdische Inhaber von Jakobs Brockenhaus hat noch nie mit einem Araber gesprochen. Der polnische Jude Salomon Edel – »strikt koschere Metzgerei unter Aufsicht des Ober-Rabbiners von Paris« – kann den katholischen Polen vom Ellen-Hotel nicht riechen. »Denn«, sagt Salomon Edel, der Metzger aus Verlegenheit (er hätte gern einen anderen Beruf gewählt, hatte aber als Emigrant keine Möglichkeit), »wir Juden sind ausgewandert, weil das polnische Volk antisemitisch war. Die haben uns doch alle den Deutschen verraten. Die SS hatte polnische Helfershelfer. Die Katholiken hingegen sind ausgewandert, weil sie das Regime nicht mochten. Sie sehen, ein gewaltiger Unterschied.« Gegenüber den Arabern hat Salomon Edel weniger Abwehrreflexe als gegenüber den katholischen Polen (er nennt sie Polacken). Er steht ihnen indifferent gegenüber. Die Araber werden für ihn erst aktuell, wenn er nach Israel auswandert, ein Gedanke, mit dem er schon oft gespielt hat. Andererseits möchte er das Vaterland nicht schon wieder wechseln. Er hat französisch assimilierte Kinder und ist erst seit 1947 hier. Virulenten Antisemitismus hat er nicht kennengelernt. Er verkehrt vor allem mit orthodoxen Juden, geht am Sabbat in die Jugendstilsynagoge an der Rue Pavée (Rabbiner Rottenberg). Er hat einen schwermütigen Blick. In der Metzgerei steht neben dem Hackbrett eine Opferbüchse, die Spenden für Israel und den jüdischen Wohltätigkeitsverein aufnimmt.

Rue Ferdinand Duval. Der Rinnstein wird jeden Tag zweimal gespült, der Dreck geht in die Kanäle, jede Straße hat ihren unterirdischen Kanal. Vor der Patisserie-Boulangerie des David Abitbol vergurgelt das Dreckwasser im Untergrund. Der Jude Abitbol wäre gern in Tunis geblieben, wo es ihm paßte, aber als de Gaulle 1960 Bizerta durch die französische Flotte bombardieren ließ (300 Tote), ging es ihm an den Kragen. Nicht so sehr, weil er Jude war, sondern wegen seinem französischen Paß. So hat er seine Patissier-Wissenschaft nach Paris mitgenommen und den Laden des Monsieur Bellaiche übernommen, welcher vor kurzem Bankrott machte. Nun stehen all die kunstvollen Leckereien im Schaufenster, Slabia, Boulou, Bakloua, Deblah, Makroude, Yoyo, die marmorierten und glänzenden Errungenschaften des Orients. Eierteig mit Honig, Dattelteig, Sesamkorn, das klebrige Loukoum, meist ist Honigseim mit eingebakken. Er hat auch Mandelmilch auf Flaschen gezogen. Die Algerier kaufen hier das zopfartige Brot. David Abitbol sagt: »Ich würde lieber in Tunesien als mit polnischen Juden zusammenleben. Die sind ja so eingebildet, eine richtige Herrenrasse. Wissen Sie, daß die osteuropäischen Juden sagen, wir Mittelmeer-Juden hätten Schwänze wie die Esel?« David Abitbol praktiziert seine Religion ungefähr so intensiv wie die Kabylen die ihrige. »Ich habe nicht die Kraft, am Sabbat aufs Rauchen zu verzichten.« An hohen Festen geht er in die Synagoge, aber nur an wirklich hohen.

Während osteuropäische und arabisierte Juden sich herzlich nicht mögen, rümpft die französische assimilierte Jüdin von der Druckerei ›Azur‹ ihr feines Näschen über die Orientalen insgesamt. Wie schön war das Quartier vor dem Krieg, als es hier nur die sauberen Ost-Juden gab, und wie schmutzig ist es nach der Einwanderung dieser Orientalen geworden. Gehen Sie bloß nicht in die nordafrikanische Synagoge an der Rue des Ecouffes, die schlampige Liturgie dort mit ihren You-You-Rufen würde Ihnen einen falschen Eindruck vom Judentum geben. Ein drekkiges Volk diese Orientalen! Ihr Mann ist nichtjüdisch, sie betrachtet sich als Vollfranzösin, die Druckerei geht gut, danke, 18 Arbeiter, die nichtjüdischen sind leider ein bißchen antisemitisch, wenn es auch nicht brutal zum Ausdruck kommt. So spricht die Druckereibesitzerin, während sie die Bar-Mitzvah-Karten ordnet, die hebräisch und französisch beschriftet sind. Die Vorfahren sind nach dem Deutsch-Französischen Krieg aus dem Elsaß nach Paris eingewandert. Elsässer, welche mit den südfranzösischen Juden zusammen den harten Kern des arrivierten Judentums bilden. In ihrer Synagoge an der Rue des Tournelles sahen die Elsässer die osteuropäischen Juden nicht gerne, welche nach den Pogromen von 1880 nach Frankreich strömten. Deshalb haben die Ostjuden ihre eigene Synagoge an der Rue Pavée. Weil sie an der Rue Pavée nicht willkommen waren, haben die Juden aus Nordafrika sich ihrerseits in der Synagoge der Rue des Ecouffes versammelt... Rue Ferdinand Duval. In der Dachrinne gurren die Tauben, im Abfall schwänzeln die Ratten. Die Völkerschaften müssen miteinander auskommen, sich wenigstens nicht ausrotten, auch wenn sie einander nicht lieben und fast nicht kennen. Der Pied-noir-Kolonialwarenhändler in Nummer sieben, welcher vor den Algeriern die Flucht ergriff bei der Unabhängigkeit und nun ausgerechnet algerische

Fremdarbeiter vor der Nase hat, darunter ehemalige Freiheitskämpfer. Der polnische Jude Salomon, welcher vor den katholischen Polen floh und 20 Schritte von seiner Metzgerei einen katholisch-polnischen Hotelier installiert bekommen hat. Der Tunesier, welcher sich von den polnischen Juden als Schwanzträger behandelt glaubt, muß gleich drei jüdisch-polnische Metzgereien in seiner Straße ertragen. Ein prekäres Gleichgewicht. Die Situation ist nur deshalb nicht explosiv, weil keine eindeutige Mehrheit eine eindeutige Minderheit kujonieren kann, weil die Sympathien kreuz und quer durcheinanderlaufen. Die Feindschaften neutralisieren sich, der ökonomische Koexistenzzwang tut ein übriges. Und über allem wacht der französische Staatsapparat, welcher sich in Friedenszeiten nicht rabiat antisemitisch aufführt, das heißt nicht antijüdisch oder antiarabisch.

Aber Friedenszeiten sind nur Verschnaufpausen. Gegen die Juden hat Frankreich 1940–1944 Krieg geführt, gegen die Araber 1953–1962. (Und auch seit der Unabhängigkeit Algeriens spüren die algerischen Fremdarbeiter jede Verschlechterung der Beziehungen sofort am eigenen Leib.) Und wenn das beherbergende Land Frankreich einmal wirklich neutral ist gegenüber Juden und Arabern, dann gehen ausgerechnet Israel und die Araber im Orient aufeinander los. Der Sechstagekrieg von 1967 hat zwar in der Rue Ferdinand Duval keine Opfer gefordert wie im jüdisch-arabischen Quartier von Belleville, aber er hat die ohnehin kühlen Beziehungen zwischen Juden und Arabern unter den Gefrierpunkt sinken lassen. Kein Kabyle wollte mehr bei dem jüdisch-algerischen oder jüdisch-tunesischen Kolonialwarenhändler kaufen, und diese hätten ihm auch nichts mehr verkauft. Plötzlich entdeckten polnische und tunesische Juden ihre völkische Gemeinsamkeit. Die zionistischen Jugendgruppen in ihren Uniformen, welche aufgeregt durchs Quartier zogen, machten die Sache auch nicht besser. Und die antiarabischen Inschriften an den Hauswänden und der zionistische Triumphalismus nach dem Sieg und die vielen kitschigen Dayan-Bildchen im Herz-Jesu-Stil, welche bei den jüdischen Buchhändlern die Auslagen zierten, in der Rue des Rosiers und der Rue des Ecouffes... Eine erdrückende Allianz ballte sich im Quartier gegen die Araber zusammen: Juden jeder Herkunft, welche in normalen Zeiten fast nichts gemeinsam haben, dazu jene Franzosen, welche 1940–1944 judenfeindlich waren, jetzt aber ihren eingefleischten Fremdenhaß zum Antiarabismus umfrisierten. Denn die französische Rechte (Maurras, Drumont, Barrès) war mit den Zionisten immer darin einig gewesen, daß Israel das gelobte Land der Juden sei, daß die Juden auswandern sollten. Nur die jüdische Macht *in Frankreich* war ihnen zuwider; jüdische Machtpolitik im fernen Palästina war ihnen gleichgültig oder erwünscht, wenn sie den Arabern schadete. Jenen Arabern, welche dem französischen Nationalstolz im Algerienkrieg die größte Schlappe seit Dien Bien Phu eingebrockt hatten. Die Araber im Quartier hielten sich 1967 noch stiller als sonst...

*

Rue Ferdinand Duval, Rue des Juifs, 120 Schritte Weltgeschichte, 8 Schritte Psychodrama, Weltgeschichte im Hochkonzentrat, große Politik im Reflektor. Überall noch die Gedenktafeln an deportierte Juden, jährlich mit frischen Blumen geschmückt. Ganz in der Nähe das ›Mahnmal für den jüdischen Märtyrer‹. Und Miecyslaw Laski, der schnauzbärtige Russe, promeniert täglich durch die Gasse, zeigt jedem, der es sehen will, die eintätowierte Matrikelnummer aus dem Konzentrationslager Auschwitz und erklärt auf jiddisch, der angestammten Sprache der Ost-Juden (die mit hebräischen Lettern geschrieben wird): »Ich bin gekimmen vun Osterreich, friher war ich in Birkenau bei Oberschlesien, speiter nuch Auschwitz, speiter in Keilengruben bis Ende im Jahr 1945. Evakuiert geworden nuch

Großhausen-Dachau, dann befreit geworden. Wenn die Krieg hot sich geendigt, war ich ein Monat in Budapest. Von Budapest vier Mol Transporten vun Menschen gemacht, welche emigrierten nach Osterreich. Mußte bleiben in Osterreich, weil die Russen erkunnten mir. Drohten mir das nächste Mol, wenn ich mach noch Transport, dann bekumm ich zehn Johre.« Er wollte nach Mexiko auswandern, blieb 1947 in Paris hängen und wohnt in der Rue des Ecouffes, wo man ihn mit Uhren handeln sieht. Er möchte möglichst nicht auf dem Kontinent wohnen, wo Deutschland liegt, dem er immer noch eine imperialistische Freßgier zutraut. Er hat jüdische Freunde, die 1933 vor den Faschisten nach Paris flohen, wo sie sich geschützt glaubten – bis der Faschismus 1940 auf Besuch kam. (Die Familie Tenenbaum, dritter Stock, Rue Ferdinand Duval 7; Mutter mit drei Kindern im Konzentrationslager vergast, der Vater überlebte.)

Die Familie Tenenbaum – Witwe Pernelle im sechsten Stock hat sie gekannt. Reizende Leute, gutorzogene Kinder, man merkte kaum, daß es Juden waren. Eines Tages im Jahr 1941 war das Quartier von deutschen Soldaten und französischer Polizei umstellt. Viel Ungemach auch für die Nichtjuden, einen ganzen Vormittag konnte Madame Pernelle nicht in die Wohnung zurückkehren. Nachher stellte sie fest, daß die Tenenbaums verschwunden waren. Der Schuhmacher hatte noch Schuhe des jüngsten Tenenbaum-Kindes in Reparatur. Sie wurden nicht mehr abgeholt, er hat sie heute noch. Das Verschwinden der Tenenbaums wurde in Nr. 7 allgemein bedauert, sagt Madame Pernelle, während die Verhaftung eines kommunistischen Studenten im ersten Stock die Hausbewohner kalt ließ (sagt Madame Pernelle). Hätte der nur seine Finger von der Politik gelassen! Politik ist schlecht, Monsieur Pernelle selig hat nie Politik gemacht. Die Tenenbaums auch nicht, und deshalb ist es ungerecht, daß sie vergast wurden. Madame Pernelle hat aber während des Krieges von den Vergasungen nichts gewußt,

Monsieur auch nicht. Erst später hat sie am Fernsehen die Konzentrationslager gesehen. Furchtbar, furchtbar, sagt sie. Mußte man sie denn gleich vergasen! Wenn man mit ihnen nicht zufrieden war, hätte man es doch bei Arbeitslagern bewenden lassen können. Von Antisemitismus hat Madame Pernelle noch nie etwas gehört, sie kennt weder die Sache noch den Begriff. Wie haben Sie gesagt, Antizementismus? Die Araber im Quartier sind unheimliche Vögel, sagt sie. Wer schuldlos ist, werfe den ersten Stein auf Madame Pernelle. Wer nicht begreift, daß die französischen Kleinbürger durch die unverständlich dunklen Bräuche von Juden und Arabern irritiert werden, der hat noch nie eine orientalische Straße bewohnt. Madame Pernelle und ihresgleichen fühlen sich in die Minderheit versetzt, mitten in ihrer wackeren Stadt Paris, welche doch die Quintessenz des Französentums darstellen sollte. Diese exotischen Menschen, die kaum Französisch verstehen, und die Osteuropäer mit ihrem schrecklichen Akzent. Madame Pernelle reproduziert nur, was ihr die Lesebücher eingetrichtert haben: das Bewußtsein der Überlegenheit französischer Sprache und Gesittung. Wie soll sie begreifen, daß Salomon Edel nur geschächtete Tiere verkauft, daß den orthodoxen Juden manche Fettarten untersagt sind, daß sie keine Nieren und kein Schweinefleisch essen? Daß am Sabbat die Boutiquen schließen? Die nichtorthodoxen Juden begreifen das ja auch nicht. Wie soll es ihr in den Kopf, daß der jüdisch-tunesische Händler Touitou den Arabern einen Weihrauch verkauft namens Ouchak, mit dem die bösen Geister vertrieben werden? Und warum können manche Araber nicht normale Zahnpasta brauchen wie die Franzosen, warum reiben sie statt dessen ihre Zähne mit Nußbaumrinde (Chaak)? Und die arabischen Hutzelweiber, die brauchen kein Shampoo, sondern Tfal, Seifenerde, davon dann die eigenartige Rotfärbung der Haare. (Alles bei Touitou vorrätig, Ecke Rue F. Duval/Rue des Rosiers.) Und wozu all die komischen Kultgegenstände, siebenarmige Leuchter und so?

Lauter so Bräuche! Je ärmer die Emigranten sind, je ratloser im grausam-ungewohnten Paris, desto mehr halten sie sich daran fest. Ein fester Punkt, eine feste Burg. Sonst haben sie ja nichts. Sie verkriechen sich in ihre Bräuche, welche nur Außenstehenden als Äußerlichkeiten erscheinen. Der armselige Gebetsraum, Synagoge genannt, an der Rue des Ecouffes, vollgestopft mit Symbolen. Im Vorraum ein ungelenkes Ölgemälde, Juden, welche von deutschen Soldaten in Viehwagen gestoßen werden. Die flackernden Totenlichter, im Öl schwimmend, für die Seelen der Abgestorbenen. Ein Votivbild des ›Großen Verehrten Heiligen Rebi Schemoun bar Youhay‹. Ein abgegriffenes Tuch mit Davidstern am Eingang, welches die Gläubigen so berühren wie die Katholiken das Weihwasser. Ein Bild von General Dayan, mit Flugzeugen und Soldaten, darunter ein Segensspruch, vermutlich unabsichtlich in dieser Nachbarschaft: »O möge Dein großer Name, mächtiger Herrscher, auf immer im Himmel und auf Erden gesegnet sein.« Der alte Mesmer, wie eine Drehorgel dem Rabbiner respondierend. Die Frauen in ihrem besonderen Frauenabteil, hinter den Männern, völlig passiv, mit lauten Haushaltsdiskussionen beschäftigt während des Gottesdienstes, vom Mesmer immer wieder mit psst! psst! zum Schweigen aufgefordert. Die Frauen haben überhaupt nichts zu tun bei der Liturgie, sind nur physisch anwesend in ihrem Pferch. Und dann die gesenkten Köpfe der abgerissenen nordafrikanischen Juden, das Defilieren vor der Thora, fast wie ein Benediktinerkonvent vor dem Abt. Eine Liturgie wie in katholischen Landkirchen vor 20 Jahren, Fetischismus der Kultsprache, eingeübte Mechanismen. Religion als Gemüt einer herzlosen Welt. Nur *ein* schöner und befreiender Augenblick: wenn alle Männer aufstehen und in Richtung Jerusalem schauen, wie es ihre Väter seit der Zerstörung des Tempels getan haben. Nur die Arrivierten verzichten ganz auf die alten Bräuche. Je höher hinauf in der Sozialpyramide, desto weniger bleibt von der Überlieferung hängen.

Sie haben ein neues Bezugssystem gefunden, den alten Adam abgestreift, neuen Boden unter den Füßen gefunden. Goldenen Boden. Bei Goldenberg, dem berühmten Spezialitätenrestaurant, sieht man es deutlich (Ecke Rue F. Duval/Rue des Rosiers). Goldenberg hat am Sabbat nicht geschlossen, arbeitet nicht mit koscherem Fleisch, hat nicht nur Matzen, sondern auch Weißbrot (welches er *pain catholique* nennt). Die jüdischen Eßtraditionen sind insofern präsent, als sie eine delikate und teure Mahlzeit abgeben. Hier schnabulieren die vermögenden Juden, Christen und Heiden aus aller Welt ihre Klops, Vourcht, Pickelfleisch, Kroupnik, Borcht, Miltz, Stroudel, Pojarski, Chichkebah. Leute aus dem Quartier sieht man kaum, von den Orthodoxen wird Goldenberg gemieden, den Arabern ist er zu teuer. Goldenberg fällt mit seinen Preisen, seiner Gediegenheit und Geschniegeltheit aus dem Rahmen der Rue Ferdinand Duval. Der Gérant mit seinem Zwirbelschnauz, Jacques-la-Moustache, einen Davidstern auf der Brust, komplimentiert die Herrschaften an ihre Tische, höchst untertänig. Hier ist man wer, wenn man viel und teuer ißt oder einen berühmten Namen hat.

Moustaki kommt manchmal von der Ile Saint-Louis herüber. Er hat mit den Chansons über die Randfigur der Gesellschaft, die er einmal war, soviel Geld gemacht, daß er seinen Bauch jetzt bei Goldenberg mästen kann. Avec ma gueule de métèque, de juif errant de pâtre grec... Die Leute, die er besingt, wohnen aber nicht auf der Ile Saint-Louis. Auch Aznavour kommt, Goldenberg ist ein Geheimtip unter Feinschmeckern. Auch Joseph Kessel kommt, de l'Académie française. Und natürlich Serge Gainsbourg mit der trottelhaften Jane Birkin. Alle finden sie das Quartier so malerisch, der Gegensatz zwischen Goldenberg und der Misere ringsumher stimuliert die Magensäfte. Als das neue Lokal von Goldenberg eingeweiht wurde, kam sogar ein leibhaftiger Minister, Duhamel von der Kultur. Als dieser kam, durfte den ganzen Tag in der Rue Ferdinand Duval nicht parkiert werden, damit die offiziellen Autos am Abend auch sicher Platz fänden. An jenem Tag wurde viel geflucht gegen den Goldenberg, der das Quartier ökonomisch beherrscht. Auch die kleinen Juden haben geflucht. Sind sie deshalb Antisemiten?

Welch ein Trost, daß an der Rue des Rosiers auch die Erinnerung an einen Mann lebendig geblieben ist, welcher das revolutionäre Potential des Judentums verkörpert. Genau an der Stelle, wo heute die Rolls-Royce und Jaguars der Goldenberg-Gäste parkieren, ist früher Leib Bronstein gesehen worden, als es die Buchhandlung Speiser noch gab. Leib Bronstein wurde unter dem Pseudonym Trotzki bekannt.

Nach einer Mahlzeit bei Jacques-la-Moustache hat man keine Wahl, man muß noch auf einen Sprung ins türkische Schwitzbad, gleich gegenüber. Hammam St-Paul, Sudation, Massages, etc. Hier kann man abspecken, was man bei Goldenberg zugenommen hat. Endlich wieder Kontakt mit dem Volk. Aufhebung der Gegensätze im Schoße des Volkes. Hier muß jeder nackt hinein ins Dampfbad, wie er aus der Mutter kam. Wie ungemein verbrüdernd wirkt das! Leider bleibt auch hier noch ein kleiner Unterschied, ist doch ein Beschnittener von einem Unbeschnittenen sofort zu unterscheiden.

Auf einem fremden ›stern‹, 1983

> *Ich persönlich gestehe, daß ich schwer über solche Zusammenstöße mit dem landläufig Menschlichen, dem naiven Mißbrauch der Macht, der Ungerechtigkeit, der kriecherischen Korruption hinwegkomme.*
>
> Thomas Mann, *Mario und der Zauberer*

Man kann die 206 Seiten von Erich Kuby – *Der Fall stern und seine Folgen* –, der 15 Jahren lang beim ›stern‹ tätig gewesen ist, nicht ohne Emotion lesen, auch wenn man nur neun Monate bei der Illustrierten als Pariser Korrespondent angestellt war. Alle paar Seiten denkt man, mit einem Gefühl der Befreiung: »Genau so!« – zum Beispiel, wenn Kuby über den weiland Chefredakteur Peter Koch, der das Hitler-Tagebuch-Schlamassel mitangerichtet hat und dann mit drei Millionen Mark Abfindung (Schweigegeld?) gefeuert worden ist, schreibt: »Peter Koch, der mit dem Auftreten eines Kompaniefeldwebels aus Journalisten Befehlsempfänger machen wollte, was ihm zum Teil auch gelungen ist.« Kann man wohl sagen; kann wohl jeder sagen, der Koch und die Redaktionskonferenzen und die demütigenden Abbürstungen erlebt hat, die sich kein Primarschüler von seinem Lehrer, aber fast alle ›stern‹-Leute von ihrem Koch haben bieten lassen, oder auch von Felix Schmidt, dem anderen Chefredakteur und Drei-Millionen-Empfänger. Man fragt sich nur: Warum hat es Kuby in diesem Betrieb so lange ausgehalten? Da war also eine Redaktion mit zahlreichen brillanten (aber auch einigen andern) Köpfen, die oft für Demokratie, gegen Militarismus, Folter, Rüstungswahnsinn kämpfte – nach außen, das heißt im Blatt sichtbar; und die innerlich unsichtbar organisiert war wie eine Kaserne, eine luxuriöse allerdings, mit prima Psycho-Folter.

Das Hitler-Tagebuch-Schlamassel ist von diesem Organisationsmodell des ›stern‹ nicht zu trennen. Eine halbwegs demokratisch funktionierende Journalistengruppe wäre trotz allen Abschottungsmechanismen von Chefredaktion und Verlag den kriminellen Tagebuch-Veröffentlichungsplänen beizeiten auf die Schliche gekommen und nicht erst nach der Enttarnung dieser doofsten aller Fälschungen. Aber Rebellion, das heißt demokratische Debatte, war der Redaktion von ihren Chefs mit dem eisernen Besen der Chefarroganz abgewöhnt worden, als einfacher Schweizer möchte ich beinahe sagen: mit deutscher Großhans-Arroganz. Und erst im Mai 1983 wurde dann doch rebelliert, zum erstenmal seit dem Hinauswurf Bissingers (1978), und es durfte eine Woche lang gegen zwei ehemalige Chefs, Koch & Schmidt, die nicht mehr regierten, und gegen zwei zukünftige, Scholl-Latour & Gross, die noch nicht regierten, gemotzt werden.

Von Toten nur Gutes, und auf Ambulanzen soll man nicht schießen; ich weiß.

*

Ist es hämisch, sich über die Methoden dieser Chefredaktion jetzt, nachdem Schmidt und Koch abgesetzt sind, zu äußern? Schwieriger war es damals während der sogenannten Heftkritik an einem Freitag im letzten November (immer am Freitag ist Heftkritik beim ›stern‹, das neu erschienene Heft wird von einem Mitglied der Redaktion oder von einem speziell eingeflogenen Prominenten, Lothar Späth zum Beispiel oder Intendant Stolte vom ZDF, kritisiert). An jenem Freitag war ich mit der Heftkritik betraut und gedachte, nicht aus heroischen Motiven, sondern weil ich aus meinem Magen keine Geschwürgrube machen wollte, als einfacher Schweizer meine Eindrücke mitzuteilen (Heidi bei Fam. Sesemann). Im betreffenden Heft war u. a. ein Interview mit dem spanischen Ministerpräsidenten, an dem

Koch, der Redakteur Bindernagel, Fotograf Lebeck, eine Dolmetscherin und ich mitgewirkt hatten. Ich erzählte der sehr zahlreich erschienenen Redaktion, etwa 100 Leute, Koch & Schmidt inklusive, daß wir mit einem Lear-Jet, Kosten 18 000 Mark, nach Madrid geflogen waren (Unruhe bei den weniger gut bezahlten, zum Sparen angehaltenen Kollegen). Das Interview war von Willy, wie Koch sagte, ›angeleiert‹ worden; ist natürlich Willy Brandt damit gemeint. Mit González hätte man spanisch oder französisch reden können, Koch konnte weder noch, darum eine teure Dolmetscherin. Der Lear-Jet war auch unabdingbar; Chefs haben bei solchen Reisen ein Anrecht darauf. Um sieben Uhr waren wir auf dem Flughafen verabredet, Koch am Vorabend: »Bitte pünktlich.« Koch war dann um 7.30 Uhr zur Stelle, die andern pünktlich. Wegen dieser Verspätung und weil wir viel Gegenwind hatten und weil das falsche Lear-Jet-Modell gechartert worden war, verpaßten wir den Termin in Madrid um eine halbe Stunde. Die Sekretärin von González: »Zu spät, nichts mehr zu machen.« Koch zu Bindernagel: »Erklären Sie ihr, daß wir eigens einen Lear-Jet gechartert haben. Und rufen Sie doch Willy nochmals an, er soll intervenieren.« Ein bißchen bedeppert gingen wir in die nächste Taverne. Koch zu Bindernagel: »Reservieren Sie doch im Restaurant XY einen Tisch für später, dort gibt es die besten Spanferkel.« Nachdem González, evtl. unter Druck von Willy, ein Einsehen hatte, konnte doch noch interviewt werden. Koch hatte, selber unvorbereitet, im Lear-Jet die Fragen studiert, welche Bindernagel und ich präpariert hatten. Koch zu Bindernagel: »Haben Sie was dagegen, wenn ich Ihre ersten vier Fragen stelle?« Bindernagel: »Nein.« Koch stellte, die Dolmetscherin dolmetschte: Ohne Dolmetscherin hätten wir zweimal soviel Zeit für das Gespräch gehabt. Die Spanferkel waren dann besser als das Interview.

Ich fand es ganz natürlich, der Redaktionsversammlung, im Rahmen der Heftkritik, diesen Vorgang zu erläutern. Es wurde ziemlich still dabei, manche Kollegen sahen mich entsetzt an, Koch rutschte unruhig hin und her – und nach meinem Vortrag meldete sich ein einziger, der diese interessanten Interview- und Flugbräuche kritisieren wollte. Der Mann wurde von Koch barsch zum Schweigen gebracht. *Nach* der Heftkritik kamen zahlreiche Kolleginnen und Kollegen in mein Büro und gratulierten; droben in der Konferenz hatten sie geschwiegen.

*

Ach, es war eine schöne Aufstandswoche, damals im Mai 1983, und auch ich habe einige Tage lang gemeint, die Redaktion sei zu sich selbst gekommen: zu ihrem Bewußtsein. Waren nicht alle Ressortchefs, einer nach dem andern, aufgestanden, und hatten sie nicht beteuert, Gross und Scholl-Latour (im Hause Schmoll-Lamour genannt) kämen sozusagen nur über ihre Leiche ins Haus? Unterdessen sitzt Gross ganz oben im Konzern, in der Nähe von Gottvater Mohn, und Scholl-Latour ist Chefredakteur[*], und keiner von den Ressortchefs ist eine Leiche, ganz im Gegenteil. Es war eine Revolution der deutschen Art (Bitte Rasen nicht betreten). Einige von den ganz großen Rebellen haben sich seither finanziell verbessert und prächtige Verträge mit der neuen Hierarchie ausgehandelt. Ich persönlich gestehe, daß ich darüber schwer hinwegkomme, unter den Aufgestiegenen sind solche, die man früher respektieren konnte. Die Saugkraft dieses Betriebs ist enorm, und wohin soll man, wenn man beim ›stern‹ gewesen ist, als wieder zum ›stern‹? Wo garniert man so tüchtig, wo kann man sich so bedeutend vorkommen, wo hat man als Redakteur schon fast ein Ministergefühl und als Chefredakteur eine schimmernde Staatspräsidentenaura? Man ist nicht ungestraft bei der »größten und besten Illustrierten der Welt« (wie Foto-Chefredakteur Gillhausen einmal sagte).

---

[*] unterdessen auch schon wieder nicht mehr.

Wer zum ›stern‹ geht, weiß, daß ihn keine Konfirmandenschule erwartet. Als Gillhausen mich anheuerte, war ich auf einiges gefaßt: Ellenbogenmanieren, rauhe Sitten, harte Konkurrenz im Haus. Aber totale Unterwürfigkeit? Kasernenhofton? Blinde Autoritätsgläubigkeit? Permanentes Austricksen der Kollegen? Kann sich die kühnste Phantasie nicht ausmalen. Hätte mir einer 1982 gesagt: Bald wird das Blatt gefälschte Hitler-Tagebücher publizieren, dann wäre er ausgelacht worden.

*

»Durch alle Stockwerke des Redaktionsgebäudes war immer das Murren und Schimpfen über die Selbstherrlichkeit der Chefs zu hören, aber es hatte nicht mehr Bedeutung als die Raunzereien der Soldaten im Krieg – sie kämpfen doch –, und die ›stern‹-Leute haben niemals eine Nummer ausfallen lassen – auch im Mai 1983 sind sie vor dieser Möglichkeit entsetzt zurückgeschreckt.« Da hat Kuby schon wieder recht; leider. Im November 1982, ich war zur Vorbereitung auf den Pariser Korrespondentenposten im Mutterhaus an der Alster eingeliefert worden, habe ich den ›stern‹ täglich so erlebt. Diese geballten Fäuste! (im Sack). Diese unbändigen Wütchen! (als Geschwür in der Magengrube). In jedem Betrieb wird gegen die Hierarchie gemotzt, aber soviel Hohn für die Chefs (in ihrer Abwesenheit) und soviel Strammstehen (in ihrer Anwesenheit) habe ich nirgendwo sonst erlebt. Respekt empfand man nur für Gillhausen. Und zugleich soviel Desinteresse für das Gesamtprodukt, für den ›stern‹ als Ganzes – »weil es jedem von ihnen letzten Endes Wurst ist, woraus die ›Mischung‹ besteht, solange sein eigenes Produkt angemessen präsentiert wird« (Kuby). Niemand, auch keine von den engagierten Frauen, fühlt sich betupft oder gar mitverantwortlich, wenn wieder eine nackte Zwetschge aufs Titelblatt kommt (welche immer kommen, wenn die Auflage ein bißchen sinkt). »Da kann man nichts machen, wir haben da gar nichts zu bestimmen«, hieß es jeweils, »das Titelbild wird allein von der Chefredaktion ausgewählt.« Niemand fühlte sich betroffen, wenn wieder einmal der Kollege X oder Y in der Redaktionskonferenz perfid zusammengestaucht wurde, von oben. Der ›stern‹ kam mir vor wie ein Haifischaquarium, wo jeder nach dem fettesten Brocken und jeder nach jedem schnappt und wo die Haifische sich in Sardinen verwandeln, sobald die obersten Chef-Haifische erscheinen. Über die unsägliche Bachmeier-Serie (eine Mörderin wurde glorifiziert, der ›stern‹ spielte Justiz, griff in ein schwebendes Verfahren ein) haben alle intelligenten Kollegen gestöhnt, aber auch da »konnte man nichts machen«, man hatte eben der Bachmeier, so hieß es, 100 000 Mark hingeblättert für die Exklusivität ihrer Lebensbeichte, die sie dem Journalisten G. flüsterte (der sich selbst als ›Edelfeder‹ bezeichnet). Überhaupt der Checkbuch-Journalismus: Man ist nicht einseitig, alle politischen Strömungen werden berücksichtigt, Carter, Hitler, Caroline von Monaco, russische Dissidenten. Carter hat für ein (sehr mittelmäßiges) Interview, das der ›stern‹ mit dem pensionierten Präsidenten machte, 125 000 Mark gekriegt, das heißt, damit sicherte sich der ›stern‹ das Alleinabdrucksrecht von Carters Memoiren im deutschen Sprachraum: Auf welchen Abdruck der ›stern‹ sodann verzichtete, weil man ja schon ein Exklusivinterview hatte... Für alle andern deutschsprachigen Zeitungen waren die Memoiren damit blockiert. Man nennt das beim ›stern‹: Den Markt leerkaufen. Ein anderer interner Fachausdruck heißt: ›Witwen schütteln‹. Damit ist jene Taktik gemeint, welche den Angehörigen von Katastrophen-Opfern zum Beispiel nach dem Massaker auf dem Oktoberfest in München, Fotos und Personalien der Opfer entlockt, wenn nötig mit Geld. Siehe auch den internen Fachausdruck: ›Särge öffnen‹.

Als Breschnew starb, wurde beim Dissidenten Sinjawski in Paris ein kurzer Nachruf bestellt (für 10 000 Francs), in dringender Nachtarbeit von einer Kollegin aus dem Russischen ins Deutsche übersetzt – und anschließend nicht gedruckt, weil man gleichzeitig bei Kopelew einen Nachruf bestellt hatte, der gedruckt wurde. Zwei hatten nicht Platz... Einer netten Madame, die während der Dioxin-Geschichte im Pariser Büro des ›stern‹ erschien (zur Zeit der aufgeflogenen Hitler-Tagebuch-Geschichte), welche vorgab, den Standort der Giftfässer zu kennen (wie schön, wenn der ›stern‹, nach den falschen Hitler-Tagebüchern, die echten Dioxin-Fässer gefunden hätte), wurden, auf Weisung eines unterdessen versunkenen Chefredakteurs, 90 000 Franc versprochen, worauf sie den ›stern‹-Fotografen samt ›stern‹-Redakteurin an einen Ort führte, wo sich keine Fässer, wohl aber ein bösartiger Hund befand, der den ›stern‹ gebissen hat. Endlich eine Reportage mit Biß.

Die Verfügbarkeit der Welt, die Beliebigkeit der Themen. Für Geld ist alles zu haben, nur manchmal ist nicht alles echt, auch wenn die Chefredaktion denkt: je teurer, desto echter. Aber immerhin schreibt auch Moravia für den ›stern‹, Böll, Jens, Enzensberger – ein Supermarkt. Vor einiger Zeit hat Marlene Dietrich mit dem ›stern‹-Büro Paris telefoniert – vielleicht wird sie nächstens ihre Tagebücher anbieten. Manchmal ist es auch billig *und* echt: Ein Artikel der Caroline von Monaco, kurzer dummer Schmus über einen italienischen Sänger, aus einer französischen Zeitung nachgedruckt, hat nur 15 000 Francs gekostet. Im ›stern‹ wurde er eingeleitet mit der Zeile »Von unserer Mitarbeiterin Caroline von Monaco«. Wer gegen solchen Schabernack protestierte, stieß auf taube Ohren. »Bei einer Produktion, die gewöhnlich um das Doppelte größer ist als das Aufnahmevolumen der einzelnen Ausgabe, haben die Redaktionskonferenzen eher den Charakter von Ausscheidungskämpfen, der einzelne Autor oder Fotograf und insbesondere die verschiedenen Ressortchefs kämpfen einer gegen den andern um den Platz im Heft, und das um so rabiater, als es keinerlei objektive Kriterien für die Auswahl dessen gibt, was schließlich in Druck geht« (Kuby). Wenn Caroline von Monaco von einem besonders rabiaten oder schlauen Ressortchef gesponsert wird, geht sie in Druck. Es kann aber auch Böll sein, wenn der von einem noch rabiateren Ressortchef gepusht wird. Gedruckt wird, wer prominent ist, gleichgültig, in welchem Sektor er prominent ist.

Star-System, Nannen-System. Kuby sieht auch noch den ›stern‹ von 1983 als totales Nannen-Produkt und Nannen als totalen Opportunisten – man könnte auch sagen: als journalistischen Triebtäter, der sich um die politische Linie des Blattes foutiert: »Sein Bauch, oder sagen wir jetzt, sein Instinkt, war durch keine Erkenntnis von gestern oder gar von einem Leitgedanken, einem Konzept, irgendeiner durch Nachdenken vor sich selbst eingegangenen Verpflichtung zum Handeln in einer bestimmten Richtung eingeengt. Er war bedingungslos offen, um herauszufinden, wohin der Hase mutmaßlich gerade laufen würde.« Mutmaßlich lief er in Richtung Hitler-Tagebücher, das heißt in Richtung Publikumsinteresse für Hitler-Intimitäten, also zahlte man »dem besten Spürhund unter den deutschen Journalisten«, den man zuerst in schwindelnde Höhen hinaufgejubelt und dann gerichtlich belangt hat, eine Million nach der andern, und mit jeder Million, die der Journalist Heidemann einsteckte, wurden die Tagebücher authentischer, bis am Schluß »auf keinen Fall an ihrer Echtheit gezweifelt werden soll« (Chefredakteur Felix Schmidt in einer Redaktionskonferenz).

*

Wenn man den ›stern‹ an dem mißt, was er sein könnte, mit seinem großen Potential an liberal-kämpferischen Köpfen (Jaenecke, Kromschröder, Fabian, Petschull, Liedtke, Almquist, Joedecke etc.), dann ist er eine schlechte Zeitschrift. Das Gesamtprodukt wird von den großen Schreibtalenten nur wenig geprägt. Zu oft erdrückt das Bild den Text: Artikel als Anhängsel der Bilder (»Lesen Sie weiter auf Seite 127«). Niemandem würde es einfallen, eine Bildreportage vorn im Heft anzufangen und irgendwo hinten weiterlaufen zu lassen – aber mit dem Text wird das immer wieder gemacht.

Wenn man den ›stern‹ aber an den andern deutschen Illustrierten mißt, ist er natürlich eine hervorragende Erscheinung. (Die andern sind allerdings so fürchterlich, daß man nichts an ihnen messen sollte.) Kuby verschweigt das nicht, er hebt die Leistungen des Blattes immer wieder hervor: die Serie von Koch über den Rüstungswahnsinn (derselbe, jawohl, welcher »Rasierklingen an den Ellbogen hatte«, wie ›Die Zeit‹ geschrieben hat), die sehr anständige Berichterstattung über Baader-Meinhof, Rudi Dutschke, die Studentenbewegung – aber »der Riß geht durch die Person«, schreibt Kuby, »derselbe Bissinger, der ein persönlicher und selbstverständlich auch ein politischer Freund Rudi Dutschkes wird – was der Millionenleserschaft des ›stern‹ durchaus nicht verborgen bleibt –, ist imstande, zu dem Börsen- und Wertpapierabenteurer Bernard Cornfeld zu fliegen« und diesen im Ton des »billigen, unkritischen Illustriertenjournalismus« zu beschreiben. Solche zerrissene Personen habe ich beim ›stern‹ nicht wenige getroffen, den großen Gillhausen zum Beispiel, Foto-Chef und einziger Überlebender* der ehemaligen Führungs-Troika (Schmidt-Koch-Gillhausen), der letztes Jahr kreative Vorstellungen für den Pariser Korrespondentenjob entwickelte und mich damit angeheuert hat (über das sozialistische Frankreich müsse ausführlich und seriös im ›stern‹ berichtet werden, hieß es damals) – und der dann vor kurzem jene Schicki-Micki-Fotoreportage ins Blatt hievte, die mit den billigsten Mitteln der bildlichen Persiflage eine Pseudo-Bilanz des neuen Mitterrand-Regimes präsentierte; als Wurmfortsatz dazu ein kleiner Text von Katharina H., der auch im ›Figaro‹ hätte

---

* unterdessen auch schon nicht mehr.

erscheinen können: insgesamt eine unseriöse Angelegenheit, wie Alfred Grosser dem ›stern‹-Büro Paris telefonisch mitteilte.

Überhaupt dieses Büro... (17, avenue Matignon, Paris 8e, teure Adresse). Eine kontinuierliche Berichterstattung über Frankreich ist dort nicht möglich, trotz oder wegen, des großen Apparates: sieben Personen, dazu die schönsten technischen Errungenschaften wie Bildkopierer, Textübermittlungsgerät etc. – an der Technik hat es beim ›stern‹ noch nie gefehlt. Die Reportage über einen der großen verstaatlichten Betriebe – was hat sich in einer solchen Fabrik geändert für Arbeiter, Direktoren, Gewerkschaften? –, die ich schon im letzten November vorgeschlagen hatte, konnte nicht realisiert werden, die Idee provozierte im Auslandsressort nur Gähnen. Hingegen mußte ich über Neujahr zisch und knack, ruck und zuck nach Marbella jetten, um den größten Bankraub der Weltgeschichte, das heißt die leeren Tresore in einer Bank, zu schildern (›stern‹-Redakteur Meienberg sprach mit den geraubten Edelsteinen). Nichts gegen ausgeraubte Banken, wirklich nichts – aber die großen französischen Themen sollten deshalb nicht vernachlässigt werden. Eine Reportage über Rassismus in Marseille mußte ich »auf Befehl der Chefredaktion« (wie oft habe ich den Ausdruck gehört?) abbrechen – sofort nach Hamburg fliegen, Barbie war ausgeliefert worden, Koch möchte sofort, am liebsten gestern, eine Serie über »Kollaboration und Widerstand« – Wann können Sie liefern, Herr Meienberg? –, welche Arbeit ich in Angriff nahm und leider nach dem Hitler-Tagebuch-Schlamassel unterbrechen mußte, weil man als ›stern‹-Vertreter in Frankreich heute nicht über die Hitler-Zeit recherchieren kann, ohne ausgelacht zu werden. Unterdessen kam zum Vorschein, daß bis vor einigen Jahren der Leiter des Gruner & Jahr-Büros (welchem Verlag der ›stern‹ gehört) ein gewisser Benno Schaeppi gewesen war, Landsmann, jetzt in Ehren pensioniert. Schaeppi... Schaeppi... Der Name tönt so vertraut. Und richtig, es handelte sich um jenen historischen Schaeppi, der zahlreiche Schweizer für die Waffen-SS angeworben hatte, Standartenoberjunker, Lieferant der Gestapo etc. Ein paar Meter von jenem Büro entfernt, wo der Oberkollaborateur Schaeppi jahrelang für den Verlag, welchem der ›stern‹ gehört, gewirkt hatte, sollte jetzt die Serie »Kollaboration und Widerstand« für den ›stern‹ geschrieben werden... Als ich meine Bestürzung darüber einem Kollegen vom ›stern‹ mitteilte, wurde mir erwidert: Schaeppi sei von seinen politischen Gesinnungsfreunden, hoch oben im Verlag, engagiert worden, und ich solle nicht den Puristen spielen.

So reden die dort.

PS I: Anruf von Gillhausen: Er habe sich sehr geärgert nach der Lektüre des Artikels, und zwar über sich selbst und den ›stern‹, weil die Zustände richtig geschildert seien. Und ob ich nicht als freier Mitarbeiter wieder etwas für den ›stern‹ produzieren möchte? Etwas mit dem Fotografen René Burri?

PS II: Ex-Chefredakteur Felix Schmidt, der das Tagebuch-Schlamassel mitverschuldet hat, ist wieder Chefredakteur: bei ›Hör zu‹ (Die Zeitschrift mit der größten Auflage Deutschlands).

Zurick Zurick
horror picture show

Noch mehr. Warum nicht noch ein bißchen mehr? Nie genug davon. Noch mehr Mac Donalz Kentucky Fried Chicken, noch mehr Beefburgers Cheeseburgers Early Warning System schnalz / mir einen Mack Donalz. Noch mehr Cruise Missiles Marschflugkörper auf denen wir schneller zum Stauffacher reiten zur bequemen Tramhaltestelle zischen Durchsage der Leitstelle Attention Please Kollision Fußgänger/Tram Ecke Nüschelerstraße/Kentucky-Straße das Tram der Linie Vier wird umgeleitet we thank you for your Verständnis der Kadaverabholdienst des Tierspitals wird das Hindernis beseitigen Ende der Durchsage.

Wir danken für Ihr Verständnis beim Abriß der letzten erschwinglichen Wohnungen in Zurick. Der Mensch in seiner bisher gebräuchlichen Form ist ein Ungeziefer, welches störend wirkt. In der Stadt sieht man ältere Leute, die trippeln mit erhobenen Armen auf die andere Straßenseite.

Soldaten einer geschlagenen Armee machen diese Geste: Sie ergeben sich. Manchmal gelingt es den Autos, einige von den älteren Igeln zu überfahren, aber eine Garantie besteht nicht. Die müssen dann durchgefüttert werden bis zum Lebensende. Auch jüngere Igel werden mängisch zum Überfahren freigegeben. Ungeziefer verkriecht sich gern in alte Häuser, mit dem richtigen Spray kann es daraus vertrieben werden. Jedoch eine Garantie für die definitive Vertilgung des Ungeziefers besteht nur, wenn das alte Gemäuer abgerissen wird. Oder wollen wir es teuer renovieren? Die Jungen in die Jugendheime, die Alten in die Altersheime.

Follow me. Fasten your seat belts. Wir fordern Monitore für

das Tram, nicht nur für den Arbeitsplatz, zentral gesteuerte Televisorüberwachung in jedem Tram, die Lautsprecher genügen uns nicht mehr. Wir möchten zentral gesteuert werden. Passagier Nr. 2516 steigen Sie bitte aus es bestehen Zweifel an Ihrer konsumpolitischen Loyalität Ihre Hosen datieren vom letzten Jahr an der Haltestelle Central wird ein Detektiv der Konsumpolizei Sie in Empfang nehmen wir danken für Ihr Verständnis.

Wir fordern mehr professionelle Schädlingsbekämpfer. Kennen und schätzen Sie wirklichen Teamgeist und Kameradschaftlichkeit? Sind Sie jung, leistungsmotiviert, flexibel im Denken und Handeln? Dann besteht die Möglichkeit zur Umschulung auf den Beruf eines professionellen Schädlingsbekämpfers in der bekanntesten und leistungsfähigsten Dienstleistungsorganisation für Ungezieferbekämpfung in Zurick. Dieser Beruf ist wohl hart, doch ungewöhnlich interessant, abwechslungsreich und gut bezahlt. Schreiben Sie uns unter Beilage von Lebenslauf, Foto, Zeugniskopien und eventuell Referenzen. Sie erhalten dann zunächst eine umfassende Stellenbeschreibung und Informationsmaterial unserer Abteilung Insecta-Service. Apropos krisensicher: Ungeziefer schert sich nicht im geringsten um eine Krise und ist immer wieder zu bekämpfen.

Noch mehr. Noch mehr Freisinn Stiegelisinn Versicherungen Banken Sitzungen Sitzungszimmer Überwachungen Karteien Speicher Computerscheunen Röntgenzimmer Seelenröntgenanstalten Durchleuchtungen Motiverforschungen Hirnpolizei Ordnungsrufe Normen Einordnungen Säuberungen Optimalfrequenzen noch mehr Muzak noch mehr Zurick Zurick Zurick Zurick Zurick Zurick

Figuren

Jo Siffert (1936–1971)

Das Ganze ist das Wahre
Georg Wilhelm Friedrich Hegel

Siffert war ein Freiburger, Deutschfreiburger. Er hat sich als Freiburger gefühlt, war seiner Heimat zeitlebens verbunden, und heute, da er in die ewige Heimat abberufen worden ist, infolge Unglücksfalls, erkennt sich die ›Berümte Catholische Statt Fryburg‹ in ihrem Seppi wieder. Wer Siffert begreifen will, muß Freiburg kennen, mit allem Zubehör. Diese Stadt hat ihn produziert, und heute hängt er reproduziert in den Freiburger Spelunken, als Poster. Wir sind also gezwungen, zuerst ein Konterfei oder »Abconterfactur« von Freiburg zu skizzieren (wie es auf dem Freiburger Stadtplan aus dem 17. Jahrhundert heißt). Fribourg/Freiburg sampt seiner »Gelegenheit« (Umgebung), was uns bereits in den Spalten der ›Freiburger Nachrichten‹ aufleuchtete. Der vorbildliche Seppi soll im Zusammenhang gesehen werden, eingebettet in seine Familie, sein Quartier, seine Schule, seine Klasse und Religion. Dann wird man sehen, warum er sich anders betten mußte, als er ursprünglich lag, und warum es ihn auf allen Rennbahnen der Welt mit 300 und mehr Stundenkilometern im Kreis herumtrieb. Bis es in Brands Hatch dann an der falschen Stelle geradeausging, in der Kurve namens ›Mike Hawthorn‹, und er mit den Rädern in der Luft zur Ruhe kam, am 24. Oktober 1971, weil die Schaltung klemmte. Bei der Abdankung kam das Ave verum zur Aufführung.

»Wahrhaftige und Eigentliche Abconterfactur der Berümten Catholischen Statt Fryburg im Üchtland sampt ihrer Gelegenheit.«

Die Stadt Freiburg zerfällt in Unterstadt und Oberstadt. Aus der Oberstadt gelangt man mit einer Drahtseilbahn, dem Funiculaire, in die Unterstadt. Die Abwässer der Oberstadt füllen einen Behälter, welcher unter der Kabine angebracht ist, wodurch diese an Gewicht zunimmt und ihre Korrespondenzkabine in die Höhe zu ziehen vermag, sobald der Kabinenführer die Bremse lockert. In der Unterstadt werden die Abwässer entleert, und dadurch erfolgt eine solche Erleichterung, daß es dank der abermaligen Beschwerung der Schwesterkabine mühelos in die Höhe geht. Auf diese Weise lassen die barmherzigen Einwohner der Oberstadt die Mitbürger in der *basse ville* schon seit Jahrzehnten an ihren Exkrementen profitieren. Und diese Energiequelle gestattet einen bescheidenen Fahrpreis, dem schmalen Einkommen der Unterstädtler angepaßt.

In der *basse ville* hat man einen guten Blick auf den Turm der Kathedrale St. Nicolas, mit seinen Leitflossen eine Freiburger Variante der Weltraumraketen von Cape Kennedy. Der Blick aus der Unterstadt schweift auch hinauf an die Häuserzeile der Grand'Rue (Reichengasse), welche hart am Abgrund gebaut ist. Dort wohnten früher, und teils heute noch, die führenden Familien der Fribourgeoisie und hatten eine befriedigende Aussicht auf das Niedervolk der Unterstadt. Dieses Volk kann auch den Berg hinauf zur Loreto-Kapelle pilgern und von dort weiter zur Muttergottes von Bürglen/Bourguillon und dort seine Gebresten heilen lassen. Auch in der Kirche der Kapuzinerinnen von Montorge kann gebetet werden oder bei den Zisterzienserinnen in der Mageren Au, welche Hostien backen und vier Arten von Likör destillieren, oder in der Augustiner-Kirche oder der Johanniter-Kirche. Trinken kann die Bevölkerung im ›Soleil Blanc‹, ›Ours‹, ›Paon‹, ›Trois Rois‹, ›Cigogne‹, ›Tanneur‹, ›Tirlibaum‹, ›Fleur de Lys‹ und so weiter. Und zwar einheimisches Bier aus der Brauerei Cardinal oder Beauregard. Der Name Fleur de Lys bringt die traditionell guten Beziehungen zwischen

Freiburg und Frankreich zum Ausdruck, Frankreichs Bourbonen-Lilien im Wirtshausschild. Die Söldner aus Freiburg taten sich stets in französischen Diensten hervor. Als Ludwig XVI. schon längst nicht mehr auf seine einheimischen Soldaten zählen konnte, blieb ihm noch das Schweizergarderegiment, welches ihn im Juli 1792 vor seinem Volk schützte. Der Oberkommandierende war ein Freiburger, Graf Louis Augustin d'Affry, Großkreuz des St.-Ludwig-Ordens, Ritter des Ordens vom Heiligen Geist, und drei der vier Bataillone wurden von Freiburgern geführt. Das Kanonenfutter kam aus den untern Schichten, die Kommandostellen waren von Adligen besetzt. Für die Unterprivilegierten von damals die gängige Art, sich ausbeuten zu lassen. Für die herrschenden Familien eine Möglichkeit, am französischen Hof das Regieren zu lernen und von königlichen Pensionen zu leben. Seit die Leichen der Freiburger Söldner nackt und verstümmelt auf den Pariser Plätzen gezeigt wurden, nach der Erstürmung des Tuilerienpalastes, spürt man in Freiburg Angst vor revolutionären Bewegungen in Frankreich. So erklärte die freiburgische Kantonsarchäologin Hanni Schwab dem ›Blick‹: »Was die Studenten in Frankreich gemacht haben, war einfach schlimm. Ich würde von der Regierung verlangen, daß sie abstellt, was in irgendeiner Form Schaden bringt, zum Beispiel Unterrichtsstörung. Besonders, wenn von außen gelenkt. Wenn die Störer nicht gutwillig zum Aufhören gebracht werden, muß Gewalt angewendet werden. Dazu haben wir Polizei. Und wozu haben wir die Armee?« Reaktionäre und Monarchisten haben schon immer in Freiburg Asyl gefunden, führende Terroristen der OAS zur Zeit des Algerienkrieges, der in Frankreich als Kollaborateur verurteilte ehemalige Direktor der Nationalbibliothek (Faÿ), und neulich Hunderte von südvietnamischen Studenten, welche ihr Familienvermögen in die Schweiz transferieren und in Sportwagen anlegen. Ein Professor aus Nanterre ist als Lehrbeauftragter an der Universität installiert – in Freiburg kann er noch in aller Ruhe dozieren (Yves Bottineau).

*

Während die Oberschicht auf diese Weise ihren Kontakt mit dem reaktionären Teil Frankreichs über die Jahrhunderte hinweg pflegte, blieb dem arbeitenden Volk Freiburgs nach dem Absterben des Söldnerwesens nicht einmal die Möglichkeit, sich als Maschinenfutter verheizen zu lassen und dementsprechend ein neues Klassenbewußtsein zu entwickeln. Denn die herrschenden Familien lebten auch im 19. Jahrhundert weiterhin auf ihren Landgütern und in ihren Stadtpalais, verpachteten ihre Latifundien und bezogen Grundrente. Nur ganz wenige begriffen, daß Machtausübung in der Industriegesellschaft identisch war mit dem Besitz von Produktionsmitteln. Die seltenen Fabriken, welche sich etablierten, wurden meist von nichtfreiburgischem Kapital beherrscht. Industrie war dem Freiburger Patriziat schon deshalb nicht geheuer, weil es ein Proletariat erzeugt, welches ihrer Kontrolle entgleiten könnte. So wanderte die überschüssige Landbevölkerung aus, in industrialisierte Kantone, aber auch bis nach Brasilien, wo ein ›Nova Friburgo‹ entstand. Die herrschende Minderheit von Patriziern und Aristokraten behauptete unterdessen ihre Macht dank drei konservativen Gewalten: den Zeitungen ›Liberté‹ und ›Freiburger Nachrichten‹, der vom Klerus geleiteten konfessionellen Schule und dank der Kirche im allgemeinen, welche in Freiburg bis in die letzten Jahre alle Lebensäußerungen zu beherrschen schien. Freiburg, und besonders auch seine Universität, war denn auch bis vor kurzem ein Treibhaus für ständestaatliche Ideen (Bundesrat Musy, Gonzague de Reynold) und ein Hort der theologisch-philosophischen Reaktion, wo die thomistischen Dominikaner ihre letzten Rückzugsgefechte liefern. Die Kader des politischen Katholizismus, kaum den Klosterschulen entwachsen, wurden hier geschult und in den Studentenverbindungen dressiert (von denen heute nur mehr die Neuromania, genannt Neuro-Mania, in alter burschenschaftlicher Blüte steht, in vollem Braus und Suff, mit Zotenabend, Stammbuch, Altherren, Füchsen, Ehrendamen, Trinksprüchen und langen Trinktouren in der Unterstadt, welche »großer Rosenkranz« oder »kleiner Rosenkranz« genannt werden).

Während die Universität die Stadt Freiburg zu einem Zentrum des nationalen und internationalen Katholizismus machte und eine konservative Elite züchtete, wurde die Erziehung der breiten Massen vernachlässigt. Noch im Jahr 1970 konnten nur 50 Prozent der Sechstkläßler eine Sekundarschule oder ein Gymnasium besuchen. Hingegen zieht eine Anzahl von Instituten mit internationaler Besetzung und religiöser Direktion immer noch diese seltsame Fauna von höhern Töchtern nach Freiburg, welche von ihrer Familie in eine gutkatholische Umgebung geschickt werden. Und auch die Flora der buntbewimpelten Orden ist noch präsent, wenn auch mit rückläufiger Tendenz: die Väter vom Heiligen Sakrament, Redemptoristen, Salvatorianer, Salesianer, Palottiner, Marianhiller, Marianisten, Weißen Väter, kleinen Brüder vom Evangelium, Gesellschaft vom Göttlichen Wort, Missionare von Bethlehem.

Also immer noch: »Freiburg, das Schweizer Rom, Pfaff an Pfaff und Dom an Dom«, wie Gottfried Keller sagte? Nicht mehr ganz. Zwar gibt es noch den ›Cercle de la Grande Société‹ an der Reichengasse, welcher nur Patrizier und Aristokraten aufnimmt, einen Lesezirkel der Guten Gesellschaft, wo die de Weck, de Diesbach und von der Weyd Bridge spielen und ihre Töchter verkuppeln. Zwar gibt es immer noch konservative Ideologen an der Universität, wie den pechrabenschwarzen Historiker Raab oder den Pädagogikprofessor Räber, welcher den Begriff der Autorität so definierte: Sie sei etwas Gegebenes, dem man sich füge, eine Befehlsvollmacht, die an ein Amt gebunden sei, denn nur Macht könne das Gute durchsetzen, etwas Angeborenes, das man nicht beschreiben könne, das von innen herausstrahle.

*

Soweit der Hintergrund, vor welchem sich die Biografie des Seppi Siffert entfaltet. Ein Leben in Freiburg im Üchtland, wo das Konservatorium gleich neben dem Schlachthaus steht: Sonaten und Präludien begleiten die Tiere auf ihrem letzten Gang. Der Friedhof liegt nahe beim Sportstadion. In der Unterstadt wird das Proletariat langsam von Künstlern und Studenten verdrängt. Unvergeßliche Menschen wohnen dort, wie jener Jacob Fleischli, cand. phil. und Tristanforscher, der sich regelmäßig am Freitagnachmittag von seinen Büchern fortstiehlt und im Schlachthof als Pferdemetzger arbeitet, mit seiner blutbespritzten Schürze. Oder jener Jean-Maurice de Kalbermatten, dessen Schwester eine Nebenbeschäftigung als Leichenwäscherin gefunden hat, obwohl sie hauptamtlich Sekundarlehrerin ist.

Ein kleines Frankreich mitten in der Schweiz, dieser Staat Freiburg. Frankreich im Jahr 1788. Eine Revolution hat hier noch nicht stattgefunden, nur die Bauernrevolte des Nicolas Chenaux, 1781, schnell abgewürgt, sein Kopf wurde auf der Porte de Romont ausgestellt. Was in Frankreich die Bretagne, ist im Staate Freiburg der Sense-Bezirk (zum Teil auch der See-Bezirk). Eine sprachliche Minderheit, welche von der französischsprachigen Mehrheit oft wegwerfend behandelt wird. Daher vielleicht der Drang vieler Sensler nach Anerkennung und ihr Hang zur Hyperintegration. Der Chefredaktor der ›Freiburger Nachrichten‹ ist Sensler, auch Seppi Siffert ist Sensler. Die Französischfreiburger haben eine Tendenz, sich als Staatsvolk und Kulturvolk zu betrachten, sie verlangen von den Deutschfreiburgern die Beherrschung des Französischen, können sich aber auf deutsch kaum ausdrücken. Ein Staat mit 200 000

Einwohnern, 40 000 davon in Freiburg. Ein derart gutes Musikkorps, ›Landwehr‹ genannt, daß es sich der Schah von Persien nicht nehmen ließ, die Feste in Persepolis von Landwehrklängen begleiten zu lassen. Die ganze Musik war nach Persien geladen. In der ›Liberté‹ stand: »Une merveilleuse aventure au pays du Shah.« Wenn man nicht mehr an den Hof von Louis XVI. kann, dann wenigstens an den Hof des Großtürken. Eine Verwandtschaft mit Frankreich auch in bezug auf Mythenbildung: dort de Gaulle als Kristallisationspunkt der frustrierten Massen, hier Jo Siffert. Beide kompensieren eine Unterentwicklung, beide Mythen werden von den Herrschenden manipuliert. Beide sind mit katholischer Kultur gedüngt worden. Und genau wie bei de Gaulle ist auch bei Jo Siffert die Realität nur noch schwer von der Legende zu unterscheiden. Aber einige Lebensdaten kann man im jetzigen Stadium der Mythenbildung doch noch festhalten. Teilansichten von Jo Siffert, aufgezeichnet bei Gesprächen mit Mama Siffert, Papa Siffert, dem Mechaniker Oberson, der Freundin Yvette, dem Freund Bochenski, der Primarlehrerin, dem Lehrmeister Frangi, dem Schuhmacher Salvatore Piombino. Leider konnte ich nicht mit Bischof Mamie sprechen. Ich hätte gern von ihm gewußt, ob er sich als Verwalter der eigentlichen Religion bedroht fühle, wenn die klassischen Andachtsformen vom Siffert-Kult verdrängt werden. Bischof Mamie sagte mir fernmündlich, er antworte nur auf schriftlich formulierte Fragen und möchte auf jeden Fall den Artikel vor der Publikation noch sehen, zwecks Korrektur.

Mutter Siffert, geb. Achermann

Mama Siffert in ihrem Eigenheim bei Freiburg. Gleich im Vestibül ein Siffert-Plakat, eingerahmt von zwei brennenden Kerzen, ein Heiligenbild. In der Stube die Trophäen vieler Siege. Ein Wechselrahmen, darin ein Artikel aus dem ›Blick‹: »Mama

Siffert ist stolz auf ihren Sohn.« Sie kennt sich aus mit Formel-I- und Formel-II-Wagen, mit Prototypen, Porsches und Alfa Romeos. Wenn sie von den Trophäen spricht, sagt sie: Als ich den Preis gewann. Frau Siffert ist gebürtig aus Willisau, wo sie ihren Mann kennenlernte. Kurz nach der Heirat ließ sich Fam. Siffert-Achermann in der Unterstadt nieder, in dem Teil, der früher ›Tanzstadt‹ hieß, neben dem Restaurant ›Tirlibaum‹ an der Place Petit St. Jean. Dort betrieben sie ein Milchgeschäft, zwei Jahre, es rentierte nicht. Seppi kam dort zur Welt. Der Vater sei bald keiner geregelten Beschäftigung mehr nachgegangen, entmutigt vom Mißerfolg des Milchladens. Ein darauffolgender Mineralwasserhandel habe auch nicht recht funktioniert. So habe sie in der Schokoladenfabrik Villars gearbeitet, auch als Seppi schon erwachsen war, und sei vor Müdigkeit oft mit den Fingern in der Schokolade steckengeblieben (600 Franken im Monat). Auch habe sie für 1.10 Franken pro Stunde die Räume der Universität geputzt. Dazu noch der Haushalt mit den vier Kindern (Seppi und drei jüngere Schwestern). Eine Zeitlang hat ihr Seppi beim Lumpensammeln geholfen, »id Hudle gange«, und später haben die beiden Narzissen verkauft an der Reichengasse. »Mein Mann hat Seppi sehr streng gehalten, um 18 Uhr mußte er zu Hause sein, auch sommers.« Die Ehe war nicht harmonisch, die Gatten leben heute getrennt. Bei den familiären Auseinandersetzungen scheint Seppi immer die Partei der Mutter ergriffen zu haben. Sie hat es ihm vergolten durch intensive Förderung seiner Rennkarriere. Als er noch keinen Namen hatte, fuhr sie mit ihm quer durch Europa an die verschiedenen Rennplätze und besorgte ihm den ambulanten Haushalt, zusammen mit Yvette, seiner ersten Freundin. Seppi war auf Sparsamkeit angewiesen, hatte im Gegensatz zu fast allen Rennfahrern kein Startkapital und keinen reichen Vater. Frau Siffert wußte, wie gefährlich die Rennen sind, sie hat deshalb ihren Sohn immer ermahnt, bei besonders schwierigen Stellen zu beten. Sie glaubte ihn durch eine besondere Fürsprache des Himmels geschützt, hatte kaum je Angst, auch nicht nach dem Renntod von Jim Clark und Jochen Rindt. »Siehst du, Mama«, habe ihr Seppi auf dem Nürburgring einmal gesagt, »heute in dieser besonders schwierigen Kurve habe ich nicht an den Tod gedacht, sondern an einen Wagen, den ich besonders günstig zu verkaufen hoffe.« Die Familie habe zwar manchmal gedarbt, aber nie gebettelt; Vikar Moser von St. Peter habe ein Erstkommunionskleid für Seppis Schwester schenken wollen, aber das hätten sie nicht akzeptiert. Seppi habe unter einem brutalen Primarlehrer gelitten, »war oft wie im Schneckenhaus, hat es auch mit dem Vater nicht leicht gehabt«. Als er zu Frangi (Unterstadt, Nähe Gaskessel und Gefängnis) in die Lehre ging, hat er abends schwarz gearbeitet, so daß die Nachbarn wegen Nachtlärm klagten. Der Polizist, welcher die Sache untersuchte, sagte abschließend: Da kann man nichts machen, man muß dankbar sein, wenn ein Jüngling so viel Fleiß zeigt, auch nachts. Der Fleiß ist so selten bei den Jungen! Mit Seppis sukzessiven Frauen scheint Mama Siffert keine schlechten Beziehungen gehabt zu haben. Nur vermochte sie sich nie recht an das bourgeoise Milieu von Seppis letzter Frau Simone, der Tochter von Bierbrauer Guhl (Brasserie Beauregard), zu gewöhnen. Mit Yvette, der Tochter aus dem Volk, ging es besser. Yvette war die erste Freundin, aus der *basse ville* stammend. Seppi lebte ohne Formalitäten mit ihr zusammen. Nach den ersten Erfolgen in England lernte er das Mannequin Sabine kennen, das er zivil heiratete. Und als der ganz große Ruhm einsetzte, da kam auch die Bierbrauerstochter Simone, welcher er zivil und kirchlich angetraut wurde. Einerseits die Simone Guhl von der Brasserie Beauregard, andererseits der Paul Blancpain von der Brasserie Cardinal, welcher die gutgehende Garage neben dem Bahnhof für Seppi in Schwung hielt: In Freiburg entgeht man den Bierbrauern nicht. Arbeitsbeschaffung für die Proleten in der Unterstadt, welche sich nach

Feierabend vom gleichen Bier benebeln lassen, das sie tagsüber produzieren. Beauregard und Cardinal bilden heute mit Wädenswil, Salmen etc. eine Holding, welche den Markt in einzelne Kuchenstücke aufteilt. Zuvor hatte Beauregard einen Umsatz von 13 Millionen Franken und einen Ausstoß von 160 000 Hektolitern. Einheirat in die wirtschaftlich herrschenden Kreise Freiburgs: Es war dem Seppi nicht an der Wiege gesungen. Aufstieg von den Untern zu den Obern.

Herr Alois Siffert, Vater

Alois Siffert raucht dicke Zigarren, fährt Mercedes und packt mich zur Bekräftigung seiner Aussagen immer wieder am Arm. Er könnte aus der Dreigroschenoper stammen, ist aber tatsächlich aus Liebistorf im Sensebezirk gebürtig (einer Landschaft mit vielen schönen Dörfernamen: Lustorf, Wünnewil zum Beispiel). Alois, 1910 geboren, mußte auswandern, der Hof produzierte nur genug für eines der fünf Kinder. Als Käser im Luzernischen, Verdienst 25 bis 30 Franken pro Monat. Die Eltern streng konservativ, sparsam, Butter nur an Sonntagen. Als Alois aus dem Luzernischen zurückkam, mit etwas weniger konservativen Ideen, und er vor den Wahlen politisieren wollte, sagten ihm die Eltern: »Lis d'Friburgere (= ›Freiburger Nachrichten‹), da steht drin, wie du stimmen mußt.« Als er heiratete, sagte der Pfarrer: »Man glaubt es kaum, daß du einen protestantischen Meister hattest, bist noch gut katholisch.« Die Frau brachte eine Aussteuer in die Ehe. Der Milchladen ging bankrott, weil die Arbeiter nicht zahlen konnten und monatelang aufschreiben ließen. In Spanien war der Bürgerkrieg, in Freiburg herrschte Staatsrat Piller, in der Unterstadt darbten die Arbeiter und Siffert mit ihnen. Dann der Weltkrieg, Aktivdienst, 1400 Diensttage, im Urlaub eine Vertretung für Henniez-Mineralwasser. Dann der Bub. Seppi war 1936 ›struppiert‹ zur Welt gekommen

(Sensler-Dialekt, abgeleitet vom französischen estropié = verkrüppelt). Alois hat keine Kosten gescheut, damit der krumme Fuß wieder normal wüchse. Als Seppi 1952 die Karosseriespenglerlehre begann, wechselte auch Alois vom Mineralwasser zu den Unfallwagen über. Er kauft den Versicherungen und Garagen preiswerte Unfallwagen ab (Einzugsgebiet Westschweiz), läßt sie von Seppi ein bißchen ausbeulen und verkauft sie (Absatzgebiet Aargau/Zürich) an Garagisten, manchmal mit einem Reingewinn von 4000 Franken pro Wagen, innerhalb von 48 Stunden. Seppi kann sich ein Motorrad kaufen, fährt sein erstes ausländisches Rennen in Karl-Marx-Stadt, Ostdeutschland. Aus Karl-Marx-Stadt brachte Seppi ein Tafelservice für zwölf Personen zurück. Und so sei es aufwärts gegangen mit Seppi, immer schneller, in den letzten drei Jahren hätte er mindestens zwei Millionen pro Jahr verdient, ein Herr Maerkli von der Ziegelei Düdingen habe ihn bei seinen Investitionen beraten. Wenn Seppi kein Testament hinterlasse, erbe seine Witwe das ganze Vermögen, etwa acht Millionen.

»Ist es nicht traurig, daß er jetzt sterben mußte, wo er sich in Posieux eine neue Villa bauen ließ, für eine gute Million, und wo der Renditenbau an der Rue de Romont jeden Tag so schön wächst«, sagt Alois Siffert. Die Büros sind zum voraus vermietet, und kurz vor seinem Tod hat man ihm noch einen zusätzlichen Stock bewilligt. 5,5 Millionen hat der Bau gekostet, 2,5 Millionen als erste Hypothek. Büros und Läden. Direktor Musy vom Schweizerischen Bankverein hat sich bei der Schweizerischen Volksbank dafür verwendet; der Kredit wurde bald bewilligt. Ist es nicht traurig, daß er gerade jetzt sterben mußte?

Josephine Huber, pens. Lehrerin

»O Gott, du hast in dieser Nacht / So väterlich für mich gewacht, / Bewahre mich auch diesen Tag / vor Sünde, Tod und jeder

Plag«, wurde bei der Primarlehrerin J. Huber im Burgschulhaus, beim Schlachthaus, jeden Tag gebetet. Es wurden auch Schulwallfahrten nach Bürglen veranstaltet. Seppi hat die erste und zweite Klasse bei Josephine Huber besucht, 1941–1943. Er sei grad so knapp durchgekommen in der Schule, habe nie aufgemuckt, sich immer beim großen Haufen befunden. Ein Träumer, wenn sie ihn aufrief, sei er immer leicht erschrocken. Die Leute aus der Unterstadt, sagt sie, das war ziemlich hoffnungslos. Die meisten stammten vom Land, aus kinderreichen Familien, es gab keine Geburtenbeschränkung. Taglöhnerfamilien, in die Stadt ausgewandert. Die Pfarrer gaben Almosen oder schickten sie nach Freiburg. Die Unterstadt war damals voll von Läusen, Flöhen, Ratten, Alkoholikern. Das Gaswerk ist dort und das Gefängnis. Alles, was man aus der Oberstadt entfernen wollte, stopfte man in die Unterstadt. Im Auquartier wohnten die Sensler, die waren unpolitisch und tranken dafür, in der Neuveville wohnten die welschen Arbeiter – ein richtiges Sozialistennest, da wurde politisiert und gegen die Reichen gehetzt. Arbeiten konnte man in der ›Dreckfabrik‹ (Düngerfabrik), in der Schokoladefabrik Villars, in den Brauereien. Die Patrizier und reichen Bürger haben sich aber immer christlich um die armen Unterstädtler gekümmert. Natürlich sind die de Maillardoz, de Weck, Guhl und so weiter nicht persönlich in die *basse ville* hinuntergestiegen, aber sie haben den Leuten von der Vinzenzkonferenz Geld gegeben; das waren Leute aus dem Mittelstand, die haben den Armen dann Almosen gebracht. Aber trotz der Wohltätigkeit wollten die Armen nicht aus ihrem Sumpf heraus, der Alkoholismus ging nicht zurück. Ein reicher Freiburger habe testamentarisch eine Summe für die Anschaffung von Holzschuhen für die Kinder hinterlassen (sogenannte Schlorgge). Auch die Schulsuppe, Holz und Kartoffeln seien gespendet worden. In ihrer Klasse sei Seppi durch Sauberkeit aufgefallen. Arm und geflickt, aber sauber! Einfluß der Mutter.

Manche Kinder aus der Unterstadt seien verlaust und mit Schorf zur Schule gekommen, in den Schulheften fand sie Läuse. Vernachlässigt wie streunende Hunde waren die Kinder aus der Unterstadt, mit wenigen Ausnahmen. Seppi sei dann in der dritten Klasse zu Herrn K. gekommen, der ihn oft geschlagen habe, und später zu Herrn A., ebenfalls rabiat.

Herr C. Frangi, Karosseriespengler

Der Lehrling benötigt folgendes persönliches Werkzeug: ein Doppelmeter, ein Bleistift, ein Notizbüchlein. Besondere Regelungen: Aufräumen nach Arbeitsschluß. Als freie Tage im Sinne der gesetzlichen Bestimmungen gelten alle katholischen Feiertage sowie Karfreitag, Ostermontag, Pfingstmontag. Der Lehrling erhält für seine Arbeitsleistung folgenden Lohn: erstes Lehrjahr per Stunde Fr. –.40; viertes Lehrjahr per Stunde Fr. –.65/–.70.

So und ähnlich lautet der Lehrvertrag zwischen dem Karosseriespengler Frangi und dem Lehrling Josef Siffert, Sohn des Alois, gültig von Mai 1952 bis Mai 1956. Frangi sagt: Ich war meinen Lehrlingen eine Art Vater. Die waren so unkultiviert. Mußte ihnen beibringen, daß man das Messer in der rechten und die Gabel in der linken Hand hält. War streng, aber gerecht. Habe gewußt, daß Siffert Schwarzarbeit macht, ließ ihn aber gewähren. Hat ein schönes Begräbnis gehabt, nur das von General Guisan hat mir noch besser gefallen. Hat mir 14 Tage vor seinem Tod noch das Du angetragen. Und immer, wenn ich ihm begegnete, grüßte er freundlich. Ist ein einfacher Mensch geblieben. Hat sich nie gegen mich aufgelehnt, immer seine Arbeit gewissenhaft gemacht. Er war ein einfacher Mensch, hat nie gebluflt wie sein Vater. Seppi hat seine Familie aus dem Dreck gezogen. Bei mir unten hat er auch die Yvette kennengelernt, sie wohnte gegenüber dem Atelier.

Aufnahmeprüfung bei Frangi. Siffert mußte 20 Fragen beantworten, eine Frage nach dem höchsten Punkt der Schweizer Geographie und eine Frage nach dem höchsten Punkt der politischen Landschaft (Dufour-Spitze und Bundespräsident Etter).

Yvette P.

Sifferts Jugendfreundin Yvette P. hat die schwierigen Anfänge des Rennfahrers Siffert miterlebt und miterlitten, beobachtete die Entwicklung des Vornamens: Aus dem senslerischen Seppi wurde ein französisch oder welsch angehauchter Joseph, zurechtgestutzt für den linguistischen Gebrauch der Oberstadt, und aus Joseph wurde Jo, was auf französisch und englisch ebenso gängig ist. Yvette hat auch der Metamorphose beigewohnt, welche Seppis Charakter nach den Formel-1-Erfolgen durchlief. Ein ganzer Weibertroß sei ihm da plötzlich auf den Fersen gewesen, und all die aktiven Freunde, Paul Blancpain und ähnliche Leute aus der guten Gesellschaft; Paul Blancpain, welcher früher die Kirchen des Freiburger Architekten Dumas in Frankreich verkauft habe, wollte jetzt Siffert verkaufen.

Seppi sei wenn immer möglich vor den Rennen zur Messe gegangen, während sie, Yvette, eigentlich nur an die Muttergottes glaube und deshalb in Bourguillon ihre Opferkerzen entzündete. (Im Restaurant neben der Wallfahrtskirche hängt heute ein Andachtsbild von Seppi.) In der Nacht vor Seppis Tod nahm sie das Unglück im Traum voraus. Und am Unglückstag, um 14.40 Uhr, hatte sie den Eindruck, als ob Seppi sie riefe.

Yvette ist verheiratet, mit einem Baumeister, der mindestens so gefährlich lebt wie Siffert. Sie hat Kinder und wohnt immer noch in der Unterstadt. Den Siffert-Kult findet sie lächerlich. »Er war vielleicht ein außerordentlicher Typ, aber ein Held war er nicht.«

Bochenski, Freund

Als Siffert zur Prominenz gehörte, machte er nicht nur Reklame für Marlboro, Bio-Strath und Chronometer-Heuer, verdiente er nicht nur mit Porsche- und Alfa-Romeo-Prototypen und mit Alfa- und Porschevertretung und ebenfalls im Rennstall von BRM (= British Racing Motors), frequentierte er nicht nur jene höhere Tochter (Simone Guhl), bewohnte er nicht nur eine Villa in Belfaux, sondern hatte auch Freunde, die seinem Lebensstandard entsprachen, nämlich Niki de Saint-Phalle und Jean Tinguely und den Eisenplastiker Luginbühl und sogar den Hochleistungsphilosophen Joseph Bochenski von der Universität Freiburg. Die beiden ergänzten sich sehr schön, der Dominikaner-Mönch mit dem Raubvogelprofil und der philosophische Sensler mit seinem Todestrieb. Während Siffert den Freiburger Kantonalrekord im Geldscheffeln hielt, fährt Bochenski in Rekordzeit mit einem Jaguar E-Type von der Universität Freiburg ans Ost-Institut in Köln. Während Seppi dem Freiburger Kapitalismus auf die Beine hilft, gibt Joseph dem Kommunismus in der Bundesrepublik Deutschland den Gnadenstoß (er wurde von der Adenauer-Regierung zum Thema Kommunismus konsultiert und glaubt, das Kommunistenverbot sei auf seinen Ratschlag zurückzuführen). Während Siffert von Rennen zu Rennen fliegt, huscht Bochenski von Vorlesung zu Vorlesung, von Symposium zu Seminar. Der eine besucht des andern Rennstall, der andere des einen Universität. 1964 lädt Rektor Bochenski den Siffert als Ehrengast an den Dies academicus, an die gleiche Universität, wo seine Mutter noch für Fr. 1.10 Stundenlohn putzte. 1963 will Siffert dem Bochenski einen Aston-Martin andrehen, Bochenski merkt aber, daß es sich um einen Unfallwagen handelt.

Der Mönch Bochenski lebt in evangelischer Armut, darf aber alles haben, was er zum Leben braucht. Dazu gehören auch schnelle Autos und ein Flugbrevet, das er mit 70 Jahren noch absolviert hat. »Siffert ist ein Genie des Steuerrads. Während ich mit 100 in eine scharfe Kurve gehe, nimmt Siffert sie mit 130.« Die Rennfahrer geben ihr Leben hin für die normalen Autofahrer: all die technischen Verbesserungen, die wir ihnen zu verdanken haben! Als Bochenski 1918 seinen ersten Wagen fuhr, zur Zeit, als er noch Bierbrauer war, vor seiner Konversion, welche er mit 26 Jahren vollzog, als er noch in Polen residierte und als Kavallerist die Reiterarmee des russischen Generals Budjonny bekämpfte – zu jener Zeit also waren die Autos noch nicht perfekt, die ständigen Reifenpannen ärgerten ihn. Nur durch den Hochleistungssport sind die Autos unterdessen besser geworden, meint Joseph Bochenski OP, ex ordine praedicatorum, der Dominikaner aus dem Prediger-Orden.

Der Logiker und Philosophiegeschichtler, Hegel-Kenner und Antikommunist (»Der Kommunismus ist eine internationale Plage«), welcher in Freiburg eingebürgert wurde, der scharfdenkende Bochenski hat am Siffert-Kult nichts zu kritisieren. Es stört ihn nicht, daß Pater Duruz OP bei der Abdankung verkündete: »Wahrlich, wahrlich, ich sage Euch, wenn das Weizenkorn nicht in die Erde fällt und stirbt, bleibt es für sich allein, ist es aber abgestorben, so bringt es viele Frucht. Wer sein Leben liebhat, verliert es, wer dagegen sein Leben in dieser Welt haßt, wird es für das ewige Leben retten.« Und er stößt sich auch nicht an der Erklärung der Freiburger Regierung, welche nach Sifferts Tod verlauten ließ: »Er wird für alle der Inbegriff des perfekten Sportlers bleiben und für die Jugend ein Beispiel für den Erfolg sein, welcher einem unerschütterlichen Willen und unablässiger Arbeit entspringt.«

*

Das war der Seppi Siffert aus der Unterstadt, aus dem Elend in den Erfolg getrieben, in früher Jugend drangsaliert von Vater, Milieu und Lehrern, via Nürburgring und Monza in die Oberstadt verschlagen, zur Welt gekommen neben dem Restaurant ›Tirlibaum‹, aus der Welt gegangen in Brands Hatch, begraben wie seine Vorfahren, die Söldner.

*

Folgende Aufsätze entstanden am 10. Dezember 1971. Der Lehrer hatte außer dem Thema ›Jo Siffert ist tot‹ keinerlei Hinweise gegeben und den Kindern völlige Arbeitsfreiheit gelassen.

»Mein Vater kannte Jo Siffert ser gut, weil er im gleichen Jahr, Monat und Tag. Als das mein Vater erfuhr, da stotterte mein Vater: Jo Siffert ist tot, das kann doch nicht möglich sein. Aber noch vor ein paar Monaten hatte er auf BRM den Österreicher Preis gefonen. Jetzt ist alles futsch. Er hat noch einen Laden. Was will jetzt seine Frau damit machen. Als er starb, da brannten um im 250 l Bensin. Wenn nur die Feuerwerr nur die Feuerlöscher hätten dann bebte er heute noch. (...)«

*

»Am Freitagmorgen war die Beärdigung des tötlich verunglückten Jo Siffert. Sie beärdigten ihn auf dem Friedhof in St. Lonard. Am Samstagnachmittag gingen meine Mutter und ich auf den Friedhof um Blumen auf das Grab von meinen Großeltern zu setzen. Nicht weit weg vom Grab von dem Großvater war das Grab von Jo Siffert.

Alle Grabe waren eingetzaunt damit die Leute nicht alles vertrampeln. Die Leute Filmten und Fotogravierten das große Grab. Ein junger Mann der nicht an die Beärdigung konnte, flog am Sonntag mit einem Helikopter über das Grab und ließ einen Kranz fallen. (...)«

*

»(...) Nach der fünfzehnten runde konnt er bei einer Kurfe nicht mehr zurukschalten und das Stockwerk klemte. Der

Wagen nahm Feuer. Jo Siffert er stickte. Das Feuer war zu heiß und die Feuerwermänner konnten nicht zum Feuer. (...)«

*

»Ich war nicht dabei als sie Jo Siffert begraben haben aber ein Mädchen hat gesagt daß sie ihn mit einem Auto begraben haben.
 Als er gestorben war sang die 2. Sek:
 Jo Siffert ist gestorben
 Jo Siffert war ein Held
 Jo Siffert ist geboren in einem Kinderbett.«

*

»Jo Siffert lebte noch eine Minute, aber dann war er tot. (...)«

*

»(...) Es ist jetzt schon der zweite schwere Verlust der BRM in diesem Jahr. Petro Rodriguez ist auch tot. Im Frühling dieses Jahres verunglückte er. Es war der erste Verlust. Jetzt Jo Siffert im Herbst dieses Jahres. Die Leiche wurde nach Zürich geflogen, von dort aus nach Freiburg wo er begraben wurde. Jo Siffert ist tot.«

*

»Es indressiert mich nicht. Denn Siffert hat selber den tot haben wollen.«

*

»(...) Als Jo Siffert im Auto darin erstickte, da prostierten viele Leute, denn sie hätten eine Minute Zeit gehabt, Als Siffert in Freiburg war, kamen sechs Totenwagen ganz beladen mit Kränzen, und im letzten war Jo Siffert.«

Fritzli
und das Boxen

Äußerungen von und über Fritz Chervet, der am 27. April 1974 zum Weltmeisterschafts-Fliegengewichtsboxkampf antrat, notiert und montiert nebst einigen Zitaten aus schriftlichen Quellen und kurzer Beschreibung von Örtlichkeiten, welche Fritz gelegentlich aufsucht.

Grimm Walter, Boxjournalist (erste Auskunft am Telefon): Ja, der Fritzli kommt wie alle Boxer aus der unteren Schicht; er hat sich durchgeboxt und hinaufgeboxt. Mit der ersten Börse hat er seiner Mutter eine Waschmaschine gekauft. Er kommt von ganz unten wie Cassius Clay und Sonny Liston. Er ist der erste Schweizer, der gegen einen Weltmeister antritt, früher haben wir es nur bis zum Europameister gebracht. Früher haben die Arbeiter in der Schweiz massenhaft geboxt, heute gibt es mehr und mehr Fremdarbeiter in unseren Boxklubs, unsere einheimischen Büezer sind nicht mehr hart genug zum Boxen. Sie haben nicht mehr soviel Mumm. Der Fritzli boxt bei Charly Bühler im Boxkeller gegenüber dem Bundeshaus. Aber Achtung, dort gibt es zweierlei Kundschaft, einesteils die feinen Leute, die tagsüber ein wenig boxen und sich damit fit halten wollen, Diplomaten, Geschäftsleute, Advokaten, und anderteils am Abend die Amateure und Profis, welche hoffen, mit dem Boxen einmal Geld zu verdienen. Die feinen Leute sind Luxusboxer und brauchen kein Geld mit dem Boxen zu verdienen, weil sie es schon haben. Die können auch in irgendeinen Fitnessklub gehen, aber Boxen macht sich besser. Es gibt auch Boxen für Kinder bei Charly Bühler, das sind dann auch Kinder von besseren Leuten, solche, die zum Beispiel auf dem Pausenhof immer verhauen werden und nicht zurückschlagen, die sollen bei Charly Bühler die Hemmungen verlieren. Sie verlieren dann auch ihre Minderwertigkeitskomplexe und schlagen zurück. Leider ist der Boxsport in der Schweiz als grob verschrien, das sollte man einmal berichtigen. Es ist im Gegenteil ein sehr feiner Sport. Man muß nur den zarten Fritzli sehen, wie sensibel der boxt. Fritzli ist auf der ganzen Linie sensibel; er wohnt immer noch bei der Mutter in Bern, wo auch seine vier Brüder wohnen, und alle haben sehr viel Familiensinn. Das kommt ja nicht oft vor, daß vier erwachsene Männer soviel Familiensinn haben und bei der Mutter wohnen bleiben. Der Vater ist schon lange tot, man weiß nicht viel über ihn. Die Mutter hat die ganze Familie durchgeschleikt. Alle fünf Brüder boxen oder haben geboxt. Es ist eine richtige Boxerfamilie. Nur die Mutter und die zwei Schwestern boxen nicht.

Geschichtlicher Rückblick (Das große Lexikon des Sports): Boxen, eine der ältesten Zweikampfarten der Menschheit, über deren sportliche Ausübung bereits aus dem antiken Griechenland schriftliche Zeugnisse vorliegen. In Homers *Ilias* werden zum Beispiel Faustkämpfe geschildert, die von den Griechen anläßlich der vor Troja veranstalteten Leichenfeiern ausgetragen worden sind. Zur Vorbereitung auf einen Kampf wurde das Schlagen an Geräten geübt, die den heute verwendeten etwa ähnlich waren. In späterer Zeit wurden die Faustkämpfe nur mehr von Berufsathleten ausgetragen; die früher als Bandagen verwendeten, weichgegerbten Lederriemen wurden durch hartgegerbte und mit Metalldornen versehene Riemen ersetzt, die jeden Faustkampf zu einer Auseinandersetzung auf Leben und Tod werden ließen. Mit dem Untergang Roms als politischer Macht verschwanden die beim Publikum beliebten Gladiatorenkämpfe und damit auch vorübergehend der Faustkampf.

Bühler, Charly, Trainer und Manager des Fritz Chervet. (In seinem Boxkeller in Bern. Kommen und Gehen von Boxfans in Bühlers Büro. Es werden Ringplätze für den Weltmeisterschaftskampf gekauft, für 250 Franken das Stück. Das Büro ist mit moderner Malerei ausstaffiert: meist Geschenke von Künstlern, die bei Charly geboxt haben, im Zeichen der Fitness. Ein Poster von Fritzli mit rührendem Ausdruck, als ob er einen Schlag erwarte. Im Ring boxt Fritzlis Bruder Werner, haut kräftig auf Bundesrichter Cholidon ein. Dieser wird in die Ecke gedrängt. Werner könnte den grauhaarigen Cholidon leicht zerschmettern. Überall wird geboxt, auch viel Konditionstraining, dumpfes Aufklatschen von Boxhandschuhen auf Fleisch oder auf andere Boxhandschuhe. Manche hüpfen mit dem Springseil, das gibt einen sausenden Ton. Andere liegen am Boden und stoßen ihre Beinchen kolbenartig in die Luft. Meist weiße Beine, wie sie in Büros wachsen. Zur Vorbereitung auf den Kampf wird das Schlagen an Geräten geübt, die den in Griechenland verwendeten ähnlich sind. Im Hintergrund der Umkleideraum, wo weiße Männerhaut blinkt. Duschtöne. Von weit her Erinnerungen an ein Internat, an einen Männerbund weitab der Welt.):

Ja sehen Sie, das ist der Sport der Armen. Die großen Boxer kommen aus der dritten Welt, Südamerika, Thailand, Afrika, oder wenn sie aus den hochentwickelten Ländern kommen, dann gehören sie dort zu den Unterprivilegierten. Sie wissen, die Neger in Amerika oder die Sizilianer in Italien oder die Spanier aus den armen Gegenden. Leute, die im Schatten geboren sind, können sich hinaufboxen zu einem Platz an der Sonne. Dabei ein fairer Sport, frank und frei, jeder hat die gleichen Chancen. Und dabei von einer choreographischen Schönheit. Die Selektion geschieht wie in der Natur nämlich so, daß der Stärkste überlebt. Eine Gesellschaft, wo nicht mehr geboxt wird, ist dekadent. In unseren hochentwickelten

Gesellschaften verschwindet der Boxinstinkt mit dem Luxus. Das Boxen ist eine Charakterschule, auch hier das Fitnessboxen. Da herrscht Gleichheit, der Millionär kann mit dem Büroangestellten boxen. Und man kann die Welt draußen vergessen. Man kann abstrahieren von der Welt draußen.

Aufruf (an der Wand von Bühlers Boxkeller diskret aufgeklebt): Freisinnig-demokratische Partei des Kts. Bern. Auf der Liste der Großratswahlen unserer Partei hat sich Herr Markus Vuillemin, Liegenschaftsverwalter, als Kandidat aufstellen lassen. Er ist Ihnen als Mitglied Ihrer Vereinigung bekannt, und sicher sind Sie mit uns der Meinung, daß er volle Unterstützung verdient. Wir bitten Sie, wenn möglich alle Mitglieder Ihrer Vereinigung auf die bevorstehenden Wahlen und insbesondere auf diese Kandidatur aufmerksam zu machen und eine neutrale Empfehlung an alle Mitglieder zu richten, unserem Kandidaten bei den bevorstehenden Großratswahlen die Stimme zu geben.

Bühler, Charly: Dabei ein fast ungefährlicher Sport. Hart und schmerzvoll, aber weniger gefährlich als viele andere Sportarten. Vor allem eine Schulung des Charakters und der Reaktion. Man lernt Schläge einstecken, auf die Zähne beißen.

Geschichtlicher Rückblick (Sportlexikon): Boxunfälle, tödliche, werden sorgfältig registriert. Allein nach 1945 bis Ende 1968 sind über 240, nach anderen Statistiken sogar über 260 Boxsportler (Amat. und Profi) den Kampffolgen zum Opfer gefallen. Im deutschen Berufsboxen drei Todesfälle: Paul Völker (1932), Karl-Heinz Bick (1957) und Jupp Elze (1968). In anderen Sportarten Verlustzahlen höher, insbesondere beim Motorsport und amerik. Football.

Hui, Ernst, Boxjournalist: In der Schweiz wurden seit Bestehen des Schweizerischen Box-Verbands (SBV) noch keine toten Boxer notiert, also seit 1913. (Es gibt keine Untersuchungen über die Spätfolgen des Boxens in der Schweiz, über Gehirnschäden, Verblödung usw.) Heute gibt es etwa 500 Amateurboxer, die in den Ring steigen, und fünf Profis in der Schweiz: Blaser, Hebeisen, Nußbaum, Vogel, Chervet. Bei einer so geringen Zahl von Boxern gibt es naturgemäß auch kaum Tote. Die Amateure boxen fast gratis, für 35 Franken den Auftritt. Jeder hofft, ein bißchen Geld zu verdienen und groß herauszukommen, aber nur ein Prozent steigt in die Profikategorie auf. Auch von den Profis verdienen bei uns die meisten nicht viel, vielleicht 2000 Franken pro Match, wenn's hochkommt, bei etwa sechs Kämpfen pro Jahr. Ein einziger verdient bei uns recht, aber auch noch nicht lange, das ist der Fritzli. Alle möchten einen Platz an der Sonne erboxen, aber es gibt nur *einen* Platz.

Chervet, Fritz, Boxer und Sänger (Auszug aus einer Schallplatte, die er auf Veranlassung des ›Blicks‹ Anfang April 1974 besungen hat. ›Blick‹ griff dabei auf das bewährte Team Pepe Ederer und Gerd Gudera zurück. Es gibt auch T-shirts mit Fritzlis Namenszug und Autoreklamen, die mit seinem Namen werben. Alles, seit er an der Sonne sitzt.):

> Das schönste Mädchen auf der Welt
> hat mich heute ausgezählt,
> und weil mein Herz gleich Feuer fing,
> werf' ich das Handtuch in den Ring.
> Ich war k. o. im ersten Augenblick.
> Das war mein Glück.
> Als ich sie dort in der ersten Reihe sah,
> dachte ich, was will das kleine Mädchen da.

Festgenagelt stand ich an einem Fleck
und hatte gleich ein blaues Auge weg.

Hui, Ernst, Boxjournalist: Die meisten Boxer haben eine normale Unfallversicherung abgeschlossen, welche Sportunfälle deckt. Es gibt aber gewisse Klauseln, wonach Geistesgestörtheit infolge von K.-o.-Schlag nicht gedeckt ist. Dann gibt es meines Wissens auch eine Klausel, wonach aufgrund eines Enzephalogramms (= Aufzeichnung der Hirnimpulse) die Versicherung gekündigt werden kann, das heißt, wenn das Hirn nach einem besonders kräftigen Schlag oder Fall als beschädigt betrachtet werden muß, läuft die Versicherung aus. Auch muß einer schon eine bestimmte Fertigkeit im Boxen haben, damit er eine gute Versicherung abschließen kann. Die Versicherungen können ja nicht riskieren, daß sich einer zum Idioten schlagen läßt und nachher bei der Versicherung kassiert. Da würde noch vielleicht manchem einfallen, auf diese Art zu Geld zu kommen.

Medizinischer Rückblick: Im Rahmen einer britischen Untersuchung wurden die Gehirne von 15 ehemaligen britischen Boxern – darunter zwei Weltmeistern –, die in den vergangenen 16 Jahren gesammelt und konserviert worden waren, im Laboratorium genau untersucht. Einige der Boxer waren in Heilanstalten gestorben. In dem Gutachten mit dem Titel *Spätente des Boxens* heißt es, in 12 von 15 Fällen sei die Scheidewand zwischen den beiden Großhirnhemisphären zerrissen gewesen. (...) Obwohl viele Schläge an den Kopf die Struktur des Gehirns nicht sichtbar verändern müßten, bestehe immerhin die Gefahr, daß »zu einem unvorhersehbaren Zeitpunkt und aus unbekannten Gründen ein oder zwei weitere Schläge ihre Spuren hinterlassen«. Dann habe die Zerstörung von Hirngewebe, das niemals ersetzt werden könne, eingesetzt. Der Gehirnschaden kann, wie in dem Gutachten weiter zum Ausdruck kommt, zu Gedächtnisverlust, Sprach- und Gleichgewichtsstörungen, Tobsuchtsanfällen und schließlich zum Schwachsinn führen.

Witwe Chervet (In ihrer Wohnung an der Schwarzenburgstraße in Bern. Wir hatten sie auch im Restaurant ›Schönegg‹ in Wabern gesehen, wo sie mit ihren fünf Söhnen für die Familienfotos posierte. Dieses Restaurant-Hotel wird von zwei Chervet-Brüdern geführt. Man sagt, Fritzli sei finanziell auch beteiligt, das Unternehmen habe erst mit seiner Hilfe in Schwung gebracht werden können. Die ›Schönegg‹ ist eine Quartierbeiz mit sehr gemischtem Volk. In der Familienstammwohnung an der Schwarzenburgstraße stehen Siegespokale auf dem Büchergestell, Miniaturboxhandschuhe baumeln an der Wand, Souvenir eines Fritzlifans, auch Bilder sind da, die dem Champion geschenkt wurden. Die beiden Söhne Walti und Werni sind auch da, nehmen der Mutter das Wort von der Zunge, wenn ihre Antworten stockend kommen. Später kommt noch der Sohn Paul mit Freundin. Nur die Söhne Fritz und Ernst fehlten an diesem Abend.):

Ja, ich bin keine Rednerin, wüsseter. Soll ich einen Birnenschnaps aufstellen? Also wenn der Fritz am Fernsehen kommt, dann stelle ich ab, ich könnte nicht zuschauen, wie er vermöbelt wird. Nur Aufzeichnungen schaue ich an, wenn ich weiß, daß er schon gewonnen hat, dann habe ich nichts mehr zu fürchten. Mein Mann war Schreiner, auch der Schwiegervater war gelernter Schreiner. Wir haben früher in Außerholligen gewohnt, einem Arbeiterquartier, nicht für verwöhnte Leute. Heute ist jetzt das ganze Quartier abgerissen worden, und es hat dort Hochhäuser gegeben. Gottlob hatte ich eine Bürolehre gemacht, da konnte ich 1951, als der Mann starb, wieder eine Büroarbeit annehmen. Nicht sofort, als er gestorben war, sonst hätten sie mir die Familie auseinandergerissen, weil der Jüngste noch klein war, aber einige Zeit nach dem Tod des Mannes habe ich dann beim Bund in der Statistik gearbeitet und habe 1955 etwa 600 Franken im Monat verdient, nicht sehr viel für sieben Kinder. Was Ferien machen heißt, haben wir erst erfahren, als der Konsumverein und die Schweizerische Reisekasse uns einmal einen Aufenthalt in Amden ermöglichten, das war der Wahn. Daß die Kinder in die Sekundarschule hätten gehen können, daran war nicht zu denken, oder gar aufs Gymnasium, waren sicher auch nicht gescheit genug, und das Geld hatten wir auch nicht. So haben alle Kinder neun Jahre Primarschule gemacht. Der Älteste ist Schwachstromapparatemonteur geworden, der nächste Karosserieschlosser, der Fritz Möbelschreiner, der Walter Kaufmann und der Werni Feinmechaniker. Es sind alle zufrieden.

Chervet, Werner: Wenn ich mir so überlege, daß wir heute zwei, drei Wochen nach Mexiko oder Amerika reisen können, wenn wir Lust haben, so haben wir es doch weit gebracht, verglichen mit früher. Wenn früher einer aus den Ferien in Rimini zurückkam, staunten wir. Das konnte man sich in Außerholligen gar nicht vorstellen, wo Rimini war.

Witwe Chervet: Mir sind armi Chaibe gsy, wir haben uns nie vorgestellt, daß wir höher hinaus könnten. Heute haben wir jetzt ein schönes Verhältnis zueinander, es wird eigentlich nie gezankt in der Familie. Daß die Buben noch alle zu Hause sind (alle im Alter zwischen 25 und 33 Jahren), ist ein Zeichen, daß es ihnen paßt.

Chervet, Werner: Der Mensch neigt heute dazu, daß er zu weich ist. Die Menschen sollten mehr boxen, denn Boxen ist brutal, das täte den Leuten gut. Aber es ist eine faire Brutalität.

Chervet, Walter: Aus der weniger bemittelten Schicht gehen die großen Boxer hervor, nicht aus der verwöhnten Schicht. Wir haben alle geboxt in der Familie, es hat uns gutgetan. Wir haben es bis zum Schweizer Meister gebracht, der Fritzli dann noch weiter.

Chervet, Werner: Daß der Charly Bühler als Manager 30 Prozent von Fritzlis Bezügen erhält, ist einfach übertrieben. Wollen dem Bühler die Qualitäten nicht absprechen, aber auch ich oder Sie könnten ein Erfolgstrainer werden mit einem Fritzli in der Ecke. Der schneidet sich ein viel zu großes Stück vom Kuchen ab. Aber leider geht es nicht ohne Manager, schon wegen der vielen Schreibarbeiten, die nicht jeder erledigen kann. Wir haben uns schon oft gesagt: Auch unser Paul könnte Fritzli managen.

Witwe Chervet: Der Charly Bühler profitiert viel zu viel am Fritz, das habe ich schon oft gesagt. Aber das Problem ist: wo trainieren? Der Bühler hat eben einen Boxkeller mit allen Einrichtungen, und wir haben keinen.

Chervet, Werner: Der Mensch will im Leben immer gewinnen, will den anderen besiegen. Man muß den anderen nicht unbedingt grad k. o. schlagen, man muß nur gewinnen. Das gibt sauberen Tisch.

Chervet, Walter: Hart ist das Boxen, pickelhart. Da kann man keinen Birnenschnaps kippen zwischendurch. Nur der Fritzli war hart genug, die andern vier haben nicht genug Willen gehabt. Wir sind nur Schweizer Meister geworden, und dem Ernst haben sie die Boxlizenz weggenommen, der war in eine Schlägerei verwickelt. Ein guter Boxer darf nur im Ring boxen und gar nicht zu privaten Zwecken. Der Ernst hat zu wenig Disziplin gehabt, der Paul hat zu wenig lang durchgehalten, der Werni ist zu wenig konsequent. Wir waren nicht hart genug, wir haben zu wenig verzichten können.

Witwe Chervet: Der Fritz wird jetzt manchmal von noblen Leuten eingeladen, aber er ist nicht wohl dabei, der Bundesrichter Cholidon und der Bierbrauer Hess laden ihn ein, und diese wollen dann immer vom Boxen reden. Einmal war er auch von einem reichen Zahnarzt eingeladen, der es immer vom Boxen hatte. Da hat ihm Fritz gesagt: »Wollen wir heute nicht von den Zähnen reden?« Aber die alten Freunde hat er behalten, er besucht immer noch Schreiner Messer in Gümligen, den Ernst Messer, wo er einmal gearbeitet hat. Und der Lehrer Lüthy schickt ihm nach jedem Kampf eine Schwarzwäldertorte, pünktlich nach jedem Kampf. Und der Herr Wanzenried kümmert sich wie ein Vater um ihn. Das ist ein richtiger Vater – und nicht der Charly Bühler. Ich muß immer lachen, wenn die Zeitungen schreiben, Charly Bühler sei eine Art Vater von Fritz.

Chervet, Werner: Das Leben geht schnell vorbei, und von den Mädchen muß man die Schönsten nehmen; ein guter Braten kommt nicht alle Jahre wieder.

Witwe Chervet: Du sollst die Mädchen nicht »Bräten« nennen.

Chervet, Walter (legt die Chervet-Platte auf):

> Das schönste Mädchen auf der Welt
> hat mich heute ausgezählt,
> und weil mein Herz gleich Feuer fing,
> werf' ich das Handtuch in den Ring.
> Ich war k. o. im ersten Augenblick.
> Das war mein Glück...

Fritzli beim Abendtraining im Boxkeller. Hier gibt es keine Worte zu berichten. Fritz bleibt stumm. Aber man kann etwas sehen. Die Fitness- und Luxusboxer in Charlys Boxkeller treiben ihr Konditionstraining. Fritz ist tänzelnd und hüpfend mit den Vorbereitungen zum Schlagen beschäftigt. Er wirft die Beine von sich, wirft die Beine in die Höhe, rudert mit den Armen, wackelt locker mit dem Kopf. Er läßt den Kopf ganz locker baumeln. Dann schlagen seine beiden Handschuhe wie Dampfhämmer gegen einen Trainingsball. Gespannter, etwas leidvoller Ausdruck. Hochgezogene Augenbrauen. Fritzli gewinnt den Kampf gegen die Gummibirne. Die Unterhosen schauen unter den Turnhosen hervor. Er trägt einen Eierschoner und weißrote Stiefelchen. Jetzt haut er einer zweiten Gummibirne rechts und links eins um die Ohren. Wie am Fließband haut er die Birne maschinell immer wieder. Jetzt geht es dem großen hängenden Sack zu Leibe, schnaubend. Er hat einen guten Atem. Er geht dem großen Sack gegenüber in Verteidigungsposition. Gleich wird der Sack angreifen. Gesenkter Kopf, die Sehnen treten hervor. Klatschend haut er den Sack. Jetzt steigt er in den Ring, nimmt den Zahnschutz ins Maul, wechselt die Handschuhe. Einer tritt an gegen Fritzli, aber nur zum Schein, Fritzli langt nicht richtig zu, er wetzt nur seinen Kampfgeist ein wenig am Gegenüber. Dann gibt Charly Bühler noch technischen Unterricht. Mit gespitztem Maul schwingt Fritzli dann das Springseilchen, das sirrt so sausend durch die Atmosphäre. Gehupft und gesprungen. Noch eine Runde getänzelt im Folterkeller. Ab geht Fritzli, pißt und duscht.

Messer, Ernst, Möbelschreiner: Fritz Chervet war 1969 und einen Teil von 1970 bei mir beschäftigt. Im Jahr 1969 hat er insgesamt 9000 Franken verdient, sieben Franken fünfzig im Stundenlohn. Habe ihm jeweils freigegeben, wenn er trainieren wollte. Er war ein einfacher Bursch, und so bescheiden. Er hat in den Betrieb hineingepaßt, konnte sich überhaupt gut anpassen, war bescheiden, still, sparsam, ruhig, auch lieb und fein als Mensch, hat von halb sieben bis siebzehn Uhr regelmäßig gearbeitet, nie einen Tropfen getrunken. Fritz hat auch Särge gezimmert, wobei er wie überall eine besondere Akkuratesse bewies. Dann hat er als Chauffeur den Leichenwagen gefahren, denn meine Firma besorgt auch Beerdigungen. Und was so anfällt im Betrieb, Kücheneinrichtungen, Fauteuil reparieren, den Umbau im Schloß von Gümlingen. Noch gut ist mir in der Erinnerung haften geblieben, wie der winzige Fritz affengleich auf dem Gehäus der Orgel von Gsteig herumturnte, hat meine Firma in Gsteig doch das Orgelgehäuse neu gerichtet. Eine besondere Liebe für antike Möbel hat bei Fritz durchgeschlagen im Laufe seiner Schreinertätigkeit; notabene ein Schrägbüro, wie sie die alten Stehpulte im Bernischen nennen, hat er mit Geschick wieder in seinen alten Zustand gebracht. Einen Luxus hat er sich nie geleistet; er legte alles zurück; nur einmal hat er mich zu einem Meeresfrüchtesalat eingeladen. Später ging er dann zum Auto-Senn, eine Firma für Autozubehör, die wollten einen berühmten Namen haben. Dort hat es ihm nicht gefallen. Danach hätte er ein ›Wimpy‹-Restaurant in Bern übernehmen können, als er die Wirteprüfung gemacht hatte. Er wollte ja einmal wirten, als er vom Boxen die Nase voll hatte. Das hat dann aber auch nicht funktioniert. Streit kann man mit ihm eigentlich nicht haben, und ich glaube nicht, daß er jemandem eins draufschlagen kann, ein so lieber, feiner, stiller Mensch.

Aufzeichnung von Chervets Kämpfen (gegen Atzori und Sperati, Archiv des Schweizer Fernsehens): Der liebe, feine Fritz hat ein Aug' von Atzori blau und wund geschlagen, hat Atzori in die Seile geschmettert und bleibt in Atzoris Arme verkettet liegen, bis der Schiedsrichter sie trennt. Er würde ihn sicher töten mit seinen schnellen Hämmern, wenn Atzoris Verteidigung nachläßt. Mör-

derschläge teilt er aus, ein tänzelnder Mörder, es fließt Blut, aber es ist ja Sport, einer für den Charakter. Fritzli geht zu Boden, steht in der siebten Sekunde wieder auf, der Kampf ist aus, die Kämpfer tätscheln sich gegenseitig die Rücken, organischer wäre jetzt der Tod mindestens eines Boxers, nach dieser Verbissenheit. Es ist unnatürlich. Wenn sie zum Schluß sich nicht töten, dann war der ganze Kampf unehrlich. Er müßte im Tod gipfeln, denkt man.

Dr. Heinz Kellner, Spez.-Arzt für innere Med. FMH (besonders Magen-, Darmkrankheiten und Hämorrhoidalleiden; ärztlicher Betreuer des Fritz Chervet): An Verletzungen hat Fritz Chervet ganz generell nur Riß- und Quetschwunden gehabt und einmal eine Augenbrauenverletzung und einmal eine angeknackste Rippe. Die Nase wurde ihm nie eingeschlagen, die Ohren nie abgerissen, einen Leberriß hatte er nie, soweit mir erinnerlich, auch keine Hirnerschütterung. Fritzli hat eine ausgezeichnete Verteidigung und schützt seinen Kopf. Der Kopf ist nämlich das einzige Organ am Körper, das man gegen Schläge nicht abhärten kann. Die Bauchwand zum Beispiel kann man durch geduldiges Bauchmuskeltraining bretterhart machen. Natürlich, wenn man einen Kopfschlag erwischt, so gibt es, weil das Hirn ja eine andere Trägheit hat als der Knochen, einen Contrecoup, eventuell Quetschungen und Zerstörungen von Hirnsubstanz, auch Blutungen, welche mikroskopisch sein können oder auch etwas größer, und auch Verwachsungen kann es geben, aber erst später. All das darf jedoch nicht dem Boxsport als solchem generell angelastet werden, sondern bedauerlichen Einzelfällen innerhalb dieses Sportes. Wenn man eine Stufenleiter erstellen will von den das Hirn betreffenden Möglichkeiten, so muß man an erster Stelle die *Kontusion* nennen. Die nächste Stufe wäre eine sogenannte *Commotio*, also eine Erschütterung, die mit Bewußtlosigkeit verbunden sein kann. Aber oft kommt es vor, daß einer nicht k. o. geschlagen wird. Es kann auch *technischer K. o.* sein (einer ist oberflächlich, jedoch spektakulär verletzt und wird kampfunfähig) oder ein Sieg nach Punkten. Häufig sind die darniederliegenden Kämpfer nur benommen. Dann – die letzte Stufe wären die *Hirnblutungen.* Der Kopf wird bedeutend heftiger mitgenommen, wenn er auf den harten Bretterboden aufschlägt, als wenn ihn ein weicher Handschuh trifft. Und jeder Beruf ist schließlich mit einem Risiko verbunden. Es zwingt ihn ja niemand, Profi zu werden.

(Dr. Kellners Dienstmädchen schenkt Kaffee ein, in Kellners sehr gediegenem Eigenheim, während Kellner diese Worte spricht. Kostbare Bilder, Möbel etc. Kellner war nicht gezwungen, Profi zu werden.)

Der Kunstharzplastikeinsatz für die Zähne bewirkt zwar, daß der einzelne Zahn größeren Widerstand leisten kann, ist jedoch keine Garantie gegen Verletzungen, man kann trotzdem einen Kieferbruch haben wie Cassius Clay beim letzten Kampf. Auch wenn man den Daumen nicht gut einschlägt im Handschuh, kann man ihn leicht brechen. Andrerseits gewährt der Eierschoner einen totalen Schutz. Immerhin, seit der Schweizerische Boxverband besteht, seit über 60 Jahren, hat es in der Schweiz keinen Boxtoten abgesetzt. Über die Spätfolgen weiß man allerdings in der Schweiz nichts. Die obligatorische ärztliche Kontrolle vor dem Kampf bietet Gewähr, daß die Kämpfer in durchaus intaktem Zustand antreten. Eine Kontrolle nach dem Kampf ist nicht obligatorisch. Es werden jeweils die Augen inspiziert, der Hals, die Lunge auskultiert, der Blutdruck gemessen, der Bauch betrachtet. (Ist vielleicht die Leber fünfmal größer, als sie sein dürfte?) Hingegen entfällt die Blut- und Urinkontrolle. Um einen Boxerorganismus aufzubauen in der Trainingsphase, braucht es in der ersten Etappe eiweißreiche Kost, damit die Muskulatur gehätschelt wird, und dann in der letzten Etappe eine Nahrung, welche Kohlehydrate zuführt und leichtverdauliche Sachen, damit der Organismus vollgetankt wird, so daß er sich im Kampf verausgaben kann bis zum Erschöpfungszustand. Den Erschöpfungszustand kann man daran erkennen, daß die Boxer nicht mehr voneinander loskommen. Fritzli ist aber so zäh, daß er erst in der zehnten Runde in den Erschöpfungszustand fällt, wenn überhaupt. Von Fritzlis Körper kann generell gesagt werden, daß er viel gute Muskelsubstanz hat, aber nicht viel Muskelvolumen, sehnig, aber kein Grämmchen Fett. Wenn man Fritzlis Körper in der Badeanstalt begegnete, so würde man kaum sagen: Das ist ein Boxerkörper. Man könnte nur sagen: Grazil, aber athletisch, sieht einfach sehr gut aus, gleichmäßig durchtrainiert, ohne Hypertrophie einzelner Muskeln. Fritzlis Körper besitzt gute Sprunggelenke, die Boxer müssen bekanntlich auf den Fußballen ihr Körpergewicht verlagern, das macht elastisch und schlagfertig. Deshalb soll auch der tägliche Dauerlauf auf den Fußballen erfolgen. Wichtig ist außerdem ein gutes Lungenvolumen und eine hohe Durchströmungsgeschwindigkeit des Blutes in der Lunge. Mit einem zwei- bis vierstündigen Training morgens und einem ausgedehnten Dauerlauf nachmittags sowie mit dem Verzicht auf Nikotin und Alkohol kann die gewünschte Körperbeschaffenheit erzielt werden. Was den Geschlechtsverkehr betrifft, so ist generell zu sagen, daß Fritzli sich so oder so verhalten kann, es gibt noch keine gesicherte Relation zwischen Häufigkeit des Beischlafs und boxerischer Leistungsfähigkeit.

Was den psychologischen Gewinst des Boxens betrifft, so kann ich als Fitnessboxer folgende generelle Feststellungen machen: Viele Geschäftsherren, die im harten Konkurrenzkampf stehen, boxen bei Charly Bühler regelmäßig, etwa der Juniorchef der Bauunternehmung Losinger, und präparieren sich so für das Boxen im wirtschaftlichen Überlebenskampf. Denkt man an das riesige Volumen der Firma Losinger, so leuchtet ein, daß Losinger sich boxend fitten will. Er läßt ja sogar in Israel bauen. Zugleich hat Losinger in Charly Bühlers Keller Kontakt mit dem Volk. Andrerseits gestatten viele Geschäftsleute, die dem Boxen gegenüber aufgeschlossen sind, ihren Büroangestellten, daß sie während der Bürozeit im Boxkeller trainieren. Die verlorene Zeit wird dann am Abend nachgeholt. Auf diese Weise kann man eine friedliche Büroatmosphäre und den Abbau der innerbetrieblichen Aggressionen, Frustrationen und anderweitiger Stauungen erzielen.

Chervet, Fritz, Champion (In seinem Landhaus in S., Kanton Fribourg, woher die Familie Chervet ursprünglich stammt. Fritz hat in S. eine ausgediente Käserei gekauft, die er jetzt eigenhändig und mit Hilfe seiner Brüder in der Freizeit umbaut. Das Haus liegt am Fuß eines Rebbergs, grüne Fensterläden, hinten ein Schweinekoben, nicht schlecht. Witwe Chervet findet, er hätte einen Trax bestellen sollen, das alte Haus zerstören und großzügig neu bauen lassen. Fritzli erscheint verschlafen an der Tür, hat den Mittagsschlaf unterbrechen müssen. Er ist ein schmaler Wurf, mit seinen 1,64 Meter und seinem einzigen Zentner Gewicht. Er sieht vielleicht wie 23 aus. Seltsam, ihn ›Herrn Chervet‹ zu nennen.):

Als ich in Thailand war und gegen Chartchai Chionoi boxte, wurde ich dort in seine Familie eingeladen. Er kommt aus ähnlichen Verhältnissen wie ich. In Thailand trifft man überall Boxer auf öffentlichen Plätzen, aber die boxen auf thailändisch, mit Händen und Füßen. Richtig angefangen als Amateur habe ich 1958, 1961/62 war ich Schweizer Meister, 1963 wurde ich Profi. Seit drei Jahren kann ich vom Boxen leben, vorher lebte ich vom Schreinern. Wenn es gutgeht, kann ich noch zwei Jahre boxen, dann will ich wieder zurück zur Schreinerei, möchte mich auf antike Möbel spezialisieren.

Chervet, Ernst (später im Restaurant ›Schönegg‹ in Wabern angetroffen): Der Fritzli will doch nicht im Ernst von der Schreinerei leben, der sammelt doch nur alte Möbel aus Plausch. Leben will der Fritzli von den Zinsen aus dem Renditenhaus in Bern, das er demnächst kauft. Der Vertrag mit dem Immobilien-Gerber, Sie wissen doch, der Hausi Gerber von ›Herd und Haus‹, ist schon bald reif. Der Fritzli *muß* jetzt die Weltmeisterschaft gewinnen, damit er das Renditenhaus kaufen kann. Die muß er einfach gewinnen. Wenn er sie nämlich gewinnt, dann muß nachher sein Herausforderer 100 000 Dollar zahlen, soviel wie jetzt Chionoi erhält.

Chervet, Fritz: Am 27. April schauen für mich vielleicht 30 000 Franken netto heraus. Ich habe große Spesen, das Trainingslager in Vals ist teuer, die Sparringpartner auch. Wenn Sie mich fragen, wie meine Beziehungen zu Charly Bühler sind, so müßte ich bei dieser Frage passen. Er hat 30 Prozent vom ganzen Betrag. Sehen Sie, Boxen, das ist wie der Lebenskampf. Man muß immer kämpfen. Gegen früher bin ich reich, und so hab' ich mir ein Haus gekauft. Das ist jetzt meines, da kann mich niemand verjagen.

Chervet bietet Valser Wasser und alkoholfreies Bier zum Trinken an. Eine Frau kommt die Treppe hinunter; es scheint, als ob sie einen asiatischen Einschlag hätte. Auf die Frage, ob seine Freundin aus Thailand komme, sagt Chervet:

Nein, bloß aus Fribourg.

Schweigen. Ich erkläre, daß ich schon einmal einen Champion behandelte, den Rennfahrer Siffert aus Fribourg. Siffert habe zuerst, als er noch unbekannt war, eine Freundin aus der Unterstadt gehabt, mit dem ersten Ruhm habe er dann übergewechselt zum Mannequin Sabine E., und schließlich, als er ganz berühmt war, habe er die Tochter eines Patrons aus der Oberstadt geheiratet. So habe er den sozialen Aufstieg aus kleinen Verhält-

nissen vollzogen. Chervet schaut mich währenddessen erstaunt an, sagt nichts. Ein wenig Schweigen. Dann:

Als Arbeiter wird man es nie zu etwas bringen, da kann man nur knapp leben. Wenn man in dem Arbeiterquartier von Außerholligen geboren ist, so bleibt man immer Arbeiter. Man ist nicht für eine längere Schulbildung gemacht, man bleibt Büezer. Und boxen können auch nicht alle.

Eine Woche nach dem Besuch bei Fritz Chervet erfahre ich, daß seine Freundin Sabine E. die ehemalige Freundin des verunglückten Jo Siffert ist. Aber Chervet hat der Presse erklärt: »Ich habe es mit der Heirat nicht eilig. Da geht es mir wie meinen vier Brüdern. Wir wohnen alle noch bei unserer Mutter. Daheim ist es halt am schönsten.«

Bleiben Sie am Apparat, Madame Soleil wird Ihnen antworten

> *Ich bin nicht Madame Soleil!*
> Georges Pompidou bei einer Pressekonferenz

> *Georges Pompidou, geb. am 5. Juli 1911, wird vom Stern Sirius beschützt. Dieser Stern verspricht Ehre, Ruhm und Geld allen, die unter seinem Einfluß geboren sind.*
> Madame Soleil in ›France-Dimanche‹

Immer am frühen Nachmittag, wenn die französischen Hausfrauen sich ans Abwaschen machen, können sie ihre Hantierungen von der Stimme der Großen Schwester aus der Rue François Premier begleiten lassen. Dort sitzt Madame Soleil, geborene Soleil, im Studio von Radio Europe Nr. 1 und schickt sich zwischen 14.10 und 15 Uhr an, die arbeitenden Massen im Kosmos zu integrieren. Seit zehn Monaten traktiert sie nun die Republik mit ihren Ratschlägen. Jeden Tag (ausgenommen Samstag und Sonntag) findet sie zwischen vier und fünf Millionen Zuhörer, eine anständige Zahl für die flaue Nachmittagsstunde. Kein Politiker und kein Publizist vermag so viele Leute so regelmäßig in Bann zu schlagen. Und niemand wird von den Massen so heimgesucht wie Madame Soleil, ausgenommen vielleicht die Muttergottes von Lourdes oder in guten Jahren die Muttergottes von Einsiedeln. Etwa 17 000 Anrufe erhält unsere Liebe Frau von Europe Nr. 1 jeden Tag vor dem Mittagessen und etwa 500 Briefe. Daneben lauern ihr noch manche Anhänger vor dem Studio auf, um einen exklusiven Ratschlag zu ergattern.

Viele rufen an, doch wenige sind auserwählt. Nur etwa 1000 kommen durch, die anderen bleiben im überlasteten Telefonnetz hängen. Die tausend Privilegierten dürfen den zwanzig Assistenten der Madame Soleil in aller Eile Geburtsdatum und -stunde durchgeben und ihre Frage skizzieren. Dann werden aus dem großen Haufen die originellsten oder verzweifeltsten Korrespondenten herausgepickt, und diese werden ab 14.10 Uhr vom Radio Europe Nr. 1 zurückgerufen. Nun sind sie endlich über die Nabelschnur des Telefons mit der ›großen Mutter‹ verknüpft – ein gutes Dutzend von den 17 000, die es täglich versuchen. Sie wiederholen ihre Frage, die Oberassistentin antwortet mit der rituellen Formel: »Bleiben Sie am Apparat, Madame Soleil wird Ihnen antworten.« Es ist alles zur Vesper gerüstet.

Soviel Ehrfurcht, wie da in den Stimmen der Ratsuchenden mitschwingt, haben wohl auch die Parzen des alten Germanien oder die griechische Pythia kaum provoziert (und vielleicht nicht einmal die legendäre Eva Peron). Die Weissagerinnen und Eingeweidebeschauer des Altertums mußten mit vorindustriellen Mitteln arbeiten und konnten ihre fernhintreffenden Sprüche nicht radiotechnisch reproduzieren. Bescheidene Mythen von damals, alles noch im handwerklichen Rahmen. Bescheiden auch die unregelmäßigen Einkünfte der orakelnden Priester von Delphi, im Vergleich mit dem Salär der Madame Soleil, welche allein bei Europe Nr. 1 ihre 10 000 Francs pro Monat einstreicht. (Außerdem: Entschädigungen für ihre Mitarbeit bei den Zeitungen ›France-Dimanche‹ und ›Un Jour‹ und ihre Mitwirkung bei gesellschaftlichen Anlässen und Entgelt für private Konsultationen: alles in allem etwa 30 000 monatlich).

Wie bringt man es auf diesen grünen Zweig? Man muß unter einem guten Stern geboren sein; man muß die Sprache des Volkes sprechen (angereichert mit wissenschaftlichem Rotwelsch); man muß blitzschnell kombinieren können; man muß von einem Radiosender engagiert werden, welcher in hartem Konkurrenzkampf mit einem andern Radiosender liegt (Radio Europe 1 contra Radio Luxembourg); man muß die tiefen Bedürfnisse der verunsicherten Kleinbürger intuitiv erfassen; man muß Sicherheit verströmen und den Glauben an handfeste Dinge vermitteln; und zugleich muß man den Durst nach überirdischen Koordinaten stillen.

Herkunft und Lebenslauf haben Madame Soleil gut präpariert. Ihre Biografie tönt wie ein Abriß der französischen Geschichte der neuesten Zeit. Germaine-Lucie Soleil hat das Licht der Welt in Paris erblickt, am 18. Juli 1913, vier Tage nach dem Nationalfeiertag. »Bei uns daheim wurde immer gesungen. Dieser Frohmut und Optimismus waren wunderbar. Die Eltern liebten sich stets wie am ersten Tag.« Der Vater war Arbeiter, wurde im Ersten Weltkrieg schwer verwundet, zog dann als Zivilstandsbeamter nach Algerien. Dort bricht aber gerade der Rifkabylen-Aufstand los, und die Familie kehrt schleunigst ins Mutterland zurück, installiert sich auf dem Land, in der Nähe von Blois. »Ich war sehr lernbegierig und konnte schon mit drei Jahren lesen. Die Kinderbücher hatte ich schnell satt und verschlang statt dessen wissenschaftliche Werke.« Wissenschaftliche Werke, das heißt Bücher über Astrologie. Der Großvater erläuterte ihr abends den gestirnten Himmel: ein begnadeter Sterngucker. Mit neun Jahren kennt sie die Planeten schon recht gut. Der Großvater betätigte sich als Wunderdoktor, heilte durch Handauflegen. Man nannte ihn ›den Hexer‹. Großmutter war *auch* in die Mysterien eingeweiht. 1922 wird die neunjährige Germaine-Lucie getauft. Den Eltern pressierte es nicht, sie waren sozialistisch angehaucht. Das aufgeweckte Kind entwickelte eine Vorliebe für Friedhöfe, wo es Irrlichter und Grabesflammen zu sehen hoffte. Gern spielte es zwischen den Grabsteinen und Totenmälern. Auf einem Friedhof hatte es seine erste kosmische Erleuchtung. In einer abgekürzten Genesis sah es das Sonnensystem, die Geburt der Planeten, ihren Übergang vom gasförmigen in den flüssigen und festen Zustand vor dem innern Auge. Im Alter von neun Jahren, kurz nach der Taufe, saß sie wieder einmal auf einem Grabstein. Da brach ein Gewitter herein. Plötzlich spürte sie einen Stoß in der Magengrube, es schien ihr, als hätte sie Elektrizität geschluckt. Eine große Kraft wuchs in ihrem Gekröse. Ein Fluidum hatte sich in ihr ausgebreitet. Von Stund an, so deutet sie es heute, war sie verwandelt. Friedhof, Blitz und Himmelskräfte, Grabesflammen, Wissenschaft, Entrückung...

Aber erst mit 17 hatte sie ihre erste Erscheinung: »Ich spazierte bei sehr schönem Wetter mit gleichaltrigen Freundinnen. Plötzlich schien mir eine von ihnen wie von Flammen umzüngelt. Ich sagte ihr: Du wirst lebendig verbrennen. Und richtig, einige Tage darauf fing ihr Morgenrock Feuer, als sie an einem Réchaud hantierte. Sie konnte natürlich nicht mehr gerettet werden.«

Da der Vater mit 39 stirbt, muß Germaine-Lucie als Älteste für die fünfköpfige Familie sorgen. Sie zieht nach Paris, akzeptiert eine Sekretärinnenstelle bei der Zeitung ›La Volonté‹, dem Organ der Radikal-Sozialisten. Sie beobachtet das politische Gefummel in den Kulissen, die Skandale der III. Republik, Stavisky, usw. Ihre Vorliebe fürs Makabre wird vollauf befriedigt, sie kann nicht klagen, vom ländlichen Friedhof direkt ins politische Beinhaus. 1933 heiratet sie den Kino-Operateur Fargeas, welcher neben ihr ein wenig bläßlich wirkt, der Mann wird 1940 von den Deutschen gefangen, und Madame Fargeas-Soleil schließt sich, wie alle guten Französinnen, der Résistance an; sagt sie jedenfalls heute. Nach dem Krieg kommt die Mercerie-Bonneterie der Familie Fargeas zum Erliegen. Konkurs, Scheidung.

Nun kann sich ihre eigentliche Berufung erst entfalten. Sie zieht als Wahrsagerin auf die Jahrmärkte, Batignolles oder Foire du Trône. Landstörzerin mit vier Kindern im Schlepptau. Die neuen Geschäfte florieren viel besser als die Mercerie-Bonneterie. Als freischaffende Künstlerin besitzt sie zwei Jahrmarktwagen und eine hingerissene Kundschaft. Ein Radiomanager hört von ihren Auftritten, läßt sich fesseln und bewerkstelligt ihren ersten Auftritt am Radio. 1951 wird sie seßhaft, 9, Place du Commerce, Paris XV. Der Sonnenaufgang ist nicht mehr aufzuhalten. Im Erdgeschoß steht auf einem Firmenschild S.O.L.E.I.L. Das macht sich besser als Soleil ohne Pünktchen. Die polyvalente Madame begnügt sich nicht mit dem Erstellen von Horoskopen, sie ist auch mit dem Verströmen von Vitalität beschäftigt. »Ich habe die Kraft eines Gorilla«, sagt sie. »Ich kann nichts dafür. Ich flicke auch völlig kaputte Menschen wieder zusammen.« Sie fühlt Heilkräfte in ihrem Innern: »Alle Menschen mit guter Milz sind fähig, andere zu heilen. Denn die Milz speichert Sonnenenergie.«

Doch solange sie an der Place du Commerce ihre privaten Konsultationen betrieb, war Madame Soleil noch nicht im Zenit ihres Ruhms. Da half Ménie Grégoire ein bißchen nach. Ménie Grégoire, das ist die psychologisierende Briefkastentante von Radio Luxembourg. Der Programmdirektor von Europe Nr. 1 wollte nicht untätig zusehen, wie die populäre Ménie immer mehr Hörerinnen für Radio Luxembourg in Beschlag nahm. Die Hörerfrequenz von Europe Nr. 1 ging bedenklich zurück, die Radioreklame magerte entsprechend ab, wie bei einer Zeitung mit sinkender Auflage. Ohne Reklame aber können die privaten Sender nicht prosperieren. Es mußte dringend ein Gegengewicht zu Ménie Grégoire gefunden werden.

Und so kam Madame Soleil im September 1970 auf ihr Plätzchen bei Europe Nr. 1. Ein weiter Weg von den Friedhöfen ihrer Kindheit und ihrem primären Elektrizitätserlebnis bis ins Radiostudio. Lucien Morisse, der sie engagierte, hat 14 Tage vor ihrem ersten Auftritt Selbstmord begangen, aber Madame Soleil vermochte darin kein schlechtes Zeichen zu sehen. Im Gegenteil: »Als ich das erstemal ins Mikrophon sprach, merkte ich, wie Lucien Morisse mir zur Seite stand, ich sah ihn, ich hörte seine Stimme.« Sie sieht auch alle Frauen, die bei Europe Nr. 1

anrufen, ganz leibhaftig vor sich, als wär's noch auf dem Jahrmarkt. Die Anonymität und Geisterhaftigkeit des Radios ermöglicht ihr eine Präsenz, welche sie am Fernsehen nicht hätte. Sie hört nur diese Stimmen, die von irgendwoher auf sie zukommen, über die Telefonnummer ALMa 90-00, Stimmen von weither, aus allen Provinzen Frankreichs, aber auch aus der Schweiz und Belgien. Sie prüft die Stimmen sorgfältig, achtet auf ihr Timbre, untersucht Rhythmus und Klangfarbe. Meist sind es Frauenstimmen zwischen 30 und 80, oft gehetzt und atemlos oder mit einem Anflug von Verzweiflung, manchmal quäkend und scheppernd, aber immer voll Dankbarkeit und ungläubigem Staunen, fassungslos, weil es wirklich Madame Soleils Stimme ist, die ihnen entgegenkommt. Man kann das rührend oder lächerlich finden, je nachdem, oder sich empören über das leichtgläubige Volk, und ein hochfahrendes Communiqué veröffentlichen, wie es die ›Union der französischen Rationalisten‹ tat. Aber man kann auch nachdenken über das Glücksbedürfnis und die Ratlosigkeit der gequälten Leute und über das trostlose Leben, welches die Stimmen-Audienz bei Madame Soleil als momentane Erleichterung erscheinen läßt.

Denn viele von denen, die da anrufen, können nicht mehr anders, oder haben niemand andern – obwohl ihre Probleme alle andern auch haben. Jede meint, sie sei als einziges Individuum von ihrem individuellen Problem betroffen, und jede will von Mutter S.O.L.E.I.L. einen ganz persönlichen Bescheid. Und die stößt ihnen auch wie erwartet Bescheid.

Da sind (laut Schätzung von Europe Nr. 1) an erster Stelle die wirtschaftlichen Probleme. Die kleinen Kolonialwarenhändler werden von den Warenhäusern verdrängt, die letzten handwerklichen Erzeugnisse weichen Serienfabrikaten, die bäuerlichen Kleinbetriebe verschwinden, der Mann muß den Beruf wechseln. Anders ausgedrückt: Die Kapitalkonzentration auf der einen und die Pauperisierung auf der andern Seite bilden zwei

Pole. Durch diesen Prozeß wird vor allem das Kleinbürgertum mitgenommen, eine Schicht, die sich nicht gerade durch Dynamik auszeichnet und hartnäckig an ihren eingebildeten Privilegien festhält. Kein Proletariat mit Klassenbewußtsein, aber auch kein Bürgertum mit reellen Privilegien. Viele Kleinbürger (Kolonialwarenhändler, Schuldenbauern) haben sogar weniger verdient als ein qualifizierter Arbeiter, aber ihr Bewußtsein schwebte weit oberhalb ihrer ökonomischen Wirklichkeit, und sie hatten lange vom Anschein der Selbständigkeit gelebt. Nun gab der immer gnadenlosere Konkurrenzkampf ihrem Rationalismus einen Stips – und da war er aus Gips.

Jetzt sind sie reif für eine Audienz bei Madame Soleil. Wenn sie nicht selbst mit ihrer Stimme bis zu Europe Nr. 1 vorstoßen, so hören sie doch wenigstens die Ratschläge, welche Madame Soleil ihren Leidensgenossen gibt. Es sind meist Ratschläge, die sich ein jeder selbst geben könnte, diktiert von einem rauhbeinigen oder verschmitzten *bon sens*, einer Sekretion des gesunden Menschenverstandes. Sie zielen immer auf ein isoliertes Individuum und nie auf eine Gruppe. Für Madame Soleil gibt es keine wirtschaftlichen Probleme, welche durch eine kollektive Aktion zu lösen wären, zum Beispiel via Enteignung der Enteigner durch die Enteigneten. Es gibt nur menschliches Versagen, Glück, Pech, Verhängnis und Fügung. Denn das Schicksal, so hanebüchen es auch sein mag, steht in den Sternen geschrieben und entzieht sich unserer Kontrolle. Es erscheint paradox, daß Madame Soleil angesichts des Schicksals noch von »menschlichem Versagen« sprechen kann. Aber dieses besteht eben darin, daß man nicht auf die Sterne achtet und ihren unveränderlichen Gang nicht kennt, so wie man die ehernen Gesetzmäßigkeiten im irdischen Bereich mißachtet. Die Stärke von Madame Soleil besteht nicht in der Qualität ihrer Ratschläge, sondern in der Verknüpfung von irdischen Banalitäten mit überirdischer Erhabenheit, in dem Bezug, welchen sie zwischen der Verpachtung eines Kolonialwarenladens und dem Planeten Saturn herstellt. Da wird eine Dimension zurückgewonnen, welche den meisten seit dem Wunderglauben ihrer Kindheit verlorengegangen ist. Viele möchten zurück in diesen Kosmos, in eine schmucke und ordentliche Welt. (Das griechische *kosmein* kann zugleich ›ordnen‹ und ›schmücken‹ bedeuten: was geordnet ist, ist schmuck, und umgekehrt.) Angesichts der chaotischen Welt, der sie jetzt gegenüberstehen, ist der Kosmos von Madame Soleil eine Erlösung. Und das Vertrauen in die eigene Willensanstrengung ist wohltuend, auch wenn diese Anstrengung nur dahin tendiert, den eigenen Willen möglichst schnell aufzugeben, um sich in die ewige Ordnung der Dinge einzufügen. Umsturz der Verhältnisse, Revolution gibt es für Madame Soleil nur im Sinne der Umdrehung: die Kleinen drehen sich um die Großen. Ewige Wiederkehr des Gleichen, festgelegter Zyklus, am Himmel wie auf Erden.

Das Elend des deklassierten Mittelstandes muß groß sein, wenn gerade er Zuflucht bei überirdischen Dingen sucht. Denn die antiklerikalen Kleinbürger, das republikanische Fußvolk von gestern war sonst immer auf einen wackeren Rationalismus abonniert, hatte solide Überzeugungen und hielt nicht viel von Mystik. Und jetzt gebärden die sich plötzlich religiös und entwickeln eine verspätete Art von Frömmigkeit; die Aufklärer gehen zur Beichte, die Voltairianer frequentieren die Vesperandacht. Der Beichtmechanismus wird auf die Stimmenaudienz bei Madame übertragen.

Während die klassische Ohrenbeichte am Aussterben ist, hat Madame Soleil der katholischen Kirche ihr Ritual entwendet und für den Eigengebrauch neu zugerüstet. Zuerst stellt man sich vor, dann bekennt man die Sünden, darauf gibt die Priesterin den Zuspruch, dazwischen erfolgt die Zerknirschung des ›Beichtkindes‹, dann kommt die Absolution, zum Schluß ein Segensspruch (»danke, danke, Madame Soleil«). Madame Soleil sieht man so wenig wie früher den Priester im abgedunkelten Beichtstuhl. Alle Transaktionen erfolgen von Stimme zu Stimme. Der Name des Beichtenden ist der Priesterin nicht bekannt, nur die Umstände, welche den Tatbestand erläutern. Wie der Beichtvater früher Mittler war zwischen Gott und Beichtkind, so ist Madame Soleil heute Mittlerin zwischen dem Kosmos und der unbekannten Stimme. Nur *ein* wichtiger Unterschied besteht: Die Beichte bei Madame Soleil ist zugleich intim und exhibitionistisch. Niemand von den Millionen Hörern weiß, welcher Name und welches Gesicht zur unbekannten Stimme gehört – aber alle nehmen an ihren Bekenntnissen Anteil. Der Inhaber der Stimme ist zugleich prostituiert und keusch, zugleich exponiert und gedeckt. Und Radio Europe Nr. 1 wahrt das Radiogeheimnis ebenso peinlich wie die Priester das Beichtgeheimnis. Als ich für meine Dokumentation die Telefonnummer einer der anrufenden Frauen eruieren wollte, wurde das Ansinnen mit einer fast religiösen Entrüstung abgewiesen.

Es wäre falsch, Madame Soleil zu unterschätzen und sie, wie es die ›hysterischen Rationalisten‹ tun, einfach als Scharlatan und Hochstaplerin zu katalogisieren. Sie hat eine schnellere Intelligenz als mancher Programmierer. Ihr Detailwissen ist enorm, ihre sprachliche Formulierungskraft etwa auf der Höhe eines Literaturprofessors. Vielleicht kommuniziert sie mit Schichten, an welchen die meisten Rationalisten nicht teilhaben. Doch ihre Individualität ist weniger interessant als ihre politisch-gesellschaftliche Rolle. Es sieht nämlich so aus, als ob Madame Soleil in ihrer gewaltigen Person alle reaktionären Antworten auf die progressiven Bewegungen enthielte, welche heute in Frankreich fermentieren. Für alle Herausforderungen der libertären Sozialisten, der Maoisten und Trotzkisten usw. hat sie eine konservative Parallel-Lösung zur Hand. Je mehr diese Gesellschaft von alles in Frage stellenden Bewegungen ›bedroht‹ ist, desto lieber flieht sie unter Madame Soleils Schutz und Schirm. Je stärker die geltenden Werte attackiert werden, desto impulsiver geht unsere Sternguckerin für Arbeit / Familie / Vaterland auf die Barrikade. Allerdings kann Madame Soleil wirklich zu den Massen sprechen, zu den tatsächlich existierenden Massen mit all ihren konservativen Instinkten, während es in ganz Frankreich sonst niemanden gibt, der jeden Tag über 50 Minuten Sendezeit verfügt. Und wenn die Sendezeit noch gewährt würde: Gibt es zum Beispiel Linke, die den richtigen Ton finden und ihr elitäres Vokabular vergessen?

In gewisser Weise ist Madame Soleil die Populärphilosophin des Pompidolismus, jener wunderlichen politischen Wissenschaft, welche mit dem ›Extremismus des Zentrums‹, auf der rasenden Mittelmäßigkeit und wildgewordenen Statik beruht. Nachdem diese schleichende Variante des Gaullismus bis jetzt vergeblich ihren Ideologen gesucht hatte, ist endlich Madame in die Bresche gesprungen. Dort steht sie. Sie kann nicht anders.

Sie flößt dem Mittelstand die Gewißheit ein, daß die individuellen Probleme rein individuell im eigenen Schneckenhaus zu lösen sind. Wo der politisierte Kolonialwarenhändler Gérard Nicoud seine Leidensgenossen zur Solidarität gegen den Monopolkapitalismus (in Form der Warenhäuser) auffordert, hausiert Madame Soleil mit rein buchhalterischen Ratschlägen. Sie glaubt, die Kleinkrämer kämen mit Schlauheit und reiner Willenskraft zu ihrem Recht. Während der Philosoph Michel Foucault die Zustände in den Gefängnissen ändern will, legt Madame Soleil einer unglücklichen Mutter ans Herz, ihrem gefangenen Sohn eine maximale Anpassung ans Gefängnisreglement anzuraten. Während sich die Frauenbefreiungs-Bewegung für die Vermenschlichung der Frauen einsetzt, rät Madame Soleil den frischgebackenen Ehemännern, ihre Frauen zu kujonieren. Während die jungen Revolutionäre alle Probleme in den politischen Zusammenhang stellen möchten, löst Madame Soleil diesen Zusammenhang allenthalben auf.

... Hören Sie jetzt Madame Soleil
(jeweils Montag bis Freitag zwischen 14.10 und 15 Uhr)

Madame Soleil, ich habe einen großen Sohn. Er macht mir solche Sorgen. Er ist eher ein Bohèmetyp. Er trägt lange Haare und macht eine Fotografenlehre. Seine Zukunft beunruhigt mich. Wie sieht seine Zukunft aus?

Oh! Sie sorgen sich mit gutem Grund. Die Zukunft Ihres Sohnes ist düster. Sein Jupiter und sein Saturn stehen konträr zueinander. Das heißt, Ihr Sohn wird mißraten. Hat er gute Freunde?

Nein, nicht sehr, eben Freunde im gleichen Alter.

Eben! Madame, Ihr Sohn ist auf der schiefen Ebene, welche ihn – ich sage es nicht gern, aber es ist meine Pflicht! – geradewegs ins Gefängnis führen wird. Er ist aus Verbrecherholz geschnitzt und wird eventuell noch auf dem Schafott enden. Ich glaube, Madame, Ihr Sohn sollte sich für einen härteren Beruf entscheiden, zum Beispiel für die Armee.

Aha!

Kennen Sie jemanden, der Ihren Sohn dahingehend beeinflussen könnte, daß er sich freiwillig zur Armee meldet?

Leider nicht.

Also, dann könnten Sie die Sache vielleicht mit der Gendarmerie [gehört in Frankreich zur Armee, N.M.] einfädeln. Sie könnten ihn unter dem Vorwand eines kleinen Vergehens auf die Gendarmerie zitieren lassen, und dort wird man ihm dann erklären, daß es besser für ihn ist, wenn er sich freiwillig zur Armee meldet. Man muß streng mit ihm sein und ihm Angst einjagen. Die Armee wird ihm guttun.

Danke, Madame Soleil.

*

Madame Soleil, es handelt sich um meinen Sohn, der am 26.6.1951 geboren ist. Er hat eine Liaison mit einer Frau, die älter ist als er, gegenwärtig lebt er mit ihr zusammen. Ich möchte wissen, wann sich eine Lösung anbahnt.

Eine ähnliche Affäre hat in den Zeitungen kürzlich viel Staub aufgewirbelt. [Es handelt sich um die Gymnasiallehrerin Gabrielle Russier, welche einen ihrer Schüler liebte, von den Behörden unter Druck gesetzt wurde und sich umbrachte. N. M.] Nicht er ist zu beklagen, sie ist das Opfer ihrer eigenen Illusion, ihrer Liebe, sie wird es teuer zu bezahlen haben. Der junge Mann wird in die Familie zurückkehren, er wird frei werden, und das wird ein großer Moment in seinem Leben sein. Er wird sie verlassen und zu jüngeren Frauen gehen. Die ältere Frau wird aber in seiner Erinnerung haften bleiben. Sie hat diese Situation gewollt. Aber beunruhigen Sie sich nicht, Ihr Sohn wird von ihr ablassen und zu Ihnen zurückkommen.

Danke, danke, Madame Soleil.

*

Ich bin am 25.5.1936 geboren, meine Frau am 1.11.1944. Wir stecken in einer Ehekrise. [Einer der seltenen Männer, die bei Madame Soleil anrufen. N.M.] Ich bin seit einigen Monaten arbeitslos. Meine Frau wirft mir das vor, und die Eheatmosphäre ist entsprechend. Meine Frau schlägt eine vorübergehende Trennung vor. Das beunruhigt mich sehr.

Sehen Sie, eine vorübergehende Trennung, das gehört sich nicht, entweder bringt Ihre Frau den Mut auf, diese Situation zu ertragen, oder sie bringt ihn nicht auf. Die richtige Lösung besteht darin, daß Sie wieder Arbeit finden. 1971 wird ein schwieriges Jahr werden, aber Sie werden bald Arbeit finden. Ihre Frau ist im Zeichen des Skorpions geboren, das ist ein schwieriges Zeichen. Haben Sie Kinder?

Nein, aber ich möchte gern.

Aber nicht jetzt! Zuerst brauchen Sie eine Stelle. Ihre Frau hat es nötig, daß sie von Ihnen beherrscht wird. Sie muß bewundern können, fürchten können. Sie müssen sich bei Ihrer Frau durchsetzen. Sie muß stolz sein können auf ihren Mann. Lassen Sie sich nicht entmutigen, und vor allem, sagen Sie nichts, erzählen Sie nichts von Ihren Schwierigkeiten. Sie müssen Herr und Meister sein, wenn Sie Ihre Frau behalten und wieder für sich gewinnen wollen.

*

Ich telefoniere wegen meiner Tochter, die am 20.1.1948 geboren wurde. Wir haben Schwierigkeiten mit ihr. Sie studiert, vorläufig mit Erfolg. Seit Januar hat sie eine Liaison, die uns nicht gefällt, aber unsere Vorwürfe schlägt sie in den Wind. Mein Mann muß aus beruflichen Gründen den Wohnsitz nach Savoyen verlegen, und sie wird allein in Paris zurückbleiben. Wie stellt sich Madame Soleil dazu?

Ihre Tochter ist eine brillante Studentin, sie ist intelligent und ehrgeizig. Von Ihren Vorwürfen läßt sie sich nicht beeindrucken, obwohl sie sich auf einem sehr bedenklichen Pfad befindet und ihrem Unglück entgegenrennt. Der betreffende Mann ist verheiratet, er hat zwei Kinder...

Aber er ist geschieden.

Ja, aber er hat trotzdem Verpflichtungen. Auch wenn er Ihre Tochter heiratet, so sehe ich nur Unglück auf sie zukommen und schmerzhafte Erfahrungen.

Ach!

Haben Sie Geduld, warten Sie ab, Ihre Tochter wird zurückkehren und Ihren Trost dringend benötigen.

*

Mein Mann ist am 27.3.1931 um ein Uhr geboren, ich am 4.4.1932 um sieben Uhr. Wir haben unsern Gemischtwarenladen verpachtet und betreiben jetzt Viehzucht. Ich möchte wissen, ob wir dabei Erfolg haben.

Die Konstellation im Horoskop Ihres Mannes ist sehr gut. Er ist auf dem richtigen Weg. Die Viehzucht ist einträglich. Ihr Mann ist dynamisch. Er hat einen ausgeprägten Charakter, aber die geringste Widerwärtigkeit bringt ihn aus dem Konzept. Sie selbst hingegen haben mehr Standvermögen. Folglich ergänzen Sie sich. Das ist die richtige Mischung, um Erfolg zu haben.

*

Madame Soleil, ich möchte wissen, ob Cassius Clay den Match gewinnt.

Es ist mir unmöglich, für diesen Match etwas vorauszusagen, denn ich kenne das Horoskop seines Gegners nicht. Immerhin, wenn Clay gewinnt, so wird es ein schwer errungener Sieg sein.

PS 1975: Madame Soleil spricht jetzt nicht mehr am Radio. Giscard d'Estaing hat in gewisser Hinsicht ihre Funktionen übernommen; in seinen periodischen, vom Fernsehen ausgestrahlten *Plaudereien am Kaminfeuer* verheißt er den Franzosen eine glückliche Zukunft, falls sie eine entsprechende Willensanstrengung unternehmen.

Herr Engel in Seengen (Aargau) und seine Akkumulation

Wer sich mit den Bildern des Adolf Engel in Seengen beschäftigt, muß sich ein wenig auf den Tod vorbereiten. Jedenfalls die Experten, welche seine Kunstschätze begutachteten, sind fast alle kurz nach dem Gutachten verstorben, eines unnatürlichen Todes. Man geht also am besten gruppenweise zu Herrn Engel, dann weiß man nicht, wen es trifft. Und doch steht das Schloß des Herrn Engel nicht in den Karpaten oder in der schottischen Heidelandschaft, sondern im heiteren Seetal, mit Blick auf den Hallwilersee. In einer Gruppe trifft es gern den Ältesten. Aber das ist keine feste Regel, Herr Engel macht auch einmal eine Ausnahme. Bei Herrn Engel gibt es keine festen Regeln.

*

Vor dem Schloß eine Flugabwehrkanone aus dem letzten Weltkrieg, aber noch gut erhalten, vermutlich eine Bührle, und ein neuer Buick, wie man sie in dieser ausladenden Pracht heute kaum mehr sieht. Nach langen Verhandlungen haben wir mit Adolf Engel einen Termin ausgemacht und stehen nun an diesem Nachmittag im Mai vor seiner Tür. Man kommt da nicht ohne weiteres hinein, Herr Engel scheut die Öffentlichkeit, es wurde wenig über ihn publiziert. »Warnung vor dem Hunde« steht dort geschrieben, doch Simmen, der Älteste in unserer Gruppe, hat mir erklärt, es müßte eigentlich heißen: ›Warnung vor den Wölfen‹, denn die Schätze würden von Wölfen bewacht, die Herr Engel notdürftig gezähmt habe. Wenigstens bei seinem letzten Besuch seien es noch Wölfe gewesen, eine seltene Erscheinung in der Schweiz. Diese würden dann an den Händen der Besucher auf eine überraschend zutrauliche Art lecken. Simmen hatte auch gesagt, daß wir den Alten nicht sofort zu Gesicht bekämen, zuerst träten die Pflegesöhne in Erscheinung, um die vorübergehende Unpäßlichkeit des Vaters zu entschuldigen.

Wir läuten. Nach einigen Minuten geht die Tür auf, ein knorriger Mann öffnet und sagt: »Dem Vater ist es gerade nicht wohl, aber kommen Sie nur fangs herein.« Eine Stiege hinauf, an Bildern und Spiegeln vorbei, es ist kalt, man fröstelt nach der Maiwärme draußen. Eine erste Zimmerflucht, nur eine von vielen kommenden. Diese eigenartige Kälte, welche die Gegenstände hier verströmen, eine Kälte des Antiken und Antiquierten, die uns augenblicklich mumifiziert. Wir werden ganz kalt zwischen diesen Gegenständen, die da beziehungslos hängen, einer neben dem andern, die Wände tapeziert mit alten Bildern, hageldicht hängt alles voll Bilder, dazwischen alte Uhren, Musikautomaten aus der ersten Hälfte des 19. Jahrhunderts, einige spielen noch ihre scheppernden Weisen, Nähzeug und Geldsäckel aus dem 17. Jahrhundert, Fayencen, Glasscheiben, immer wieder tote Uhren und kalte Tische und mitten in dieser Kälte der Pflegesohn mit seinen Erklärungen, wie alt und in welcher Periode und welcher Meister, hier von dieser Uhr gibt es nur ganz wenige Exemplare. Jeder Gegenstand mit einer Geschichte behaftet, noch der letzte klapprige Fächer hat seine Biografie. Einige große Namen beiläufig fallengelassen, hier ein Rubens, dort ein früher Grünewald, und das hängt hier so bescheiden neben ganz drittklassigen Aktstudien aus irgendeiner Münchner Schule. Die Rubens sehen wirklich aus wie Rubens, einige haben Zertifikate, alle sehen aus, als ob sie Zertifikate haben könnten, und manche sind schön, haben diese saftige Rubenshaftigkeit, ob echt oder nicht, vermitteln enorm viel Lüsternheit. Aber alles eingewickelt in die Kälte dieser Zimmerflucht.

Ob die alten Meister echt sind oder ob es sich um derart gute Fälschungen handelt, daß sich auch wieder eine Art von Echtheit ergibt, ob sie von Rubens-Schülern, Rubens-Zeitgenossen stammen, ob Rubens sich selbst kopiert hat und es also von manchem Rubens mehrere Rubens gibt: Das können wir nicht entscheiden, es ist auch nicht so interessant, wir haben keinen Chemiker und Rubens-Fachmann bei uns, und die Spezialisten, welche wir zu unserer Expedition eingeladen haben, schweizerische Museumsdirektoren und andere begnadete Fachleute, wollten nicht kommen, hatten Angst, sie könnten sich blamieren, sie hatten von Engels Bildersammlung gerüchteweise gehört, die Bilder sind umstritten, kein gesichertes und ewig verbürgtes Kulturgut, keine hundertprozentig mit Sicherheit einzustufende Ware, keine todsicheren Wertpapiere und Wertleinwände.

Also waren die Fachkräfte nicht gekommen, wir mußten uns als Laien den Atem verschlagen und die Kälte aus vier Jahrhunderten in uns hochkriechen lassen. Viel Kitsch liegt da herum, aber auch der wird jetzt kostbar bei den neuesten Entwicklungen auf dem Kunstmarkt. Den Marktwert der Uhren konnte ich ungefähr veranschlagen, mein Vater war ein Uhrensammler und hat mir einen Begriff vom Wert alter Uhren mitgegeben, hat mir auf diesem Gebiet den Unterschied zwischen echt und falsch eingeschärft, so daß ich Engels gesammelte Uhren mit einiger Kompetenz auf eine halbe Million Schweizer Franken schätzen darf.

Jetzt taucht ein zweiter Pflegesohn auf, führt uns in den Turm zu weiteren Schätzen. Dabei sieht man die Sicherheitsvorkehrungen: den uneinnehmbaren Turm, von Vater Engel und Pflegesöhnen eigenhändig gebaut, um ihre Schätze herumgebaut, und die beiden kräftigen Hunde, welche den Zugang fletschend versperren. Die Wölfe sind gestorben, Engels müssen sich mit scharfen Wolfshunden behelfen. Die beiden Tiere spielen auf der Terrasse mit einem Plastikeimer, welcher schnell zu einem unkenntlichen Lappen verarbeitet wird. Die Hunde sind derart pflichtbewußt, daß sie auch Mitglieder der Familie Engel anfallen, wenn diese nicht durch die reglementäre Türe in den Turm gehen und zum Beispiel über die Terrasse klettern würden. Sie sind auch unbestechlich, lassen sich durch Fleisch und gute Worte nicht irreführen. Nur wenn Anschi und Badi, die beiden Pflegesöhne, ihnen sehr gut zureden, werden die Fremden nicht gerissen, kommen mit einem Frösteln davon beim Anblick der gesträubten Haare und sabbernden Lefzen. Besonders eindrücklich die Reißzähne. Auf der Terrasse außerdem eine kleine Infanteriekanone. »Wie wir sie noch im WK hatten«, sagte der Badi. Sie steht aber als Sammlerstück hier, wird wie die Flugabwehrkanone nicht mehr geladen, die Munition ist antiquarisch kaum mehr aufzutreiben.

Im Turm geht es gleich weiter mit der Alexanderschlacht von Rubens, dann einige Rembrandts, immer ganze Serien vom selben Maler. Soweit ich mich erinnern kann, hängt auch noch ein Velasquez im Turm droben. Weiter unten im Turm eine Waffensammlung, Rüstungen, Langgewehre, seltene Haubitzen, Kutscherpistolen. Mit diesen Pistolen, die mit Salz und Schrot geladen waren, schossen die Kutscher die Wegelagerer an, so daß sie Wundbrand bekamen und sich verarzten lassen mußten; auf diese Weise konnte man die Räuber im nachhinein eruieren und der verdienten Strafe zuführen. Badi gibt sachdienliche Hinweise zu jedem Gegenstand. Nicht nur der ästhetische Wert interessiert ihn, auch der Gebrauchswert. Im Schrank neben alten Uniformen aus dem Sonderbundskrieg eine Maschinenpistole aus dem Zweiten Weltkrieg, mit dieser hat Badi oft in der Freizeit geschossen, auch heute könnte man damit noch auf Räuber schießen. Und in der Ecke dort der Richtblock mit dem Henkersbeil ist auch noch funktionstüchtig. Wenn die Hunde an den alten Rüstungen entlangstreichen, läuft ein Zittern über die Eisenplättchen.

Durch einen Renaissanceschrank hindurch, der eine geheime Tür verdeckt, geht es weiter den Turm hinunter. Vater Engel hat seine Unpäßlichkeit jetzt überwunden, er steht im Atelier zum Empfang bereit.

Das Atelier ist ein großer Raum, mit Beleuchtungskörpern und vielen technischen Einrichtungen, und Adolf Engel steht mitten drin, als ob er das zentrale Sammlerstück wäre. Die Vorderzähne fehlen weitgehend, nur die gut ausgebildeten Hauer sind noch da, wenn auch etwas abgeschliffen. In seiner weißen Schürze sieht er aus wie ein Laborant. Hinter ihm eine Sammlung von Totenköpfen, besonders in die Augen stechend ein mit Wasserstoffsuperoxyd gebleichter Schädel mit lückenlosen Zahnreihen, ein besonders schönes Stück aus der Grippeepidemie von 1918/19, dieser war ein neunzehnjähriger Rekrut. Die übrigen Schädel leicht gelblich angelaufen. Dann das vollständige Skelett eines Kretins, Ende 18. oder Anfang 19. Jahrhundert, deutlich erkennbar die verkrümmte Wirbelsäule und die querstehenden Zähne, noch im Tod als Kretin erkennbar. An den Wänden riesige Bilder, vermutlich schon wieder Rubens. Auch eine frisch restaurierte heilige Magdalena mit verzücktem Ausdruck. In den Regalen allerlei Mixturen und Präparate, was man so braucht zum Restaurieren, ein Topf mit Zyankali unter anderem. Farbtöpfe mit Wagenblau, Kasselerblau, Sienagebrannt, Englischrot, Heimatschutzgrün, Signalrot, Züriblau, Marsrot, Theaterrot. So steht es auf den Töpfen angeschrieben. Und überall die Plakate, worauf Stücke von den Landtheatern angekündigt sind, eine ganze Sammlung, *Uf Frömdem Hof* (Theater Oberentfelden), *De Micheli uf de Gschoui*, *Der verkaufte Großvater*, *Der Fiaker von Grinzing*, *Buurebluet* (von Frau Ineichen-Schüpfer), *Der Graf von Monte-Christo*, *S'Evi vom Geißbärg*.

Und mitten drin also Adolf Engel. Theatermaler im Hauptberuf, Sammler aus ihm unbekannten Gründen (»I ha äifach müesse«), Restaurator seiner gesammelten Bilder, Bühnenbauer, Beleuchter. Adolf Engel ist jetzt 77 Jahre alt und müßte nach Ansicht seines Hausarztes längst tot sein, er habe soviel Gift im Blut, daß er mit einem Tropfen seines Blutes mindestens zehn Menschen töten könnte. Das kommt vom Umgang mit den giftigen Mixturen. Er erzählt wahllos und doch nicht zufällig, wie die Einrichtung im Atelier. Beim Restaurieren der Frauenbildnisse müsse er sich eine Beziehung schaffen zur Gestalt, mache sich behutsam an sie heran, lerne sie kennen, verliebe sich, erst dann könne er sachgemäß restaurieren. Das Handwerk habe er auf der Kunstakademie in Wien gelernt, den Umgang mit alten Lasuren, deren Geheimnis heute verlorengehe. Wenn man den alten Stil beherrsche, mache es auch keine Schwierigkeiten, im Stil von Picasso zu malen. Diese Manier sei ihm so täuschend gelungen, daß man ihm zwei Picassos zu je 100 Franken abgekauft habe. Die Bühnenmalerei sei nicht sehr rentabel, ein 45 Meter langes Bühnenbild bringe nur 1500 Franken ein, hingegen könne man ein solches Bild x-mal verwenden. Dann kommt er plötzlich auf Lenin, eine richtige Christusfigur, habe im ›Odeon‹ und in der ›Schmitte‹ mit ihm gesprochen, für den Zarenmord sei er nicht verantwortlich. Den Landesstreik habe er als Unteroffizier erlebt, der Oberst hätte ihn vor einem Restaurant postiert, wo die Sozialisten Bringolf, Klöti und Bratschi komplottierten. Man habe ihm eingeschärft, er dürfe das Feuer auf diese Komplotteure nur eröffnen, wenn sie das Volk offen aufwiegelten, aber er habe seinen Leuten befohlen, Bringolf, Klöti und Bratschi sofort abzuknallen, wenn sie auftauchten. Sie seien dann nicht aufgetaucht.

Für drei Batzen Sold pro Tag habe er damals Aktivdienst geleistet, er hätte es auch für weniger gemacht, dem Vaterland zuliebe. In Wien habe er später Rudolf Hess kennengelernt, den Stellvertreter des Führers, und in Sankt Moritz habe er im Hotel ›Palace‹, weil er den Padrutt gekannt habe, die Vierfarben-

Alternativdeckenbeleuchtung eingerichtet. Auch im Hotel ›Kulm‹ habe er die Dekoration besorgt. Bevor die Kaiserin Zitta von Österreich gestorben sei, könne er nicht viel erzählen über seine Bildersammlung, weil viele Bilder aus ihrem Besitz stammten. Er sei ein guter Christ, dürfe das weiß Gott von sich behaupten, und Leute wie Martin Luther King hätten von ihm aus längst an den Galgen gehört. (Einen Galgen führt er in seiner Sammlung nicht, dafür eine Peitsche, mit der die Frauen von Seengen ausgepeitscht wurden, die ein uneheliches Kind hatten; bis über die Mitte des 19. Jahrhunderts hinaus, ausgepeitscht von Engels Großvater, der Untervogt war.) Weiß Gott. Beim Restaurieren sei es manchmal ganz eigenartig, ein Bild komme unter dem andern hervor, fünf Christusköpfe habe er auf derselben Leinwand aufeinandergemalt entdeckt, vier habe er entfernt, der fünfte habe ihm dann gefallen...

So strömte es ungehemmt und bunt aus Engels Erinnerungen hervor. Er war nicht zu halten, wenn ein Stichwort fiel, kam vom Hundertsten ins Tausendste, Revolution, Restauration, Umgang mit Gräfinnen, all die Herrschaften, die er beleuchtete, unter anderem die Beleuchtung des Schloßhofes Vaduz bei der Heirat des Thronfolgers, er bekam einen Dankesbrief des Fürsten. Während Engel in seinen Erinnerungen kramte, sekundierten Anschi und Badi, waren mit Präzisierungen zur Hand, wenn dem Vater etwas entfiel. Die Hunde waren auch immer dabei, strichen mit ihren Schwänzen über die kostbaren Bilder, die da herumstanden. Als wir in den Rittersaal hinaufgingen, wo zwei geschnitzte romanische Stühle stehen, die dem König Michael von Rumänien gehörten, welche dieser dem schweizerischen Gesandten schenkte, bevor er von den Kommunisten verjagt wurde, in diesen Rittersaal, wo sich ein Van Dyck, ein Rembrandt und das handgenietete Panzerhemd eines verstorbenen Kreuzfahrers befinden und anderes mehr, fiel mir auch ein sehr wehmütiger Täuferkopf auf, abgeschnitten und auf einer Schale liegend, so wie ihn Herodes der Salome präsentierte, ein Bild aus dem 17. Jahrhundert. Adolf Engel sah mich vor diesem Bild verweilen und sagte: »Herr Meienberg, Sie haben eigentlich auch einen schönen Charakterkopf.«

Wir kamen auch an einer Falltür vorbei, wo es fünf Meter in die Tiefe geht, hinunter ins Verlies. Ein achtzigjähriger Besucher ist dort einmal hinuntergefallen, aber mit dem Leben davongekommen. Vielleicht bleiben dort die Knochen jener Besucher, die allzu genauen Aufschluß über das Schicksal der Bilder haben wollten. Herr Engel läßt sich ungern ausfragen, gibt über die Details der Bilderwerbung nie präzisen Aufschluß, sagt nicht, was er zahlte und durch wessen und wie viele Hände die Bilder gingen, bevor sie bei ihm hingen. Einiges läßt er durchblicken, das meiste verschweigt er. Diese Gräfin, welche ihm sagte, er könne alles von ihr haben, wirklich alles – darauf habe er die drei schönsten Bilder genommen und sei damit verschwunden. Wie hieß die Gräfin? Weiß er nicht mehr. Oder diese Frau Doktor aus Luzern mit dem Diplomatenpaß, welche 1945, als die Nazis das zusammengestohlene Raubgut billig abstoßen mußten, einen Rembrandt in die Schweiz einschmuggelte und ihm diesen Rembrandt günstig verkaufte... Den Namen kann er nicht verraten, die bekannte Frau Doktor wäre dann kompromittiert. Man hat ihm die Bilder im Vertrauen verkauft. Er ist ein richtiger Vertrauensmann. Oder das Schloß in Süddeutschland, wenn man hinter Stuttgart auf der Straße nach München bei der dritten Kurve links abschwenkt, wo er eine ganze Ladung günstig einkaufte, er habe einfach immer ein bißchen Geld, wenn es etwas Wertvolles zu kaufen gebe, das sei Fügung. Wenn er kein Geld habe, sei auch nichts Wertvolles zu kaufen.

Das wenige flüssige Geld, über das er verfügte, habe er mit Erfindungen gemacht, Straßensignierfarbe zum Beispiel und andere Schöpfungen, wovon er das Patent verkaufte. Eins von den Patenten habe er dem Zeiler verkauft; das war der letzte große Teilhaber der Hero-Konservenfabrik, dieser Zeiler hat die Erklärung der 200 Schweizer mitunterzeichnet, welche für eine bessere Zusammenarbeit mit Hitler kämpften, er selbst habe die Erklärung ebenfalls unterschrieben, der ehemalige aargauische Staatsarchivar habe ja auch unterschrieben, Hektor Ammann im Eichberg droben, von dem er noch eine schöne Truhe habe, und auch der Oberst Frick, der bei ihm im Atelier eine Zeichnung von Mussolini gesehen habe, Mussolini-Porträt von einem Engel-Schüler, das der Oberst Frick unbedingt haben wollte, weil er ein Freund und Verehrer von Mussolini gewesen sei.

Von den vielen schönen Gegenständen und Bildern in seinem selbstgebauten Schloß habe er nie etwas verkauft; auch wenn immer mehr hinzukomme, allein an Bildern besitze er etwa 400 bis 500, so genau wisse er es nicht, werde es ihm nicht zuviel, er sammle aus Liebe zur Schönheit, nicht aus Geldgier, er lebe von der AHV und dem Theaterbau. Übrigens, wenn wir schon von Obersten sprechen, da kommt ihm noch der Oberst Rotplätz in den Sinn, aus dessen Besitz hat er etruskische und römische Bronzestatuetten, die der Oberst in großen Mengen ausgegraben hatte. Also in bezug auf Statuen hat er auch chinesische Elfenbeinsachen aus dem dritten Jahrhundert nach Christus, aber nur wenige. Und aus dem Nachlaß von Oberst Rieter (oder war es Oberst Abibärg?) hat er Tausende von Briefen aus der Helvetik, Berichte der kantonalen Stellen ans Eidgenössische Kriegskommissariat, gestempelt mit einem Signet aus der Präphilatelistenzeit, als es noch keine Marken gab, und darum besonders wertvoll. Die sind noch nicht sortiert.

So stapeln sich die Gegenstände im Schloß, unübersehbar-ungezählt, unendlich wie die Geschichten in Engels Gedächtnis. Nicht Museum, sondern Lagerhaus. Nicht versichert, das würde astronomische Summen kosten, aber gesichert durch dicke Mauern, raffinierte Schlösser, Fallgruben, Notausgänge für den Brandfall, wachsame Hunde und Pflegesöhne, Maschinenpistolen, Peitschen, Hellebarden, Richtblöcke, Infanteriekanonen. Im Rittersaal verweilen wir einen Augenblick, ziemlich abgestumpft durch die Monotonie der Unglaublichkeit. Da macht sich Badi an einer Wand zu schaffen, zieht einen Stift heraus und noch einen, dann schiebt er die Mauer zur Seite, siehe da, eine Schatzkammer mit Monstranzen, Kelchen, vielleicht irgendwo in einem aargauischen Kloster geraubt, die Krone Eduards des Zweiten mit Originalkiste, eine Prinzessinnenkrone, eine goldene Uhr mit 580 Rubinen und noch mehr so Glitzerzeug. »Hier auf diesem Sockel, wo jetzt die Marienstatue ist, wird dereinst die Urne mit meiner Asche stehen«, sagt Engel, »und nach meinem Tod wird die Grabkammer versiegelt. Weil ich alles selber verdienen mußte, weil mir niemand etwas gab und mir niemand half, nehme ich die wertvollsten Objekte mit ins Grab. Ich, der ich auf einem Strohsack geboren wurde, arm und ziemlich verschupft, werde hier meine letzte Ruhe finden. In 100 Jahren wird man die Grabkammer öffnen, und kommende Generationen werden sehen, daß es zu meiner Zeit noch Sammler gab.« – »Aber Sie wissen doch, wie es den Grabkammern der Pharaonen in Ägypten ging?« wende ich ein. – »Natürlich«, sagt Engel, »sehen Sie hier das Buch von Carter, handschriftlich gewidmet vom Entdecker der Pharaonengräber. Carter war ja ein Freund von Padrutt, der auch in Ägypten ein paar Hotels besaß, und Padrutt war ein Freund von Engel.«

Badi schiebt die Wand wieder zurück, verriegelt die Wand, der Rittersaal hat wieder sein bieder-kommunes Aussehen von vorher. Die Asche Adolf Engels wird sich freuen, wenn sie in 100 Jahren von Schatzsuchern entdeckt wird. Aber die Schatzsucher hätten vielleicht mehr Freude an einem perfekt erhaltenen Skelett im versiegelten Gelaß. Vielleicht läßt sich Engel schließlich sitzend in seiner Grabkammer einschließen, unkremiert, thronend auf dem romanischen Stuhl des Königs Michael, auf dem Schädel die Krone Eduards des Zweiten, eine römische Tuba griffbereit zur Hand (denn er hat auch römische Tuben gesammelt, echte altrömische Kriegstrompeten, gleich eine ganze Serie). Im Rittersaal befällt uns wieder diese Kälte. Wir kommen zum Abschluß in ein kleines Zimmer mit geschlossenen Läden, muffig und vollgestopft. In einem Schrank liegen schwarze Kästchen, aufeinandergestapelt, so dicht im Schrank eingeklemmt, daß man sie kaum herausnehmen kann. »Gib mir jetzt noch eine Stradivari herunter«, sagt Engel zu Anschi. Der gibt sie herunter, dazu auch eine Cornelius, Maschini, eine Steiner. Die Geigen sehen alt aus und sind lateinisch signiert. *Stradivarius cremonae fecit* oder so ähnlich. Die Saiten sind gesprungen. Engel sagt: »Es ist wie mit den Frauen, man muß sie regelmäßig benützen, sonst sterben sie ab.«

Aus dem andern Schrank nimmt er eine Froschauer-Bibel, macht uns auf handschriftliche Marginalien aufmerksam, behauptet, sie stammten von Zwingli. Selbstverständlich hat er wieder mehrere alte Bibeln. Mit diesem ständig wiederholten Serieneffekt führt Engel den Begriff des Originals, an dem er doch so sehr hängt, ad absurdum: Er besteht auf dem Einmaligen der vorindustriellen Kreation und hat doch immer mehrere, fast identische Exemplare zur Hand. Auch von diesem Wein namens ›Muskat Ottonel‹ aus der Hofkellerei des Fürsten von Liechtenstein, aus Wilfersdorf in Niederösterreich, gibt er uns mehrere Exemplare mit auf den Weg. Dann begleitet er uns vor die Tür, sagt zum Abschied: »Mein Vermögen wurde vom Steuerkommissär auf 50 000 Franken geschätzt«; und winkt uns freundlich nach, umrahmt von seinen Pflegesöhnen.

*

Zwei Tage später kamen wir wieder nach Seengen, noch ganz verwirrt von der ersten Begegnung mit Engel. Ich wollte einen weiteren Nachmittag mit ihm reden, ohne von den vielen Gegenständen abgelenkt zu werden, und der Fotograf Schmid hatte noch in der Schatzkammer zu tun. Engel hatte verschiedene Dokumente und ein Familienalbum hervorgesucht. Vielleicht ist daraus abzulesen, welche geheime Feder seine Sammlerwut antreibt? Engel wird bei diesem Gespräch von seinen Pflegesöhnen nie alleingelassen, abwechslungsweise ist immer einer dabei, es kommt mir vor wie eine milde Beaufsichtigung. Oder vielleicht brauchte er sie als Echo.

Dieses Geschlecht der Engel war schon immer in Seengen seßhaft, ist bereits im Buch *Die Helden von Sempach* verzeichnet, ein Hartmann Engel hat dort gekämpft. Ein anderer war Oberst im Villmergerkrieg; Vögte und Offiziere, habliche Leute, noch der Großvater war Untervogt, in welcher Eigenschaft er wie gesagt die fehlbaren Frauen auspeitschen ließ. Mit Adolfs Vater ging es dann leicht abwärts, er wurde von seiner Mutter verstoßen, weil er heiraten mußte. Das paßte nicht zur Familienehre, obwohl er das vorzeitig geschwängerte Mädchen dann geheiratet hat und alles in die Ordnung kam. Der Vater war vorübergehend nach Arizona ausgewandert, wo er eine Arbeit als Steinschleifer und Prospektor fand, ist dann wieder nach Seengen zurückgewandert, hat immer den Colt auf sich getragen, obwohl der Dorfpolizist ihm das ausreden wollte. Auch auf dem Nachttisch habe immer dieser Colt gelegen. In seiner aufbrausenden Art habe er einmal nachts, nur mit diesem kurzen amerikanischen Leibchen bekleidet, einem Holzdieb quer durch Seengen nachgesetzt, habe wild um sich geschossen. Der Vater sei ein böser und finsterer Mann gewesen. Im Familienalbum sieht er auch so aus, mit drohendem Stalinschnauz und abweisendem Ausdruck. Die Mutter eine ziemlich selbstsüchtige Frau, herrisch und bös auch sie; als sie im Alter von 69 Jahren aus Amerika zurückkam und Adolf sie am Flugplatz abholte, sei sie gleich keifend über ihn hergefallen. Jedenfalls war kein Geld da für Adolfs Ausbildung. Verglichen mit den Großeltern, lebten die Eltern ärmlich. Diesen Niedergang des vormals angesehenen

Geschlechts scheint der sippenbewußte Adolf nicht verwunden zu haben, er hat sich geschworen, daß es durch ihn und mit ihm wieder aufwärtsgehe, und zwar in solche Höhen, wie sie die Engels auch in ihren Glanzzeiten nie erklommen. Überall schimmert bei ihm die Trauer durch über eine Familie, auf die er nicht stolz sein kann, auf die er aber stolz sein möchte. Die eine Schwester sei ein Satansbraten, eine Sektiererin, die andere denke nur ans Geld, offen gestanden. Item, er habe dann die Tochter eines Bauunternehmers in Seengen geheiratet und sich das Geld für die Ausbildung als Maler und Dekorateur am Mund abgespart. Schon 1918 habe er zu sammeln begonnen, zuerst Sachen seines Großvaters, dann habe sich das Weitere so ergeben durch Geduld und Zupacken am richtigen Ort. Es sei ja eine schöne Aufgabe, überall bei den letzten Nachkommen von aussterbenden Adelsgeschlechtern die schönen Gegenstände zu sammeln, welche sonst verlorengingen, diese untergehende Welt hinüberzuretten. Item, seine Frau habe zwei Töchter geboren, aber keine Söhne, da sei er nach dem Zweiten Weltkrieg einmal ins Tessin hinuntergefahren und habe den Anschi mitgenommen, der sich als Lehrling im Geschäft sehr anstellig gezeigt habe, ein flotter Bursch, später habe er auch noch seinen Bruder Badi (mit dem richtigen Namen Battista) geholt, auch ein Halbwaise, ihr Vater sei von den Kommunisten bei Kriegsende erschossen worden, er war ein bekannter italienischer Faschist. Anschi hat später die Ruth geheiratet, eine von Engels Töchtern. Badi ist ledig geblieben, auf seinen Namen würde in kurzem die ganze Sammlung mit allem Drum und Dran überschrieben, aber nur unter der Bedingung, daß alles beisammenbleibe und nichts verkauft werde. Diese Überschreibung sei vielleicht nur provisorisch, die ganze Sammlung werde eventuell der Gemeinde übermacht. Item, die Stiftungsurkunde werde eben jetzt von einem Advokaten entworfen.

Engel erklärt die Vergangenheit, dabei holt er immer neue

Dokumente und Fotos aus einem Stoß alter Papiere. Der Lehrer im Dorf bettle schon lange, er solle ihm doch diese Papiere überlassen, dann werde er Engels Biografie schreiben, aber dazu sei der Lehrer nicht fähig, das sei eine komplizierte Biografie. Er hat Umgang gehabt mit allen Klassen, ist selbst aufgestiegen aus dem ländlichen Proletariat zum Fast-Aristokraten, wäre unermeßlich reich, wenn er einen Teil der gehorteten Sachen verkaufte. Nächstens wird er umsteigen aus dem selbstgebastelten Schloß in ein altes Schloß mit Patina, Schloß Wildenstein ist nämlich zum Verkauf ausgeschrieben (»Das chaufed mer jetzt«), dort hat er Platz für seine Gegenstände. Ein Schloßherr, aber mit herzlichem Kontakt zu den Bauern, denen er die Kulissen malt für die ländlichen Theateraufführungen, ihnen die gesicherte Theaterwelt herstellt mitten in einer erschütterten Umwelt. Guten Kontakt auch zu den Faschisten, die auf ihre Art eine gesicherte Welt wiederherstellen wollten und auch in ganz Europa Bilder sammelten auf ihre unkonventionelle Art. Nachhaltige Kontakte zu den Aristokraten, die er wehmütig beschreibt.

Nur mit den Kunstsachverständigen sind die Beziehungen weniger gut. Sie weichen aus, wollen sich nicht festlegen, verlangen ein Heidengeld für Expertisen und täuschen sich dann noch. Das sind Vögel, man kann ihnen nicht trauen. Sie lassen Engel spüren, daß er doch nicht ganz zu der Kaste der arrivierten Galeriebesitzer gehört. Seine Bilder sind ja nicht einmal inventarisiert, hängen in wilder Reihenfolge an den Wänden, und die früheren Besitzverhältnisse sind oft unklar. Die Experten sterben ihm weg, bevor sie ein definitives Gutachten geben können. Einer aus Brasilien ist so gestorben, kurz nach einem Besuch bei Engel, auch einer aus Albanien, auch der Experte Scheidegger aus Bern, der sich mit der Amazonenschlacht befaßte, und eine ganze venezolanische Kunstkommission ist auch abgestürzt auf dem Rückflug nach Amerika, nachdem sie ihm ein Angebot von

22 Millionen Franken gemacht hatte. Der Störri aus Zürich ist an einer Lungenentzündung gestorben in Italien, er hat noch Fotos von den Bildern mitgenommen, die sind jetzt verschwunden, dann der Steinmayer aus Genf ist auch tot. Den Störri hatte er immer in Brugg abholen müssen, wenn er nach Seengen kam zur Expertise, mußte ihm sofort eine Flasche Wein aufstellen, ohne die er nicht expertieren konnte.

Einmal hat ihm der Störri ein Bild für 60 000 Franken auf einer Londoner Auktion verkauft und ist dann gerade so lange in den teuersten Hotels von London geblieben, bis die 60 000 aufgebraucht waren; Störri kam zurück und sagte: »Was meinen Sie, ich habe in einem Keller gewohnt?« Als das große Angebot von den Venezolanern kam, hat Engel seine Familie versammelt und sie gefragt: »Was wollt ihr lieber, das Geld oder die Bilder?« Die Frau sagte: »Das Geld.« Die Pflegesöhne sagten wie aus einem Mund: »Die Bilder.« »Item, alle Bilder sind im Haus geblieben, das Geld haben wir anders gemacht, insgesamt 180 000 Franken mit Patenten. Und auch das Kino im Dorf, das ich einige Zeit führte, war kein schlechtes Geschäft. Ich habe noch alte Filmrollen mit der deutschen Reichswochenschau von damals, die wir nicht mehr zurückschicken mußten, weil das Reich zusammenkrachte.« Item, er habe sein Leben lang gekrampft.

PS: Anfang des Krieges haben an die 200 Schweizer Bürger (später bekannt als ›Die Zweihundert‹) vom Bundesrat verlangt, daß sämtliche nazifeindlichen Redaktoren aus den Zeitungen entfernt werden und daß der Bundesrat alle nazifeindlichen Kommentare in der Schweizer Presse verhindert. Nach dem Krieg wurden die Namen der ›Zweihundert‹ veröffentlicht, was großes Aufsehen erregte. Im übrigen ist der Bundesrat auf die Forderung in dieser Form nicht eingegangen.

*Im Kabinett des Exorzisten
der Erzdiözese Paris*

Mitten in Paris, an einem hellen Frühlingsmorgen, in einer Querstraße zur Rue de Varenne, wo die vielen Ministerien sind, im blanken siebten Arrondissement, im dritten Stock des erzbischöflichen Ordinariats, gegenüber der tunesischen Botschaft, 30, Rue Barbet de Jouy, im Wartezimmer des Teufelaustreibers der Erzdiözese Paris, welcher jeden Mittwoch von neun bis zwölf und von 14 bis 18 Uhr Besuch empfängt, warten sieben Frauen schweigend, bis sie an der Reihe sind. Ein gewöhnliches Wartezimmer mit zerlesenen Heftchen, und niemand spricht. Manchmal geht ein Blick zur dickgepolsterten Tür, hinter welcher an- und abschwellend gemurmelt wird. Die Frauen sehen sich nicht an, sie leiden an etwas Unsäglichem, und dort hinter der Tür wird das Unsägliche kuriert. Manchmal geht die Polstertür auf, eine Patientin wird entlassen, ein Priester im langen schwarzen Rock erscheint, im Gurt hat er ein Kruzifix stecken, der Priester sagt aber nicht: die nächste bitte, sondern lächelt nur gütig, die nächste erhebt sich wortlos, die Tür schließt sich und dann wieder das Gemurmel, Gemurmel aus dem Kabinett.

Das war am 21. März, um elf Uhr. Nachdem ich einige Minuten in diesem Schweigen gesessen hatte, sagte ich zur älteren Frau auf dem Stuhl gegenüber: »Sind Sie zum erstenmal hier?« – »Ja, die Hellseherin von der Rue du Château d'Eau hat mir den Teufelaustreiber empfohlen, Madame Bouvier, kennen Sie doch sicher? Eine hellsichtige Frau, auch wenn sie vorläufig den ersten Kreis der Wahrnehmung noch nicht durchmessen hat. Diese Madame Bouvier lebt zurückhaltend wie alle Medien, raucht nicht, ißt kein Fleisch, wohnt keinem Manne bei. Bitte löschen Sie Ihre Zigarette, ich bin auch ein Medium und vertrage den Rauch nicht. Haben Sie Teilhard de Chardin gelesen? Dieser war ein großes Medium. Ich kenne einen Magier, der den Planeten Saturn besucht hat, der spürte die kosmischen Vibrationen. Einen andern hab' ich gekannt, der hat 18 Wiedergeburten erlebt.«

Die ältere Frau ist von Beruf Bewegungstherapeutin. An ihrem Hals baumeln verschiedene Medaillons. Gut sichtbar hängt da der wundertätige Pfarrer von Ars, nebst andern Heiligen. Eine zweite Frau nimmt am Gespräch teil, etwa 50 Jahre alt, Krankenschwester von Beruf. Sie bietet ein abgegriffenes Büchlein herum mit dem Titel *Petits secrets merveilleux*, von einem Pater Julio verfaßt. Darin stehen Segnungen, Verwünschungen, Beschwörungen, Zaubersprüche, Heilsprüche, für glückliche Heirat, gegen Fieber, Blitz, Hagelschlag und Krieg, im Namen des Vaters, des Sohnes, des Heiligen Geistes, Amen; Schutz vor namentlich bekannten Feinden, eine Anflehung des heiligen Antonius von Padua, auch ein Weihespruch für das wunderbare Öl des heiligen Serapion, ein Stoßgebet an den heiligen Expeditus für guten Geschäftsabschluß, ein Bannstrahl gegen Zahnweh und Eiterfluß, eine Segnung für trächtige Schweine und mühsam kreißende Stuten und kranke Tiere ganz allgemein, eine Hülfe für Wundbrand und Zipperlein. Dazwischen immer wieder wunderbare kabbalistische Zeichen, die man über die kranken Glieder und gegen die namentlich bekannten Feinde in den Wind machen oder in den Sand schreiben soll, sie sehen aus wie verzerrte arabische Buchstaben. Das wundertätige Büchlein ist in Silberpapier eingeschlagen.

Ein sonniger Frühlingsmorgen, bald knospen die Bäume, in vier Wochen ist Ostern. Wach auf du Christ, der Schnee schmilzt weg, die Toten ruhn, und was noch nicht gestorben ist, das macht sich auf die Socken nun. Im Wartezimmer beginnt eine große blonde Patientin ihre Anfechtungen zu schildern. Seit vier Jahren gerät ihr nichts mehr, beruflich und in der Liebe ist alles wie verhext, das heißt nicht nur *wie* verhext, sondern recht eigentlich verhext. Sie ist Sekretärin und hat trotz großer Eignung und hingebungsvoller Aufopferung nicht den Platz, der ihr in der Firma gebührt, also muß da wohl eine mißgünstige Person sein, eine mit dem bösen Blick und Malefizsprüchen, darob ist die Sekretärin ganz verwunschen. »Elle a fait un travail sur moi«, sagt sie, so heißt der Fachausdruck. Auch sei ihr der Tod angewünscht worden. Sie habe nämlich ihre Wohnung vermietet, an einen ruhigen Herrn. Dieser habe sich kürzlich mit einer Schrotflinte in den Mund geschossen, dergestalt, daß sein Hirn über alle Wände verspritzte. Daraus nun schließe sie, daß ihre Wohnung durch den Zauberspruch einer Feindin verhext worden sei, welche Feindin aber noch nicht wissen konnte, daß sie nicht mehr dort wohnte, so daß die falsche Person in den Tod getrieben worden sei. Jetzt geht sie, stellvertretend für ihre Feindin, zum Teufelaustreiber, damit der Teufel aus diesem Satansbraten ausfährt.

Drunten in dem Höllenpfuhl / bratet auf dem Feuerstuhl / der große Zottelbock. Da hilft alle Aufklärung nichts, ein kurzer Besuch bei den heimgesuchten Frauen im Vorzimmer läßt die Rationalität zum Teufel gehen. Jede hat ihren speziellen Teufel im Leib, ihren schweflinger Gast in den Eierstöcken. Der Mann in Violett, der böse Zeck aus den Kinderträumen, der Gottseibeiuns, der Leibhaftige, der Fliegengott. Lobet die Finsternis und das Verderben. Lemuren und Basilisken, Löwe, Drache, Faun und Waldschrat. Da sitzt übrigens auch eine Frau, die von der Wahrsagerin Sévérine an der Rue de L'Ambre zum Père Gesland geschickt wurde, nachdem Madame Sévérine ihr zuerst die Kirche von Montrouge empfohlen hatte, damit sie dort eine Kerze vor dem Standbild der heiligen Rita entzünde, welches aber nicht half. Diese Frau aus der roten Vorstadt kennt dank

Madame Séverine die Vornamen ihrer Feinde, die ihrer Gesundheit und ihrem Eheglück nachstellen. Auffällig auch diese andere verbitterte Frau. Verkäuferin, die seit langem dahinsiecht, sie zeigt allen Anwesenden ein Foto ihrer Schwester, sogar mehrere Fotos, die sie ständig mit sich herumträgt: »Hat sie nicht eine häßlich niedere Stirn und einen satanischen Blick, elle est mauvaise, n'est-ce pas?« Aber die satanischen Ausstrahlungen seien wie ein Bumerang auf ihre Schwester zurückgefallen, ihrer Schwester Sohn sei dann auch prompt in den Veitstanz verfallen, sei schwachsinnig geworden, ein Halbidiot.

Unterdessen ist auch ein älterer Mann im Wartezimmer erschienen, der einzige Mann an diesem Morgen. (Ich habe unwillkürlich sein Schuhwerk gemustert: Siehe da, keine besonderen Kennzeichen.) Er fühlt sich durch das Foto an seine Frau erinnert, er kommt von weit her gepilgert, aus der Auvergne, in seinem Städtchen sagen die Freunde: Deine Frau ist diabolisch, ein Teufelsweib. Sie hat einen Liebhaber genommen, der ihn, den rechtmäßigen Gatten, verhexen wollte, aber auch hier wieder Bumerang, der Liebhaber hat sich aufgehängt. Hat nichts genutzt, die Frau ist immer noch teuflisch. Und das Geschäft stagniert.

So sprechen sie, einer nach dem anderen, gehen ins Kabinett, kommen aus dem Kabinett. Als ich am frühen Nachmittag endlich vorgelassen werde, bin ich reif für eine Teufelsaustreibung, ein Interview scheint mir jetzt nicht mehr am Platz. Aber der Pater Gesland vom Orden der Oblaten der Unbefleckten Jungfrau Maria (O.I.M.) ist ein völlig undämonischer Mann, man kann unverzückt mit ihm reden. Ein verhutzelter ehemaliger Missionar, früher auf Ceylon tätig, im Juni 1968, gleich anschließend an die Unruhen, zum Exorzisten ernannt. Natürlich glaubt er an den Teufel, ist der beste Teufelsadvokat in Paris, wie könnte er anders. Wer nicht an den Teufel glaubt, ist nicht mehr katholisch, wo kein Teufel, da auch keine Engel, sagt der

Père Gesland O.I.M. Diesen Schimpf der Nichtexistenz möchte er nicht auf den Teufel kommen lassen. Er verteidigt seinen Arbeitgeber sehr heftig. Gesehen habe er ihn noch nicht, der Luzifer sei ja ein reiner Geist, sehr perfektioniert, aber Luzifers Anwesenheit habe er in seiner langjährigen Praxis doch mindestens in drei Fällen eindeutig zu spüren vermeint.

Auf seinem Arbeitstisch ein Weihwasserkübel, ein Buch mit lateinischen Beschwörungsformeln, ganz abgewetzt, und eine Stola, die er sich umhängt, wenn die Feierlichkeiten beginnen. Das Fenster ist geöffnet, nicht nur wegen des Sonnenscheins. In leichteren Fällen könne auch die französische Übersetzung herangezogen werden, eine Kurzfassung, die auf Papst Leo XIII. zurückgeht. Bei hartnäckigen Besessenheiten müsse man aber auf das Lateinische zurückgreifen.

Nun also, der erste Fall, das sei ein dreizehnjähriges Mädchen aus rechtschaffener Familie gewesen – Vater Postbeamter –, das von einem Tag auf den anderen eine teuflische Störrigkeit und Frechheit an den Tag gelegt habe, nachdem es sonst nie zu Klagen Anlaß gegeben habe. Auch hätten sich die Gegenstände in dem bewußten Haus selbsttätig bewegt, ein Transistorradio, der Eisschrank, Milch und Butter seien aus dem Eisschrank gekippt, kurzum, großer Sachschaden, den die einfache Familie auf die, Dauer nicht verkraften konnte. Man habe ihm also die Tochter gebracht, die, kaum habe er mit der Austreibung begonnen, wie eine Furie auf ihn losgegangen sei, ihm Fußtritte in den Bauch und auf die Geschlechtsteile versetzt, das Kruzifix entrissen und es mit übermenschlicher Kraft verbogen habe. (Er zeigt mir das Kruzifix: tatsächlich, verbogen.) Die Dämonen hätten aus dem Mädchen, das völlig willenlos darniedergelegen habe, gesprochen und ihm bekanntgegeben, daß ihrer 17 das Kind besetzt hielten. Es habe damals drei große Austreibungen gebraucht, bevor die Teufel ausgefahren seien, die bewährten lateinischen Austreibungen, versteht sich. Und so noch zwei andere Fälle, die Besessenen konvulsivisch am Boden oder sich erbrechend oder Schaum vor dem Mund und handgreiflich werdend.

In den meisten Fällen aber genügt die handliche Austreibung auf französisch, die Kurzformel à la Leo XIII. Sehr zahlreich auch die Frauen, die sich den Teufel nur einbildeten, gern einen Teufel hätten. Oft kämen auch solche, die behaupteten, mit dem Teufel gevögelt zu haben, und ihm den Abdruck der Teufelskrallen zeigen möchten, auf welchen Anblick er aber immer verzichte, wogegen die Männer steif und fest behaupteten, der Teufel sei ihnen rektal eingefahren, stecke im Anus. Weder das eine noch das andere sei aber ernst zu nehmen. Hingegen die Verwünschungen und Verhexungen, das sei schon bedenklicher, da sähe er noch nicht klar genug in bezug auf den Wahrheitsgehalt. Unter den Besessenen herrschten eindeutig die Frauen vor, jedoch seien Männer ebenso anfällig, nur seien sie stolzer, trügen den Satan stumm in sich herum, würden sich dem Priester weniger anvertrauen. Eine besondere Ausbildung habe er nicht genossen. Jedoch, bevor er zum offiziellen Austreiber der Diözese ernannt worden sei, hätten die geistlichen Vorgesetzten seinen Lebenswandel einer kurzen Prüfung unterzogen.

Frau Arnold
reist nach Amerika, 1912

Mein Freund R. Gretler, Fotograf, der leider nicht Schriftsteller geworden ist, denn mit seinen Geschichten, welche durchwegs aus dem Leben gegriffen sind, könnte er zahlreiche Bücher füllen, die sich ihrerseits sehen lassen könnten – Gretler hat mir, wieder einmal, eine Geschichte erzählt, welche ihm eine seinerzeit in Zürich wirkende Putzfrau urnerischer Herkunft vor etwa 15 Jahren erzählt hat und welche ich mich weiter zu erzählen bemüßigt fühle, um der Flatterhaftigkeit jener mündlichen Überlieferung eine schriftliche Verfestigung zu geben, damit das Andenken an Frau Arnold selig, welche schon im Jahre 1912 hätte sterben können, effektiv aber erst im Jahre 1970 gestorben ist und heute auf dem Friedhof Sihlfeld, wie Gretler vermutet, begraben liegt, nicht untergeht, denn die mündliche Überlieferung hat zwar auch ihr Schönes, zirkuliert jedoch nur im kleinsten Kreis, dort aber ungehemmt; und ihr Vorteil ist, daß sie von Mund zu Mund ausgeschmückt und angereichert wird und prächtig gedeiht und immer neue Entwicklungen erlebt, während die schriftliche Fixierung eines Tatbestandes etwas Definitives, fast Tödliches hat, was hier aber guten Mutes in Kauf genommen sei, weil die Geschichte selbst auch etwas Tödliches hat, wenn ich so sagen darf; und etwas Wäßriges.

Er habe also in seinen Fotografen-Lehrlingsjahren, sagt Gretler, eine Putzfrau kennengelernt, welche unauffällig und pünktlich ihren Dienst versehen habe beim *patron*, wo er dazumal in Stellung gewesen sei. Eben eine Putzfrau, steinalt, aber rüstig, so ein Wesen, das zum Mobiliar, das sie abstaubte, gehört und kaum gegrüßt wird und das man eigentlich nur bemerkt, wenn es nicht mehr putzt, so wie man die Kehrichtmänner zur Kenntnis nimmt, wenn sie den Kehricht nicht mehr fortschaffen. Vermutlich hat man sie Fräulein genannt; Fräulein Arnold. Ihr Vorname war vielleicht Emerenz oder Kreszenz – sagen wir Emerenz, und kam sie jedenfalls aus dem Kanton Uri, das ist verbürgt, vielleicht aus dem hintersten Schächental. Wie war das damals im Schächental? Große Familien, Emerenz das zwölfte, nehme ich an, von 16 Kindern, nichts zum Beißen auf dem kleinen Hof, also weg. In der Gummifabrik Dätwyler – aber gab es die damals schon? – wurden vor allem Männer gebraucht, drum weiter von Altdorf nach Luzern, wo in der Fremdenindustrie immer auch tüchtige, verläßliche Frauen eingestellt wurden. Im Hotel Metropol, wo die blutjunge Emerenz sich als Zimmermädchen verdingt hat, fällt das Augenmerk eines begüterten amerikanischen Paares, das immer in Luzern zur Sommerfrische weilt, nennen wir es doch Mr. und Mrs. Mortimer, auf Emerenz: und ob sie dem Paar nicht nach Zürich folgen wolle, wo Mr. Mortimer aus geschäftlichen Gründen sich zeitweilig niedergelassen hatte?

Zürich! Zürich!

Nun muß sofort präzisiert werden, daß weder die Geschichte mit Luzern noch die mit dem Schächental quellenmäßig verbürgt ist; als sicher kann nur gelten, sagt Gretler, daß Frau Arnold aus dem Kanton Uri zu einer amerikanischen Herrschaft nach Zürich gelangt ist, wo sie als Küchenmamsell oder so etwas in Stellung war; und alles weitere habe ich mir erlaubt, mit quasi logischer Phantasie auszuschmücken, denn man kommt ja kaum auf einen Hupf vom Urnerland nach Zürich, und wenn man einen Film über Emerenz Arnold machen will, muß man die fehlenden Zwischenglieder notgedrungenerweise selbst einsetzen.

In Zürich, vermutlich am Züribärg, habe Emerenz zur vollsten Zufriedenheit der Familie Mortimer ihren Dienst in der betreffenden Villa versehen, immer treu und pünktlich, auch diskret; eine Perle. Ob die Umgangssprache (Dienstsprache) Englisch war oder Pidgin-Deutsch, muß dahingestellt bleiben, diesbezüglich hat Emerenz Gretler gegenüber keine Angaben gemacht. Jedenfalls sei das Vertrauensverhältnis zwischen Fam. Mortimer und Frl. Arnold schließlich so weit gediehen, daß die Amerikaner ihr angeboten hätten, sie nach Amerika, wohin Mr. Mortimer aus geschäftlichen Gründen zurückzukehren gedachte, mitzunehmen, welche Proposition Emerenzens Herz höher habe schlagen lassen, bedeutete dieses doch eine Lebensstellung und Sicherheit bis ins hohe Alter hinauf. Als zusätzliche Vergünstigung sei ihr in Aussicht gestellt worden, daß die Überfahrt auf einem Schiff der neuesten und luxuriösesten Bauart erfolgen sollte, darauf könne sie sich schon in Zürich freuen. 45 000 Tonnen Wasserverdrängung, 882 Fuß lang, dreifacher Schraubenantrieb, *the Queen of the Ocean! first sailing of the latest addition to the White Star fleet!*

Emerenz, welche bisher nur die Raddampfer auf dem Vierwaldstättersee und Zürichsee kennengelernt hatte, sah der Fahrt mit Interesse entgegen und soll dann auch wirklich nicht enttäuscht worden sein, als sie den gewaltigen Ozeanriesen im Hafen von Southampton bestieg, am 10. April 1912. Einmal an Bord, wurde sie von ihrer Herrschaft getrennt und ins Zwischendeck gewiesen, wo sie mit Auswanderern zusammen eine simple Koje bezog, welche nun allerdings sehr neu, aber nicht so luxuriös war wie versprochen; wobei sie sich mit dem Gedanken tröstete, daß wenigstens die Mortimers, welche von schiffseigenen Bediensteten umsorgt wurden, glanzvoll aufgehoben waren in der ersten Klasse. Dort nämlich, so hat es ein deutscher Dichter später beschrieben –

»Wir setzen unsere Führung fort und gelangen jetzt in den Palmensaal, der Verwendung findet für kleinere Bälle. Die herrlichen Wandgemälde sind eigens angefertigt für die ›Titanic‹ von einem bekannten Salonmaler, im orientalischen Stil.

Dinner First Class
14. April 1912
Caviar Beluga
Hors d'œuvres variés
Turtle Soup

Die Flügeltüren, die Sie hier sehen, führen zum Türkischen Bad, Vorsicht Stufe, wo Ihnen Heilmassagen und Wasserkuren jederzeit zur Verfügung stehen unter ärztlicher Aufsicht, beachten Sie bitte die Säulen in rotem Carrara-Marmor.

Consommé Tapioca
Lobster American Style
Baked Salmon with Horseradish Sauce
Curried Chicken
Almond Rice Tropical Fruit

Die beiden Bronze-Nymphen am Eingang des Großen Foyers sind in klassischer Renaissance-Manier gehalten. Die eine stellt den Frieden, die andere den Fortschritt dar. Wir dürfen nunmehr die Damen und Herren zum Dinner bitten.«

Die Menüs im Zwischendeck, welche Emerenz verzehrte, sind nirgends aufgezeichnet worden, vermutlich waren sie nicht der Rede wert, das heißt von der einfachsten Art. Ob sie wohl seekrank geworden ist? Es war vereinbart, daß sie erst kurz vor dem Einlaufen in den Hafen von New York wieder zu ihrer Herrschaft stoßen würde und dabei noch einen Blick auf die Herrlichkeiten der ersten Klasse werfen könnte. Hat sie sich mit den Auswanderern im Zwischendeck angefreundet? Kann man sich gar eine Liebesgeschichte vorstellen zwischen Emerenz Arnold und, sagen wir, einem polnisch-russischen Juden, der wegen den Pogromen nach Amerika auswandert? Oder weilte sie in Gedanken bei ihrer Herrschaft in der ersten Klasse?

Wer weiß.

Jene Geschichten.

America! America!

Wurde ihr das Essen serviert? Oder Selbstbedienung? Ist sie zum ersten Mal im Leben bedient worden, die verläßliche Dienerin aus dem Schächental? Musik dringt leise gedämpft von oben herab; Ragtime. Irländer gab es auch unter den Auswanderern, derbe Kerle, zum Teil auch geile, und die polnischen Juden rochen nach Knoblauch, ein bißchen weniger hätten sie schon riechen können, und waren in lange schwarze Röcke gehüllt, die sahen aus wie Soutanen. Und diese Kringellocken! Kinder wurden gestillt und mit alten Liedern in den Schlaf gelullt, und die Liebesgeschichte zwischen Emerenz und dem polnisch-russischen Juden hat vielleicht doch eher nicht stattgefunden.

Am 14. April, um 23.50 Uhr, machte es Knirsch. Das war in der Nähe der Neufundlandbänke, und der Rumpf war auf eine Länge von gut 100 Metern von dem bekannten Eisberg aufgeschrammt worden. In der ersten und der zweiten Klasse spürte man die Erschütterung kaum, man war am Festen, teilweise auch recht besäuselt, und manche von den Herrschaften fanden die Sache mit dem Eisberg einen netten Gag. Was sich dieser Käptn doch alles einfallen läßt, um die Passagiere bei Laune zu halten! Aber unter der Wasserlinie, im Zwischendeck hat man weniger gelacht, vielleicht schwappte auch schon das Wasser an manchen Stellen herein –

> ganz unten, wo man, wie immer, zuerst kapiert,
> werden Bündel, Babies, weinrote Inletts

hastig zusammengerafft. Das Zwischendeck
versteht kein Englisch, kein Deutsch, nur eines
braucht ihm kein Mensch zu erklären:
daß die erste Klasse zuerst drankommt,
daß es nie genug Milch und nie genug Schuhe
und nie genug Rettungsboote für alle gibt.

Emerenz Arnold mit den andern nichts wie hinauf an Deck und
dort in ein Rettungsboot. In einem Rettungsboot, so schien es
Emerenz, würde man am ehesten gerettet werden, nur hatten
manche von den vornehmen Passagieren das noch nicht gemerkt,
wollten ihre lässige Art und ihre Nonchalance nicht aufgeben,
wie das bei diesen coolen Leuten halt der Brauch ist; auch
während eines Schiffsuntergangs. Immer sportlich geblieben!
Und wußten überdies die technisch versierten Passagiere ganz
genau, daß die ›Titanic‹ nicht sinken konnte, das war wissenschaftlich erwiesen, dank diesem sinnreichen Abschottungs-
system konnte sie unmöglich sinken. Aber Emerenz hatte den
Knirsch gespürt dort unten, der war ihr wie eine Knochensäge
durch Mark und Bein gegangen. Also verläßt man am besten das
Schiff, Emerenz war keine Sportlerin. Nun gab es bekanntlich
nicht genug Rettungsboote, und viele aus dem Zwischendeck
sollen gezögert haben, sich vorzudrängen und den Reichen einen
Platz streitig zu machen und sollen geduldig dagestanden und
gewartet haben; aber zu diesen gehörte Emerenz nicht. In der
Eile unterließ sie auch ganz, nach ihrer Herrschaft Ausschau zu
halten und ihr den bereits ergatterten Platz im Rettungsboot
abzutreten. Mit Interesse sah sie, wie das Rettungsboot an einer
sinnreichen Vorrichtung abgefiert, will sagen ins Meer herunter-
gelassen wurde, was allerdings nicht ohne heftiges Schwanken
vor sich ging, welches sie nun überhaupt nicht schätzte. Das war
nicht so vereinbart gewesen mit den Mortimers, dieses Abseilen
zu nächtlicher Stunde, versprochen gewesen war eine reibungs-

lose Seefahrt, und sie war ihrer Herrschaft gram wegen dieses unprogrammgemäßen, den Abmachungen nicht entsprechenden Verlaufs der Reise. Als sich das mit Matrosen und Leuten aus dem Zwischendeck gefüllte Boot von der ›Titanic‹ entfernte, welche sich auf eine doch eher ungewohnte Art, wie es Emerenz schien, aufstellte und schließlich gurgelnd versank, samt Caviar Beluga, Turtle Soup und Türkischem Bad, erregte der Umstand, daß in dem Rettungsboot keine Decken vorhanden waren, ihren Unmut, man war der ungewohnten Kälte schutzlos ausgeliefert. Das machte keine Gattung, dieses Schlottern in der Kälte. Ringsherum sei ein Schreien gewesen über dem Wasser, und manch einer habe leider vertrinken müssen. Wahnsinnig laut hätten diese geschrien, bis sie dann nicht mehr geschrien hätten, und sei es dann ziemlich ruhig gewesen, vielleicht seien die Mortimers selig auch unter den Schreienden gewesen, aber eventuell seien diese auch *ruhig* versunken und hätten nicht lange leiden müssen, Gott hab sie selig, jedenfalls seien sie nicht mehr zum Vorschein gekommen, definitiv. Das Rettungsboot sei natürlich ganz voll gewesen, und haben sie leider keine von den im Wasser herumschwimmenden und hin und wieder um Hilfe rufenden Herrschaften berücksichtigen können, im Gegenteil; wenn ein solcher das Boot gefährdete, indem er sich an dieses klammerte, hätten sich die Matrosen verpflichtet gefühlt, ihm eins mit dem Ruder drüber zu prätschen auf die Hände, eventuell auch auf den Kopf, und habe sie volles Verständnis gehabt für die Verhaltensweise der Matrosen, denn das Boot sei wirklich schon ganz gefüllt gewesen mit Leuten, und der Spatz auf dem Trockenen besser dran gewesen als die Tauben im Wasser.

Item, nach ca. acht Stunden in der unanständigen Kälte, ohne Decken, seien sie dann aufgenommen worden von einem in der Nähe befindlichen Dampfer, welcher sie in Ellis Island, der New York vorgelagerten Einwanderer-Kontroll-Insel, abgeliefert habe, und da ihr nunmehr die Lust, nach Amerika auszuwandern, vergangen und auch ihre Herrschaft so plötzlich verschwunden und nicht mehr aufgetaucht sei, wodurch sie in eine schikanöse Lage gekommen sei, habe sie sich entschlossen, damals, nach Europa zurückzukehren, was wiederum nicht ohne lästige Umtriebe möglich gewesen sei, denn sie habe ja nur ein Hin- und kein Rückfahrbillett gehabt; so daß sie im Endeffekt ihre Amerika-Reise als eine Serie von Schereien bezeichnen müsse.

Später hat Frau Arnold dann an der Schipfe in Zürich gewohnt, als das noch keine teure Adresse war, und hätte einen schönen Blick aufs Wasser gehabt, wenn sie nicht ihr flußwärts gelegenes Zimmer mit Schachteln und allerlei Grümpel vollgestellt gehabt und als Abstellkammer benützt hätte; so erinnert sich Gretler, welcher mit ihr gut bekannt gewesen ist und mir alles erzählt hat anno 1982, als Frau Arnold schon zwölf Jahre lang tot war, während die Mortimers jetzt gut und gerne 70 Jahre tot sind.

Gespräche mit Broger und Eindrücke aus den Voralpen

> *Die ersten Spuren der Anwesenheit von Menschen im Gebiet des Alpsteins führen ins Wildkirchli. In den zwei geräumigen Höhlen des Ebenalpstocks hatten seit dem 17. Jahrhundert Waldbrüder eine Eremitenklause und ein Kapelltürmchen erbaut. Bei baulichen Veränderungen im 19. Jahrhundert traten seltsame Knochen und Zähne zutage. Besucher nahmen solche Andenken mit. So gelangten einige Zähne ins Naturhistorische Museum St. Gallen, bis Naturforscher erkannten, daß die Zähne nicht von gewöhnlichen Braunbären, sondern von der längst ausgestorbenen Art des Höhlenbären stammten. Die Hoffnung war verlockend, einmal ein vollständiges Skelett dieser Tierart finden zu können.*
> Appenzeller Geschichte
> von Pater Rainald Fischer,
> Walter Schläpfer und Franz Stark (1964)

> *Alles Leben strömt aus Dir, alles Leben strömt aus Dir.*
> Appenzeller Landsgemeindelied
> (Ausserrhoden)

Der 24. Oktober 1916, der Tag, an dem Broger Reimund Georg, des Emil, Zeichner, und der Josefa Louisa geb. Heeb, geboren wurde. Wie sah die Welt an diesem Tag aus? An diesem 24. Oktober wurden im Inseratenteil des ›Appenzeller Volksfreundes‹ Maurer, Handlanger und Zimmerleute gesucht »für 56 Cts. Stundenlohn«. Unter »Danksagung« konnte man lesen: »Für das zahlreiche Leichengeleite unseres innigstgeliebten Gatten, Großvaters, Schwagers und Vetters Karl-Anton Knechtle, genannt Friedliskalöni, alt Armenvater, danken die tieftrauernden Hinterlassenen.« Herr Böhi vom Schäfle empfahl »Lungenmus auf morgen Mittwoch von 10 Uhr an aus der Küche«. Bei Jos. A. Dähler, Hütten, »steht ein währschaft guter Ziegenbock von guter Abstammung zum Züchten bereit«. Von einer »bedeutenden Wäschefabrik« wurden »tüchtige Handstickerinnen gesucht«. Unter »Ausfuhr!« war vermerkt: »England-Kolonien-Übersee, Schweizer Firmen, erweitern Sie Ihr Absatzgebiet durch Maurice Steinmann, Contractor to the British Government. Agenten in allen Ländern.« Friedhofgärtner Adolf Lohrer, Ziel, teilte »hochachtend den werten Einwohnern von Dorf und Land mit, daß ich jeweilen nach Schluß der Missionspredigten betr. Gräberbestellungen auf dem Friedhof zu treffen bin«. Und Postfach 4145 St. Gallen »nimmt Aufträge von Firmen, welche in Zahlungsschwierigkeiten geraten sind, für Erwirkungen von Stundungen und Durchführung von Nachlaßverträgen an«.

In diese Welt wurde der hineingeboren, den die Eltern aus Bewunderung für den französischen Politiker Raymond Poincaré Raymond nannten. Nur am Rande vermerkt der ›Appenzeller Volksfreund‹ vom 24. Oktober 1916, daß es eine Kriegswelt war, die Heeresgruppe des Generalfeldmarschalls von Mackensen hat trotz strömendem Regen, bei aufgeweichtem Boden, in unermüdlichem schnellen Nachdringen vereinzelten Widerstand brechend, die Bahnlinie östlich von Mufketar weit überschritten, steht unter der Rubrik »Kriegspost«, und Josef Keller von der Konsumhalle Appenzell inseriert nicht nur für Russisches Lederöl, Papierkrägen und -brüste, Zichorien, Lampengläser, Glaubersalz und Leinsaat, sondern auch für Armeekonserven. Aber das beherrschende Ereignis dieses 24. Oktobers war die Ermordung des österreichischen Ministerpräsidenten Graf Stürgkg, die Kugel ist, den Kopf durchquerend, am Vorderhaupt ausgetreten, die zweite Kugel ist in der Mitte der Stirn in den Kopf eingedrungen und im Schädel steckengeblieben. Der rechte Augapfel des Toten ist stark vorgetrieben.

Weil wir die alten Jahrgänge des ›Appenzeller Volksfreundes‹ schon zur Hand haben und weil diese Zeitung eine große Bedeutung im Leben des Raymond Broger hat und Broger eine große Bedeutung im Leben dieser Zeitung, blättern wir weiter. Am 31. Januar 1933 steht geschrieben: »Nun hat Adolf Hitler doch erreicht, was er schon lange angestrebt hat. Nun liegt es an Hitler zu beweisen, daß er noch mehr als ein großes Maul hat.« Am 18. Februar 1933 unter »Sonntagsgedanken«: »Wir haben die volle Überzeugung, wenn hinter der Krisis der Arbeitslosigkeit nicht die Gottlosigkeit steckte, gingen wir wieder besseren Zeiten entgegen. Aber die Führung der internationalen Gottlosenbewegung sehen in dem darbenden, hungrigen Arbeitervolk bestgeeigneten Boden für ihre Gottlosensaat, sie hetzen das Volk auf gegen Gott und Religion, gegen Kapital und Besitz.«

Am 8. Juni 1933: »Wir konnten uns bisher weder für das Hitlertum noch für das bunte Gewirr der Fronten in der Schweiz erwärmen. Wenn wir aber die ungeratenen Buben, wie alte Tanten und Großmütter, mit blinder Nachsicht behandeln statt mit der Haselrute, dann werden uns die Jungen und Unverbrauchten, vom Humanitätsdusel nicht Angehauchten einmal sagen müssen, wo und wie wir anzupacken haben, um unsere Gesellschaft und unsern Staat in letzter Stunde zu retten vor der moskowitischen Seuche.«

1933 war Raymond Gymnasiast bei den Kapuzinern und ein Leser des ›Appenzeller Volksfreundes‹. Später wurde er Chefredaktor dieser Zeitung und wachte über die historische Kontinuität des Organs. Wir können gleich bis 1968 durchblättern. Am 13. Januar heißt es: »R. B. – In Amerika scheint sich jetzt ruckartig allgemein die Ansicht durchzusetzen, daß es keine Alternative zum harten Kampf in Vietnam gibt, wenn Südvietnam nicht verraten und Südostasien dem Kommunismus preisgegeben werden soll.« Am 19. März 1968 lesen die Appenzeller im ›Appenzeller Volksfreund‹ (Amtliches Publikationsorgan für den Kanton Appenzell Innerrhoden): »Frankreich ist in Gefahr, durch Kommunismus, Anarchie und Diktatur unterwandert zu werden.« Von Rudi Dutschke heißt es: »Die wohl hirnverbrannteste Idee dieses linksextremen Rädelsführers – auf seine außerstudentischen Wahnideen erübrigt es sich einzugehen – ist die Idee der Gründung einer reaktionären Anti-Universität.« Unter dem Foto von Dutschke und Teufel steht die Legende: »Beim Anblick dieser zottigen Gesichter mag man an den Vers Heinrich Heines denken: ›Denk ich an Deutschland in der Nacht, werd' ich um den Schlaf gebracht.‹«

*

Frisch und zottig aus Frankreich eingetroffen, welches der kommunistisch-anarchistisch-diktatorischen Unterwanderung wieder einmal knapp entronnen war, erschien ich am 7. April bei schlechtem Wetter in Appenzell. Broger war mir als innerrhodische Saftwurzel geschildert worden, als appenzellische Landesgottheit, als politischer Alpenbitter. Ich hatte ihn noch nie agitieren sehen, und so war denn die Hoffnung verlockend, einmal einen vollständig erhaltenen Konservativen aus der Nähe betrachten zu dürfen. Ich hatte auch gehört, Appenzell Innerrhoden sei in Gefahr, durch Brogers Autokratie, Ämterkumulation und Demagogie unterwandert zu werden. Ich war neugierig. Um den Kontakt zu erleichtern und die sterile Interviewsituation zu umgehen, hatte Broger vorgeschlagen, ich solle das Wochenende mit ihm in seiner Berghütte verbringen, dort könnten wir essen und trinken zusammen und auf die Landschaft blicken und einfach »rede mitenand«.

Brogers waren schon gerüstet, als ich gegen Mittag in ihrer einfachen Appenzeller Residenz eintraf, er ein gewaltiger Brokken in Bundhosen hinter dem Schreibtisch in seiner Studierstube, sie mit den beiden Hündchen beschäftigt. Die Hündchen heißen Belli und Gräueli, während die Frau von ihrem Mann mit dem Kosenamen Lumpi gerufen wird. In einem NSU Ro 80 ging es in Richtung Gonten, ab Kassette strömte das Violinkonzert von Beethoven durch den Autoinnenraum. Dabei mußte ich sofort an den rauhbeinigen Alex aus dem Film *Clockwork Orange* denken, welcher von Beethovens Musik zu Gewalttaten verleitet wird. Dank dem Fahrkomfort des Fahrwerks glitten wir sanft am Kloster Leiden Christi vorbei, wo Broger Klostervogt ist. Auch in Wonnenstein, Grimmenstein und Mariae Engel ist er Klostervogt. Alle Räder sind einzeln aufgehängt und abgefedert, Radfederung und Radführung sind sauber getrennt, Stabilisatoren stemmen sich gegen die Kurvenneigung. Ein richtiges Senatorenauto. Je schneller, desto geräuschloser, sagte Frau Broger, am leisesten bei 180 Stundenkilometern. Irgendwo hinter dem Jakobsbad war die Fahrt zu Ende, der regierende Landammann zog den Zündschlüssel heraus, Beethoven brach mitten in der Kadenz zusammen.

Der Aufstieg begann. Die beiden Hündchen wurden ganz närrisch bei den vielen Wildspuren. Im Sommer kann der Landammann auf einem geteerten Sträßchen bis zu seiner Berghütte hinauffahren. Das Sträßchen wurde von umliegenden Bauern in Fronarbeit geteert (nicht dem Landammann zuliebe, sondern damit die Straße wetterfest wurde für ihre landwirtschaftlichen Gefährte). Wir stapften durch den Schnee in die Höhe, angeführt vom Landammann, Ständerat, Klostervogt, Ombudsmann der Versicherungen, Präsidenten der schweizerischen Gruppe für Friedensforschung, Buttyra-Präsidenten, Präsidenten der Landeslotterie, Delegierten im Vorstand der Ostschweizerischen Radiogesellschaft, Vorsitzenden des Großen Rates, Vorsitzenden der Landesschulkommission, Präsidenten des Eidg. Verbandes für Berufsberatung, Vorsitzenden der Bankkommission, Vorsitzenden der Anwaltsprüfungskommission, Mitglied der Jurakommission, Delegierten im Verwaltungsrat der Appenzeller Bahn, Vorsitzenden der Landsgemeinde, Mitglied der außenpolitischen Kommission des Ständerates, Mitglied der Drogenkommission. Dieser ging voran mit dem Rucksack. Er ist noch rüstig, macht einen kolossal massigen Eindruck.

Eine knappe halbe Stunde, dann standen wir vor der Berghütte auf dem Schneckenberg (die Gegend wird auch Naas genannt). Ein Appenzeller Heimetli, für 70 000 Franken einem Bergbauern abgekauft, der hier oben kein Auskommen mehr hatte und jetzt zufrieden von den Zinsen in Gontenbad drunten lebt, sagt Broger. Die drei Töchter des Bergbauern seien tagtäglich frühmorgens zur Bahnstation hinuntermarschiert und immer pünktlich in der Fabrik in Urnäsch zur Arbeit angetreten, in vorbildlicher Pünktlichkeit nie zu spät gekommen in all den Jahren. Dieses Heimetli mag eine Berghütte gewesen sein, als der alte Besitzer noch hier lebte. Heute ist es ein Brogerhorst geworden, frisch renoviert, mit einem Anbau, die Telefonleitung hat man über mehrere Tobel führen müssen. Es gibt Elektrizität hier oben, Heizung, elektrifizierte Petrollampen, fließendes Kalt- und Warmwasser, Badezimmer, Weinkeller, Tiefkühltruhe. »Entschuldigen Sie bitte die Unordnung, wir haben gerade die Arbeiter im Hause gehabt«, sagt Frau Broger. Ich sehe aber keine Unordnung. Im Sommer wollen die Brogers ein paar Schafe kaufen, das paßt zum Heimetli, den Stall gibt es ja noch. Sobald der Schnee weg ist, wird vermutlich die Standeskommission hier oben ihre wöchentliche Sitzung abhalten, Broger wird es jedenfalls den Herren vorschlagen, sie werden sich wohl nicht sträuben. Die Standeskommission ist der innerrhodische Regierungsrat.

Da waren wir also und sollten anderthalb Tage miteinander leben. Jagdgewehre und Jagdhorn hingen griffbereit an der Wand, in dieser verschneiten Abgeschiedenheit wären die

Schüsse ungehört verhallt. Willkommen auf dem Schneckenberg! In der Bibliothek stand auch eine Jagdanweisung, *Lokkende Jagd* von Louis Hugi. Broger ist ein bekannter Jäger. Auf der Jagd liest er Horaz, auf lateinisch, wenn er nicht gerade schießt, sagt seine Frau. »Odi profanum vulgus et arceo«, »ich hasse das gemeine Volk und halte mich ihm fern«. Wichtig bei Horaz ist der Rhythmus. Mein Mann geht nie in die Wirtschaften und läuft den Leuten nicht nach, die Leute nehmen ihn, wie er ist, oder sie nehmen ihn nicht. Bei der Jagd übrigens, obwohl er im Gehen liest, trampt er nie in ein Loch, kommt nie zu Fall, mit eigenartiger Sicherheit geht er über alle Unebenheiten hinweg, sagte Frau Broger, eine geborene Elmiger aus dem Bernischen, und ging in die Küche, wo sie den Zmittag richtete. Broger (Betonung auf der ersten Silbe, mit kurzem, offenem o) zündete ein Feuer im Kamin an. Jetzt fühlte man sich wie in einem Heimetli. Blick auf eine lieblich-rauhe Landschaft, unverbaut dank Broger, der das innerrhodische Baugesetz schon 1963 schuf. Die Landschaft wird ihm erhalten bleiben. Er hat eine einfache Landschaft vor seinen Fenstern gewünscht, kein Wunderpanorama, das sich die Gäste zu loben verpflichtet fühlen.

Im Anbau das Kaminzimmer mit Schaukelstuhl und Renaissancestabelle, altem Tisch und enorm vielen Büchern, nochmals Bücher wie schon drunten im Studierzimmer in Appenzell. Schwarz eingebunden die sämtlichen Bände der *Summa Theologica* des Thomas von Aquin. Er kennt sich gut aus darin, hat alle Bände gelesen und wieder gelesen. Dann Richard Wurmbrand *Blut und Tränen*, Dokumente zur Christenverfolgung in kommunistischen Ländern, und Guttenberg *Wenn der Westen will*. Auch Werke des Dominikanerphilosophen Bochenski, den er »guet« findet, und ein wenig Mitscherlich, den er »nöd so guet« findet. Aber auch ein Buch von Jean Lacouture über Ho Chi Minh. Und ein Buch über *Wallensteins Ende*, nebst Hunderten von andern Büchern. Vorherrschend die konservativen Ideologen wie Edmund Burke *(Über die Französische Revolution).* Marx sehe ich nicht in der Bibliothek, nur ein Buch über Marx: *Der rote Preuße.* Broger findet es »sauguet«. Den Anarchisten Proudhon (Taschenbuch) findet er »sehr intelligent, aber unannehmbar«. Wir kommen uns näher.

Broger im Polsterstuhl vor dem Kaminfeuer, den ›Bayernkurier‹ lesend, dann den ›Rheinischen Merkur‹. Die Scheiter knacken. Der Vorsitzende der Standeskommission, der Chef der Handelsregisterkommission, der Vorsitzende der Nomenklaturkommission, der Delegierte in der Stiftung für eidg. Zusammenarbeit, der Vorsitzende des Stiftungsrates ›Pro Innerrhoden‹, der Kommissär für Entwicklungshilfe, der Vormund. Zum Beispiel ist er Vormund des appenzellischen Ausbrecherkönigs Dörig, genannt ›der Chreeseler‹, der eben jetzt wieder nach einem neuerlichen Ausbruch und frischen Raubüberfällen gefaßt wurde. Er kümmert sich um den ›Chreeseler‹, hat ihm beim letzten Besuch in der Strafanstalt gut zugeredet. Auch um die Entwicklungshilfe kümmere er sich, sagt seine Frau, da habe er Ansichten wie die linksten Linken. Wirklich? sage ich und sehe Brogers etruskischen Schädel hinter dem ›Bayernkurier‹ verschwinden.

Broger am Eßtisch. Ein gewaltiger Schlinger und Einverleiber. Da geht allerhand Fleisch hinein in diesen Koloß, Fleisch zu Fleisch. Bis die 30 oder 50 Vorsitzenden, Delegierten, Beisitzer, Präsidenten und Vorsteher abgespeist sind: das dauert eine Weile. Ein Wein wird kredenzt, aber nicht der appenzellische Landsgemeindewein und Krätzer Marke ›Bäremandli‹, sondern ein sehr guter französischer, den ich in Frankreich noch nie getrunken habe, nur für den Export bestimmt. Zwischen Biß und Schluck tischt Broger ein bißchen Politik auf, erzählt von Furgler, zwar ein guter Freund von ihm, aber gräßlich ehrgeizig, und wie kann man bloß seinen Ehrgeiz darein setzen, Bundesrat zu werden in einem Land wie der Schweiz, wo die nationale

Exekutive so wenig Macht habe und dies bißchen Macht erst noch kollegial verwalten müsse. Wenig Macht im Vergleich zum französischen Staatspräsidenten. Das wäre ein Posten, für den er sich erwärmen könnte, da würde der Ehrgeiz sich lohnen. Weil er nun aber eigentlich wenig Ehrgeiz habe, könne er sich eine Gelassenheit leisten, müsse nicht ständig aufpassen mit seinen Äußerungen und drauf schauen, daß er wiedergewählt werde, und taktisch jedes Wort abwägen. Er rede frei heraus und wisse sich im Einklang mit den Innerrhödlern, wenn er mit seinem Gewissen in Einklang sei. Auch am Fernsehen könne er sich nicht verstellen, und darum komme er so gut an, weil er vergesse, daß er am Fernsehen rede, deshalb sei er nicht verkrampft. Es kommt ihm alles ganz natürlich.

Er ist ein konservativer Spontangeist. Während er so zu mir spricht, habe ich den Eindruck, er rede zu einem größeren Fernsehpublikum. Oder spricht hier der Landammann zum Ombudsmann? Broger spricht wie einer, der sich seiner Macht sicher ist, der kraft göttlichen Rechts oder kraft mystischen Einklangs mit der innerrhodischen Volksseele an der Macht sein muß – obwohl er erst seit 1960 in der Regierung ist und eine ohnmächtige Zeit durchgemacht hat, als die Innerrhödler »än Zockerbeck« statt Broger in den Ständerat schickten. Wann aber ist Broger im Einklang mit seinem Volk? Sobald die »Loscht« ihn treibt, etwas zu »gestalten«. Politik muß »loschtig« sein, sonst interessiert sie ihn nicht. Und die Abwesenheit von »Loscht« ergibt dann eben die verkrampften Politiker, die sich vor Ehrgeiz zerreißen. Einen kenne er, der seine Sache auch mit Lust getrieben habe, das sei der Bundesrat Schaffner gewesen, ein sehr enger Freund von ihm und hochbegabter Staatsmann. Auch voll Arbeitslust wie Broger, der minimal 60 Stunden pro Woche arbeitet. Auch nicht einzuordnen in eine Parteidisziplin. Wie Broger, der zwar zur CVP-Franktion der Bundesversammlung gehört, jedoch »nie an eine Parteiversammlung geht«.

Am Nachmittag, bevor Ratsschreiber Breitenmoser dem Landammann die Akten in den Brogerhorst hinaufbringt, damit er die Sitzung der Standeskommission für Montagmorgen vorbereiten kann, kommt die Rede noch auf Mitterrand. Ich erzähle, wie Mitterrand mir viermal ein Interview zugesagt hatte und viermal das Versprechen brach, bevor ich ihn beim fünften Mal erwischte.

Der Tisch ist jetzt abgeräumt, es liegen nur noch Serviettenringe mit Appenzeller Motiven und eine Zündholzschachtel mit Alpaufzug auf dem Tisch. Mitterrand sei völlig unfähig, ein Land wie Frankreich zu leiten. Wenn er nicht einmal ein Interviewversprechen einhalte, wie hätte er da seine Wahlversprechen halten wollen? Gott sei Dank habe die Volksfront die Wahlen nicht gewonnen. Broger mit aufgestützten Ellenbogen, den churchillartigen Kopf vom Pflümliwasser gerötet, satt zum Himmel blinzelnd, hier einen Prankenschlag, dort ein Zwinkern. Schnell noch ein Fletschen in bezug auf den miserablen Zustand der katholischen Presse, mit der es bergab gehe. Der Journalist X in der Zeitung Z predige wie ein Pfarrer, anstatt zu schreiben wie ein Journalist, und der Redaktor Y in der Zeitung Z sei eine Schreibniete. Wir kommen uns immer näher. Broger war bis vor kurzem Chefredaktor am ›Appenzeller Volksfreund‹ (1952–1971), er schrieb saftig und aus Passion, er hatte etwas zu sagen. Als Redaktor hat er eine Übersicht im Kanton gewonnen, hat informiert oder auch nicht und schließlich dominiert. Eine Zeitung mit 5000 Exemplaren Auflage, Amtsblatt für die 14 000 Einwohner des Kantons, Sprungbrett für sein erstes politisches Amt: Bezirkshauptmann in Appenzell 1954 (= Gemeindeammann). Diese Zeitung war lange ein Einmannbetrieb, Broger hat ihr zuliebe auf seinen Anwaltberuf, für den er ausgebildet war als einer der wenigen Volljuristen im Kanton, verzichtet. Als Chefredaktor hat er anfangs 1700, ganz am Schluß 2400 Franken verdient. Er ging überhaupt recht bescheiden durchs Leben, einen Vertreter des Kapitals durfte man ihn nicht nennen. Noch 1971 hat er mit allen kantonalen Ämtern an Sitzungsgeldern jährlich nur 13 910 Franken verdient (die Appenzeller Regierung arbeitet ehrenamtlich). Dazu die eidgenössischen Sitzungsgelder. Erst die Ernennung zum Ombudsmann der Versicherungen hat ihm Geld gebracht, ca. 80 000 pro Jahr. Daher das Heimetli auf dem Schneckenberg, daher der Ro 80 mit Wankelmotor. Daher auch die Neider in letzter Zeit und das Murren im Volk.

Also diese Zeitung. Eine Zeitlang gab es Konkurrenz, den ›Anzeiger vom Alpstein‹, der von den spärlichen Industriellen in Appenzell gefördert wurde, Locher von der Brauerei und Ebneter von der Alpenbitter-Brennerei. Unterdessen ist der ›Anzeiger‹ eingegangen, der ›Volksfreund‹ hat wieder das Monopol in Appenzell. Von sechs Uhr morgens bis oft spät abends auf der Redaktion, in der ganzen Zeit nur einen einzigen Leserbrief *nicht* aufgenommen, die andern alle abgedruckt, den Leserbriefschreibern aber oft geraten, ihren Text ein bißchen abzuändern. Kein Fernschreiber bis vor kurzem. Dank seinen guten Beziehungen auf Bundesebene hat ihm die Bundespolizei bei der Depeschenübermittlung geholfen. Wenn Broger irgendwo in der Schweiz unterwegs war und noch schnell einen Leitartikel durchgeben wollte, lieferte er ihn bei der nächsten kantonalen Polizeifernschreibestelle ab, und die übermittelte dann an die Polizei in Appenzell, wo die Depesche nur noch über die Gasse zum ›Volksfreund‹ getragen werden mußte. So hat man doch allerhand Vorteile als Ständerat.

Der Volksfreund im Lehnstuhl beim Aktenstudium, gegen Mitternacht, im Kamin verglühen die Scheiter. Breitenmoser hat jetzt die Akten gebracht. Broger erzählt von seinen Eltern, vom kleinen Familienstickereibetrieb, der sehr rentierte, bis im Gefolge der St. Galler Stickereikrise die Eltern umsatteln mußten und das Hotel ›Forelle‹ beim Seealpsee bauten. Der Vater habe als Zeichner eine große Fertigkeit gehabt, hätte jeden beliebigen Stil imitieren können, richtig, da hängt ein Daumier von Vater Broger in der Ecke, auch ein Piero della Francesca oder sonst ein Italiener. (In welchem Stil hätte er wohl seinen Sohn gemalt? Brueghel oder Goya?) Die Mutter sei sehr geschäftstüchtig gewesen, lebe übrigens noch, sei mutterseelenallein mit ihren Stickereiwaren bis nach Amerika gereist. Der Vater habe gezeichnet, die Mutter verkauft. Die Jugend sei im allgemeinen glücklich verlaufen, keine allzu schlimmen Erlebnisse bei den Kapuzinern in Appenzell und in Stans, in den Exerzitien hätte er Marx gelesen, auf dem Pultdeckel Zwingli und Luther postiert, die Kapuziner hätten ihn machen lassen, und so sei er ganz organisch von Marx abgekommen, hätte sich nicht versteift, sobald die »Entfaltung der Vernunft« einsetzte. Oben beim Hotel ›Forelle‹ habe er in jungen Tagen aber oft faul in der Sonne gelegen und Marx gelesen. Irgendwann muß es einen Knick in der Lebenslinie Brogers gegeben, muß nach einer Periode von jugendlichen Erleuchtungen eine Verdüsterung eingesetzt haben, daß er jetzt Richard Wurmbrand, Bochenski und Guttenberg liest und die Liebe seiner Jugend vergessen hat.

Sonntagmorgen, der Himmel aprikosenfahl, der große Baal alias Broger wirkt noch verschlafen, kommt im schwarzroten Trainer zum Morgenessen. Die Farben der Auflehnung und der Anarchie auf diesem Körper. In die Messe geht er nicht an diesem Sonntag, gehört nicht »zu diesen Politikern, die sich in der Kirche allen demonstrativ zeigen«, ist kein heuchelnder Pompidou, eher ein de Gaulle für Innerrhoden. Es gibt wieder große Mengen Fleisches. Die Rede kommt auf das Prinzip der Rätedemokratie, auf Volksherrschaft und Kontrolle der Macht. All das wäre im Prinzip vorhanden in Innerrhoden: Wahl der Regierungsräte für eine bestimmte Funktion, jedes Jahr Abberufbarkeit der Regierenden durch das Volk an der Landsgemeinde, Möglichkeit zur Agitation in der offenen Volksversammlung, Mitspracherecht jeder Minderheit, jedermann kann

»of dä Schtuel go«, wie man das Wortergreifen an der Landsgemeinde nennt. (Kleiner Schönheitsfehler: Broger präsidiert als Landammann die Landsgemeinde, den Großrat und den Regierungsrat.) Weshalb also dieses Prinzip der Selbstbestimmung und jederzeit widerrufbaren Machtdelegation nicht auf die Fabriken und Betriebe anwenden, eine radikale Selbstbestimmung am Arbeitsplatz statt formale Exerzitien auf dem Landsgemeindeplatz? Broger findet diese Idee »abschtrus«, er findet das völlig undurchführbar, die Wirtschaft würde nicht mehr funktionieren. Da war ich sofort einverstanden: Sie würde in der heutigen Form allerdings nicht mehr funktionieren, und es gäbe keine Landammänner und Delegierte des Verwaltungsrates mehr. Broger sagt: Wenn ich nicht an die Unsterblichkeit der Seele glaubte, wäre ich auch Revolutionär, dann würde ich die Erde in ein Paradies zu verwandeln suchen, weil es aber ein Jenseits gibt, kann ich mich gelassen geben, wir haben ja nachher noch etwas. Da werden Sie eine böse Überraschung haben, wenn Sie nach dem Tode merken, daß es kein ewiges Leben gibt, antworte ich, und übrigens haben Sie ja Ihr persönliches Paradies hier im Diesseits schon recht hübsch eingerichtet... So verging der Sonntag in theologischen Betrachtungen. Abends hörten wir die Nachrichten der Schweizerischen Depeschenagentur. »Ein Freund Sacharows soll in Rußland auf seinen geistigen Gesundheitszustand untersucht werden«, sagte der Sprecher. »Gemeinheit«, sagte Broger. »Portugiesische Polizei geht mit Hunden und Schlagstöcken gegen Demonstranten vor, 20 Verletzte«, fuhr der Sprecher fort. Broger machte keinen Mucks.

*

Am Montagmorgen früh wieder den Schneckenberg hinunter mit Brogers. Vor mir der breite Rücken des Landammanns, der mysteriöse Politikerrücken, anscheinend doch mit Rückgrat, ein Mysterium. Gehört nicht zur Gattung der Weichtiere (Mollusken), eher zu den Schildkröten (Schalentiere). Amphibisch, wetterfest, pflegeleicht. In allen Elementen zu Hause, Wasser und Land, Appenzell, Bern, Versicherungswesen. Die weltanschauliche Schale schützt ihn vor Erkältungen, aber auch vor Entwicklungen, läßt Argumente abprallen. Weshalb wählen die Innerrhödler die Schildkröte seit 1964 ununterbrochen zum Landammann? Weshalb 1964 zusätzlich in den Nationalrat, 1971 in den Ständerat (was die Schildkröte seit je ersehnt hatte)? Weil die Innerrhödler es »loschtig« finden? Weil er der einzige Jurist ist weit und breit? Vielleicht weil der Remo in Bern mehr für den Kanton herausschlägt als ein anderer? Oder weil der Volksfreund im ›Volksfreund‹ seit Jahren für den Volksfreund Propaganda machte?

Es hat wieder geschneit über Nacht. Gräueli und Belli ziehen ihn bergabwärts. Heute morgen muß er um acht Uhr die Sitzung der Standeskommission präsidieren, das möchte ich gerne miterleben. Nach einigem Zögern ist er einverstanden. Um zehn Uhr finde ich die Standeskommission im Rathaus versammelt, der Weibel mit einem silbernen Schildchen auf der Brust läßt mich ein. Der Remo ist jetzt krawattiert und sitzt auf einem Podium vor den Regierungsräten wie der Lehrer vor der Schulklasse. Er stellt mich vor als »än abschtruse Schornalischt os Paris«. Neben Broger sitzt der Ratsschreiber Breitenmoser, der gestern die Akten auf die Naas gebracht hat. Die Schulklasse resp. Standeskommission resp. Regierung setzt sich zusammen aus dem Zeugherrn, Armleutsäckelmeister, Landesfähnrich, Bauherrn, Landeshauptmann, Säckelmeister, Statthalter und dem stillstehenden Landammann (= Tierarzt im Hauptberuf). Die Geschäfte werden sehr speditiv erledigt, noch schneller als die weltanschaulichen Diskussionen auf der Naas. Einladung an das Land Appenzell, einen Delegierten an den Kongreß der Kantonalbankdirektoren zu entsenden: Von der Regierung ist niemand abkömmlich, sagt Broger, wir feiern an diesem Tag das ›Totemöli‹ (Totenmahl). Wiedereinbürgerung von Marie-Marthe Duc, einer Appenzellerin, die nach Montélimar hinunter geheiratet hat, ihr Mann ist gestorben, sie will in die Heimat zurück. Der Polizeibericht lautet günstig, die Gofen seien tadellos aufgezogen, der Leumund gut, dem Gesuch wird diskussionslos entsprochen. Broger referiert und läßt die andern gern diskussionslos entsprechen, er hat die ganze Sitzung gestern am Kaminfeuer präpariert, und die andern Regierungsräte haben vielleicht kein Kaminfeuer zu Hause. Dann das Wiedererwägungsgesuch Wolfhalden, »diä lädige Soucheibe«, und ein Herr T., »dä frächi Siäch«, der immer wieder mit Suppliken an die Regierung gelangt. Wünscht jemand »s Wort«? Nicht der Fall? Beschluß. Es ist ein familiärer Ton hier im Sitzungzimmer des Rathauses, um zwölf Uhr muß alles erledigt sein, sonst verpaßt Remo den Zug nach Zürich in sein Ombudsmann-Büro.

※

Er verpaßte ihn nicht.

Anlässe

Der restaurierte Palast

(und seine ersten Benützer)

Er glänzte doch recht festlich an diesem Sonntagmorgen, dem 1. Dezember, glänzte in der Morgensonne, der enorme Palast, frisch geputzt, und auf dem Dach posaunte ein neobarocker Engel, von dem man nicht recht weiß, ob er pathetisch oder witzig gemeint ist, und auf der hinteren Seite, wo früher die Kulissen auf einer Hühnertreppe ins Innere transportiert hatten werden müssen, parkierte eine wackere Reihe von Polizeiautos, frisch geputzte *Ford Transits*, zur Feier des Tages in zarten Pastelltönen, und überall patrouillierte die Polizei mit diesen theatralischen Tränengasgewehren, geflochtenen Schildern, Helmen, Walkie-talkies und anderen Requisiten. Zahlreiche Hunde bewachten, nebst den allegorischen Figuren, den Palast und sabberten wachsam vor sich hin. Es war ein großer Tag, auch für die Securitas und die Wachgesellschaft *Protectas*, welche, zusammen mit der Polizei, die Redner und die Zuhörer der Redner bewachen durften; aber es gab nichts zu bewachen, wer möchte denn schon so früh an einem bitterkalten Morgen die Kultur stören? Das Verhältnis von Gaffern und Polizei war eins zu fünfzig. Außen Polizei, innen Kultur.

Man betritt den Palast – ›Haus‹ kann man das ja wohl nicht nennen – nach der zuerst auf 60 Millionen veranschlagten, dann auf 80 Millionen bezifferten Totalrestauration durch drei verglaste Gänge, welche den Menschenfluß kanalisieren. Für jeden Gang stehen innerhalb zwei Securitas bereit, so daß wirklich nichts passiert und das Volk – wenn es diesen Wunsch hätte – in den von ihm finanzierten Palast nicht eindringen könnte. Die Einweihungsfeierlichkeiten waren für die nationale, lokale und internationale Prominenz reserviert, welche von Stadtpräsident Wagner ein Billett gekriegt hatte, und für jenes allegorische, sozusagen sublimierte Volk, das man auf der Bühne sehen würde (Volksszenen aus *Carmen, Fidelio, Meistersinger*). Die Reichen, welche Samstag/Sonntag im Palast zusammenströmten, haben nämlich ein Herz für diese Art von Volk, das so lieb auf der Bühne tanzt und singt.

Nach W.A. Mozarts Ouvertüre zu *Der Schauspieldirektor* sprach an diesem Samstagmorgen sofort der Stadtpräsident. Es ist nicht leicht, nach Mozart zu sprechen, besonders, wenn man ein unbegnadeter Redner ist. Wagner war furchtbar steif und gehemmt, wie es seine Art ist, und das merkte man in diesem festlichen Raum – was für eine Oase im vertrockneten Zürich! – besonders gut. Er hat ganz amusisch gesprochen. Der Barock dieser wie ein Hoftheater aufgeputzten Opera fiel Wagner in den Rücken. Er sagte: Die Stadt lebe von der Pluralität ihrer Bewohner, das Kulturverständnis sei ein Gradmesser für die Freiheit, und man müsse die zunehmende Vermassung und Technisierung bekämpfen. (Die Vermassung konnte an diesem Wochenende in der Oper erfolgreich bekämpft werden, indem nur Prominenz anwesend war; aber die Technisierung hat nach der Restauration voll auf den raffiniert eingerichteten Bühnenraum durchgeschlagen.)

Dann begrüßte Wagner den Bundesrat Egli, der die Grüße der Landesregierung überbringen werde, begrüßte die Regierungsräte Gilgen und Künzi und andere, begrüßte die Spitzen der Armee, des Gemeinderates und des Kantonsrates, auf das Volk konnte man bei so vielen Vertretern verzichten, und begrüßte den Restaurationsarchitekten Paillard vom Büro Paillard, Lehmann & Partner. Dieser, ziemlich frohgelaunt, weil er mit den Auffrischungsarbeiten und dem Neubau des Verwaltungsgebäudes, welches so häßlich ist, daß es im Volksmund ›Fleischkäse‹ genannt wird, viel Geld verdient hatte, begrüßte seinerseits die

Anwesenden und sagte in diesem totenstillen Raum, das Haus müsse jetzt von Leben erfüllt werden. Darauf kam der auch nicht sehr lebendige, aber freisinnige Stadtrat Fahrner zur Schlüsselübergabe aufs Rednerpodium, und Paillard übergab ihm nun den Schlüssel. Dieser hatte die Form eines großen goldenen Notenschlüssels. Wie könnte es für ein Musiktheater anders sein, sagte der verschmitzte Paillard. Da mußten die Anwesenden jetzt herzlich lachen!

Der Notenschlüssel wanderte im Verlauf der weiteren Reden von Stadtrat Fahrner zu Alt-Stadtrat Max Koller, Präsident des Verwaltungsrates, und von Koller an Claus Helmut Drese, Operndirektor. Zwischen Koller und Egli kam Honeggers *Chant de joie* (Jubel-Lied), und nach Drese Carl Maria von Webers *Jubelouvertüre* zur Aufführung, beides, wie auch Mozart, unter der ebenso bewährten wie langweiligen Stabführung von Ralf Weikert. Alt-Stadtrat Koller sagte frech, wem der ›Fleischkäse‹ von außen nicht gefalle, der solle dieses Gebäude doch von innen besichtigen, dann sei er sofort befriedigt. Da mußten die Zuhörer wieder herzlich lachen; aber vielleicht ist mit dieser Kollerschen Bemerkung die städtebauliche Problematik des plumpen Gebäudes doch nicht ganz verschwunden.

Nach Egli kam Drese, der glänzend verdienende und agierende Spitzenmanager, mit seiner Dankansprache. Er bezieht ein monatliches Gehalt von 20000 Franken, arbeitet aber auch sehr viel. Hinter Drese hatte im Bühnenraum die ganze Belegschaft des Palastes Platz genommen. Drese stellte sie vor: das Werkstättenpersonal. Darauf steht das Werkstättenpersonal auf, wie in der Schule, wenn der Inspektor kommt, und wird vom Publikum beklatscht. Dann sitzt es artig wieder ab. Darauf das Ballett, die Beleuchtungsabteilung und Tontechnik, die Schneiderei, Ateliers und Maskenbildner, auf/ab, Bibliothek, künstlerische Direktion, Repetitoren, Inspizienten, Souffleusen, die Sänger vom festen Ensemble, Applaus, Applaus; die Kassiererinnen und Schließerinnen sind in Aktion und hören den für sie bestimmten Beifall draußen nur gedämpft. Drese holt jetzt aus zu einem kulturpolitischen Rundumschlag und behauptet in dieser geschlossenen Vorstellung: Theater sei »eine öffentliche Anstalt des Staates zur Information, Animation und Kommunikation der Bürger, vermittelt durch darstellende Kunst«, und wer den materiellen Wohlstand für das höchste aller Güter halte, würde auf »Kunstpflege« verzichten, wogegen die andern, welche einen »geistigen Grund« suchen, nicht ohne Theater, Konzert und Museen leben könnten (und deshalb natürlich auch nicht ohne die Oper). Applaus, Applaus.

Ist dem Operndirektor nicht aufgefallen, wie sehr das Opernpublikum dieses Wochenendes materiellen Wohlstand für das höchste aller Güter hält? Drese verwechselt in seiner Ansprache, wie es bei Bürgern der Brauch ist, die gesicherte, verbunkerte, museale Kultur mit Kultur überhaupt. Kultur ist für ihn, was viel kostet und ohne Widerspruch genossen werden kann, eben der »geistige Grund«, die sicheren ewigen Werte, fernab von jedem Aufruhr und heftigem Widerspruch, etwas, das höchstens noch neu interpretiert, aber nicht mehr frisch produziert werden muß, jenseits des politischen Haders liegt und für niemanden mehr gefährlich ist. Und worin man schwelgen kann, notfalls muß halt die Schwelgerei polizeilich geschützt werden. Ein gesichertes Repertoire, von dem Drese sagt, daß die letzten gängigen Werke vor zwei Generationen geschaffen wurden. Man stelle sich vor: seit dem *Rosenkavalier* von Richard Strauss (1908) kaum mehr eine Oper, die mit Erfolg gespielt werden kann, kein Werk mehr, das die Leute in Aufregung versetzt und heftige Reaktionen provoziert und ins gesellschaftliche Leben eingreifen würde. Nur noch Repetition des Bewährten oder im besten Falle Neu-Interpretation der alten Meister: Ponnelle und Harnoncourt entdecken Monteverdis Opern wieder (für Zürich).

Richard Wagner dachte anders von der Opernkultur und von der Politik als sein Bewunderer Drese. Wagner war nämlich ein Chaot, ein steckbrieflich gesuchter, der als Hofkapellmeister in Dresden 1848/49 auf die Barrikaden gegangen war, Kontakt mit dem russischen Anarchisten Bakunin hatte, in Biergärten aufrührerische Reden hielt und »beim Gelbgießer Oehme Handgranaten bestellte«, wie in Hans Erismanns Buch über das Opernhaus Zürich nachzulesen ist (Verlag der NZZ, 1984). Richard Wagner glaubte an den Umsturz in Musik und Gesellschaft, im Gegensatz zu Thomas Wagner. Er konnte einer schweren Gefängnisstrafe und vielleicht dem Todesurteil nur entrinnen, indem er in die Schweiz floh, wo er, anders als die politischen Flüchtlinge heute, sofort einen Paß erhielt. Wagner bekam dann in Zürich Gelegenheit, seine Werke zu dirigieren, die noch ganz frisch waren, und zwar im winzigen Aktientheater, das nicht vom Staat finanziert wurde, aber trotzdem schöpferisch produzierte. Diese Aufführungen damals waren Alternativkultur und zugleich ein europäisches Ereignis. Das Aktientheater hatte mit Wagner eine ähnliche Funktion wie heute die Rote Fabrik, welche vom Stadtrat mit einer halben Million jährlich subventioniert wird (60 000 Besucher), während das Opernhaus 32 Millionen verschlingt.

Nachdem dieselbe Musik, Webers *Jubelouvertüre*, welche schon 1891 den Einweihungsakt des Opernpalasts beschloß, den Einweihungsakt des Jahres 1984 beschlossen hatte, damit auch wirklich alle merkten, was Restauration ist, zerstreuten sich die Gäste. Thomas Wagner wollte Alphons Egli noch zeigen, wie gut die teure Technik, welche von Drese so gerühmt worden war, funktioniert, und fummelte zusammen mit einem Theatertechniker an einem Fernbedienungsapparat herum, welcher den eisernen Vorhang bewegen sollte. Der wollte sich aber trotz fünfminütigen Bemühungen nicht senken, und Wagner gab dann auf. Was, wenn es jetzt im Bühnenraum gebrannt hätte? (Wie damals in Dresden, als Richard Wagner in revolutionärer Wut die Theaterrequisiten anzündete.)

Am Abend tauchte zweierlei Art von Publikum auf. Durch die drei verglasten Gänge schritten die Nerzträgerinnen, Smokingträger, Lackbeschuhten, die Edelsteinbehängten, Geschmeideverzierten, die Boa- und Stolageschmückten, Capeverhüllten, Pelzvermummten, Aufgeschminkten, Paillettenglitzernden, Perlenkettendekorierten, nämlich die Aktionäre und Aktionärinnen der Oper, nachdem sie aus Taxis oder glitzernden, zum Teil auch gepanzerten, Limousinen gestiegen waren, in die geschlossene Vorstellung und erklommen gierig die Treppe zum Foyer, wo sofort ein Gegacker ohnegleichen anhub. Dann ging es hinter den Champagner, der vorerst gratis war.

Auf der Sechseläutenwiese versammelte sich andrerseits eine Anzahl von simpel gekleideten jungen Leuten, welche eine kleine Operette zwecks Verspottung der Opernbesucher aufführten und den Opernpalast mit ein paar Feuerwerkskörpern illuminierten. Auf einem Flugblatt wurde daran erinnert, daß der Zürcher Gemeinderat (welcher die 32 Millionen für den Palast bewilligt) dieses Jahr die Winterhilfe für bedürftige Rentnerinnen und Rentner gekürzt hatte, nämlich einen Betrag, der dreißigmal kleiner ist als die Mehrkosten, die beim Umbau des Opernhauses entstanden sind, und nur fünfmal größer als die Kosten des Operngaladiners (ca. 100 000 Franken). Die Demonstranten konnten jedoch den Opernleuten ihre Verspottung nicht persönlich überreichen, da war die Polizei davor.

Innen ging es jetzt los, Taft und Brokat, Gold und Silber, Pailletten- und Trägerkleidchen nahmen Platz und freuten sich auf das phantasielos zusammengestellte Potpourri. Es wurde geboten: eine Anthologie der verbrauchteren Melodien aller Zeiten. Nur nichts Neues! Immer bei den bekannten Melodien bleiben! Die Ohrwürmer hätscheln! Ein Schlagerfestival für

Höhere Töchter wird man das nennen dürfen, oder ein Wunschkonzert der konservativen Stände. Dazu braucht's die Oper nicht, das hätte man auch mit einer Radiosendung machen können. Wagner, Donizetti, Mozart, Verdi, nochmals Wagner, Bizet, Verdi, nochmals Verdi, Tschaikowski, Offenbach (Kitsch), Gounod (Kitsch), Beethoven. Gleich werden sie zu schunkeln beginnen. Drese hielt schon wieder eine Ansprache: Welche von den kostbaren Stars in letzter Minute abgesagt hatten, Bläschen auf den Stimmbändern, Nervenzusammenbrüche, Weinkrämpfe, und welche er noch in letzter Sekunde hatte einfliegen können. Rollenbesetzung als ein Problem der Flugpläne und Pistenvereisung. Swissair-Direktor Staubli, der auch im Publikum saß, wird sich gefreut haben.

Auch Werner H. Spross saß im Publikum, der begüterte Gärtner, und klatschte gar sehr, vielleicht war er mit seiner Yacht ›Manana‹ direkt hinter dem Opernhaus gelandet, dort, wo die Fixer sich zu Tode shooten, aber die Fixer hatte er an diesem Abend nicht sehen müssen, sie waren polizeilich entfernt worden. Saubere Stadt. Frau Spross hatte eine Perlenkette dreifach um den Hals geschlungen, dergestalt, daß ihre Atemwege eingeschnürt wurden. Auch Korpskommandant Feldmann war gekommen (Eichenlaub mit Brillanten?), in Uniform, und Divisionär Binder und Herr Bieri und Herr Kohn und die Bank Bär und Herr Spleiss und Jolles. Aber auch die sozialdemokratischen Stadträte Briner und Kaufmann waren im Vollwichs erschienen, vermutlich, um die Interessen der 500 Opernhausangestellten zu vertreten (Gewerkschaft VPOD).

Frau Divisionär Seethaler, an deren Ohren grüne Geschmeidchen baumelten, während Frau Spross ihre Ohren durchlöchert und rote Broschen hineingesteckt hatte: vielleicht Rubin und Smaragd?, Frau Seethaler bedauerte, daß ihr Mann Frank schon pensioniert sei, dürfe er doch jetzt leider keine Uniform mehr tragen für diesen festlichen Anlaß. In Zivil sah er denn auch gar nicht so imposant aus. Immerhin: Der Smoking ist schon fast eine Uniform, mit glänzenden Streifen an den Hosenbeinen. Das Fernsehen ist auch da, seine Riesenlampen sitzen in den Logen, welche im Hoftheater der königlichen Familie und später den bürgerlichen Honoratioren reserviert waren: Das Fernsehen ist König, leuchtet alles gnadenlos aus, auch den Zuschauerraum, führt Lichtregie, an Stelle des wirklichen Regisseurs. Was an Operngeheimnis noch übrigbleibt, wird zu Tode geleuchtet.

In der Pause erwartet ein unbefangener Chronist, daß jetzt ein Wohltätigkeitsbazar veranstaltet wird. Gold, Silber, Perlen, Nerze eingesammelt und versteigert, und mit dem Erlös das Opernhaus von jenen *aficionados* finanziert wird, die solche Premieren brauchen, und damit die Steuerzahler entlastet werden; oder vielleicht den bedürftigen Leuten in der Stadt, welche dieses Jahr der Winterhilfe verlustig gehen, etwas geholfen wird.

Aber nichts da, es ist nur das übliche Geschnatter zu hören. Grüezi Herr Schprüngli, wiä nett, daß Sie au da sind, gällezi d'Lutschia Popp hät wieder wunderbar gsunge. Als hervorragendes Pausenereignis (war es am Samstag oder Sonntag?) ist dem Chronisten in Erinnerung geblieben, daß ein älterer Herr und seine Dame die Treppe zur Bar hinunterstürzten und übereinanderkollerten und der Herr am Kopf recht sehr blutete, er heißt Dr. Sturzenegger und ist ehemaliger Leiter des Flugärztlichen Dienstes. Zwei weitere Personen stürzten ebenfalls recht unangenehm, weil nämlich die Treppenstufen für Leute, die sie in Abendkleidern besteigen, zu hoch geraten sind. Das sollte der Architekt Paillard vom Büro Paillard, Lehmann & Partner beim nächsten Erweiterungsbau vielleicht bedenken.

Jetzt sind die Champagnerkelche geleert, die Musik geht gleich weiter, Herrn Eisenring und seine teuer geschmückte Frau zieht es wieder zur Musik. Der Datafida-, Motorcolumbus-, Provestor-, Faber-Castell-, Sonrüti-, Trinkaus & Burkhardt-, Interallianz-, Intermit-, Northern Telecom-, Atomkraft-AG-Verwaltungsrat und Nationalrat Eisenring nimmt Platz und saugt mit langen Ohren Bizet-, Verdi-, Tschaikowski-, Offenbach-, Beethoven-, Strauss-Melodien ein.

Die Roben im Publikum sind bei genauer Betrachtung gar nicht so elegant, die Preziosen nicht so fein wie erwartet, da haben sich einige vor dem Krawall gefürchtet und nur die zweite Garnitur hervorgenommen, man weiß ja nicht, ob die Versicherung zahlt. In den Logen strahlt jetzt wieder das zerstörerische Feuer der Fernsehlampen. Die werden auch am nächsten Abend die *Meistersinger* zu Tode strahlen, und Wolfgang Wagner, der Enkel von Richard, welcher dem Lichtmalheur auch beiwohnte, wird sagen: So etwas machen wir in Bayreuth nicht, dort kommt uns das Fernsehen nicht in die Premiere. Er hat einen gemütlichen fränkischen Dialekt, das würde man bei Wagners gar nicht erwarten, ihre Sprache stellt man sich pathetisch und schneidend vor. Das Fernsehen ist bereit, der Gesang kann weitergehen. In der Pause waren Kameramänner zu beobachten, welche die Linsen mit einem Fön Marke Solis kühlten, weil sie sich beschlagen hatten in der Wärme. Jetzt sind sie wieder kühl. Und nach der Vorstellung kann man Putzfrauen sehen, welche den Boden saugen und nachher den Staubsaugerinhalt durchwühlen, weil jemand aus den schönen Quartieren eine Perle vermißt und sie im Staubsauger wähnt. Bitte sofort beim Portier deponieren, wird vom Chauffeur abgeholt. Aber jetzt zuerst auf der Bühne die *Carmen*, von Bizet natürlich. (Saura macht es besser.) Vierter Akt, die Ermordungsszene vor der Stierkampfarena, zuerst ein lebendiger Volkshaufen, da läuft etwas, und man wird ganz hineingezogen in die Handlung. Das ist jetzt wirklich bezaubernd! Der Volkshaufen wird von zwei Reihen spanischer Polizisten in Schach gehalten, der sogenannten Guardia civil, die haben diese eigenartigen Lackhüte auf dem Kopf. Als Bizet die Oper schrieb, hat er sich weiter nichts dabei gedacht, die

Guardia civil sollte nur ein bißchen Lokalkolorit in die Oper bringen. Diese Polizisten waren ihm damals als harmlose Landjäger bekannt. Unterdessen hat es aber den Spanischen Bürgerkrieg gegeben (1936–1939), und dort betätigte sich die Guardia civil als Mörderbande, zum Beispiel hat sie den Dichter Federico García Lorca umgebracht, der Lackhut ist ein Symbol geworden für blutige Unterdrückung, und man dürfte ihn eigentlich bei dieser harmlosen Szene heute nicht mehr auf die Bühne bringen; das müßte der kultivierte Operndirektor wissen. Aber das war nur eine *kleine* Geschmacklosigkeit, die *große* kam am Ende. Da sah man die Schlußszene aus Beethovens *Fidelio* mit dem Chor des zerlumpten Volkes. Aufwühlende Musik, die für manchen Kitsch des Abends entschädigte. Nun kam Drese wieder einmal auf die Bühne, wie ein Grüß-August im Kasperlitheater, und sagte, jetzt werde der Chor im gleichen Kostüm die *Brüderlein-Schwesterlein*-Melodie von Johann Strauß singen, aus der Operette *Die Fledermaus*. Das tat der Chor denn auch, wie angedroht, und machte sich so über Beethoven und seinen Ernst lustig, und alle klatschten und waren zufrieden mit diesem Finale, während draußen am Limmatquai die Scheiben klirrten und im vorübergehend frei zugänglichen Schaufenster der Firma Hug sich ein Junger ans Harmonium setzte und eine Melodie spielte, nämlich *Strangers in the Night*; einer von den Jungen, für die das Wort ›Loge‹ kein Begriff aus der Opernwelt ist, sondern ›Wohnung‹ bedeutet, die man verzweifelt sucht, in diesen Zeiten der Verknappung.

O wê, der babest ist ze junc
Hilf, herre, diner Kristenheit*

Eine übernatürliche Reportage, oder noch ein Beitrag zur Realismusdebatte

Pfingstdienstag, 08.35 Uhr, Flughafen Kloten, Zuschauerterrasse. Zwei Tage nach dem Heiligen Geist wird der Heilige Vater erwartet. Er ist jetzt noch in der Luft, sieht die Berge von oben; blättert ein wenig im Brevier, nippt an einer ›Bloody Mary‹ – andern Quellen zufolge an jenem mit polnischem Wodka geläuterten Tomatensaft, welchen ihm sonst die polnische Nonne Kathinka regelmäßig zum vatikanischen Mittagessen kredenzt –, findet eine hilfreiche Stelle im Brevier: »domine ad adjuvandum me festina«/ »Herr eile mir zu Hilfe«; findet noch eine weitere Stelle: »super aspidem et basiliscum ambulabis et conculcabis leonem et draconem«/ »über Schlangen und Basilisken wirst Du schreiten und zermalmen den Löwen und den Drachen«, und die Stellen kann er brauchen, denn die christlichen Politiker warten im ganzen Land auf *seinen* Besuch und wollen sich in *seinem* Glanze sonnen und *seine* geistlichen Kraftströme auf ihre weltliche Mühle lenken. Wyer wird ihn empfangen, das überragende walliserische Schlitzohr, auch Furgler, Egli, Schürmann, Wiederkehr, Cottier – die geballte politische Unchristlichkeit.

Der Papst seufzt. Er hat kurz nach dem Abflug in Rom/Fiumicino in den Reden geblättert, die er spontan überall in der

---

* Stoßseufzer des Walther von der Vogelweide, als der 37jährige Lothar dei Conti zum Papst gewählt wurde (Innozenz III.). In Anlehnung an den Dichter könnte man von Wojtyla sagen, daß er vielleicht nicht ze junc, aber ze robust und ze unangekränkelt sei von jedem Zweifel.

Schweiz halten wird. Er weiß *jetzt* schon, daß ihm die Freiburger-Jugend »*ernsthafte Fragen*«, die er noch nicht gehört hat, stellen wird, und hat die Antworten darauf sicherheitshalber bereits in Rom formuliert. Im Frachtraum der päpstlichen Al-Italia-Maschine liegen ein paar hundert Kilo hektographierte Papstreden bereit, dt. frz. engl. span. ital., die werden in den verschiedenen Pressezentren entlang der päpstlichen Route in schönster Auslegeordnung zu finden sein. Über der Lombardei hatte der Papst einen Lachanfall. Eine Ansprache, die er vor kurzem den *Papuas* in Neu-Guinea gehalten hat, war durch ein Versehen seines Sekretärs in das *schweizerische* Reden-Konvolut geraten, und zwar an jener Stelle, wo der Bundesrat im Landgut Lohn begrüßt werden sollte. – »Und so entbiete ich denn Eurer alten Stammeskultur, Euren Speeren und Schildern, Euren prächtigen Bemalungen und Eurer unangekränkelten Urwüchsigkeit meinen brüderlichen Gruß.« (Applaus)

Unterdessen in Einsiedeln –

»Schweißgebadet kam der bekannte Telefönler Franz Lüönd, Rothenthurm, am Mittwoch ins Dorfzentrum. Eben habe er eine Arbeit erledigt, die er noch nie gemacht und auch nie wieder tun werde: Er habe für den Papst in dessen Zimmer im Kloster das Telefon eingerichtet. Mit dem grauen Tastapparat kann der Papst direkt nach Rom telefonieren! Er besitzt eine Nummer, die noch niemand hatte. Aber von draußen kann man den Papst nicht direkt erreichen, der Anruf geht über die Zentrale des Klosters. Sichtlich ergriffen schilderte der FKD-Betriebsmeister sein Erlebnis: Das Zimmer des Papstes sei sehr einfach, ein ganz normales Bett und eine praktische Waschvorrichtung ohne jeden Pomp stehen dem Gast zur Verfügung. (...)

Zwar drücke die Verantwortung, die auf ihm laste, schon ziemlich stark. Aber es sei doch ein einmaliges Erlebnis, wenn er denken könne, nun telefoniert der Papst mit meinem Telefon!

Hoffen wir für den rührigen Telefönler, daß alles ohne Panne abläuft!« (›Einsiedler Anzeiger‹ vom 15.6.84)

Flughafen Kloten, 08.46 Uhr, Zuschauerterrasse, Herr Cahannes von der Kirchenpflege Opfikon/Glattbrugg ist mit seinem Feldstecher, den er sonst ausschließlich für die Jagd in Graubünden benützt, erschienen. In ca. 400 Meter Entfernung scharrt ungeduldig das Empfangskomitee. Vorn am roten Teppich die zürcherische Regierung, deutlich erkennbar der borstige Wiederkehr (CVP), der unter Papst Pius XII. und Johannes XXIII. in Disentis geformt und unter Papst Paul VI. zum Regierungsrat gewählt worden war. Dann ist der rote Teppich kurz unterbrochen, ein wenig Flughafenboden scheint hervor, den wird der Papst dann küssen, schmeckt er nach Esso- oder Shell-Flugbenzin?, dann kommen die Bischöfe mit ihrem Gruß, und hinten rechts steht ein Rednerpültchen, dort wird der Papst den Gegengruß entbieten, nachdem er von Bundespräsident Schlumpf begrüßt worden ist. Jetzt werden von italienisch sprechenden Männern zahlreiche Fähnchen in den vatikanischen Farben auf der Zuschauerterrasse verteilt, damit wird gewedelt, sobald die päpstliche Maschine in Erscheinung tritt. Die fährt in einem großen Bogen zum roten Teppich, und zwar dergestalt, daß den Zuschauern auf der Terrasse der Anblick des aussteigenden Papstes nun jählings entzogen wird. Das Fernsehen und die Journalisten und die Prominenten sind so postiert, daß sie die feierliche Seite der päpstlichen Maschine sehen können, den Zuschauern auf der Terrasse bleibt der Blick auf die Logistik: Kisten und Gerätschaften werden aus dem Bauch der Maschine entladen, Tausende von Medaillen, Rosenkränze, die päpstliche Garderobe sind darin enthalten, Kelche und was es noch braucht. Ein ganz beträchtliches Frachtgut! Eine große Geschäftigkeit! Herr Cahannes ist enttäuscht, er hat den Papst nur kurz im Fadenkreuz gehabt. Dessen Stimme zittert jetzt über die

Piste. Die Verstärkeranlage ist weniger gut als jene in Fribourg, welche für 38 000 Franken bei der Scientology-Sekte gemietet worden ist. Fluglärm und Musik.

Unterdessen in Einsiedeln –

»Daß die vielen teuren, technischen Apparate und Installationen wie auch das ganze Innenleben des Dorfzentrums bewacht werden müssen, ist klar. Die Securitas hat die nicht leichte Aufgabe übernommen und garantiert mit Mann, Funk und Hund für optimale Sicherheit. Sämtliche Notausgänge sind verschlossen, jedoch so, daß sie im Brandfall leicht geöffnet werden könnten. Alp-Jösy als alter Fuchs bei der Securitas hat seine Augen überall und war maßgebend beim Überwachungskonzept beteiligt. Nach menschlichem Ermessen ist also für alles vorgesorgt.« (›Einsiedler Anzeiger‹, 15.6.84)

Pfingstdienstag, 22.20 Uhr, Fribourg. Der Papst ist in dieser bemerkenswerten Stadt angesagt; hat vermutlich von ihrer Schönheit gehört. Anstatt direkt von Zürich nach Fribourg zu reisen, macht er einen zeit- und kräfteraubenden Umweg über Lugano und Genf, wo ihm von den Neugläubigen eine Pendule geschenkt wird, und über Lausanne, wo ihm nochmals eine Pendule geschenkt wird (von der Regierung). Die letzte Uhr wird ihm später in der Klosterkirche Einsiedeln geschenkt werden, es ist eine Gabe der Firma Landis & Gyr, mit der Inschrift: ›Zeit ist Gnade‹. Die buchstäblich Hunderte von Gaben, die dem Papst dargeboten werden, Käse, Edelweiß, Absinth und Bücher, nimmt dieser selbst in Empfang, reicht sie dann fast unbesehen seinem Truchseß weiter, der sie dem Mundschenk weiterreicht, der sie dem Leibarzt überreicht; während die symbolischen Präsente, die der Papst verschenkt, auf einen je nach Geschenk anders modulierten Pfiff des Papstes, einen murmeltierartigen, nur den Eingeweihten vernehmbaren

Pfiff, von drei andern Hofschranzen an den Papst weitergereicht werden, der sie dann eigenhändig übergibt. (Vollautomatische Rosenkränze, irisiernde Medaillen etc.) Von seiner Hand reicht er den Schüttelnden, wie man in Fribourg gut beobachten konnte, zwecks Schonung nur den vordersten Teil, etwa ein Drittel, also die beiden ersten vier Fingerglieder der rechten Hand, während er nicht selten mit dem Handballen seiner linken Hand etwas väterlich über den Handrücken seines Händeschlagpartners fährt. Kinder streichelt er sowohl übers Haar wie auch direkt am Gesicht, dieses meist von oben nach unten. Küsse werden auf dem Haar der kleinen Gläubigen angebracht, manchmal auch auf Stirn und Wangen (immer tonlos). Von den Männern haben nur die Kleriker Anrecht auf den Bruderkuß; bei diesen aber nicht nur die Römisch-Katholischen, sondern auch die Griechisch-Orthodoxen, Kopten, Russisch-Orthodoxen, Maroniten, Eremiten, Leviten, Styliten, Anachoreten, Zoenobiten. Die Frauen werden, in kußmäßiger Hinsicht, wie Kinder behandelt, ein väterlicher Schmatzer auf die Stirn, ein schnelles Übers-Haar-Streicheln.

Um 22.25 Uhr ist er im Salonwagen angekommen, auf Perron 1. Vom frei zugänglichen Perron 2 aus, wo sich im Moment der Ankunft keine Polizei befand, hätte man ohne Schwierigkeit ein Attentat unternehmen können, um so mehr, als die ganze Bahnhofbeleuchtung gerade rechtzeitig aussetzte. Welche Schande für Fribourg wäre das gewesen: ein toter Papst auf Perron 1. Die Regierung des Kts. Fribourg, die ihn begrüßt hatte, wird begrüßt. Der Papst spricht ein leidliches Französisch mit einem hart rollenden r, auch sein Deutsch ist passabel, er pflegt auf polnische Art das ö durch ein e zu ersetzen: Erlese uns von dem Besen. Italienisch soll er auch kennen, dazu etwas Englisch und Lateinisch. Unter den Begrüßenden war Regierungsrat Marius Cottier, der begabte Mirage-Pilot. Er ist Chef der Erziehungsdirektion, und als Cottiers hervorstechendste

Eigenschaft wurde von seiner Partei (CVP) während der Wahlkampagne die Tatsache erwähnt, daß er Mirage-Pilot gewesen sei. Ein bekannter Christ und Familienvater. Er hat mit mir in Fribourg studiert, war, wie ich, in einem philosophisch-theologischen Club, den Hans-Urs von Balthasar inspirierte. Was für eine liebe Schlafmütze ist Marius doch immer gewesen! Überall während dieser Reportage die Hände meiner ehemaligen Gschpänli, Regierungsratshände, die von Wiederkehr in Kloten, die von Cottier in Fribourg: die haben Anrecht auf eine Knetung durch den Papst. Nachdem die Regierung begrüßt war, winkte der Heilige Vater oder *très Saint Père*, wie sie in Fribourg sagten, vom erhöhten Perron 1, eingerahmt durch die Inschriften ›La Genevoise Assurance‹ und ›Buffet Première Classe‹, dem Volk zu und formte seine Hände zu einem Trichter und rief dem Volk etwas zu, während einige ultramontane Schreihälse immer wieder ›Hallelujah‹! ›Hallelujah‹! krähten. Dann preschte die stattliche Wagenkolonne hinauf ins stacheldrahtgeschützte, von Hund und Mann und Funk bewachte, verbunkerte, hochsicherheitstraktmäßig geschützte Priesterseminar, wo der Stellvertreter Christi – wieviel Polizei hatte der Religionsgründer bei seinem Einzug in Jerusalem gebraucht? – neuen Händeschüttelungen ausgesetzt und dann nach der Einnahme eines leichten Abendmahls (Fondue Moitié Vacherin, Moitié Gruyère) und dem Aufsagen des kirchlichen Nachtgebets *te lucis ante terminum / rerum creator poscimus* und der Verabfolgung eines Bruderkusses durch den vampirhaft dreinschauenden Bischof Mamie in den kurz bemessenen Schlaf sank. (Die letzten Worte von Bischof Mamie am Abend des 12. Juni waren: »Dormez bien, très Saint Père«; die letzten Worte des Papstes: »Et vous aussi, cher frère, et soyez prudent avec votre Saugtherapie.«)

*

Am andern Morgen ging es zeitig aus den Federn (05.30 Uhr).

Nach einer kurzen Waschung (kalt) und einer Anrufung der Vereinigten Müttergottes von Tschenstochau & Einsiedeln wurde, wie jeden Tag, dem Brevier gefrönt. *(domine ad adjuvandum me festina.)* Dann Gabelfrühstück; reichlich Aufschnitt, Eier, spanische Nierchen, Hafermus, Corn-flakes, kaltes Poulet, Ovomaltine (heiß), Gruyère, Vacherin, Butter, dazu Vollkornbrot und, von den Berner Katholiken dargereicht, Berner Züpfe (aus Kemmeribodenbad). Morgens ißt der Papst, so darf man wohl sagen, immer wie ein polnischer Drescher.

Dann ab in die *Kathedrale Saint Nicolas* zur Begrüßung des Domkapitels (08.00 Uhr) und schon um 08.30 Uhr hinübergesaust in die benachbarte Kirche der *Cordeliers*, wo ein Kastratenchor den Papst begrüßt. Kastraten sind eine alte römisch-päpstliche Spezialität. Die Päpste hatten jahrhundertelang etliche von den sangeswilligen, singbegabten Untertanen noch vor dem Stimmbruch kastrieren lassen, damit sie ihre schönen Sopranstimmen das ganze Leben lang behalten konnten; und in Fribourg, dem päpstlich gesinnten, hat sich dieser Brauch insofern erhalten, als jedes Jahr, seit dem Attentat auf den Papst, eine Anzahl von besonders idealistisch gesinnten Vätern ihre Söhne verschneiden lassen, um dem Papst ihre spezielle Wertschätzung auszudrücken. Diese ödipal konstellierte Opfergabe, welche in ihrer gemilderten Form auch als *Zölibat*, das heißt freiwillige Ehelosigkeit bei weiterbestehender Zeugungsfähigkeit, auftritt, soll dem Vernehmen nach von Johannes Paul II. besonders geschätzt werden.

09.30 Uhr sodann Fahrt im Papamobil zur Universität. Das Papamobil ist ein umgebauter Rangerover, den hintern Teil bildet so etwas wie ein senkrecht stehender, gläserner Sarg oder Reliquienschrein, wohinein der Papst sich nun begibt, damit er, als eine Statue, dem Volk vorgeführt werden kann, hinter schußsicherem Glas. Zwei Seitenfenster stehen offen, damit er winken kann. Neben dem Papst stehen links und rechts zwei

Prälaten, die auch ins Volk hinaus winken, obwohl *ihnen* niemand gewunken hat. So geht es nun hinauf zur Universität, unter begeisterten Vivats und Acclamationen des Volkes. Das Papamobil ermöglicht eine optimale Zurschaustellung des Nachfolgers Christi. Der Papst besetzt sein Territorium, der ist hier ganz zu Hause, mehr als im heidnischen Rom. Wie kleidsam doch seine weiße Soutane mit dem papstwappenverzierten Zingulum wirkt. So freundlich, ein angenehmer Kopf, und schöne Bewegungen macht er mit seinen Händen, gleich wird er eine Handvoll Bonbons aus den Fenstern werfen (sogenannte Feuersteine).

Leut-Selig, das ist er. Und wegen der Rede, die er jetzt sofort im Hof der Universität halten wird, mußten für 26 000 Franken neue Schlösser an sämtlichen Türen der Universitätsräumlichkeiten angebracht werden, weil nämlich einige Nachschlüssel im Laufe der Jahre verloren gegangen waren und die Polizei damit rechnete, daß der Attentäter mit traumwandlerischer Sicherheit einen dieser Schlüssel hätte behändigt haben können. – Und dann mit dem Zielfernrohr aus dem germanistischen Seminar. – Im großen Hof der Universität waren etwa 500 Leute, davon 150 Journalisten, fast keine Studenten, wenig Professoren versammelt. Der Papst erzählt langfädig, einen Mummenschanz, abgestandene neoscholastische Spekulationen: daß Wissenschaft und Glaube kein Widerspruch seien; daß der Glaube die Wissenschaft befruchte etc. Die Rede ist wirklich keine 26 000 Franken wert, und solche Sprechblasen hat man an dieser Uni jahrzehntelang von einfachen dominikanischen Mönchen hören können, dazu braucht es keinen Papst. Aber die Leute klatschen. Sie würden auch klatschen, wenn der Papst zwei Seiten aus dem Vorlesungsverzeichnis rezitierte. Die Rede ist wie die andern 52 Papstreden, die in der Schweiz noch gehalten werden: flach, glanzlos, diplomatischer Slalom, konservative Repetition. Eine interessante Enzyklika, das heißt ein intellektuell befriedigendes

Rundschreiben wie *pacem in terris*, das der stets ruhig in Rom verweilende (und nicht nervös herumdüsende) Johannes XXIII. verfaßte, wird man von Johannes Paul II. wohl nicht erwarten können, bei dieser Manageragenda.

*

Aber physisch ist der Papst recht gmögig. Man kann nicht sagen, daß er unsympathisch wäre. Sein Lächeln ist nicht schlecht. Es ist kein gelogenes Furgler-Lächeln. Man glaubt ihm sogar, daß er glaubt. Sonst wäre er längst umgekippt bei den Anstrengungen. Aber er kann den Glauben nicht vermitteln, oder höchstens: einen Köhlerglauben. Am Abend wird er bei der sogenannten Begegnung mit der Westschweizer-Jugend sagen: er fordere sie auf zu glauben, dann sei alles wieder gut. An der Univeranstaltung am Vormittag dürfen sich zwei Studentinnen und zwei Studenten mit hoch brisanten Fragen melden, zum Beispiel: »Wie können wir besser studieren?« Der Papst gibt nichtige Antworten. Er ist kein Kirchenlicht.

Die vier sind aus den insgesamt 10 (zehn) Studenten, welche sich auf den entsprechenden Aufruf der Studentenschaft gemeldet haben, herausfiltriert worden. Einer, der im vorbereitenden Komitee schließlich niedergestimmt worden ist, wollte den Papst wegen der obligatorischen Ehelosigkeit der Priester interpellieren; er hat dann seine nicht gefragte Frage an den Papst schriftlich der Presse weitergereicht. 11.30 Uhr: Begegnung mit den Ordentlichen Professoren der katholischen Theologischen Fakultäten im Senats-Saal der Universität. Natürlich hinter geschlossenen Türen. Hier sollen, so hört man nachher, ausnahmsweise harte Fragen gestellt worden sein, – der kluge Alois Müller aus Luzern zum Beispiel hätte wissen wollen, ob nicht endlich in der Kirche ein *Pluralismus der Theologie* möglich wäre. Darauf wieder keine Antwort. Als ihm der Alt-Testamentler Othmar Keel vorgestellt wurde, soll der Heilige Vater baß erstaunt gewesen sein, daß ein *Laie* an der Theologischen Fakultät unterrichte, und erstaunt war er auch, als Othmar Keel ihm geradeheraus sagte: »Sie sind ein parteiischer Vater.«

Dann wieder ab ins Papamobil, Papaperpetuummobil, dreimal beschwörend ums Kantonsspital gefahren, segnenderweise. Krankheits-, Dämonenaustreibung. Zwecks Erzielung eines maximalen quantitativen papalen Effekts *vor* dem Hospital Aufstellung genommen, alle aus den Fenstern gestreckten, von der Polizei selektionierten und observierten Krankenköpfe mit einer Ansprache bedacht. Für die Kranken war es kein Erfolg, Heilungen konnten nicht verzeichnet werden. Aber die Polizei war glücklich: *schon wieder* kein Attentat.

Dann Mittagspause.

Dann wieder Papamobil. Aus dem Schloßpark des Barons de Graffenried sieht man es nahen. Die Reise von der Aristokratie zum einfachen Volk. Ben Hur, jetzt voll motorisiert und religiös, nur etwas langsam. Er fährt ein Oval durch die Menge. Was geht in diesem Papstkopf vor, dem proletarischen Kopf, wenn ihn 20 000 bejubeln? Ist ja eigentlich nicht sehr christlich. Offensichtlicher Personenkult. Sie möchten ihn berühren, den Magier, den großen weißen Vater Baghwan. Ein Halbgott fährt vorbei *(un ange passe)*. Imperator Rex, Pontifex.

Stalinistische Elemente (auch in der Sprachregelung: Was der Papst ›Dialog‹ nennt, ist immer ein Monolog – so wie die ›Schauprozesse‹ nur Schau, aber keine Prozesse waren). Vor 20 000 Menschen eine Schau-Messe, Schau-Frömmigkeit zur höheren Ehre des Fernsehens. (Aber vielleicht ist er wirklich fromm? Er macht einen sehr konzentrierten Eindruck. Aber er weiß doch, daß die Eurovision überträgt?) Etwa hundert polizeilich streng selektionierte Gläubige dürfen die Kommunion direkt aus *seiner* Hand empfangen, Eucharistie mit Polizei, haben irgendein Erkennungszeichen angeheftet, so daß die

Polizei sie die Stufen der Pyramide hinaufgehen läßt, wo der Papst ganz oben steht mit dem hostiengefüllten Ciborium in der Hand. Wir sind einen Moment bei den Inkas oder Mayas. Das ist doch eher gigantisch, diese Bilder vom Hohenpriester. Wie wär's mit einem Menschenopfer? Und dazu die Musik, Orgel, Trompeten und Pauken. Und klagende Oboen.

Faschistisch ist das aber auch wieder nicht, dazu fehlt die Aggressivität, das Ableiten der Wut nach außen. Hier gibt es keine Wut, alle Worte sind friedlich, die Gefühle lieb & sanft. Für viele wird diese Meßfeier der einzige Glanzpunkt in einem mühseligen Leben sein. Manche weinen. Hier wird ihnen nicht zu ihrem Recht, aber zu ihrem Ausdruck verholfen (nachdem alle 20 000 durch die Polizeikontrolle gegangen sind: abgetastet).

Unterdessen in Einsiedeln – wird jetzt vor dem Hauptportal so etwas wie ein Altar aufgebaut. Und darauf ein vier Zentimeter dickes Panzerglas, damit der Papst während des Segengebens nicht erschossen wird. Ist ein Altar mit Panzerglas noch ein Altar? Ein Showbusinessaltar.

※

Am Abend des 13. Juni, nachdem ER noch eine Begegnung mit dem Diplomatischen Corps hatte im Collège Saint-Michel (17.30 Uhr) und nach der »kurzen Begegnung mit dem Schw. Israelitischen Gemeindebund im Bischofshaus« (18.45 Uhr) und nach dem Nachtessen (19 Uhr) kommt dann wieder eine der berühmten ›Begegnungen‹, jetzt im Eisstadion. Begegnet wird jetzt der welschen Jugend (20.30 Uhr). Eine junge Frau versucht, mutig und hartnäckig, vor etwa 5000 jungen Leuten ihr Mißbehagen in der männerbeherrschten Kirche zu formulieren. (»Nous sommes toutes des frères.«) Sie nimmt IHM gegenüber Aufstellung und klagt die Männerherrschaft an, den Ausschluß der Frauen vom Priesteramt, und wird sofort niedergedröhnt von schreienden Frauen und Männern (Buben und Mädchen), und diese gehören zu den reaktionären Eiferern der *Communione e Liberazione,* aber auch zur Schönstatt-Bewegung und zu den Focolarini, oder zum stark vertretenden Opus Dei. Die Rechten haben Aufwind und können sich auf den Papst berufen. Er hat das Opus Dei gefördert. Hexensabbat im Stadion. Dann ein bißchen religiöse Schubidu-und-Judihui-Musik, daß die Ohren wackeln, früher hat man diese Klebrigkeiten von Kaplan Flury oder Soeur Sourire gehört. Heilsarmee-Stimmung ungefähr auf der Welle von Steig-ins-Wägelein-hinein-laß-den-lieben-Heiland-Fuhrmann-sein. So jung und schon so reaktionär und hysterisch. ER antwortet wieder nicht auf die Fragen, gibt nur den Ratschlag, die Fragen zu »vertiefen«. Die Antwortrede auf die Fragen hat ER schon in Rom gemacht, die kann man nicht mehr approfondieren. Dann wird wieder einmal gebetet. Dann werden noch die Kerzen in den Händen der Jungen entzündet. »Viva il papa!« schreien die Tessiner von *Communione e Liberazione.*

Unterdessen in Einsiedeln – Pater Othmar Lustenberger, Presse-Officer des Klosters, wird von ›Blick‹-Reportern gefragt, wie teuer das Fotografieren des päpstlichen Bettes im Kloster den ›Blick‹ zu stehen käme. Sie wären bereit, zweitausend zu bieten. Achtzehntausend möchte Pater Lustenberger haben. Soviel möchte der ›Blick‹ auch wieder nicht zahlen. Also kein Bett im ›Blick‹.

Später. Der päpstliche Superpuma ist im Studentenhof des Klosters gelandet. Georg Holzherr, Abt, begrüßt IHN. Holzherr ist der Nachfolger von Abt Tschudi, welcher das Zölibat nicht mehr ertragen und einer Frau zuliebe sein schönes Amt aufgegeben hat, seinerzeit. Aber im Haus des Gehenkten möchte ER schon gar nicht vom Strick reden, auch wenn das Kloster große zölibatäre Nachwuchs-Schwierigkeiten hat. Es wird sich bald einmal entvölkern, wenn der Mönchsschwund so weitergeht. *Tant pis.* Vor 10 000 Frauen und Männern wird ER sagen: »Liebe *Freunde*!«

Unterdessen schützt die Einsiedler Feuerwehr die Mauer des Studentenhofes, in welchem schon wieder der Jugend begegnet werden soll, von außen. Entlang der Mauer hat es Bäume. Eine Leiter liegt dort. Darf man sie an die Mauer stellen und besteigen, um journalistisch den Überblick zu behalten? Nein, sagt die Feuerwehr, da könnte jeder kommen. Wozu dient denn die Leiter? Um Jugendliche, welche sich in den Bäumen versteigen könnten, herunterzuholen. Aber da gibt es doch die Stelle im Evangelium vom Zöllner, der so kleinwüchsig war, daß er SEINE Reden nur mitbekam, wenn er auf einen Baum stieg? Aber an diesem Papstabend will die Feuerwehr nichts vom Evangelium wissen.

*

Nach reiflicher Meditation ist der Reporter zur Überzeugung gekommen, daß es sich bei der weißen Person, welche sich, magneten- und kometengleich, vom 12. bis 17. Juni 1984 durch die Schweiz bewegte, nicht um das Original handeln konnte. Da der Papst bekanntlich keinen Paß besitzt, konnten auch die Personalien in Kloten nicht überprüft werden, – das weiße Gewand und eine entfernte Ähnlichkeit mit dem Original genügten, um ihm Zutritt in das Land und die Herzen zu verschaffen. Tatsächlich ist nicht anzunehmen, daß ein Vierundsechzigjähriger, von Attentatsfolgen schwer angeschlagener Mann auch nur den Streß des Fribourger-Aufenthalts ohne Kollaps überlebt hätte. Der Vatikan hat denn auch wirklich einen Stuntman geschickt, der seine Sache sehr glaubwürdig machte, für einen Tagessatz von Dollar 3000,– und die Gewährung eines prophylaktischen Vollkommenen Ablasses. Der wirkliche Papst hat unterdessen in Castel-Gandolfo, seiner Sommerresidenz, der Schwimmkunst gefrönt und abends die Eurovisions-Sendungen aus der Schweiz goutiert.

PS I: Aus dem fernen Afrika schickt Pater Hildebrand Meienberg OSB, Missionar – zur Oktroyierung des Namens Hildebrand – einen Brief, bzw. ein Hildebrandslied:

»Rift Valley, Kerio-Tal, Äquator, drei Wochen nach dem Heiligen Geist und einen Tag nach der *lectio disgustata* über den Heiligen Vater, den Du in Deiner Schreibmaschine plattgewalzt hast. Die *Magna Mater* selbst, Großackerstr. 8, 9000 St. Gallen, hat mir Dein letztes *opusculum* zukommen lassen. Das letzte, tatsächlich!

Als einer, der mit Dir den einen und gleichen Bauch geteilt hat (wie man in Afrika so ungeniert sagt, nämlich *tumbo moja*), allerdings zehn Jahre früher, denn zwei sottigi gleichzeitig hätte die Mutter nicht geschafft, möchte ich Dir meine Meinung sagen, *sine ira et studio,* einfach so. Journalisten schreiben ja nur, weil man sie liest und kommentiert.

Daß man zum Schweizer Besuch des Papstes von Dir keinen theologischen Kommentar erwarten mußte, war zum vornherein klar. Aber hätten wir nicht auch hoffen dürfen, daß Du mit mehr *fairness* und weniger zynisch und sarkastisch hinter Deine Arbeit gegangen wärest? Hätte Dich dieser Besuch nicht jucken müssen, kritisch *und* positiv, ernsthaft *und* humorvoll, listig *und* lustig, mit (vielleicht versteckter) Sympathie Deinen Kommentar zu geben? Einfach mehr Honig und weniger Essig. Dann hättest Du nicht nur die linken Leute, sondern auch die ein wenig mehr rechts stehenden Christen auf Deiner Seite (denn für *die* schreibst Du doch Komplet-Psalmen auf Latein). Leute, die mit Dir sachlich oft einig gehen würden, die Dich aber nicht ernst nehmen, wenn es Dir an mâze fehlt. Eben Walther von der Vogelweide.

Bis zum ersten Sternchen Deiner Reportage würde ich Dich gelten lassen, trotz den ziemlich blöden ›vollautomatischen Rosenkränzen‹. Vieles ist chogeglatt; als ehrlicher Schwizzer hast Du ruhig frech schreiben dürfen, *vide* Schlangen und Basilisken, Jagdfeldstecher, präpariert spontane Reden und Antworten (auch in Nairobi hätte mein oberster Chef besser einiges nicht gesagt), römischer Klimbim, päpstliches Wappen am Zingulum, die unangenehmen Fragen, Othmar Keel und Opus Dei, Alois Müller und Zacchäus, Papst-Bett und -Telefon, seine Leut-Seligkeit. Da bist Du unübertroffen!

Doch hängt es mir aus, wenn Du Werturteile fällst und andere fertig machst: das ›gelogene Furgler-Lächeln‹, den Papst, der ›kein Kirchenlicht ist‹. Wirklich? Oder kannst Du im Ernst von einem ›Stuntman‹ oder einem ›Vierundsechzigjährigen, von Attentatsfolgen schwer angeschlagenen Mann‹ erwarten, daß er auf jede von langer Hand vorbereitete und kritische Frage gleich die träfste Antwort aus dem Ärmel schüttelt? Und was verstehst Du unter seinem ›Köhlerglauben‹? Warum die primitivste Assoziation Stufenaltar-›Menschenopfer‹? Warum die ›Vereinigten Müttergottes‹? Oder ist es menschlich und journalistisch eine Leistung, in den alten Wunden eines Klosters und eines Mannes herumzustochern? (Warum eines ›Gehenkten‹? Niemand hat ihm je einen Strick gedreht.) Oder wie stellst Du Dir ein Kloster ohne Ehelose vor? *Tant pis pour toi.* Die Höhe jedoch: ›Diese ödipal konstellierte Opfergabe (Du meinst Kastration) ... soll dem Vernehmen nach von Johannes Paul II. besonders geschätzt werden.‹ Soll dem Vernehmen nach – warum diese saumäßige Unterstellung anstatt sauber zu recherchieren, wie wir das sonst von Dir gewohnt sind?

Gäbe es nicht auch ein Erbarmen mit den sogenannten Großen, oder sind sie nichts als Freiwild, das man beliebig abschießen darf – zu dumm, wenn sie sich nicht wehren!

Noch einmal: Ich anerkenne Deine Unerschrockenheit, ich (vogel)weide mich an Deinen Formulierungen, aber ich wünschte mir zugleich ein wenig Humor (oder auch nur ein nachsichtiges Lächeln) statt so viel sterilen Zynismus.

>Di het ich gern in einen srin!
Ja leider, des mac nict gesin
daz mout und menlich ere
und rechte mâze mere
zesamen in din zitig komen...
(Stoßseufzer von der Großen Weide 8, Sanggale)
Next time try harder, please!
Dein Herz-Bruder Peter, ordinis sancti benedicti.<«

PS II: »An den Chefredaktor der ›Wochen Zeitung‹, Postfach, 8042 Zürich. Sehr geehrter Herr Redaktor, Die Juni-Nummer 25 Ihrer ›Wochen Zeitung‹ vom 22.6.84 ist mir durch den Titel des Zeitungsanschlages aufgefallen: ›Vatikan schickte Double in die Schweiz‹ (bezüglich der Papstreise). Dies veranlaßte mich, die betreffende Nummer zu kaufen; der Artikel, von Niklaus Meienberg, wird durch ein Postskriptum ergänzt, worin es wörtlich steht: ›Der Vatikan hat denn auch wirklich einen Stuntman geschickt... Der wirkliche Papst hat unterdessen in Castel-Gandolfo ... und abends die Eurovisions-Sendungen aus der Schweiz goutiert.‹

Sie werden verstehen, daß für Katholiken eine solche Behauptung keine Bagatelle bedeutet. Daher erlaube ich mir die Anfrage, ob der Journalist ganz sichere Beweise anführen kann; in diesem Falle möchte ich sie kennen. Oder ist ihm ein *lapsus pennae* unterlaufen? Hat er sich ›verschrieben‹, so bitte ich Sie um Berichtigung in Ihrer Zeitung und um Zusendung der Belegnummer.

Sie werden vielleicht erstaunt sein, daß ich so spät reagiere, aber, da der Artikel kurz vor Beginn der Sommerferien erschien, fand ich es ungeeignet, zu diesem Zeitpunkt einen Leserbrief einzusenden; daher die Verzögerung. Ich möchte noch hinzufügen, daß ich von dieser Information noch keinen Gebrauch gemacht habe.

In der Erwartung Ihrer Aufschlüsse danke ich Ihnen im voraus bestens und grüße Sie recht freundlich.

Danièle K., Fribourg.«

Denn alles Fleisch
vergeht wie Gras

Pfarrer Silberlocke alias Vogelsanger war extra aus der Toscana herbeigedüst, der große Rotarier, der renommierte Gottesworttrompeter, aus Castellina-in-Chianti war er gekommen, voll des süßen Weins*, der erkleckliche Feld-, Kirchen-, Wiesenprediger, er wollte wieder einmal Bündnerfleisch schnabulieren, der pensionierte Fraumünsterpfarrer, und ist nach der Eulogie, die er im Fraumünster zugunsten seines Freundes Rudolf Fänsch Farner gehalten hat, auf die Rechnung gekommen im Zunfthaus zur Meise: *dort gab es Bündnerfleisch.* Vier Zunfthäuser hatte die Dr. Rudolf Farner Werbeagentur AG, Zürich, gemietet, und 80 000 Franken wurden geschüttet für Atzung und Tranksame, nach der Abdankung des Dr. iuris utriusque Rudolf Farner, Oberst i Gst (Oberst im Geist und im Generalstab), Gründer der Dr. Rudolf Farner Werbeagentur AG, der Dr. Rudolf Farner Public Relations Agentur, Initiant der Aktion Freiheit und Verantwortung, Vorstand der Schweizer Werbewirtschaft SW, Ehrenzunftmeister der Zunft zur Schiffleuten, Altzofinger usw. etc. Wollte man die Eulogie – wörtlich aus dem Griechischen: die Schönrede von Pfr. Vogelsanger – mit Bündnerfleisch aufwiegen, dann würde der jährliche Bünderfleischausstoß sämtlicher Bündnerfleischtrocknereien des Ober- und Unterlandes wohl kaum genügen. Dieser Pfr. Vogelsanger ist zwar pensioniert, aber für Fänsch Farner hat er seine kanzelpredigerischen

---

* Wollen wir zu Vogelsangers Entlastung annehmen, daß er die Abdankung im Zustand der Besäuselung gehalten hat. Wäre er nämlich nüchtern gewesen, so müßte man ihn, und nicht den Wein, zur Verantwortung ziehen. (Kirchliches Disziplinarverfahren; evtl. Kürzung der Pension.)

Flötentöne nochmals aktiviert; und kann die Nachwelt nur hoffen, daß die vogelsangerische Heiligsprechung des größten Haifisches im Aquarium der schweizerischen Werbemonstren bald im Druck erscheint, denn nicht jedem Pfäffchen ist es gegeben, die Wahrheit so quacksalbend und salbadernd in ihr Gegenteil zu verkehren bzw. den ausdauerndsten Ellenbögler, groß-spurigsten Expansionisten, marktbeherrschendsten Militaristen, unheimlichsten Patrioten, hervorragendsten Geldscheffler und tüchtigsten Kitschier unter den Werbevögeln in einen sanftmütigen, edelherzigen, treubiedern, ehrsamen Christenmenschen zu verwandeln, post festum, von der Kanzel.

Das Fraumünster war präglet voll, die Veranstaltung, eine letzte *performance* des Werbekönigs, wurde tonlich in die Wasserkirche übertragen, welche auch ziemlich voll gewesen sein soll. Kein Video, nur Lautsprecher. Das Fraumünster war, wie aus sicherer Quelle verlautet, vor langer Zeit für den Gottesdienst gebaut worden, nicht als Mehrzweckhalle. Hier nun wurde, am 15. März 1984, reiner Menschendienst getrieben; von der Kanzel herunter, die dem Wort GOTTES vorbehalten ist, wurde der Ungeist heiliggesprochen. Zwingli schaffte die Heiligenverehrung ab, Vogelsanger führte sie wieder ein. Man wird wohl sagen müssen, daß durch dessen Suada beide Kirchen profaniert worden sind. Durch die ungehemmteste, aus pfarrerlichem Mund strömende Lobpreisung von Gschäftlimacherei und Bauernfängerei sind wir soweit gekommen, daß Fraumünster und Wasserkirche mit Pech-, Schwefel- und Wacholderdünsten purgiert werden müssen, bevor dort wieder das Wort GOTTES von der geschändeten Kanzel erklingen darf. Wehe Euch, Ihr ehrwürdigen Gotteshäuser und Gnadenscheunen, besser wäre es für Euch gewesen, Pferde und anderes Getier in Euren Mauern zu bergen, will sagen in einen Roßstall verwandelt, als mit dem Pesthauch der Götzendienerei erfüllt zu werden – »denn nimmermehr wird der Herr GOTT gefuxt und getriezet durch die unschuldige Creatur, wohl aber durch die Verderbnuß des menschlichen Hertzens« (Jeremias 1,5).

*

Viele hohe Offiziere saßen da, nicht im Gwändli, aber man kannte sie auch sonst. Diese Haltung. Den Oberstdivisionär Däniker kannte man an seiner Fistelstimme. Schneidend zischte sie durch den Kirchenraum, ein militärischer Bunsenbrenner. Nämlich diese Kriegsgurgel, Mitglied des London Institute for Strategic Studies, betrat tatsächlich *auch* die Kanzel, sofort nach Richard Sprüngli, der sie unmittelbar nach Pfarrer Silberlocke erklommen hatte. Sprüngli und Farner waren begnadete Bergsteiger gewesen. Sprüngli konnte seine Rührung partout nicht bemeistern, war ihm doch *jener* Freund verloren gegangen, der am gleichen Tag wie er das *Flugbrevet* gemacht hatte. Und die Erstbesteigung der Südwand des Doms (Kt. Wallis)! Und die vielen frohen Stunden im Kreise der Zünfter! Hab oft im Kreise der Lieben! Und der Humor seines nunmehr verblichenen, die Krankheit mit militärischer Tapferkeit ertragen habenden Freundes Fänsch! Den Humor wird er missen!

Nachdem Sprüngli die Kanzel geräumt hatte, ohne Direktwerbung für seine Erzeugnisse getrieben zu haben, einmal abgesehen von der schokoladenen Süßigkeit der Rede, schnellte Däniker, der Teilhaber von Farner, spornstreichs auf die Kanzel und sagte sofort die Wahrheit: Farner habe *Geld* machen wollen mit seiner Werbung und nicht Kunst, die *Zahlen* mußten stimmen, er habe erfolgreich für Coca Cola, Renault und Nestlé geworben, sagte Däniker von der Kanzel herunter, auch für die Armee, wofür ihm die Armee dankbar sei, habe er *erfolgreich* und *hart* geworben, sei, wenn nötig, auch ein *harter* Vorgesetzter gewesen, habe selektioniert und stimuliert, klirrend ereifert sich Däniker, ein Savonarola der Public Relations, ein Kanzelprediger des Konsums, ein Evangelist des Sozialdarwinismus, ein Abraham a Santa Clara des Reklamebluffs, wird laut und schneidend, setzt seine Fistelstimme werbetechnisch ganz richtig ein, und die Kanzel, von der naturgemäß die Seligpreisungen der Bergpredigt verkündet werden, werden sollten, werden müßten, seit jeher sind Kanzeln in den Gotteshäusern *dafür* gebaut, selig die Friedfertigen, selig die Sanftmütigen, selig die Armen, die Kanzel beginnt nicht zu schwanken, zu zittern oder zu wanken, sie schüttelt ihn nicht ab, speit ihn nicht aus, eigentlich müßte es Schleuderkanzeln geben für diesen Fall, analog den Schleudersitzen in verunfallenden Flugzeugen, die Kanzel erträgt, mit dem allergrößten Gleichmut, die Direktwerbung von Oberstdivisionär Gustav Däniker, Teilhaber der Rudolf Farner AG, für die Rudolf Farner AG. Und unten hört man gierig zu, beifällig nickt dort ein Killerwal, hier ein Haifisch, ein fettes Krokodil, ein seniler Eber, in den Kirchenbänken, welche gefüllt sind mit der Raubtierwerbeprominenz aus aller Herren Länder, steigt das Wohlbefinden beim Anhören von Dänikers Werbe-Fuge, die mit mancherlei Engführungen, und immer gestützt vom Generalbaß des Patriotismus, auch fein durchwirkt vom Orgelpunkt der profitmäßigen Effizienz, ihrem triumphalen Schlußtakt entgegenfegt. So viele Aktienpakete, Geldsäcke, Tresore, schwerbefrachtete Bankkonten, Dividendenbündel wie an an diesem 15. März 1984 haben die Kirchenbänke des Fraumünsters noch nie bevölkert, und gerne hätten die Herrschaften wohl geklatscht, als Däniker von der Kanzel heruntersteifelte, aber mit Rücksicht auf die leidtragende Familie, die schwergeprüfte Witwe Liliane, welche nun die Villa auf dem schönen Allenberg, mit 200 000 Quadratmetern Umschwung samt Rebberg, allein bewohnen muß, *hoch über den Gefilden des Zürichsees*, wie Pfr. Vogelsanger betonte, wurde nicht geklatscht. Auch auf die Tochter Annemarie, verheiratete Herzog, Redakteuse der Zeitschrift ›Pro‹, in welcher Farner seine Finger hatte, mußte Rücksicht genommen werden, ihr

Selbstbewußtsein ist angeschlagen, seit sie als Favoritin für den Preis gilt, welchen der Zürcher Presseverein einmal jährlich für die *lächerlichste Reportage* verleihen möchte; sie hat doch in der Zeitschrift ›Pro‹ ein Atomkraftwerk so strotzend naiv beschrieben, das heißt derart täppisch Public Relations mit Journalismus verwechselt, daß der Sache, das heißt der Atomlobby, auch wieder nicht gedient war. Allzu wörtlich hatte sie den Leitsatz des Büro Farner genommen: »daß nämlich hinfort kein Journalist mehr mit den Gesetzen der Public Relations unvertraut sein dürfe.«

Im Publikum deutlich erkennbar: die Herren Marcel Bleustein-Blanchet, delikater Greis aus Paris, Achtzigprozentinhaber der Public-Intermarco-Farner, Gründer und Inhaber der bekannten Drugstores (Paris), McCormick aus London, Beherrscher des Londoner Werbemarktes, Künzi aus Zürich (Regierungsrat), Dr. Heinrich Bernhard, Präsident Aktion Freiheit und Verantwortung (statt Blumen zu spenden, bitten wir um Unterstützung der Schweizer Berghilfe), der Verwaltungsrat in corpore der Sorpresa AG Küsnacht (statt Blumen zu spenden, bitten wir um Unterstützung der Aktion Freiheit und Verantwortung), Robert A. Jeker, Präsident des Vereins zur Förderung des Wehrwillens und der Wehrwissenschaft (statt Blumen zu spenden, bitten wir um Unterstützung der Zürcherischen Krebsliga), und ein Vertreter der ›Neuen Zürcher Zeitung‹ (statt Blumen zu spenden, bitten wir um Unterstützung der NZZ): Über drei Seiten hinweg waren insgesamt 17 Stück Dr. Rudolf-Farner-Todesanzeigen in der NZZ erschienen, macht Einnahmen von 51 000 Franken. Auch Marcel Bleustein-Blanchet hatte »in tiefer Trauer Kenntnis vom Hinschied seines Freundes und Partners Herr Dr. Rudolf Farner gegeben. Die vor Jahren eingegangene Verbindung zwischen unsern Organisationen bedeutete eine wesentliche Stärkung der europäischen Werbung. Der Geist und die Dynamik des Verstorbenen waren für uns als

Menschen wie für unsere Agenturen eine Bereicherung. Rudolf Farner hat sich um eine wirksame und zugleich ethischen Werten verpflichtete europäische Werbung große Verdienste erworben. Wir werden ihn alle vermissen.«

Aber lange wird Marcel Bleustein-Blanchet seinen Kompagnon nicht vermissen. Genau genommen hat er ihn bereits verschmerzt. Während der alerte Pariser noch Gustav Dänikers Gesumse lauscht, und in den Zunfthäusern schon der Leichenveltliner und das Leichenbündnerfleisch aufgetischt werden, überlegt er (so darf man vermuten), wie ein paar von den unrentablen, überzähligen Direktoren seines Imperiums, ein paar von den uneffizienten Zürchern, die von Farner aus alter Anhänglichkeit mitgeschleppt wurden (Militärkollegen), zu liquidieren sind. Ihm, Marcel Bleustein-Blanchet, gehört jetzt der Farner-Laden zur Hauptsache (80 Prozent), und im lokalen Zürcher Farner-Gebälk knistert es bedenklich, und die totale Effizienz des Ladens war eine Legende: Hinter dem breiten Rücken des nunmehr toten Patriarchen haben sich einige Nieten – so vernimmt man von leitenden Angestellten des Ladens – wohnlich eingerichtet, und die zittern vor Bleustein-Blanchets angesagter Visite in der Zürcher Filiale, aber jetzt singen wir noch alle zusammen ›Großer Gott wir loben Dich‹, Pfarrer Vogelsanger singt die alte Hymne auch sehr routiniert, und wenn wir die Stelle verlieren, so gibt es doch eine gewaltige Abfindung; Herr wir preisen Deine Stärke.

Aber vorher hat noch ein Posaunenchor von der Empore heruntergetutet. Zuerst eine, dann zwei, dann drei Posaunen, dreistimmig zuletzt. Was? ›Ich hatt einen Kameraden.‹ Die Trommel schlug zum Strei-i-te, er ging an meiner Sei-i-te, mein guter Ka-a-mer-a-a-d. Das ist richtig: Die Werbetrommel schlug zum Streite. 's ist Krieg. Sie gingen Seit-an-Seite, und dann kam die *surprise* namens Tod (Sorpresa AG), Fänsch futsch, Bleustein-Blanchet kregel.

Draußen an der Märzluft. Uff! An den Ausgängen wird für die Berghilfe gesammelt. Erstbesteigung der Südwand des Doms! Obwohl schon in den Todesanzeigen ausdrücklich von Kranz-Spenden abgeraten und statt dessen um Unterstützung der Berghilfe gebeten wurde, ist es doch noch manchen Blumen gelungen, in die Kirche einzudringen, wo viele ultraprächtige Kränze aufgebahrt gewesen sind, wodurch die Fahnenwache der Zofinger Studentenverbindung blumenmäßig unterstrichen worden ist, und der Vollwichs der Zofingia in die Kränze gekommen ist. Noch lange sind die Blumen beeindruckt von den Worten Pfr. Vogelsangers, welcher in seiner Abdankung, nebst allen andern Seligpreisungen, die ungeheure Prägnanz und symbolische Valenz seiner ersten Begegnung mit Rudolf Farner, Doctor Utriusque, unterstrichen hatte. So nämlich war der blutjunge Leutnant Farner mit strahlenden Augen dem Feldprediger-Hauptmann Vogelsanger seinerzeit erschienen, eines schönen Bündner Morgens in den Bergen: Mit den Worten: Herr Hauptmann: Melde meinen Zug: Zum Gottesdienst! habe der Leutnant seinen Zug zum Gottesdienst gemeldet, mit den Worten: Herr Hauptmann! Darf ich Ihnen für Ihre Predigt! eine Kanzel! übergeben! Von meinen Soldaten! nach meinen Plänen erstellt!

Diese Kanzel aber, wie es in den Bergen die Natur habe anzeigen sein lassen, sei originellerweise *aus Eisblöcken* erstellt gewesen, und Dr. Farner habe damals schon mit seinem Schwung die Soldaten, wie später seine Angestellten in der Werbeagentur, *mitgerissen;* erzählte Pfr. Vogelsanger auf der Kanzel des Fraumünsters, diese hiermit profanierend.

*

Draußen in der Märzluft wundert sich eine Taxifahrerin über die vielen aus dem Fraumünster zum Teil in die Meise, zum Teil in die Schmiden, zum Teil in den Rüden hastenden, von der

Vorfreude (Bündnerfleisch!) auf das Befreßnis gespeedeten Leute. »Was ist hier los? Vielleicht ein Schriftsteller gestorben? Daß am heiteren, hellen Nachmittag so viele Leute aus der Kirche kommen?«

Als der Schriftsteller starb, welcher den Reklamevogel beschrieben hat, füllte die Trauerfeier eine kleine Kirche, an der Peripherie von Zürich. Alte Kirche Wollishofen, 1979, wenn es mir recht ist. Fast keine Kränze und ein bescheidenes Mahl. Als der vom Schriftsteller beschriebene Reklamiker starb[*], füllte er zwei große Kirchen im Herzen von Zürich. Dieser letztere war ein beschränkter Mensch gewesen, und recht gefährlich, sein Horizont bestand aus Geld und Coca-Cola und Düsenflugzeugen und Eisblöcken, und er erhielt so etwas wie ein Staatsbegräbnis, und alle seine Angestellten, ein paar hundert, hatten frei an diesem Nachmittag und sangen, mit gutem Grund, ›Großer Gott wir loben Dich‹, daß die Chagallscheiben klirrten und die schwarzen Krawatten flatterten im Märzkirchenlüftchen, das Vogelsanger, die gottlose Windmaschine, an diesem Tag erzeugte.

Und am Boden kreucht die große Hure Babylon, die Kirche Gottes.

PS: Andreas Zgraggen, Chefredaktor ›Bilanz‹ (Wirtschaftsmagazin), gratuliert. Etwa zwanzigmal habe er diesen, in der ›Wochen Zeitung‹ publizierten Kondolenzartikel, der die Wahrheit enthalte, fotokopiert und seinen Freunden & Feinden in der Werbebranche geschickt. Auf die Frage, ob es nicht einfacher wäre, die Fotokopiermaschine zu schonen und das nächstemal direkt in seiner Zeitschrift abzudrucken und alle ›Bilanz‹-Leser an der Wahrheit zu beteiligen, antwortet Zrgaggen: Er wolle

[*] Vgl. dazu *Das Verhör des Harry Wind* von W. M. Diggelmann.

nicht Selbstmord machen. – Dieser faustische Chefredaktor leidet unter dem Kampf seiner zwei Seelen, er darf öffentlich nicht propagieren, was er privat goutiert. In einer ähnlichen Lage befindet sich Peter Übersax vom ›Blick‹.

Schätzungen

André Malraux zum ehrenden Gedenken

Notiz zur Publikation seiner gesammelten Leichenreden

André Malraux gab es bisher in vier Ausführungen: den Abenteurer in Indochina, den Spanien- und Résistancekämpfer, den Minister der v. Republik, den Dichter. Dazu gesellt sich nun der begnadete Leichenredner: André Malraux in den Fußstapfen Kurt Martis, welcher seine *Leichenreden* (Luchterhand-Verlag) im nüchternen Zustand schrieb. Eben hat er einige Reden aus seiner Ministerzeit unter dem Titel *Oraisons funèbres* erscheinen lassen (bei Gallimard, zwölf Francs, 136 kleine, sparsam bedruckte Seiten). Für den profitgierigen Gallimard ein gutes Geschäft, für den Minister im Ruhestand eine selbstgefertigte Leichenrede auf den Dichter im Ruhestand. Man muß vermuten, daß Malraux diese Reden ernst nimmt, daß sie nicht nur zum Hören, sondern auch zum Lesen bestimmt sind, daß er sie als Literatur betrachtet haben will. Schöne Literatur!

Doch warum erscheinen die gesammelten Leichenbegängnisse gerade jetzt? Viele haben ihn zwar seit seinem morbiden De-Gaulle-Buch (*Les Chênes qu'on abat*, 1969) totgeglaubt, aber das war falsch, er ist von den Toten auferstanden, ist noch rüstig, will wieder zum Maschinengewehr greifen und die Résistance der Bengalen befeuern, wie er öffentlich verlauten läßt: Er möchte in Bangladesh eingreifen. Ist er noch diensttauglich? Wer weiß. Tot ist er nur für Frankreich, wo heute der »Wind, der von den Gipfeln kommt«, nicht mehr weht, so daß die Helden bis nach Indien auswandern müssen, wenn sie ihrem Schicksal gerecht werden möchten. Damit hat sich der Kreis geschlossen, und Malraux wäre wieder dort, wo er als junger Mensch Statuen klaute und antikolonialistische Pamphlete schrieb: in Asien.

In den Leichenreden offenbart sich die große Liebe des Dichters zu den Toten: tote Kulturen oder tote Menschen. Es muß unterschieden werden zwischen Leichenreden im eigentlichen Sinn und solchen im übertragenen Sinn. Zur ersten Abteilung gehören die Ansprachen beim Staatsbegräbnis von Le Corbusier und Georges Braque und die Rede anläßlich der Überführung der sterblichen Überreste von Jean Moulin ins Panthéon. Ganz gelungene Ansprachen! Man verspürt sofort ein acherontisches Fröstelín, vom Nacken ausgehend den Rücken hinunter. Sehr abendländisch in ihrer Grundhaltung, noch einige stygische Seelen, einsame, hoch und alt. Langsam verebbt das Fröstelín im Steißbein.

Am 1. September 1965 hielt der Kulturminister »au nom du gouvernement français« im schönen Hof des Louvre die Leichenrede auf Le Corbusier. Dieser war ohne viel Aufhebens im Mittelmeer ertrunken. Richtig tot war er erst, als ihm Malraux seine rasselnden Wörter nachgerufen hatte, im Namen der Regierung, und nachdem der Präsident des griechischen Architekten-Vereins ein bißchen Erde von der Akropolis und die indischen Architekten eine Wasserprobe aus dem Ganges auf dem Katafalk deponiert hatten. Und nachdem Zeremonienmeister Malraux seinen Nachruf so beendet hatte: »... Frankreich, welches Dir mit der Stimme seines größten Dichters sagt: ›Ich grüße Dich an der gestrengen Schwelle des Grabes!‹ Adieu, mein alter Meister und alter Freund. Gut Nacht. Hier die Huldigung der epischen Städte, die Leichenblumen von New York und Brasilia. Hier ist das heilige Wasser vom Ganges und die Erde von der Akropolis.«

Und viele fanden es imposant und würdig, daß die Nation als solche zu ihren toten Künstlern steht, sie mit einem öffentlichen Akt beglaubigt. Noch besser für die Architektur wäre es gewesen, wenn Malraux als Kulturminister seinen Günstling de Marien nicht hätte im Pariser Stadtbild wüten lassen. So ein

Staatsbegräbnis ist bald vergessen, aber der neue Bahnhof Montparnasse (Architekt: de Marien) wird vielleicht jahrhundertelang Paris verschandeln. Auch den komischen Turm der Faculté des Sciences hätte Malraux verhindern können, und so manchen Wolkenkratzer, und vielleicht auch den Abbruch der Hallen von Baltard. Aber das war wohl zuviel verlangt von Malraux, hatte doch er selbst den epischen Überbauungsplan (erste Version: de Marien) des Hallenquartiers bestellt. Le Corbusier hat hingegen in der Pariser Region kein großes Projekt verwirklichen können. Adieu, mein alter Freund und Meister, gut Nacht, hier noch Wasser vom Ganges und griechische Erde aufs Grab. Paris aber wollen wir weiterhin den Spekulanten und imperialen Architekten überlassen, welche wie unter Napoleon und Baron Haussmann wirtschaften dürfen. Und die alten Fassaden wollen wir übertünchen.

Ähnlich wird auch der verstorbene Georges Braque rhetorisch einbalsamiert (am 3. September 1963). Braque konnte sich nicht mehr wehren, als Malraux sagte: »Seine Bilder drücken Frankreich aus...« Eingangs wurde der ›Marche funèbre pour la mort d'un héros‹ gespielt. Das ganze Kulturgepäck wird in die Rede hineingestopft, Debussy, Corot, der lächelnde Engel von Reims. Kultur besteht aus hervorragenden Spitzenleistungen, welche von Genies und/oder Helden vollbracht werden. Die besten Produkte kann man im Musée imaginaire (Erfinder und Direktor: André Malraux) besichtigen, sofern man Kultur hat. Es sind gesicherte Werte aus allen Kulturen, nur das Beste aus vier Kontinenten, sie notieren zu festen Preisen. Kultur ist, was international als Kultur anerkannt oder von Malraux dazu ernannt wird. Malraux zum Beispiel ist Kultur, man kann ihn aufs Examenprogramm der Romanisten setzen. Chagall gehört auch dazu. Malraux hat diesem brotlosen Avantgardisten deshalb einen größeren Auftrag in der Pariser Opéra zugehalten, wo die Kuppel neu geschminkt werden mußte. (Da konnten auch die Zürcher nicht mehr hintanstehen und ließen ihn das Fraumünster religiös verglasen.)

Jean-Louis Barrault hingegen ist nur bedingt Kultur, sobald er politisch aufmuckte, er hat im Mai 1968 die Volksenthemmung im Odéon-Theater nicht verhindert, wurde er kulturgefährdend. Malraux mußte ihn entlassen. Arme Künstler, denen der Kulturminister den Stempel der Kulturtauglichkeit aufdrückte. Unter all den künstlichen Grabesblumen müssen sie ersticken. Sartre hat das genannt: »écraser sous les fleurs«.

Als die Asche von Jean Moulin ins Panthéon überführt wurde, hielt Malraux schon wieder eine Rede! (19. Dez. 1964) Jean Moulin war von de Gaulle dazu bestimmt worden, die Résistance-Bewegungen zu koordinieren. Er wurde von den Deutschen 1943 zu Tode gefoltert. Man weiß nichts über die Todesängste von Jean Moulin. Malraux aber glorifiziert ihn (»pauvre roi supplicié des ombres«) und macht noch aus der Erinnerung an die Folter eine literarische Delikatesse (»regarde ton peuple d'ombres se lever dans la nuit de juin constellé de tortures«). Die klirrenden Sprüche werden jenen Jahren, die zu 90 Prozent aus Kompromissen bestanden, vielleicht nicht ganz gerecht. Und die Jugend, welche schon 1964 solchen Kanzelreden kaum mehr zuhörte, läßt sich durch die Anrufung der großen Zeiten nicht aufputschen (groß: vor allem für Malraux). ›Résistance‹ heißt für die politischen Feuerköpfe von heute Widerstand gegen die einheimische Staatsgewalt und Auflehnung gegen die Ausbeutung im Alltag. So hat es Malraux nicht gemeint – jedenfalls nicht der alte Malraux, Monsieur le Ministre de la Culture. Obwohl er in jungen Jahren auch eine Art von Maoist war.

Malraux hat immer ein bißchen den Krieg verherrlicht, auch wenn er seine Schrecken beschrieb. Natürlich den gerechten Krieg, den antifaschistischen, der ihm aber trotzdem gern zum ›Stahlgewitter‹ geriet. Ein wenig Katharsis à la Ernst Jünger war schon dabei. Emmanuel Mounier hat Malraux deshalb sogar eine faschistische Mentalität zugeschrieben. Er bringt es fertig, noch den Tod im Konzentrationslager als heroischen Akt auszumalen und in einer geschichtlichen Synthese aufzuheben: »C'est la marche funèbre des cendres que voici...« Wenn er vom Tod sprechen kann, wird er hymnisch und liturgisch oder eigenartig beschwipst, so begeistert, als ob es sich um Fleischeslust handelte. Wenn dann noch das Vaterland dazu kommt, wird die Wollust ganz unermeßlich. Dann sind wir wieder beim alten »Dulce et decorum est pro patria mori«. Hätte doch Malraux nur einmal bei Kollega Brecht nachgelesen, was von diesem Spruch zu halten ist, dann wären ihm viele Entgleisungen nicht passiert. Schon der siebzehnjährige Brecht hatte in einem Schulaufsatz geschrieben: »Der Ausspruch, daß es süß und ehrenvoll sei, für das Vaterland zu sterben, kann nur als Zweckpropaganda gewertet werden. Der Abschied vom Leben fällt immer schwer, im Bett wie auf dem Schlachtfeld, am meisten gewiß jungen Menschen in der Blüte ihrer Jahre. Nur Hohlköpfe können die Eitelkeit so weit treiben, von einem leichten Sprung durch das dunkle Tor zu reden.« Aber Malraux schreibt ja auch keine Schulaufsätze, sondern hält Reden, welche in die Schullesebücher eingehen sollen. Und er ist nicht 17, sondern 70. De Gaulle ist an allem schuld. Bevor er diesem begegnete, war er recht links. De Gaulle hat ihn mit seinem Pathos verdorben.

Das sieht man ganz scharf an der Rede *Zur Feier des Todes der Jeanne d'Arc*. Keine Johanna der Schlachthöfe, sondern reinster Schiller. Hier findet wieder ein Galopp durch die Jahrhunderte und die Kulturen statt. Großer Atem, kostbare Wörter. »Notre-Dame la France avec son clocher tout bruissant des oiseaux du surnaturel.« Notre-Dame mit ihrem Turm, so erfüllt vom Lärm der Vögel des Übernatürlichen? Mon Dieu! Vielleicht ist das Malraux' surrealistische Periode. Literarische Gleichung:

Gabriele d'Annunzio mal Gottfried Benn, dividiert durch Bossuet = Malraux.

In welchen Kreisen verkehrte André Malraux, nachdem er an die Macht gekommen war? Mit Literaten, Botschaftern, Ministern, Junggaullisten, und mit der literarischen Regierungspartei, und auch mit Gevatter René Maheu von der Unesco, der von einem ähnlichen Fluidum durchströmt ist (*La civilisation de l'universel*, Paris 1966). Für die Unesco hat er die Rede *Zur Rettung der Monumente von Ober-Ägypten* gehalten. Eine gewaltige Freske, der ganze geschichtliche Kram von Kambyses bis Alexander und Ramses ist darin aufgehoben, ein historischer Kolonialwarenladen. Auch an das Proletariat wird gedacht: »... Der einfachste der Arbeiter, welcher die Statuen von Isis und Ramses retten wird, sagt: Es gibt nur einen Akt, über den weder die Nachlässigkeit der Konstellationen noch das ewige Gemurmel der Ströme obsiegt: das ist der Akt, durch welchen der Mensch dem Tod etwas entreißt.« Genau so sprechen die einfachsten oberägyptischen Arbeiter, nachdem sie in der Mittagspause die *Antimémoires* von Malraux verschlungen haben. Die Pariser Arbeiter fahren unterdessen an der Metrostation Louvre vorbei, welche Malraux mit ägyptischen und andern Kunstwerken ausstaffiert hat. Nofretete hilft ihnen, die schon wieder erhöhten Metro-Tarife zu verschmerzen.

Adieu, alter Freund und Agitator aus den revolutionären Vorkriegstagen. Gut Nacht. Die Macht ist Dir nicht gut bekommen. Wollen wir jetzt Deiner gedenken mit den Worten des Archipoeten Blaise Cendrars, dem Du einst im Namen der Republik einen Orden ans Revers heftetest, und der Dir dabei ins Ohr flüsterte:

Merde, André!

Sartre
und sein kreativer Haß auf alle Apparate

... sei gestorben, heißt es, und obwohl man ihn sich nicht tot vorstellen kann (dieses Hirn zerfallen? kremiert? das ist schade), müssen wir es wohl glauben; die Nachrichten aus Paris scheinen unwiderlegbar. »Il ne pourra plus gueuler«, er wird nicht mehr ausrufen können, hat einer geschrieben. Er wird die Bourgeois nicht mehr als Sauhunde *(salauds)*, die Stalinisten nicht mehr als Krüppel titulieren können, und im Café ›La Liberté‹ wird sein Platz an der Theke leer bleiben.

Jean-Sol Partre hat ihn Boris Vian genannt. Ein Auge / schaut dem anderen / beim Sehen zu. Sehend die Welt reflektieren; zugleich den Akt des Sehens reflektieren. Er schielte und sah deshalb mehr als andere. Er hat eine schöne Beerdigung gehabt. Es wurde keine Kirche benutzt. Es wurden keine Reden gehalten. Man hat den Kulturminister nicht erblicken müssen, obwohl dieser vielleicht gern gekommen wäre. Weil er riskierte, dabei ausgepfiffen zu werden, ist er nicht gekommen. Dafür viele *métèques*, Fremdarbeiter, Zigeuner, Arme, Kaputte, Intellektuelle, auch viele Schriftsteller. Die bezeichnet man auf französisch mit dem schönen Wort *écrivains, ceux-qui-écrivent-en-vain*. Sartre hat kürzlich bekannt, er habe eigentlich vergeblich geschrieben. Aber Spaß habe es ihm gemacht, das Schreiben.

Er hat eine schönere Beerdigung gehabt als Diggelmann. Es ist, solange noch beerdigt wird, nicht ganz nebensächlich, wie das geschieht. Marchais war übrigens auch nicht am Trauerzug; auch er wär ausgepfiffen worden.

Lebend habe ich ihn zum letztenmal gesehen auf der Redaktion von ›Libération‹. Das heißt, ihn hat man zuerst nicht gesehen, nur eine schöne alte Frau, die mit ihm gekommen war. Neben ihr war nach einiger Zeit ein kleiner, zerknitterter, sagenhaft häßlicher Mann zu entdecken, wüst wie Sokrates, welchem abgetragene Hosen um die Beine schlotterten und eine dicke-gelbeangerauchte, aber jetzt kalte, Zigarette von der Lippe baumelte. Sobald sein Mund aufging, hat man den alten Mann aber nicht überhören können. Über diese Zeitung ›Libération‹, die er mitgründete, darf man heute im ›Tages-Anzeiger‹ (Kultur) lesen: »Doch der Denker, das Blättchen ›Libération‹ auf der Straße verkaufend, war wohl eher ein Ausgenützter als jemand, der seine politische Heimat gefunden hat.« (TA, 17. 4. 80)

Der wackere Stubenphilosoph Hans W. Grieder, der das geschrieben hat, scheint zwei Karteikarten verwechselt zu haben. Auf der Straße verkauft hat Sartre die Zeitung (das Blättchen?) ›La Cause du Peuple‹, welche verboten war; ein Maoistenblatt. Er hat sie nicht deshalb, zusammen mit Simone de Beauvoir, verkauft, weil er die Gedanken Mao Tse-tungs enorm liebte, sondern weil er gegen Presseverbote war. Die Gedanken Mao Tse-tungs hat er im Gegenteil einmal »Kieselsteine, die man uns in den Kopf stopfen will« genannt. Aber als Erbe der französischen Aufklärung war er dafür, daß auch Meinungen verbreitet werden konnten, mit denen er nicht einig ging. Pressezensur war für ihn Freiheitsberaubung. Ob er bei ›Libération‹ eine »politische Heimat« fand, kann ich nicht sagen. Er war kein Heimatlicher. Jedenfalls war es ihm wohl dort. Und daß er »wohl eher ein Ausgenützter« war, wird nur jemand schreiben, der sich die Beziehungen zwischen den Leuten nicht anders als ausbeuterisch vorstellen kann: also ein Bourgeois. Vor fünf Jahren noch hatte es umgekehrt getönt im ›Tages-Anzeiger‹ (Ausland), da war aus der Küche der Pariser Korrespondenten Hans-Ulrich Meier *(petit bourgeois)* die Nachricht gekommen,

Sartre verführe die Jugend und reiße sie zu unüberlegten Handlungen hin (gewalttätige Demos etc.). Sartre verführt die Jugend, die Jugend verführt Sartre – und wenn die Beziehungen zwischen ihm und ›der Jugend‹ auf gegenseitiger Spontaneität beruhten?

»Allein, sein Auftritt in der besetzten Sorbonne (68) glich dann doch eher einer Abschiedsvorstellung: die Studenten hörten dem alternden Philosophen zwar höflich zu, ihre geistige Orientierung hatten sie sich längst anderswo geholt, bei Althusser etwa oder bei Marcuse.« (TA, 17. 4. 80)

Da hat er Glück gehabt, daß man ihm höflich zuhörte. Gibt es ein größeres Kompliment für den Philosophen, als ihm (welch ein Tumult damals in der Sorbonne!) höflich zuzuhören? In die vom Staat besetzte, normale Sorbonne wäre Sartre nie gekommen, weder als Professor noch als Gastredner. Marcuse hatten die französischen Studenten bis zum Mai übrigens auch noch nicht gelesen, das hat der ›Nouvel Observateur‹ nachgewiesen; Althusser nur die wenigsten. Aber Sartre und seine politische Interventionsliteratur, seine Auftritte gegen Algerien- und Vietnamkrieg kannten alle. Darum haben sie »dem alternden Philosophen« höflich zugehört. Auf mich hat er damals verjüngend gewirkt. Sich selbst hat er auch verjüngt, immer wieder.

Von den Bürgern als Handlanger Moskaus, als Terrorist (Besuch bei Baader), als Mitläufer; von den strammen KP-Intellektuellen wie Kanapa als Agent der Wallstreet, als politischer Abenteurer, bei Bedarf auch als »klebrige Ratte und geile Viper« bezeichnet: – man sieht, es handelt sich um einen Intellektuellen. Die ›Humanité‹ fand ihn ab 1968 gaga, wie kann man als ernsthafter Philosoph sich soweit herablassen, einen Cohn-Bendit zu interviewen? Der ›Figaro‹ fand ihn kindisch, wie kann man sich dazu versteigen, am Russell-Tribunal gegen den Vietnamkrieg (das Gericht hatte keine vollziehende Gewalt) einen US-Präsidenten der Kriegsverbrechen zu beschuldigen? Wären nicht einige Gesetze im Wege gestanden: viele von den chauvinistischen Krähern hätten ihn gerne umgebracht. Seine Wohnung wurde gebombt, und man haßte ihn dauerhaft. Debré wollte ihn verhaften lassen, de Gaulle war dagegen (Sartre hatte das Manifest der 121 – Recht auf Fahnenflucht im Algerienkrieg – unterschrieben). Wäre die KP allein an der Macht gewesen, sie hätte ihn vermutlich ausgewiesen oder eingesperrt oder nach Savoyen oder in die Bretagne deportiert und seine Spuren getilgt, so wie sie das Andenken des alten Widerstandskämpfers Charles Tillon auslöschte und die Erinnerung an Sartres Freund Paul Nizan in ihren Reihen vernichten wollte (beides ehemalige Genossen). Aus der Partei konnte man Sartre nicht ausschließen. Er war nie drin, in keinem Apparat.* Nicht wie Louis Aragon, der fast alle Spitzkehren der Parteilinie treu und bieder mitmachte, und der 1968 ganz verwundert war, als ihn die Studenten einen ›alten Chlaus‹ *(vieille barbe)* nannten; und nicht wie André Malraux auf der andern Seite, dem der Stil im Alter abhanden gekommen war, als er, Minister gewordener Geist, mit dem gaullistischen Kulturapparat hantierte.

Nicht alle haben begriffen, daß seine Begeisterung für Castros Revolution und seine Abneigung gegen Castros Repression vom gleichen Impuls gesteuert wurden. Er war 1960 nach Kuba gereist und ziemlich begeistert nach Hause gekommen. Später hatte er dagegen protestiert, daß der kubanische Dichter Heberto Padilla wegen Gesinnungsdelikten eingekerkert und als Schwuler gebrandmarkt wurde. (Soll man sich lange mit einer unbedeutenden Minderheit beschäftigen, wenn es der Mehrheit dank Revolution besser geht?) Auch sein Protest gegen den französischen und amerikanischen Vietnamkrieg kam aus der

---

* Im ›Tages-Anzeiger‹ stand (eine AFP-Depesche), er sei von 1952–56 KP-Mitglied gewesen. Das ist falsch.

gleichen Wurzel wie die Auflehnung gegen die Vertreibung der *boat people* aus dem sozialistischen Vietnam. Was mag es ihn 1979 gekostet haben, gemeinsam mit seinem alten Freund-Feind Raymond Aron, diesem *chien de garde* des Bürgertums (ein Wort von Paul Nizan) und Editorialisten des ›Figaro‹, im Elysée vorzusprechen, bei einem Präsidenten, der alles repräsentiert, was der Philosoph haßte (Vorrecht der Geburt, Süffisanz, Heuchelei), – um ein Wort für die Flüchtlinge einzulegen und den Staat soweit zu bringen, möglichst viele Vietnamesen aufzunehmen? Auch bei Afghanistan mag es ihm nicht leicht gefallen sein, da hat er sogar den Olympia-Boykott unterstützt. (Pfui!) Er tat es nicht aus Liebe zur amerikanischen Politik, die er haßte wie kein zweiter, sondern aus Abscheu gegen die sowjetische Intervention. Er reiste viel: UdSSR, Tschechoslowakei, Naher Osten, besuchte Flüchtlingslager, *bidonsvilles*, kannte die Verdammten dieser Erde in Südamerika, Afrika und auch in Billancourt (die farbigen Fremdarbeiter bei Renault), und schrieb deshalb sein Vorwort zum Buch von Frantz Fanon: *Les damnés de la terre*. Er gehörte nicht zu jenen Stubensozialisten, die jedesmal, wenn ein Land sozialistisch geworden ist, auf ihrer Generalstabsweltkarte triumphierend ein neues rotes Fähnchen einstecken. Er wollte auch noch wissen, was dieser Sozialismus konkret bedeutet. Die Intellektuellen aller Länder, *les damnés de toute la terre*, kamen bei ihm vorbei und haben erzählt. Er war informiert.

Als er starb, wurde das nur in einer der drei vietnamesischen Tageszeitungen, die in Hanoi erscheinen, erwähnt. (Keiner hatte in Europa so heftig wie er gegen die Vietnamkriege agitiert.) In ›Hanoi Moi‹ kam eine Notiz von vier Zeilen, ohne Kommentar, er sei jetzt gestorben, im Alter von 75 Jahren.

Tja.

Billancourt war ein Schlüsselwort. »Il ne faut pas désespérer Billancourt«, sagte er, 1950, als die Existenz der russischen Konzentrationslager nicht mehr zu übersehen war. »Wir dürfen die Arbeiter nicht zur Verzweiflung bringen, indem wir ihnen die Hoffnung nehmen, die aus der UdSSR kommt.« Die Lager hat er in seiner Zeitschrift schon 1950 beschrieben, aber ihre Bedeutung für den Zusammenbruch einer optimistischen, moskau-orientierten Eschatologie hat er lange angezweifelt. Man müsse Opfer in Kauf nehmen, Grausamkeit gebe es überall (eine Million Algerier starben im letzten französischen Kolonialkrieg), usw.

Er hat verzweifelt die Allianz mit den Arbeitern gesucht, deren Hoffnung er bis ca. 1960 bei der KP aufgehoben glaubte, während er schon vorher wußte, daß die Partei für echte Intellektuelle keinen Platz hat. Illusionen hat er sich dabei nicht gemacht. In seinem Vorwort zu Paul Nizans *Aden Arabie* schreibt er 1960:

»Wenn die kommunistischen Intellektuellen zu Scherzen aufgelegt sind, nennen sie sich Proletarier. ›Wir verrichten manuelle Heimarbeit.‹ Klöpplerinnen gewissermaßen. Nizan, der klarer dachte und anspruchsvoller war, sah in ihnen, in sich selbst, Kleinbürger, die die Partei des Volkes ergriffen hatten. Die Kluft zwischen einem marxistischen Romancier und einem Facharbeiter ist nicht überbrückt: Man lächelt einander über den Abgrund hinweg freundlich zu, aber wenn der Schriftsteller einen einzigen Schritt tut, stürzt er in die Tiefe.«

1972 hat er die Kluft wieder einmal überbrücken wollen, schlich sich illegal mit ein paar Genossen in das Renault-Werkgelände von Billancourt ein, wollte eine Rede halten gegen die willkürliche Entlassung von Fremdarbeitern, wurde von der Werkspolizei unsanft hinausgeworfen (nicht von den Arbeitern, die ihm so höflich zuhörten wie die Studenten 1968) und hielt die Rede dann auf einer Öltonne vor dem Werktor. Das hat ihm die sarkastischen Bemerkungen aller bürgerlichen Journalisten eingetragen, die noch nie gegen Entlassungen bei Renault protestiert haben.

Sartre über einen anderen Freund, Merleau-Ponty:
»1950, in dem Augenblick, in dem Europa die Lager entdeckte [die in der UdSSR, N. M.], sah Merleau endlich den Klassenkampf ohne Maske: Streiks und ihre Niederwerfung, die Massaker von Madagaskar, der Krieg in Vietnam (der französische, N. M.), McCarthy und die große amerikanische Angst, das Wiedererstarken der Nazis, überall die Kirche an der Macht, die salbungsvoll ihre Stola über den neu erstehenden Faschismus breitete: wie sollte man nicht den Aasgestank der Bourgeoisie riechen? Und wie konnte man öffentlich die Sklaverei im Osten verdammen, ohne bei uns die Ausgebeuteten der Ausbeutung zu überlassen? Konnten wir aber akzeptieren, mit der Partei zusammenzuarbeiten, wenn das bedeutete, Frankreich in Ketten zu legen und mit Stacheldrahtzäunen zu bedecken? Was tun? Blind nach links und rechts drauflosschlagen, auf zwei Riesen, die unsere Streiche nicht einmal spüren würden?« (›Les Temps Modernes‹, Sondernummer für Merleau-Ponty, den Mitherausgeber der Zeitschrift, 1961.)

Auch damals, als er der KP nahestand, hatte er mehr Distanz zum Stalinismus, als ihm die bürgerlichen *salauds* zutrauten.

Er hat die literarischen Kategorien durcheinandergebracht genau wie die politischen und die bürgerliche Kultur, welche ihm an der Ecole Normale Supérieure eingetränkt wurde, verhöhnt und zugleich weiterentwickelt. Nur Gedichte hat er nicht gemacht, sonst alles beherrscht, oder besser gesagt, alle Formen haben ihn beherrscht: Roman, Drama, Essay, Traktat, Pamphlet, Reportage. 1945 schrieb er als Redaktor der Zeitschrift ›Les Temps Modernes‹:

»Es scheint uns, daß die Reportage eine literarische Form ist, und daß sie eine der wichtigsten werden kann. Die Fähigkeit, intuitiv und schnell die Wirklichkeit zu entschlüsseln, mit Geschick das Wichtigste herauszuarbeiten, um dem Leser ein synthetisches Gesamtbild zu vermitteln, das sofort zu entziffern ist – das sind die wichtigsten Reportereigenschaften, die wir bei allen unsern Mitarbeitern voraussetzen.«

Seine Autobiographie *(Les Mots)* war zugleich Roman, literarische Psychoanalyse, private Zeitgeschichte, Seelenreportage. *L'être et le néant* ist Philosophie und zugleich ein Pamphlet dagegen. Seine Flaubert-Biographie ist nirgendwo einzuordnen: innerer Monolog, Fortsetzung von Flauberts Werk, Weiterführung der eigenen Biographie. Man hat den Literaten allgemein bewundert, von Raymond Aron bis zu François Bondy verbeugt sich alles vor ihm – wenn er nur das Politisieren gelassen hätte, der begabte Poulou[*]. Man macht einen Trennungsstrich zwischen dem literarischen Sartre und dem politischen Sartre, um ihn jetzt, da er nicht mehr ausrufen kann, ungestört zu konsumieren. »Wenn ich ein verhungerndes Kind sehe, so wiegt ein Roman von mir nicht mehr schwer«, hat er gesagt.

Die Beerdigung sei strub und schön gewesen. Kein Ordnungsdienst für die ca. 20 000 Leute des Trauerumzugs. Keine offiziellen Delegationen, keine Hierarchie im Umzug, hier und dort ein paar Prominente verstreut, die haben nicht gestört. Grabsteine wurden umgeworfen im Gedränge, und einer ist auf den Sarg des Philosophen hinuntergefallen, als dieser schon im Loch die vermeintlich ewige Ruhe gefunden hatte.

Sartre 1958, im Vorwort zu *Le traître* von André Gorz:

»Wir lieben es, zwischen den Gräbern der Literatur spazierenzugehen, auf diesem stillen Friedhof, die Grabschriften zu

---

[*] ›Poulou‹ wurde das Bürgersöhnchen Sartre in seiner Familie genannt, das schrieb er in *Les Mots*.

entziffern und für einen Augenblick unvergängliche Gehalte ins Leben zurückzurufen: beruhigend wirkt, daß diese Sätze gelebt haben; ihr Sinn ist für immer festgelegt, sie werden das kurze Fortleben, das wir ihnen einzuräumen geruhen, nicht dazu benutzen, sich unvermutet in Marsch zu setzen und uns in eine unbekannte Zukunft zu entführen. Was die Romanciers betrifft, die noch nicht so glücklich sind, im Sarg zu liegen, so stellen sie sich tot: sie holen die Wörter aus ihrem Fischteich, töten sie, schlitzen sie auf, weiden sie aus, bereiten sie zu und werden sie uns blau, auf Müllerinart oder gegrillt, servieren.«

Deutscher Schmelz, und der
windhohl geöffnete Mund des Prinzen

So ein Buch, voll aus dem Lesen gegriffen, hat man schon lange nicht mehr auf dem Markt gesehen, und so viele längst totgeglaubte, belastete, unmöglich gewordene Wörter sind seit dem 8. Mai 1945 nicht mehr neu aufgelegt worden; aber jetzt haben wir sie zwischen zwei Buchdeckeln, ein Angebinde des Hanser-Verlages für Fr. 16.80, und meist ist nur die Hälfte der Seiten bedruckt, damit der Leser sofort kapiert, wie kostbar die Sätze sind.

Es ist nicht einfach, ein 74 Seiten langes Gedicht zu schreiben, aber weil die Seiten eben nur halb gefüllt sind, macht das im normalen Druck etwa 37 Seiten, und die sind erst noch sehr klein. Hingegen ist es eine Leistung, auf diesem Raum soviel lyrische Kulturlandschaft unterzubringen. Es bennt und rilkt, hölderlint und georgelt und wiechert und heideggert in diesem Büchlein (*Diese Erinnerung an einen, der nur einen Tag zu Gast war*, Hanser-Verlag), das sich ganz lapidar ›Gedicht‹ nennt, obwohl es sich in Wirklichkeit um eine Orgie handelt, aber auch um ein politisches Editorial. Oder um eine Polit-Elegie? Botho Strauß dürfte gegenwärtig der einzige zeitgenössische Leitartikler sein, der seine Botschaft in Versform an die Kundschaft heranträgt. Dieser Dichter, nein, Seher, nein, Prophet, nein, Barde »gleicht einer Zelle im nationellen Geweb / die immer den Bauplan des ganzen enthält« (Originalton Strauß, S. 48), und weil er uns mitteilt: »Ah, nicht wissen möcht' ich, sondern / erklingen. Versaitet bis unter die Milz« (S. 59), und weil er auf jedwede »teuflische Vernunftgelüst« (S. 41) konsequent verzichtet, andrerseits aber einen Prinzen ins Spiel bringt, dem er dithyrambisch zuruft: »Prinz, Prinz, heiter! Steh auf unter allen Geduckten, Millionen mit den gewürmten Augen« – und nachdem er ihn nochmals akklamiert: »Prinz, der du dich umblickst / der du ranglos und unidentifiziert / bis an die brandige Grenze des Reiches vorstießest«, dürfen wir ohne weiteres annehmen, daß mit diesem kleinen Büchlein eine neue, besser gesagt eine neu-alte Periode des deutschen Geisteslebens eröffnet ist. Wir sind anscheinend wieder soweit. Vom Prinzen wird außerdem gesagt, er könne, »den Mund windhohl geöffnet, die Erde zum Lied erwecken«. Nun ist es zwar schwierig, heute einfach so einen ›Prinzen‹ zu evozieren, ohne daß der Leser burleske Assoziationen schafft, ›Prinz‹ ist unterdessen vor allem ein Hunde-, vielleicht auch ein Pferdename, und die echten Prinzen, in England gibt es noch einen, in Holland hat Königin Beatrice verschiedenen Prinzen das Leben geschenkt, sind eher belächelnswerte Figuren, und die kann Botho Strauß doch auch nicht gemeint haben. Hölderlin und Kleist durften ungeniert das Wort verwenden, ohne kitschig zu werden – die Prinzen sollen damals noch Macht ausgeübt haben –, für Rilke war es schon schwieriger, obwohl er immerhin mit echten Prinzessinnen verkehrte; aber was soll man sich 1985, ohne dabei kichern zu müssen, unter einem Prinzen vorstellen? Ist vielleicht jene Art von Prinz gemeint, der gleich nach dem Ersten Weltkrieg ranglos und unidentifiziert im Volk gelebt hat (aber nein, er war doch immerhin Gefreiter), um dann später bis an die brandige Grenze des Reiches und anschließend noch darüber hinaus vorzustoßen? Dann müßte man nicht kichern, sondern frösteln. Doch nein, es soll dem Barden/Propheten nicht unterstellt werden, daß er diese Sorte von Potentaten herbeisehnt. Aber dann hat er vielleicht nicht aufgepaßt, als er die belasteten Wörter mir nichts, dir nichts aufs Papier setzte? Das ist auch wieder schwer vorstellbar, gilt Strauß doch als ein höchst sprachbewußter Mann. Bhagwan dürfte er auch nicht gemeint haben, obwohl in deutschen Poetenkreisen (Sloterdijk zum Beispiel ist Bhagwanist geworden) der indische Scharlatan manchen Anhänger hat. Also, was denn?

*

Diese Wörter. Wie kann man »Petschaft« und »Siegelknauf« und »Kelchschaft« und »Ordnungsstifter« (was aber bleibet, stiften die Ordnungsstifter) und »Reich« und »Vaterland« (als Deutscher) einfach so zu Papier bringen, ohne an die Geschichte der Wörter zu denken? Meint der Sänger, seine poetische Glut sei so heftig, daß sie die alten Bedeutungen umschmelze und nichts mehr von den überkommenen, verkommenen Inhalten übrigbleibe? Aber seine Sprachgewalt ist nicht so enorm, daß sie einen neuen Sinn *stiften* könnte, und nun wuchern die alten Konnotationen als maligne Krebsgeschwüre. Manchmal sind sie auch harmlos, unpolitisch und nur komisch, wie diese zwei spätromantischen Chiffren: »Wer aber, wenn nicht Dein namenloser Kummer / brächte Dir *Lindenbaum* und *Dorfbrunnen* zurück«, und da muß man sagen: »Die Linde ist ein süßer Baum, man kann Tee aus ihr kochen« (Gottfried Benn). Andernorts wird man an schlecht assimilierte Hölderlin-Verse erinnert: »... halten die Ältesten Rat / ungleichzeitiger Völker. Und aus der Pappel hoch über dem / dunklen Gedörr, die kenntnisreich rauscht«, und dann tönt es dazwischen wie krampfhaft nachsynchronisierter Stefan-George-Sound: »Laß uns durch Worte nicht den Schwur unserer / Blicke lösen.« Botho Strauß archiviert diese Töne oder schafft, um es mit seinen Worten zu sagen, »dem Ende des Endens ein tiefes Gemäß, ein endloses Archiv«. Aber eventuell ist es auch der Anfang eines Anfangens, und insofern hätte er nur Kitsch kreiert, und seine Energie könnte nach ästhetischen Kriterien beurteilt werden, aber auf S. 48 tritt er als Sprecher eines Gesamtdeutschen Ministeriums auf, kein Deutschland habe er gekannt zeit seines Lebens, heißt es da, und zwei fremde Staaten hätten ihm verboten, je im Namen eines Volkes *der Deutsche* zu sein, »Soviel Geschichte, um so zu enden?« Da wird man es als Nicht-Deutscher doch eher mit François Mauriac halten, der einmal gesagt hat, er schätze Deutschland so sehr, daß er am liebsten zwei davon habe. Botho Strauß demonstriert den Ehrgeiz, die deutsche Geschichte umzuschreiben und alle nationalen (oder, wie er sagt, nationellen) Figuren bewundern zu dürfen, Bismarck und Büchner in der gleichen Schatulle, »uns wurde ebenso heilig der Ordnungsstifter / wie der Rebell«. Wie traurig, in der Bundesrepublik leben zu müssen, denn die ist »ein Wesen nicht einmal mit Knotenkeule / und brütender Stirn, nicht mit der Kathedrale / als Grundmaß und keine nihile Hoheit«. Ein wiedervereinigtes Deutschland mit Knotenkeule – wollen wir unsern alten Kaiser Wilhelm wieder haben oder den Rübezahl von anno '33, oder tut's auch die brütende Stirn der Hohenstaufen? – ist anscheinend der Bundesrepublik vorzuziehen, diesem »*emsigen Staatswesen*«. Aber so genau wird uns das auch wieder nicht mitgeteilt, die Botschaft bleibt im Geheimnisvoll-Verschleierten zurück, im »*ungefährtigen Schatten*«, und besteht aus ›raunendem Rauch und zerfallender Sage‹, und Botho Strauß »wollte nicht mit salbadernden Händen sprechen / von der zerstöberten Rose duftdröhnend / vom Holterdiepolter der Zwerge treppabwärts / von den Disputen, Sirenen, Vernünften«.

Wie der Leser unschwer sehen mag, sind die Winde, die Rilke einst auf den Fluren losgelassen hat, in diesem Gedicht, zu einem giftigen Politfurz mutiert, wieder aufgetaucht.

*

Erstaunlich, daß auch brillante Köpfe wie Friedhelm Kemp oder Luc Bondy diese falschen und fatalen Töne goutieren. Kemp lobte die poetischen Fähigkeiten des Barden in der ›NZZ‹ über den grünen Klee und stellt diesen bis unter die Milz versaiteten

Deutschtümler auf ein Podest neben den genialen T. S. Eliot und Teilhard de Chardin (der ein Mystiker war, aber kein Kitschier und das Gegenteil eines brünstigen Nationalisten), und Luc Bondy bemängelt in der ›Zeit‹, daß dieses ›Gedicht‹ »auseinandergepflückt worden ist wie ein politisches Traktat, geprüft auf seinen politischen Gehalt«. Ach ja, das Holterdiepolter der Zwerge treppabwärts. Auseinandergepflückt? Das ist nicht nötig, man kann Strauß seitenweise am Stück zitieren, das Werklein strotzt vor Politvokabeln, die man ja wohl noch gegen das Licht wird halten dürfen. Und um seine Form, die vielleicht eine neue Form sei, habe man sich kaum gekümmert, schreibt Bondy und vergleicht Strauß – mit Rimbaud und Appollinaire... Aber die Form ist derart schwach, so neo-klassizistisch und aus zweiter Hand, Sekundär-George, Tertiär-Rilke, achtmal verdünnter Hölderlin, daß man sich gar nicht groß darum kümmern kann. Eine Unform. Das ist nicht wie bei Louis-Ferdinand Céline, der in politischer Hinsicht ein Monstrum war, aber so geschrieben hat, daß auch die Linken zähneknirschend seine innovative Sprachgewalt anerkennen müssen. Aber vielleicht hat sich Strauß nur einen Jux gemacht, wollte provozieren und enervieren und lacht sich jetzt ins Fäustchen, weil die Kritik ihn ringsherum so ernst nimmt.

Wer will unter die Journalisten?

Eine Berufsberatung 1972

Da ist einer jung, kann zuhören, kann das Gehörte umsetzen in Geschriebenes, kann auch formulieren, das heißt denken, und denkt also, er möchte unter die Journalisten. Er hat Mut, hängt nicht am Geld, und möchte vor allem schreiben.

Er meldet sich auf einer Redaktion. Erste Frage: »Haben Sie studiert?« (Nicht: »Können Sie schreiben?«) Unter Studieren versteht man auf den Redaktionen den Besuch einer Universität, wenn möglich mit sogenanntem Abschluß, oder doch einige Semester, welche den akademischen Jargon garantieren. Hat der Kandidat nicht ›studiert‹, aber doch schon geschrieben, so wird ihm der abgeschlossene Akademiker vorgezogen, der noch nicht geschrieben hat. Eine normale Redaktion zieht den unbeschriebenen Akademling schon deshalb vor, weil er sich durch eigenes und eigensinniges Schreiben noch keine besondere Persönlichkeit schaffen konnte. Er ist unbeschränkt formbar und verwurstbar. Er hat auf der Uni gelernt, wie man den Mund hält und die Wut hinunterschluckt, wenn man dem Abschluß zustrebt. Er ist besser dressiert als einer, der sofort nach der Matura oder Lehre schreibt. Er hat die herrschende Kultur inhaliert, der Stempel ›lic. phil.‹ oder ›Dr.‹ wird ihm aufgedrückt wie dem Schlachtvieh. Er ist brauchbar. (Damit soll nicht behauptet werden, daß die Autodidakten in jedem Fall weniger integriert oder integrierbar sind. Oft schielen sie gierig nach den bürgerlichen Kulturinstrumenten und haben nichts Dringenderes zu tun, als das Bestehende zu äffen.)

Nehmen wir an, der junge Mann hält jetzt Einzug auf einer Redaktion. In großen Zeitungen wird er zuerst durch die einzelnen Abteilungen geschleust, damit er einen Begriff vom Betrieb hat. Bald darf er redigieren, das heißt nicht schreiben, sondern das Geschriebene verwalten. Er wird mit dem Hausgeist vertraut. Er lernt die Tabus kennen und das Alphabet der Zeitungssprache. Er sieht, daß die Bombardierung der nordvietnamischen Zivilbevölkerung nicht ›verbrecherisch‹, sondern ›bedenklich‹ genannt wird. Er merkt, daß der Stadtpräsident nicht eine ›Hetzrede‹ gegen die APO* hielt, obwohl es eine Hetzrede war, sondern, daß er ›zur Besinnung‹ aufrief. Er lernt, daß Arbeiter nicht ›auf die Straße gestellt wurden‹, sondern ›im Zuge der Rationalisierung eine Kompression des Personalbestandes‹ vorgenommen werden muß. Auch beobachtet er, wie aus den eingegangenen Meldungen einige gedruckt werden und andere nicht. Ein ganz natürlicher Vorgang, denn alles kann ja wirklich nicht gedruckt werden.

Der Neuling sagt sich: zuerst lernen, nicht aufmucken, jedes Handwerk hat seine Regeln usw. (Die Zensur wird ihm stets mit dem Hinweis aufs Handwerk und seine unabänderlichen Regeln erklärt.) Und er hofft auf die Zukunft, wie schon im Gymnasium und auf der Uni. Er gelobt sich auch, es später besser zu machen, wenn er zum Schreiben kommt, nicht mit den ganzen Politikern verhängt zu sein und nicht mit jedem Stadt-, National- und Bundesrat auf Du zu stehen, die Dinge beim Namen zu nennen. Nach zwei, drei Jahren ist es soweit, er darf kommentieren, etwas Wichtiges.

Es trifft sich (nehmen wir an), daß er einen Kommentar zur Wahl des neuen Bundesrats X abgeben soll, der allgemein als verklemmter Streber bekannt ist und außer seinem Machthunger nichts anzubieten hat. Unser Redaktor geht also hin, rekonstru-

---

* So wurden in den sechziger Jahren die Leute genannt, welche offen demonstrierten, was andere inwendig fühlten. Die Abkürzung bedeutet: Außerparlamentarische Opposition.

iert den Aufstieg des X und schält die großen Linien heraus. Manipulationen der eigenen Partei durch X, Hervorkehrung des Biedersinns in den öffentlichen Ansprachen, hinterlistiges Abmeucheln von Konkurrenten, Abwesenheit von großen Ideen, Bereicherung in Verwaltungsräten, Opportunismus in der Kommissionsarbeit, Verhinderung demokratischer Kontrolle in der eigenen Partei. Er geht hin und schreibt: »Bundesratskandidat X, der in seinem Heimatkanton allgemein als verklemmter Streber bekannt ist und außer seinem Machthunger nichts anzubieten hat.« Er liest den Satz noch einmal, und da fällt ihm auf, daß der Ressort-Chef so etwas nicht durchgehen läßt. Also korrigiert er sich: »Bundesratskandidat X, dem allgemein eine etwas zu große Eilfertigkeit bei der Erklimmung der politischen Leitersprossen nachgesagt wird und ein etwas prononcierter Machtappetit –.« Und in dem Stil schreibt er weiter, nicht ohne Erwähnung der durchaus auch vorhandenen positiven Eigenschaften des X. Das Manuskript passiert knapp die Zensur des stirnrunzelnden Ressort-Chefs. Der Artikel erscheint, X liest ihn, telefoniert sofort dem Chefredaktor, seinem alten Kegelbruder und Jaßfreund, und sagt: »Das hätte ich von dir nicht gedacht.« Der Chefredaktor zitiert den Jungredaktor, putzt ihm die Kutteln, und bei der nächsten Redaktionssitzung spricht er von Berücksichtigung aller Standpunkte, von nuanciertem Schreiben und ausgewogenem Journalismus, schwärmt von Objektivität und publizistischer Grundhaltung.

Nachdem ihm derart auf den Schwanz getrampt wurde, geht der lädierte Jungmann in sich. Zwar durfte er anläßlich des Zusammenstoßes viel Teilnahme erfahren, ein Teil der jüngeren Kollegen hat ihn unterstützt, auch einige von den älteren, er hat aufmunternde Telefonanrufe und Briefe erhalten (nebst einigen andern). Aber die Spontaneität ist angeschlagen, besser gesagt, der Restbestand an Spontaneität, welcher nach seinen Lehrjahren übrigblieb. Er zieht sich ins Redigieren zurück, das wenige, was er schreibt, überprüft er auf seine Gefährlichkeit. Bald langweilt ihn seine Verwaltungsarbeit, er ist nicht zum Funktionär geboren und schließlich Journalist geworden, weil er etwas zu sagen hat, und nicht, weil er etwas unterdrücken will. Er bittet um Versetzung in ein anderes Ressort. Man entschließt sich, ihn als Reporter ›einzusetzen‹, da kann er beobachten und muß nicht immer Stellung nehmen. Er beobachtet also sehr scharf die Gesichter der Polizisten, welche die Demonstration Y auflösen, und schreibt von diesen Gesichtern: ›wutverzerrt‹. Nach genauer Befragung von zehn Demonstranten verschiedenen Alters stellt sich heraus, daß der Polizeivorstand die Keilerei geschickt provoziert hat. Der Reporter schreibt: »provoziert«. Befriedigt lächelnd gibt der Polizeivorstand sogar zu, daß die Provokation gelungen ist. Der Reporter schreibt, er kann nicht anders: »Befriedigt lächelnd«. Da der Chef vom Dienst grad ein wenig schläft, geht die Reportage durch. Anschließend wird unser Reporter vom Lokalredaktor kräftig zusammengeschissen, da dieser ein Spezi des Polizeivorstands ist, und deshalb weiß der Lokalredaktor, daß der Polizeivorstand so etwas einfach nicht gemacht und gesagt haben kann, es liegt nicht in seiner Natur, er kennt ihn seit Studienzeiten. Fortan wird unser Reporter nur noch an Festakte und Einweihungen geschickt. Zwar hat er auch hier noch Lust, vom »langweiligen Gesumse einer stadtpräsidentlichen Rede« zu schreiben oder die Jahresversammlung des Rotary-Clubs ein »Symposium der regierenden Extremisten« zu nennen, aber er tut's nicht, seine Frau hat eben das zweite Kind bekommen, und seine Zeitung, die nette Firma, hat ihm einen Kredit gewährt, damit er ein Haus kaufen kann, und damit er noch ein bißchen mehr von ihr abhängig ist.

Nach einigem Vegetieren bittet er um Versetzung ins Feuilleton. Er hat nämlich beobachtet, daß im Feuilleton mit Abstand die kräftigste Sprache geführt werden kann. Nun darf er über

Ausstellungen, Filme, Happenings und Bücher schreiben, darf die jungen Künstler fördern oder behindern. Er blüht auf. Er wird gedruckt. Meeresstille und glückliche Fahrt. Es wird so still um ihn, er wird für seine zuverlässige, wenn auch zupackende Art so allgemein gerühmt, sogar vom Chefredaktor, daß ihm unheimlich wird. Es kann nicht an seiner Methode liegen, denn er schreibt so, wie er es immer erträumt hat, so kritisch und unbestechlich-unbarmherzig. Also muß es am Gegenstand liegen. Langsam dämmert ihm, daß die Kultur nicht ernst genommen wird, weil sie nur von wenigen esoterischen Wesen goutiert werden kann, und außerdem sind die Künstler keine Pressuregroup, welche so auf die Zeitung einwirken könnte wie ein Stadt- oder Bankpräsident. Auch entdeckt er ihre Ventilfunktion: Die oppositionellen Energien, welche im Wirtschafts- oder politischen Teil nicht ausgetobt werden können, dürfen gefahrlos im Feuilleton verpuffen. Man läßt ihn also machen, unsern begabten Hofnarr, welchem aber die Lust am Schreiben entweicht, nachdem er seine Funktion entdeckt hat. Eines Tages hat er dann die Idee, den Begriff Kultur auch auf die Stadtplanung auszudehnen. Nach einigem Zögern, und da er nicht Großgrundbesitzer ist und nur seine Arbeitskraft zu verkaufen hat, schlägt er sich auf die Seite der Allgemeinheit und schreibt im Namen der vorausblickenden Vernunft gegen die Partikularinteressen, welche die Stadt verstümmeln und ihre Umgebung unwirtlich machen. Nun hat er plötzlich wieder Echo, die Kollegen vom Wirtschaftsteil warnen vor gefährlichen Utopien, die Notabilitäten und Spektabilitäten schneiden bedenkliche Gesichter. Da er genau weiß, was kommt, wenn er weitermacht, und da sich auf der Redaktion nie eine Mehrheit für intelligente Stadtplanung ergeben wird, und da er jetzt neben Frau und Kind auch noch eine recht teure Freundin hat, zieht er den Schwanz wieder ein und schreibt in seiner kühnen Art wieder über Filme, welche die Verhunzung der Städte zum Thema haben, oder über Bücher, die von korrupten Politikern berichten. Bücher und Filme beschreiben Zustände im Ausland. Dort ist alles viel schlimmer.

Nun sitzt er still hinter seinem Pültchen und redigiert. Gestriegelt und geputzt. Heruntergeputzt. Brauchbar. Gereift. Ein angesehenes Mitglied der Redaktion, mit seinem launigen Stil. Er hat gemerkt, daß zwischen Denken und Schreiben ein Unterschied ist, und so abgestumpft ist er noch nicht, daß er glaubt, was er schreibt. Aber er sieht jetzt ein, daß Journalismus eine Möglichkeit ist, sein Leben zu verdienen, so wie Erdnüßchenverkaufen oder Marronirösten. An Veränderung innerhalb der angestammten Zeitung ist nicht mehr zu denken, in den Wirtschaftsteil kann er nicht, es ist ihm nicht gegeben, so unverständlich zu schreiben und so konstant an den Dingen vorbei. Für den Sport kommt er nicht in Frage, da ist er zu wenig rasant, es fehlt ihm der Dampf und die immerwährende Fröhlichkeit, auch die gewisse Trottelhaftigkeit, welche ihn an den Sport glauben ließe. Aber vielleicht ins Ausland, als Korrespondent, ein hübscher Posten in Paris oder London? Da hockt er an der Peripherie und hat noch weniger Einfluß. Vielleicht Mitarbeit bei ›Roter Gallus‹, ›Agitation‹, ›Focus‹ oder ›zürcher student‹? Davon kann er nicht leben, und er will nicht nur für die Eingeweihten schreiben, will unter die Leute kommen mit seinen Artikeln. Bleibt noch ein Umsteigen in andere Zeitungen, Radio und/oder Fernsehen. Mit seinen Freunden, welche dort arbeiten, hat er das Problem am Stammtisch in der ›Stadt Madrid‹ besprochen. Sie raten ihm ab: Er würde genau dieselben oder noch viel ärgere Verhältnisse treffen als bei der angestammten Zeitung.

Also bleibt er, wie schon gesagt, hinter seinem Pültchen sitzen, mit 35 resigniert, charakterlich gefestigt und bekannt für seinen geistreichen Stil. Seine Widerborstigkeit schwindet, immer weniger geht ihm gegen den Strich. Einige Zeit noch beobachtet er bitter den Zerfall seiner Berufskultur, später nennt er diesen Zerfall: Realismus. Er gilt jetzt nicht mehr als Querulant und Psychopath, er wird normal im Sinn der journalistischen Norm. Das Leben ist kurz, er möchte noch etwas davon haben, bevor seine Genußfähigkeit abnimmt. Und überhaupt, was soll der Einzelkampf, er kann sich mit keiner Gruppe solidarisieren. Kein Journalistenverein, auch keine Fraktion, kämpft für diesen Journalismus, der ihm vorschwebte.

An Sonn- und allgemeinen Feiertagen hat er manchmal noch eine Vision. Er träumt von einer brauchbaren Zeitung. Mit Redaktoren, die nicht immer von Lesern (die sie nicht kennen) schwatzen, denen man dies und das nicht zutrauen könne. Sondern welche gemerkt haben, daß sich auch der Leser ändern kann. Eine Zeitung, welche ihre Mitarbeiter nach den Kriterien der Intelligenz und Unbestechlichkeit und Schreibfähigkeit aussucht, und nicht nach ihrer Willfährigkeit gegenüber der wirtschaftlichen und politischen Macht. Eine bewußte Zeitung, aus *einem* Guß und mit Konzept. Die sich von ein paar wütenden Anrufen und Abbestellungen nicht aus dem Konzept bringen läßt. Geleitet von einem demokratisch gewählten Chefredaktor oder Redaktionskollegium, und im Besitz der Mitarbeiter. Eine Zeitung ungefähr wie ›Le Monde‹, welche die Herrschenden einmal so sehr gestört hat, daß sie durch einen speziell gegründeten ›Anti-Le-Monde‹ liquidiert werden sollte. (Was dank der redaktionellen Solidarität von ›Le Monde‹ mißlang.) Oder eine Zeitung wenigstens, wo alle Mitarbeiter sofort streiken und den Betrieb besetzen, wenn der Verleger einen guten Mann entfernen will. Oder ein Organ, wo Leute wie Karl Kraus und Kurt Tucholsky ständig schreiben könnten. Oder ein Blatt, wo einer wenigstens nicht bestraft wird, wenn er gründlich recherchiert und brillant formuliert...

Nachdem er einmal besonders schön geträumt hatte, nahm er einen Strick und, in einem letzten Aufwallen beruflichen Stolzes, hängte sich auf. Im Lokalteil kam ein Nachruf: »... und werden wir den allseits geschätzten, pflichtbewußt-treuen Mitarbeiter nicht so schnell vergessen, der, von einer Depression heimgesucht, *freiwillig* aus dem Leben geschieden ist.« Pfarrer Vogelsanger hielt die Abdankung, der gemischte Chor Fraumünster sang: »So nimm denn meine Hände und führe mich.« Der Verschiedene wurde versenkt und verfaulte sofort.

Landschaften

Ein langer Streik
in der Bretagne

> *Ist es klug zu glauben, daß die soziale Bewegung, die von so weit her kommt, durch die Anstrengung einer Generation gestoppt werden kann? Glaubt man, daß die Demokratie nach dem Sieg über den Feudalismus und die Könige vor dem Bourgeois und dem Geld zurückschrecken wird? Wird sie jetzt haltmachen, wo sie so stark geworden ist und ihre Gegner so schwach?*
>
> Aléxis de Tocqueville

Sizun, ein Dorf in der Bretagne. Sonntagmorgenstille, allgemeiner Friede, aus der Kirche ein paar Gesangsfetzen, in der Pinte nebenan kaufen die alten Bauern noch ihren Kautabak, der in langen schwarzglänzenden Stengeln geliefert wird. Vor der Kirche ein Calvaire, die bretonische Kreuzigungsgruppe, außerdem ein Totendenkmal, engbeschrieben mit den Namen der Eingeborenen, die für Frankreich starben. Auf dem Denkmal triumphierend der gallische Hahn. Es ist Waffenstillstandstag. Der Sieg über Deutschland wird gefeiert, Sieg Nr. 2. Aus der Kirchentür quillt eine Prozession, angeführt von drei Fahnenträgern. Eine Fahne für den Ersten Weltkrieg, eine für den Zweiten, eine für den Algerienkrieg. Der Pfarrer beweihräuchert das Denkmal, bespritzt die Namen mit Weihwasser und murmelt auf lateinisch, dem gallischen Hahn zugewandt: »Bitten wir Dich, o Herr, Du mögest uns gnädig verschonen vor Krieg und jeglicher Unbill.« Die Frauen in ihrer Sonntagstracht, steifes Hütchen und schwarzer Rock, bekreuzigen sich. *Miserere nobis.* Verdun. Monte Cassino. Algerien. Erbarme Dich unser. Die Überlebenden erinnern sich. Dann werden die Fahnen eingerollt, am Stock und mit Orden geschmückt hinken die Veteranen zum Aperitif. Wiederum Sonntagmorgenstille, allgemeiner Friede über bretonischem Dorf.

Dörfer wie Sizun, so hat man sich schon immer die Bretagne vorgestellt, das Land zwischen Rennes und Finistère, welcher Name abgeleitet ist von *finis terrae,* Ende der Welt. So sieht sie zum Teil noch aus, die Bretagne, Breizh auf bretonisch, und in diesem Zustand wollten die sukzessiven Herrscher der Republik sie erhalten. Menschenreservoir für die Armee und später für die Industrie des Pariser Beckens, Bezugsquelle für Artischocken, Milch und billige Dienstmädchen. (Die bretonischen Dienstmädchen, welche sich reiche Pariser Familien hielten, wurden mit einem kollektiven Übernamen gestempelt: Bécassine. Darunter versteht man eine ebenso treue wie dumme Hauskraft, tolpatschig und ländlich.) Umgekehrt kam die dünn industrialisierte Bretagne schon immer als Erholungsraum für müde Pariser in Betracht, ein Stück heile Umwelt, aber auch als Missionsland für die französische Kultur. Noch vor kurzem hing in den bretonischen Schulen eine Tafel mit der Warnung: »Es ist verboten, auf den Boden zu spucken und bretonisch zu sprechen.« Heute ist die Tafel nicht mehr notwendig, das Bretonische ist unter den Primarschülern ziemlich ausgerottet. In den drei Jahrhunderten, seit die Bretagne ihre Unabhängigkeit verloren hat, wurde das Land gründlich kolonisiert, wirtschaftlich, politisch, kulturell.

Die Präfekten, als Vertreter der Pariser Zentralgewalt, herrschen wie Statthalter in den Provinzen des alten Rom. Der kolonisatorische Höhepunkt war erreicht, als die kolonisierten Bretonen gegen die ebenfalls kolonisierten Mohammedaner in Algerien Krieg führen mußten. Es gibt Bretonen mit gutentwikkeltem Nationalbewußtsein, welche seither die Abhängigkeit der Bretagne von Frankreich mit der Abhängigkeit Algeriens vom Mutterland vergleichen und nicht genug unterstreichen können, wieviel Nützliches sie bei den algerischen Brüdern kopieren möchten. So hat die F. L. B., Front de Libération de Bretagne, seit Jahren immer wieder Sprengstoffanschläge mit gutem Erfolg ins Werk gesetzt, hier ein paar Hochspannungsmasten, dort eine Steuereinnehmerei, und bisher immer streng darauf bedacht, Menschenleben zu schonen. Es ist denn auch typisch für die F. L. B., daß der Spekulant und Generalunternehmer Francis Buiyges nicht umgebracht wurde, sondern nur seine Prunkvilla in St-Malo dank einer klug plazierten Sprengladung in die Luft ging. »Von den irischen Vettern lernen« heißt ein Losungswort der F. L. B. »Wir gehören demselben keltischen Stamm an und derselben Gattung von Kolonisierten. Erst wenn die Bretagne militärisch besetzt ist wie Nordirland, wird die Welt aufmerksam.« Aber die Terroristen von der F. L. B. sind eine winzige Minderheit, so winzig wie die algerische Befreiungsfront im Jahr 1953, ihre Aktionen werden oft nicht verstanden, denn es gibt noch andere Methoden der Auflehnung. Sehr gelungen war die Methode der Arbeiter von Saint-Brieuc, wo kürzlich eine Fabrik zwei Monate lang bestreikt wurde.

Also Saint-Brieuc, Hauptort des Departements Côtes-du-Nord. Seine Präfektur, sein Gefängnis, sein Bischof, seine 70 000 Bewohner, sein ziemlich linker Bürgermeister (PSU). »Saint-Brieuc cité gentille / que ton sol reluit excellent«, hat der Dichter Auffray-Pluduno geschrieben. Demnach eine angenehm glänzende Stadt, wenigstens im 16. Jahrhundert. Ende 5. Jahrhundert kam der Mönch Brioc mit 178 weiteren Mönchen, er fand den Urwald an dieser Stelle höchst bevölkert mit wilden Tieren, »pleine d'une inffinité de bestes sauvages«. 1962 sodann ließ sich die Gummidichtungsfabrik ›Joint Français‹ am Stadtrand nieder, die Geschäftsleitung fand den Boden und die Arbeitskräfte an dieser Stelle sehr preiswert. Der Stammsitz liegt in Bezons bei Paris, dort muß für dieselbe Arbeit 25 Prozent mehr Lohn bezahlt werden. Die weitblickende Firma erhielt das Areal von der Gemeinde zum symbolischen Preis von einem Centime pro Quadratmeter und kassierte außerdem zweieinhalb Millionen Subvention plus die normalen Dezentralisierungsprämien (weil sie bereit war, in der Provinz zu bauen statt in der Pariser Region). Der ›Joint Français‹ gehört zum Konzern der C. G. E. (Compagnie Générale d'Electricité). Das ist eine Firma mit 120 000 Angestellten und 9,3 Milliarden Umsatz im letzten Geschäftsjahr. Aktiengesellschaft mit einem Kapital von 417 120 000 Francs, aufgeteilt in 4 171 200 Namensaktien zu je 100 Francs, ein darbender Betrieb, der sich seufzend im Interesse des Gemeinwohls bereit fand, einer unterentwickelten Gegend beizuspringen. Wer kann schon widerstehen, wenn Gevatter Marcellin und Pleven, die beiden Minister aus bretonischem Wahlkreis, so inständig bitten (und so hübsch subventionieren). Ambroise Roux jedenfalls, der große Roux, Verwaltungsratspräsident der C. G. E. konnte nicht widerstehen, und auf diese Weise entstanden 1962 die 1000 Arbeitsplätze des ›Joint Français‹ in Saint-Brieuc. Bis 1968 hat die Fabrik wahrhaft koloniale Löhne bezahlt, im Monat kam der durchschnittliche Arbeiter auf 300 bis 400 Francs, laut ›Politique Hebdo‹. (Nur Schwarzafrika ist noch günstiger, hingegen entstehen dort mehr Schwierigkeiten beim Einfuchsen der Arbeiter, auch Abschreibungen auf Maschinen, die von den Negern nicht so gut behandelt werden.) Nach den Streiks von 1968 – vor diesem Zeitpunkt waren die Gewerkschaften im Betrieb nicht geduldet – wurden die Löhne unvermittelt angehoben, ein schwerer Schlag für das Unternehmen, nur durch größere Arbeitsintensität, schnellere Kadenzen und militärische Disziplin konnte weiterhin mit beinahe dem alten Gewinn produziert werden. Heute liegen nur noch wenige Saläre unter dem gesetzlich garantierten Mindestlohn (= S. M. I. C.: 800 Francs), die meisten schwanken zwischen 800 und 900 Francs. Aber wie gesagt, auch heute noch bis zu 25 Prozent weniger Lohn als im Mutterwerk von Bezons.

Höhere Löhne seit 1968 auf der einen, gnadenloser Konkurrenzkampf auf der andern Seite. 1971 macht der ›Joint Français‹ lediglich einen Gewinn von 2 700 000 Francs und bloß einen Umsatz von 101 Millionen Francs, vier Millionen weniger als im Vorjahr. Als erste französische Firma beliefert der ›Joint‹ die Auto-, Flugzeug- und Petrolindustrie, aber auch Atomkraftwerke mit Gummidichtungen jeder Art. In Frankreich liegt der ›Joint‹ im Kampf mit Impéravia, Kléber und Isolants Français. Zwanzig Prozent der Produktion gehen in den Export. Auf internationaler Ebene führt der ›Joint‹ Krieg gegen Freudenberg und Dunlop und Pirelli und Dowty und die Japaner. Dowty betreibt Dumping besonders auf dem deutschen Markt, unterbietet die Preise des ›Joint‹ ganz schamlos. Dowty kann das, denn diese englische Firma hat kürzlich auf Malta eine Niederlassung eröffnet. Was des einen Bretagne, ist des andern Malta, aber Malta hat den Vorteil, daß dort kein Mai 1968 stattfand und die Löhne konkurrenzlos niedrig bleiben. Verflechtung von zwei Miseren. Die niederen Löhne auf Malta halten die Löhne in Saint-Brieuc niedrig. (Welche Gewerkschaft hat eine internationale Strategie dagegen gefunden?)

Wir sehen hier also den typischen Fall einer humanistischen Firma, welche der bretonischen Bevölkerung zuliebe ein Zweigwerk eröffnet und anschließend, nach florierenden Gründerjahren, überrascht durch die unverschämten Lohnforderungen des Mais 1968 wie von einer Naturkatastrophe, ihren Platz im internationalen Geschäft nur mit Anstrengungen halten kann. Der Firma geht es zwar nicht schlecht, aber auch nicht glänzend (findet sie), denn die frühere Zuwachsrate von zehn Prozent kann nicht durchgehalten werden. Die Dividendenausschüttung wird etwas kärglicher ausfallen, die Aktionäre werden vielleicht murren. (Was haben die zu murren, sagen die Arbeiter. Sie säen nicht, sie ernten nicht und profitieren doch?) Kommt noch dazu, daß irgendein afrikanisches Land den Rohstoff Kautschuk jetzt plötzlich etwas teurer an die Gummiherren vom ›Joint‹ verkauft als noch vor zwei Jahren, dabei hatte man doch dank der traditionell guten Beziehungen zwischen Frankreich und dem frankophonen Afrika auf jahrelange Vorzugspreise spekuliert, wozu gibt es schließlich einen Sekretär für afrikanische und madegassische Angelegenheiten in der französischen Regierung, namens Foccart, und wozu gibt es Entwicklungshilfe?

Aber das Schlimmste steht dem ›Joint‹ im Frühling 1972 bevor: die Uneinsichtigkeit der Arbeiter vom Zweigwerk Saint-Brieuc, welche plötzlich soviel verdienen wollen wie ihre Genossen vom Mutterwerk in Bezons – oder fast soviel. Oder ungefähr gleichviel wie die Arbeiter der übrigen Fabriken von Saint-Brieuc, Chaffoteau und Sambre-et-Meuse. Die Direktion ist ob dieser Uneinsichtigkeit ganz verstört: »Wir exportieren vor allem nach Deutschland, haben also größere Transportkosten ab Zweigwerk Saint-Brieuc. Wir hätten ja auch im Norden oder in Paris bauen können.« Kein Wort davon, daß staatliche Subventionen und niedere Löhne die Transportkosten mehr als wettmachen. Das Volk von Saint-Brieuc lacht über die Argumente der Direktion. Manche lachen auch nicht. In der Pariser Argumentation spüren sie die alte Verachtung der Hauptstadt für die Bretonen. Wenn man sie übertölpeln will, dann bitte auf subtile Art. Das kann nicht gut gehen. Bécassine ist tot.

Materialistische Arbeiter

850 Francs pro Monat für 47 Wochenstunden, 4,46 Francs durchschnittlich pro Stunde, es konnte nicht dauern. Im Januar wurde der Direktion ein Katalog mit Forderungen überreicht. Verkürzung der Arbeitszeit, 13. Monatsgehalt und vor allem: 70 Centimes Lohnaufbesserung pro Stunde, für alle Stufen der Arbeiterhierarchie gleichviel. Also eine antihihierarchische Forderung. (Es war ein klassischer Katalog, von verbesserten

Arbeitsbedingungen, Recht auf Weiterbildung in der Fabrik oder von Arbeiterkontrolle stand nichts darin.) Die Arbeiterdelegierten wußten, daß die Aktien der C.G.E. im Steigen begriffen waren, daß die Kapazität der Fabrik auf lange Zeit voll ausgelastet war. Sie hatten sich ein Organigramm der tentakulären C.G.E. verschafft und kannten den Jahresbericht des Verwaltungsratspräsidenten sehr genau. Die Direktion ließ antworten: »Diese Forderungen sind absolut unvereinbar mit unseren finanziellen Möglichkeiten, wir bedauern.« Ende Februar wurde demzufolge in einzelnen Ateliers gestreikt, nur zur Warnung. Da rief der Lokaldirektor von Saint-Brieuc die Delegierten zu sich und sagte: »Ich bitte Euch, liebe Mitarbeiter, laßt uns doch das gemeinsame Interesse im Auge behalten, seid vernünftig, oder ich muß die Fabrik schließen.« Die Arbeiter fuhren aber fort in ihrer Unvernunft, es fehlen ihnen ja die volkswirtschaftliche Bildung und der Blick aufs Ganze. Es gab eine Abstimmung. Sechshundert stimmten für einen unbefristeten Streik, hundertzwanzig dagegen, der Rest enthielt sich oder war abwesend. Die Fabrik wurde besetzt, symbolisch in Besitz genommen, das tat gut, einmal selbst eine Initiative ergreifen am Ort, wo man sonst immer herumgeschubst wird. Ein Pikett von 100 Arbeiterinnen und Arbeitern bewacht die strategischen Stellen. Man entspannt sich, schäkert, neue Beziehungen bahnen sich an. Man singt: »Nous sommes les nouveaux partisans, francs tireurs de la guerre de classe«, das Lied von Dominique Grange. Die Maschinen ruhen. Das war am 13. März. Als Lokaldirektor Donnat und sein Personalchef Richet am 14. in die Fabrik möchten, werden sie von Arbeitern gestoppt. (Der C.G.T.-Delegierte warnt: Angesichts der besetzten Fabrik wird die Direktion nicht verhandeln.) Donnat verhandelt aber trotzdem, und zwar im Lokal der Arbeitsinspektion von Saint-Brieuc (dem Arbeitsminister Fontanet unterstellt). Am 15. März schaltet sich der Präfekt ein, welcher vom Innenminister abhängt. Die Arbeiterdelegierten bemerken die Parteilichkeit der offiziellen Stellen, die nur angeblich vermitteln, in Wirklichkeit aber die Thesen der Direktion übernehmen. Die Besatzer wollen die Fabrik nicht freigeben, bevor sie ihre 70 Centimes haben.

Zum erstenmal merken sie: Es ist eigentlich ihre Fabrik, man kann allerhand damit machen, sie zum Beispiel als Pfand behalten. Sie denken aber nicht daran, in eigener Regie zu produzieren, die Arbeitermacht aufzurichten, wie das 1920 in Italien geschah. Die Besetzung soll nur die Streikbrecher am Arbeiten hindern. Am 16. März sagt Donnat: »Wir werden die Tore öffnen.« Der Zentraldirektor kommt von Paris angereist, möchte einen Augenschein nehmen, Donnat tut's nicht mehr. Am Freitag, dem 17. März, im Morgengrauen, zur Stunde des Milchmanns, kommt ein Polizeikommissar mit der großen Beißzange und Tricoloreschärpe um den Bauch und öffnet das Fabriktor gewaltsam, im Namen des Gesetzes. Hinter ihm die Ordnungskräfte, einige Hundert C.R.S. Die Bevölkerung schläft, das Arbeiterpiket wird überwältigt, Besetzung ex. Um halb acht schon orientierten die Flugblätter der tüchtigen Gymnasiasten das Volk von Saint-Brieuc über die Vorgänge des Morgengrauens. Um 8.15 Uhr will Personalchef Richet in die von C.R.S. besetzte Fabrik wie gewohnt zur Arbeit, aber das Volk ist bereits vor dem Tor und beschimpft ihn: »Denkt ihr, wir werden mit den Gewehren im Rücken arbeiten?« Direktor Donnat läßt sich von Gendarmen in sein Büro eskortieren. »Sauhund«, sagen die Arbeiterinnen, er hat keinen Mut, »il n'a pas de couilles.« Die Stadt Saint-Brieuc, Bürgermeister Le Foll an der Spitze, verurteilt die Überrumpelungsaktion der Polizei. Die C.R.S.-Besatzungstruppen werden bei den Maristen-Patres einquartiert. Requisition. Die Maristen verlangen, daß die C.R.S. sofort verschwinden: »Wir haben euch nicht gerufen.«

Arbeiter und Bauern

So geht das Schlag auf Schlag, im eigentlichen und im übertragenen Sinn. Hört ihr Herrn und laßt Euch sagen. »Saint-Brieuc cité gentille / que ton sol reluit excellent.« Insgesamt nur 15 Streikbrecher, davon überlegen es sich zwölf noch anders, drei werden unter Polizeischutz in die Fabrik geleitet, fahren zum Hintertürchen sofort wieder hinaus. Und die schönen Gummidichtungen, unterdessen? Pirelli, Dunlop, Freudenberg, Dowty, die Japaner und Impéravia, Kléber, Isolants Français und alle übrigen Gummidichtungsfabrikanten stoßen in die Marktlücke, »une infinité de bestes sauvages«. Insofern sie Unternehmer sind, entwickeln sie eine gemeinsame Solidarität, aber insofern sie Konkurrenten sind, fressen sie einander. C. G. E. zehrt von keinem Solidaritätsfonds, hat keinen Kriegsschatz. Das ist nicht wie in der eisenverarbeitenden Industrie, wo jeder Betrieb ein Prozent seines Gewinns in die Solidaritätskasse spendet, woraus dann im Ernstfall die bestreikten Fabriken unterstützt werden. Der ›Joint‹ kann nur auf die Komplizenschaft von Polizei, Justiz und übrigem Staatsapparat zählen, aber die kurbeln die Produktion auch nicht an. Auf der andern Seite der Barrikade hingegen scheint die Solidarität intakt. Monseigneur Kerveadou, Bischof von Saint-Brieuc, sagt in seiner Osterbotschaft: »Es gibt Gesten der Solidarität, welche eine evangelische Resonanz haben. Quand je pense aux vicissitudes harcelantes de notre pauvre existence...« Monseigneur wurde vom jungen Klerus eingeladen, ein aktuelles Wort zum Sonntag zu sprechen. Die Arbeiter von Sambre-et-Meuse legen die Arbeit für einen kurzen Solidaritätsstreik nieder. In Saint-Ouen wird die Firma Alsthom (auch eine Filiale der C. G. E.) besetzt, welche 500 Arbeiter entlassen will. Paco Ibañez singt für den ›Joint‹, auch Glenmor und andere bretonische Barden. Den Streikenden wird in den Bistros von Saint-Brieuc gratis eingeschenkt, die Mieten sind gestundet. In

Nantes, Brest, Lannion und auf dem Land wird Geld gesammelt, quer durch die Bretagne.

Und vor allem die Bauern tun sich hervor. Sie kommen mit ihren Traktoren gefahren, die Anhänger voll Lauchstengel, Blumenkohl, Butter, Milch, Fleisch, Artischocken, alles gratis. In einer ausgedienten Kaserne wird alles gestapelt, im Lokal der Gewerkschaft C. F. D. T. (welche im ›Joint‹ die Mehrheit hat). Die Bauern entdecken die Arbeiter, die Arbeiter entdecken die Bauern. Sie sind nicht so verschieden, beide abgewetzt und ähnlich verschlissen. Die Landwirte sieht man auch bei den großen Demonstrationen, eine spontane *garde républicaine*, ihre Gegerbtheit und ihre Knotenstöcke machen einen soliden Eindruck, vielleicht kann man sie brauchen, wenn die Polizei übermütig wird.

Der Streik geht in die vierte Woche, aber er ist noch nicht reif, ganz oben in der ›Joint‹-Hierarchie ist man ratlos. Nach dem Lokaldirektor, nach dem Zentraldirektor schaltet sich der Zentralgeneraldirektor aus Paris ein. Er versteht die Ausdauer der Streikenden nicht, und die Solidarität einer ganzen Provinz hat er auch noch nicht erlebt. Wie können die von durchschnittlich 300 Francs pro Monat leben? (Denn mehr springt auch bei der schönsten Solidarität nicht heraus für den einzelnen Arbeiter. Und Ersparnisse haben sie nicht.) Der Zentralgeneraldirektor kann sich das um so weniger vorstellen, als er selbst 30 000 Francs pro Monat verdient. Die Regierung hat interveniert, das heißt, die Minister Marcellin und Pleven machen sich Sorgen, weil der Streik so populär ist, sie möchten nächstes Jahr in der Bretagne wieder gewählt werden. Der Zentralgeneraldirektor fährt nach Saint-Brieuc. Neue Verhandlungen auf dem Arbeitsinspektorat. Die Arbeiterinnen und Arbeiter lassen aber ihre Delegierten nicht allein, besetzen den Verhandlungssaal. Das Patronat schlägt eine Erhöhung des Stundenlohns um drei Centimes vor anstelle der verlangten 70. Herzliches Gelächter.

»Wir werden euch hier einschließen, bis ihr einen interessanten Vorschlag macht«, sagen die Arbeiter und verwirklichen ihre Idee sofort. Den Gewerkschaftsdelegierten ist nicht wohl dabei, »die Volksseele könnte überkochen«. Eine Nacht lang sind die Verhändler des ›Joint‹ eingesperrt. *Séquestration* nennt man das, eine beliebte Methode in Frankreich. Sie teilen die Arbeiter-und-Bauern-Mahlzeit. Etwas Blumenkohl gefällig? Sie bleiben bei ihren drei Centimes. Am Morgen werden sie von der Polizei befreit. Schläge, Verwünschungen, Bitterkeit.

Die Polizisten, welche zur Befreiung des Direktors eingesetzt werden: Proletarier wie die Arbeiter, bretonische Proletarier noch dazu. Denn welche Möglichkeiten hat ein junger Bretone, wenn er nicht nach Paris auswandern will (5000 jährlich) oder die Arbeit in ›Joint‹-ähnlichen Fabriken ihm mißfällt? Er kann sich bei den C. R. S. melden, dort verdient er mit 25 Jahren etwa 1500 Francs, hat viel Müßiggang dabei.

(Die C. R. S. werden zu zwei Dritteln in unterentwickelten Regionen rekrutiert. Für die Regierung bedeutet das zwei Bretonen auf einen Streich: Die provinzielle Misere produziert den Nachwuchs der Ordnungskräfte, welche dann wieder gegen das Volk eingesetzt werden, wenn es sich mit seiner Misere nicht abfinden will.) C. R. S. wird man aber nur, wenn es wirklich nicht mehr anders geht, die schwarzen Söldner werden verachtet, ein unehrlicher Beruf wie früher die Henker. Der C. R. S. Jean-Yvon hat es gespürt, als er in Saint-Brieuc plötzlich von seinem Freund Guy erkannt wurde, während der Demonstrationen. Sie waren unzertrennlich gewesen während ihrer Schuljahre im Centre d'Enseignement Technique, sie waren auch jetzt nochmals für einen kurzen Moment unzertrennlich, der streikende Guy packte Jean-Yvon am Kragen und schrie: »Schlag doch zu, vas-y maintenant, tape-moi dessus.«

So ging das weiter, fünfte, sechste, siebte Woche. Hinter der Direktion des ›Joint‹ steht der Patron von der übergeordneten

C. G. E., Ambroise Roux, der große Ambroise, Herr über ein Imperium von 120 000 Arbeitern, Vizepräsident des französischen Patronatsverbandes C. N. P. F. Er tritt persönlich nicht in Erscheinung, zieht aber in den Kulissen die Drähte. Seiner Pflicht genau bewußt, baut er eine harte Position auf. Der Streik in Saint-Brieuc wird zum Testfall. Wenn der ›Joint‹ nachgibt, so ist das eine Ermunterung für die Arbeiter von Alsthom, Brissonneau et Lotz, Cifeco, Finnifor, Manufacture d'accumulateurs et d'objets moulés Tudor, Société Fulmen usw. (alles C. G. E.-Filialen). Nicht auszudenken, was dabei aus der expansiven C. G. E. wird und aus ihrer internationalen Konkurrenzfähigkeit. Er zieht also vorübergehend Millionenverluste durch den Produktionsausfall von Saint-Brieuc einer definitiven Lohnerhöhung von 70 Centimes vor. Ambroise Roux verhandelt lieber von Spitze zu Spitze, C. N. P. F. mit C. G. T., wie bei den Mai-Gesprächen von 1968, er weiß, welche Sprache er gegenüber den Generalsekretären der großen Gewerkschaften führen muß, das ist bekanntes Terrain, harte, aber loyale Verhandlungspartner, stückweise gemeinsames Vokabular. Hingegen ein wilder Streik wie in Saint-Brieuc, ohne anständige Vorankündigung, von keiner Gewerkschaftsbürokratie gezügelt und von unverschämter Dauer, das ist ihm unheimlich. Schwer lastet die nationale Verantwortung auf ihm, seit Ende 1971 will er die Lohnentwicklung energisch abklemmen, ihm und ähnlichen Patrons hat es der Premierminister Chaban-Delmas zu verdanken, wenn er sagen kann: »Frankreich hält das blaue Band der Expansion inne.«

Er versteht deshalb nicht, daß die Regierung ihn zu immer neuen Verhandlungen drängt, daß sogar das gaullistische Hofblatt ›La Nation‹ die C. G. E. starrköpfig findet, daß sogar Pleven streikfreundlich wird: Der gaullistisch-zentristisch beherrschte ›Conseil général‹ des Departements Côtes-du-Nord subventioniert die Streikkasse mit 85 000 Francs. Pleven denkt bis zu den Wahlen, Ambroise Roux muß weiter denken. In der siebten Streikwoche endlich (in Saint-Brieuc werden zahlungsunfähigen Familien bereits Elektrizität und Wasser gesperrt) akzeptiert der ›Joint‹ die Vermittlung des Arbeitsministers. Nun wird umgekehrt gefahren, die Arbeiterdelegierten nach Paris, sie treffen in den Räumen von Minister Fontanet ihre Kontrahenten. Paris als Verhandlungsort ist für die Direktoren günstig, hier werden sie nicht eingesperrt. Ihre Vorschläge klettern von 16 auf 35 Centimes. Es wird Tag und Nacht verhandelt. Man erwartet von den Arbeiterdelegierten, daß sie auf der Stelle eine Wiederaufnahme der Arbeit versprechen. Die Delegierten sagen: »Das geht nicht, wir müssen die Basis konsultieren.« Der nationale Arbeitsinspektor, der angeblich neutrale Vermittler, läuft rot an und verläßt den Raum. Abbruch der Verhandlungen, zurück nach Saint-Brieuc. Die Arbeiterversammlung billigt den Abbruch. Wut und Zähneknirschen. In der achten Woche (die C.G.T. drängt auf Streikabbruch, die C.F.D.T. bleibt hart) kommt plötzlich ein diskutabler Vorschlag. Es werden 65 Centimes angeboten, 45 sofort, 20 ab 1. Oktober. Am 8. Mai wird im ›Joint‹ wieder gearbeitet, in der modernen Fabrik, die so ideal im Grünen liegt.

Frauen

Diese Arbeiterinnen und Arbeiter, die den Streik durchstanden, diese Gymnasiasten, welche den Streik propagierten, diese Bauern, die den Streik fütterten: Wer sind sie? Was schweißt sie zusammen?

Die Frauen erzählen (sie machen 65 Prozent der Belegschaft aus). »Ich arbeite seit drei Jahren im ›Joint‹«, sagt eine 29jährige. »Die Arbeit ist nicht sehr anstrengend, nur langweilig, man vertrottelt dabei. Ich bin in der Expedition, Verpackung usw., Kontrolle der versandbereiten Dichtungen. 820 Francs im Monat. Wenn ich schon keine interessante Arbeit habe, möchte ich doch wenigstens recht verdienen. Drei von meinen Kindern bringe ich morgens in die Schule, eins in den Kinderhort. Die schlimmste Arbeit im ›Joint‹, das ist die Gummimischung, wo immer Staub eingeatmet wird. Wenn man dort wenigstens Milch trinken könnte. Die Schornsteine fegt man ja auch, für die schmutzigen Hälse tut man nichts. Das Gummischneiden ist auch nicht gesund, da werden immer wieder Finger mit abgeschnitten, monatlich fünf bis sechs Finger oder auch nur Teile von Fingern. Es pressiert. Die Arbeit an den Öfen bei großer Hitze ist das letzte. Mich stört, daß die Fabrik bald auf Hochtouren arbeitet, bald nur 50 Prozent, eine Abwechslung von Hetze und Untätigkeit. Ich werde auch nach zehn Jahren noch dieselbe Arbeit tun. Die Männer können eher weiterkommen, wir Frauen sind wirklich die willigsten und billigsten Arbeitstiere, dreifach ausgebeutet, als Prolos, als Bretonen, als Frauen. Abends, wenn ich nach Hause komme, wir zahlen 350 Francs für die Wohnung, mache ich den Haushalt, Mann und Kinder müssen versorgt werden. Der Mann ist Vorarbeiter auf dem Bau, ein unpolitischer Mann. Es stört ihn, daß ich in der Gewerkschaft C. F. D. T. agitiere, er selbst agitiert überhaupt nicht, ein ruhiger Arbeiter. Er kennt nur seinen Job. Immer wenn ich in der Zeitung ein Foto von Demonstrationen sehe, habe ich Angst, mein Mann könnte mich darauf erkennen. Er sieht mich nicht gern in der Zeitung. Er hat mir verboten, die Kinder zu Demonstrationen mitzunehmen. Was kann ich vom Leben erwarten? Seit zehn Jahren sind wir in den Ferien zu Hause geblieben, mit welchem Geld sollten wir in die Ferien? Ich verlange nicht viel, eine gute Ausbildung für die Kinder, die Abschaffung der Schikanen in der Fabrik, zwei Minuten zu spät, schon wird eine Viertelstunde abgezogen. Ich möchte eine Arbeit, für die ich mich interessieren kann. Ich will wissen, wozu ich produziere. Ich möchte wirksam agitieren. Wozu die großen Demonstrationen, bei der letzten waren es 12 000, viel

Begeisterung, und am Schluß nach einer schönen Ansprache läuft alles auseinander. Wir hätten die Fabrik im Sturmangriff nehmen sollen, die C. R. S. wären bald verschwunden, das hätte den Streikenden einen gesunden Impuls gegeben, statt untätig zu Hause zu hocken. Die größte Gefahr bei einem langen Streik, das ist die ungewohnte Freizeit, die Männer kommen ins Trinken, das Familienleben wird gestört. Die Älteren sind von ihrer Arbeit schon so programmiert, die Routine steckt so tief in den Knochen, daß die Freiheit ihnen unnatürlich vorkommt. Die Lungen haben den Streik provoziert, die schlucken nicht alles.«

Eine Arbeiterin, 42jährig, während sie die Lebensmittel zuteilt und jeden Namen auf der Liste ankreuzt, beschreibt die Gewerkschaften. »Ich war früher bei der C. G. T. eingeschrieben, aber dieses Jahr werde ich meine Mitgliedskarte nicht erneuern. Die C. G. T. hat immer gebremst. Als es nicht mehr anders ging, hat sie den Streik halbherzig unterstützt. Die C. G. T. will keine Unordnung, sie will mit der Kommunistischen Partei zusammen an die Macht, auf parlamentarischem Weg, und bis es soweit ist, darf man die Bürger nicht erschrecken. Die C. G. T. will die Streiks von oben dekretieren und fest in der Hand behalten, ordentlich bürokratisch, sie funktioniert genauso zentralistisch wie der Staat, wenn es nach dem Willen der C. G. T. ginge, hätten wir die Arbeit bald wieder aufgenommen, auch ohne richtige Lohnaufbesserung. Warum hat die C. G. T. uns nicht unterstützt durch einen Streik im ›Joint‹-Hauptwerk von Bezons? Dann hätte die Direktion längst nachgegeben. Aber die C. G. T. ist lahm, alles wird in der Pariser Zentrale bestimmt. Ihre ewigen Warnungen vor den gauchistischen Elementen, da muß ich lachen. Wir brauchen keine Gauchisten, wir brauchen nur einen Blick auf den Zahltag zu werfen. Die C. F. D. T. war viel aktiver, ihre Delegierten haben den Willen der Basis ziemlich genau reflektiert.«

Bald dressiert

Vor der ehemaligen Kaserne, das Volk steht Schlange im Regen, Lebensmittel und Geld werden verteilt, achte Streikwoche. Ein Bild, wie man es aus Zeiten der Rationierung kennt. Graue Gesichter, keine Triumphstimmung. Lange wird man es nicht mehr machen. Ein 47jähriger Magaziner, sieht aus wie 60, erzählt: »Wie soll ich von 750 Francs leben, sehen Sie selbst die Zahltagsabrechnung.« Kramt ein Papier hervor, Gesamtsumme, alle Prämien mitgerechnet: 750 Francs. »Jeden Tag fahre ich 20 Kilometer zur Arbeit, mit dem Motorvelo. Denken Sie nur nicht, das Leben sei hier billiger als in Paris. Mein Vater war Handlanger, meine vier Kinder werden wahrscheinlich auch Handlanger. Die Frau ist im Spital. Mit zehn Jahren wurde ich auf einen Bauernhof verdingt. Wissen Sie, daß Direktor Donnat gesagt hat, er werde diese Bretonen bald dressiert haben?« Er steht weiter Schlange mit seinem Rucksack, geduldig und kaputt. In der Nähe ein junger Arbeiter, unverheiratet, langhaarig, Aktivist, treibende Kraft, wirkt auch in der achten Woche noch frisch. »Ein wirkliches Bordell, der ›Joint‹. Unsere Arbeitskraft wird verschleudert. Da ist eine große und teure Maschine geliefert worden, aber da war kein Platz, um sie aufzustellen. Eine Schneidemaschine, die sich im Werk von Bezons bewährt hat, aber die Direktion hat nicht daran gedacht, daß in Saint-Brieuc eine andere, nämlich weichere Kautschukart geschnitten wird. Oft erhalten wir Produktionsanweisungen, doch ohne entsprechende Werkzeuge und Rohstoffe. Wenn man das kritisiert, wird man entlassen. Vielleicht sollten die Arbeiter einmal den Direktor entlassen? Aber allein könnten wir nicht produzieren, man vermittelt uns die nötigen Kenntnisse nicht. Es wird uns nichts erklärt, wir dürfen nur ausführen, nicht entwerfen. Alles verläuft von oben nach unten, nichts von unten nach oben. Ich möchte zum Beispiel wissen, wie der Kautschuk zusammengesetzt ist, den ich bearbeite. Ein Bordell, und erst noch ein langweiliges. Weshalb arbeite ich?«

»Weshalb studieren wir?« sagen die Gymnasiasten. »Wir dürfen nur unser Programm schlucken, sollen auswendig lernen und durch diesen komischen Unterricht von den ernsthaften Problemen abgelenkt werden. Man will uns auf leitende Funktionen dressieren. Man will uns ein Privilegierten-Bewußtsein beibringen. Aber so privilegiert sind wir auch wieder nicht, bei Licht betrachtet. Wir haben später auch nur unsere Arbeitskraft zu verkaufen. Wir können sie teurer verkaufen als die Arbeiter, aber entscheidend mitbestimmen werden auch wir nicht können (oder nur die allerwenigsten, die immer schon katzbuckeln und schweigen, bis sie ganz oben sind). Es ist skandalös, daß wir eine leichtere Existenz haben, nur weil unsere Väter keine Arbeiter waren. Wir wollen die Rolle nicht spielen, die uns zugedacht ist.«

Sagen die trotzkistischen Gymnasiasten vom Comité de soutien lycéen und drucken ihre Flugblätter. Gehen auf die Märkte und sammeln Geld. Verteilen Flugblätter. Schmücken die Wände von Saint-Brieuc mit vielen erklärenden Inschriften, von der Polizei Schmierereien genannt.

Viele haben erst in diesem Frühling 1972 bemerkt, daß es eine ganz besondere Sorte von Menschen in ihrer Stadt gibt: den Arbeiter. Sie verwickeln die Leute in ein Gespräch, erläutern mit viel Geduld noch dem letzten Kleinbürger die Zusammenhänge. (Vor allem die Schüler aus den technischen Gymnasien sind aktiv, im klassischen Lyzeum Ernest Renan regt sich dagegen nichts.) Auch einige Lehrer überzeugen sie, die spenden darauf jeden Tag 20 Francs. Einige überzeugen sie nicht, es sind Gaullisten oder manche Kommunisten, die schreiben Mahnbriefe an die Eltern, wenn die Gymnasiasten agitationshalber der Schule fernbleiben. (Die KP will nichts von spontaner Arbeiter-Gymnasiasten-Bauern-Solidarität wissen. »Jeder an seinem

Platz, immer schön ordentlich«, ist ihre Parole.) Meist funktioniert diese Einschüchterung. Denn die Eltern fürchten, daß ihre Kinder durchfallen bei der ohnehin schwierigen Matura, dann müßten sie eventuell im ›Joint‹ arbeiten... Also sehen sich die Gymnasiasten gezwungen, die Absenzenlisten zu klauen, jetzt geht den Professoren die Übersicht ganz verloren. Eine festliche Zeit in den Gymnasien, durchweg höhere Temperatur.

Alle Talente können sich entfalten. Ein Fußballmatch wird organisiert, Saint-Brieuc gegen Brest, Erlös für die Streikkasse. Dann ein Picknick für Arbeiter oder gegenüber der Fabrik das Polittheater: ›La grande enquête de François-Felix Kulpa.‹ Auch bretonische Folklore, Festou Noz und Dudelsackkonzerte, alles für den guten Zweck.

Herr Direktor

In seiner Villa sitzt Monsieur Donnat, im schönen Viertel von Saint-Brieuc, die Villa mit bretonischem Granit verziert, also durchaus Anknüpfung an die örtlichen Gegebenheiten, Donnat, von dem das Volk sagt: »Donnat salud, le peuple aura ta peau.« Glattrasiert die Haut, welche seine Arbeiter ihm abziehen möchten, eine stramme Erscheinung, ganz der junge dynamische Chef, Idealmodell für Herrenunterbekleidung, Anfang 40. Kein Hinterwäldler. Kurz ist die Zeit bemessen, die er den Journalisten widmen kann, in der Nacht sind neue Schmiereien aufgetaucht am lokalen Sitz des Patronats, gleich muß er mit den Behörden abklären, ob diese Sachbeschädigung eine Klage gegen Unbekannt wert ist. »Es ist alles ein Komplott«, sagt er. »Alles von Agitatoren angezettelt. Reisende in Sachen Umsturz, sie waren vorgängig schon in Lyon bei ›Penarroya‹ und in Le Bourget bei ›Girosteel‹ und in Nantes. Zuerst glaubten wir, es sei eine spontane Bewegung. Wissen wir doch, daß unsere Arbeiter, meist bäuerlichen Ursprungs, zwar intelligent sind, aber ungebildet. Also wohl in der Lage, ihre Unzufriedenheit kurz aufwallen zu lassen, aber nicht, einen Streik diabolisch zu planen. Als die Fabrik von den Arbeitern besetzt wurde, mußte ich über die Mauer klettern, da sah ich die fabrikfremden Elemente. Junge Trotzkisten. Worüber beklagen sich die Arbeiter? Keiner verdient weniger als 900 Francs. Worüber beklagt sich die Bretagne? Man wirft mir vor, daß ich kein Bretone bin. Wir haben nicht nur 1000 Arbeitsplätze geschaffen, sondern eine ganze Infrastruktur ins Leben gerufen, denken Sie an all die Zulieferbetriebe. Wir bringen Steuern ins Land. Und was soll das Gezeter über Ausbeutung? Die C. G. E. ist eine Aktiengesellschaft, gehört nicht einem einzelnen Potentaten, sondern Leuten wie mir oder Ihnen, jeder kann dort Aktien kaufen. Man behauptet, daß Arbeitskraft verschleudert wird? Daran sind die verantwortungslosen Arbeiter schuld. Wir bemühen uns um ihre Weiterbildung, aber Sie wissen ja, wie es heutzutage um die Arbeitsmoral bestellt ist. Sind Sie übrigens Wirtschaftsjournalist? Glücklicherweise konnte das Werk von Bezons seine Kapazität erhöhen und einige von unsern Aufträgen übernehmen. Die Arbeiter wollen sogar Lohn für die ganze Zeit, wo sie feierten. Gestatten Sie mir zu lachen. Es ist schlechthin unmöglich, die 70 Centimes, die Gesetze der Ökonomie lassen das nicht zu. Die wirtschaftlichen Zusammenhänge bleiben den Arbeitern leider verborgen. Wenn die nicht nachgeben, müssen wir schließen (es war in der achten Woche). Aber vielleicht besinnen sich die gemäßigten Kräfte, welche in der Mehrheit sind, in letzter Minute und schalten die Extremisten aus.«

Monsieur Donnat hat keine Zukunftsangst. Er ist seit zwei Jahren Direktor. Er war früher im Bergbau tätig, droben im Norden. Mit seinen Kenntnissen ist er überall einsetzbar. Wenn der ›Joint‹ schließt, ist das für seine Karriere nicht nachteilig, mit seinen guten Diplomen wird er eine rechte Stelle finden im Konzern. Gegen einen Streik vermag er ja so wenig wie gegen ein schlagendes Wetter im Stollen. Ein Naturereignis. Herr Donnat blickt gefaßt in die eigene Zukunft. Nur die Zukunft der Arbeiter bereitet ihm Sorgen.

Landluft

Boquého, ein Dorf in der Bretagne. Hier wohnt Robert Le Hégaray, einer von den intelligenten, aber unkultivierten Bauern, hat die Arbeiter unterstützt, nach der großen Demonstration in Saint-Brieuc gab er mir seine Adresse. Was treibt ihn für die Arbeiter auf die Straße? (Französische Bauern stellt man sich erdverhaftet vor und konservativ, eventuell gegen einen Panzerübungsplatz demonstrierend oder für den Milchpreis, aber nicht für Arbeiter. Mehr als ein korporatistisches Bewußtsein traut man ihnen nicht zu.) Hégaray ist Pächter, nur die Maschinen besitzt er, zum Teil. Eine stille und weitläufige Gemeinde, das intensive bretonische Grün, Regenlandschaft, eine zerfallende Kapelle, Pappeln und Wegkreuze. Eine Dorflehrerin, zugleich Dichterin, hat Boquého besungen:

> »O die lieblichen Felder und der
> Klatschmohn,
> die blühenden Apfelbäume, die
> reiche Ernte,
> der güldene Most, der perlende,
> seine Wiesen, seine rauhen Männer.«

Hégaray zeigt die lieblichen Kühe, 24 Haupt, etwas Kleinvieh, putzig schnuppernde Hasen, 18 Hektaren Land. Ein Traktor mit Zubehör. »Auch wir werden ausgezogen bis aufs Hemd«, sagt er, »zur Abwechslung einmal nicht vom ›Joint‹, sondern von Péchiney und Kuhlmann, die uns den Dünger viel zu teuer verkaufen, von der Bank, die mir das Geld für den Traktor lieh, 4,5 Prozent Zins, Laufzeit fünf Jahre, von der milchverarbeitenden Industrie, von der fleischverarbeitenden Industrie, der ich meine zwölf Kälber im Jahr verkaufe. Für die 18 Hektaren Land müßte ich einen Kaufpreis von 120 000 Francs bezahlen. Ich habe keine Ersparnisse. Ein ganz besonderer Blutsauger ist der Notar, welcher 3000 Francs bezieht allein für die Ausfertigung des Pachtvertrags.« Wenn er's recht bedenkt, ist er ein Prolo. Die Produktionsmittel gehören zum größten Teil noch der Bank. Das Dorf wird beherrscht vom Grafen de Robien, der besitzt zehn Höfe, insgesamt 200 Hektaren. Rentabilisierung wie in der Industrie, ein Hof unter 16 Hektaren ist nicht mehr lebensfähig, der Crédit agricole gibt keinen Kredit. Und auch Konzentration wie in der Industrie, drei Großbauern vereinigen bald allen Großgrundbesitz in ihrer Hand.

Der Eurokrat Mansholt hat beschlossen, daß vier Fünftel aller bretonischen Bauern verschwinden müssen, und so geschieht es, letztes Jahr 10 000. Da sie keinen andern Beruf erlernt haben, bleibt ihnen nur die unqualifizierte Arbeit in der Fabrik. Sie drücken die Löhne, garantieren dem ›Joint‹ und Konsorten eine billige Produktion. So hängt alles zusammen. »Vielleicht werde ich bald in der Fabrik arbeiten müssen, obwohl ich unbedingt hierbleiben möchte, und deshalb habe ich prophylaktisch demonstriert.« Er erwähnt die Misere der Alten, seine Mutter bezieht 300 Francs Altersrente im Monat, und die Löhne der Jungen. Sein Sohn, gelernter Automechaniker, hat in den letzten zwei Monaten 530.26 Francs verdient, mit 20 Jahren, er zeigt mir den Lohnzettel. Bald wird die Bretagne ein Nationalpark, einerseits, die verwaisten Bauernhöfe verwandeln sich in Ferienhäuser für Pariser, und ein Paradies für billig produzierende Patrons, andrerseits, rings um die Städte in den Industrierevieren. Hégaray hätte auch gerne studiert, aber zu Hause war kein Geld, es reichte nur bis zum Diplom der Elementarschule, so blieb er unkultiviert. In jeder freien Minute liest er Zeitungen und hört Radio. Im Eßzimmer eine vergilbte Postkarte vom

Eiffelturm, Souvenir de Paris, wo er ein einziges Mal war, auf dem Rückweg vom Militärdienst in Deutschland. Hat ihm nicht gefallen. Fotos von der ersten Kommunion, auch Ehrenjungfern von der Hochzeit, eine blühende Frau Hégaray einrahmend, die überhaupt keine Ähnlichkeit mehr hat mit der abgenützten Frau am Schüttstein. Hégaray entkorkt eine Flasche mit bretonischem Most. Viel Hoffnung auf einen Wechsel der Zeiten hat er nicht, wenn es gut geht, wird er sich knapp über Wasser halten können. Soll er auf die Wahlen von 1973 bauen, auf eine Linksregierung? Und wenn schon, der Rechtspräsident Pompidou bleibt bis 1976 an der Macht. »Das gäbe ein lustiges Gespann, Pompidou mit einem linken Premierminister. Bleibt nur noch eine gewaltsame Veränderung.« Wenn sich die ganze Wut der Geschundenen auf einen Schlag Luft macht, da sieht er eine Möglichkeit. Er holt eine zweite Flasche, entfernt den Draht. Man sieht, wie der Korken durch die vereinigte Kohlensäure langsam herausgestoßen wird.

Blochen in Assen,
und auch sonst

Für André Pieyre de Mandiargues

Das einzig Starke an Dir
ist Deine Moto-Guzzi
Aber sonst bist du ja
so ein Fuzzi

Udo Lindenberg

Das greift so seltsam ans Herz, wenn man diese lederverpackten rasenden Typen unter den mittelalterlichen Topfhelmen, kauernd auf ihren Maschinen mit angezogenen Beinen wie der Fötus im Mutterbauch, mit 260 Stundenkilometern über die Rennbahn von Assen blochen sieht hört riecht spürt.

In Daytona Beach geht's noch schneller, dort fetzen die schweren 750er mit 330 Stundenkilometern, aber 260 ist auch ein Erlebnis, wenn man's noch nie gesehen hat und selbst nie über 190 hinausgekommen ist auf einer Serienmaschine. Es sind 500er, 500-Kubik-Maschinen, welche diese Spitze erreichen, aber vielleicht sind es auch 280 Stundenkilometer, auf den Kilometer genau weiß man das nicht, die haben keinen Geschwindigkeitsmesser, nur einen Tourenzähler aufmontiert, damit der Fahrer weiß, bis in welche Höhen er den Motor hinauftreiben soll, bevor es ihn verjagt.

Wie der Agostini wieder vorbeigeschletzt ist in der zehnten Runde an der Zieltribüne auf seiner bärenhaft dumpf brummenden MV-Agusta mit ihrem Orgelton, die so vorteilhaft kontrastiert mit den japanischen Heulern (Suzukis, Yamahas)! Die sind ihm auf den Fersen, aber er hat das Feld schon in der zweiten Runde abgehängt, König Ago, wie sie ihn nennen, läßt keinen an sich herankommen, Präludium und Fuge über das Thema Kurvenschneiden, Präzisionsarbeit in der Schräglage, da kann man allerhand lernen für den eigenen Gebrauch, die Schätzungen gehen auseinander und *schwanken* zwischen 50 und 60 Grad Neigung in den Kurven, und wie er das wieder gemacht hat dort in der S-Kurve, wo er zuerst ganz links außen, zwei Zentimeter vom Pistenrand, hart neben der Grasnarbe, die Maschine tief zu Boden drückte, mit abgewinkeltem linkem Knie, sie dann wieder emporriß, die Mitte der Rennbahn anvisierte, ganz kurz senkrecht stand und sich darauf nach rechts fallen ließ, mit abgewinkeltem rechtem Knie in die Rechtskurve fegte, wumm!, und dabei die Verschalung und ein Auspuffrohr den Boden kratzten, wahrscheinlich auch die ledergeschützte Kniescheibe, ein hartes schnelles Knirschen, aber Agostini schon wieder aufgerichtet, Agostini fest im Sattel, dann stark fötal gekrümmt auf der Zielgeraden mit Vollgas, fünfter, sechster, siebenter Gang, wie der schaltet mit seinem hurtigen italienischen Fuß, ein König, begleitet von Musik aus den Lautsprechern, die den ganzen Parcours säumen, aber die Musik hört er nicht: »*I can't get no satisfaction.*« Die Auspuffe, welche nach hinten aggressiv in die Luft stechen wie Maschinengewehre oder geil aufgestellte Schwänze, verbreiten eine Bewölkung aus Benzin und Rizinusöl, das dem Rennöl zur Leistungssteigerung beigemischt wird, wovon die Zuschauer nicht genug haben können: günstige Anästhesie, die den Lärm verdauen hilft, nochmals gut durchatmen, das begast die Nerven und hilft, die permanent 120 und mehr Dezibel vier Tage auszuhalten.

Noch ein Schluck! Genug ist nicht genug! Die Gase, zusammen mit Hitze, Lärm und Musik, speeden die Zuschauer in einen höheren Zustand hinauf. »*I do what I want*« ist jetzt die Melodie, und »*Say goodbye it feels so strange*«, und jetzt kommt eine Gruppe von lauter Suzukis, im Volksmund *Sugi* genannt, in allen Tonarten zwischen h-Moll und F-Dur heranmusiziert. Die Maschinen preschen als zusammenhängender Klumpen in eine weidlich scharfe Kurve, wie aneinandergeklebt, 20 Zentimeter oder weniger Abstand von Mann zu Mann, mit einem Hundertdreißiger (tief geschätzt), und berühren sich nicht, die Artisten, es verscherbelt keinen einzigen, bravo, der Tod pulsiert in den Kurven und natürlich auch die Libido, und *it feels so strange.* Dennoch gab es heuer nicht einmal Knochenbrüche in Assen, nur weiche Verletzungen, Schürfungen/Prellungen/Hirnerschütterungen, und nur wenige kamen vorübergehend ins »Ziekenhuis«, wie die Spitäler in den Niederlanden heißen.

Alles funktionierte sportlich, auch Angel Nieto hat sich gemäßigt; der Bodensurri aus Spanien auf seiner Bultaco-50-Kubik hat seine Konkurrenten, wenn sie ihn überholen wollten, nicht mehr bei 180 Stundenkilometern in die Schienbeine gekickt oder in die Lenden, mit seinen hart kickenden Beinchen, hat niemanden unsportlich auf die Piste geworfen, auch keinen Wutanfall bekommen und seinen leichten Töff nicht mehr nach dem Rennen an die Wand geschmettert wie auch schon: Er wurde nämlich Sieger der 50er-Klasse und stand befriedigt und ausgepumpt in der Sommerhitze auf dem Podest, während die spanische Nationalhymne und ein Lorbeerkranz, der ihm bis zu den Knien hinunterhing, den Sieg verdeutlichten und er die Huldigung der Massen entgegennahm wie Franco bei der Siegesparade 1939 in Madrid, mit leicht winkendem Fetthändchen. Aus der Vorratskammer unter dem Siegespodest hatten die Pfadfinder, welche den Lorbeer betreuten, nach einigem Suchen den zutreffenden Kranz hervorgenestelt, jenen mit der Inschrift: »Großer Preis der Niederlande, 50 ccm«. Er sah aus wie ein Beerdigungskranz, auf der violetten Schleife hätte auch stehen können: »Für treue Dienste unserem unvergessenen Mitarbeiter Nieto, die Firma Bultaco.« Angel Nieto hatte sein Lederkombi bis zu den Hüften hinuntergerollt. Es war heiß. Sein Oberkörper schwitzte.

Andere konnten die Siegerehrung nicht mehr im Vollbesitz ihrer körperlichen Kräfte entgegennehmen. H. Schmid, Beisitzer oder Beilieger von J. Martial in der Seitenwagenklasse, ein Gespann aus Zwitserland, wie dem Programm zu entnehmen ist, Start 16.15 Uhr am Samstag, 14 Runden auf Yamaha, 108 Kilometer in knapp dreiviertel Stunden, hat durchgehalten bis zur letzten Runde, hat den ersten Rang gemacht mit seinem Partner, mußte, weil anscheinend in den Zustand der tiefsten Erschöpfung gefallen, unter den Klängen von »Trittst im Morgenrot daher« direkt vor der Zieltribüne in einen Krankenwagen versorgt und ins Ziekenhuis geschafft werden. Sein Zustand wurde als befriedigend angegeben. Schmids Müdigkeit sei derart gewesen, hieß es, daß er sofort nach dem Ausrollen vom Seitenwagen auf den Zement fiel wie tot, aber glücklich. »Seh ich dich im Strahlenmeer.«

Einen andern konnte man treffen, der lag nach dem Rennen zusammengekrümmt und japsend im Gras, stand eine Stunde lang nicht mehr auf, schnappte nur still nach Luft und suchte Kühlung. Auch einer von den Seitenwagenfahrern, auch auf seinem Gesicht ein Reflex von Glück, nachdem der Sanitäter ihm gesagt hatte, er sei gut plaziert. Seitenwagenfahren stellt besondere Ansprüche. Auf den geraden Strecken liegen die Beifahrer bäuchlings ausgestreckt auf ihrem länglichen Gefährt, die Füße ragen hinten über den Rand hinaus, Fußspitzen wenige Zentimeter über der Piste, sieht aus wie ein rasender Sarg. In den Kurven wird gekniet und beidseitig weit hinausgelehnt. Hosenboden wieder knapp über dem Zement, manchmal auch leicht darauf schleifend. Eine Kunst.

Die Motoren dieser Klasse sind immer überbeansprucht: 500 Kubik, so viel, wie einem Solisten sonst zur Verfügung steht, müssen jetzt zwei Mann und das schwere Gefährt bewegen. Also ständig »Engine trouble«, wie der Kommentar aus den Lautsprechern sagt, Maschinenpech, die Hälfte der Konkurrenten fällt aus, klemmende Kolben, ausgeleierte Lager, Melancholie auf den Gesichtern der Fahrer, welche ihre Gespanne selbst zusammengebastelt haben und voll Zärtlichkeit speziell frisierte Bootsmotoren und andere Fabrikate auf die niederen Chassis pfropften, und dann in der achten oder neunten Runde, wie bei Rudi Kurth und seiner in den Kurven akrobatisch turnenden Gefährtin, die auf einer wirklich genialen Maschine mit revolutionären Neuerungen in den Kampf blochen: Schluß, Engine trouble, alles für die Katz. Das Gespann Rudi Kurth/Dane Rowe steht immer kurz vor dem großen Durchbruch, ihre Maschine wird immer revolutionärer (sagen die Spezialisten), die Bewunderung für ihren Durchhaltewillen ist groß, das Mitgefühl der Zuschauer wegen der nicht errungenen, ganz knapp verpaßten Siege auch.

Man sieht die beiden in den Pausen zwischen den Trainingsläufen angestrengt vor ihrer Maschine hocken, sie reden ihr gut zu, die Zündkerzen, Lager, Kolben, Vergaser werden beschwichtigt und geputzt, der ganze Mechanismus demontiert, neue Teile eingefügt, der Ton wird nach Unregelmäßigkeiten detektivisch abgehorcht; was für den Laien nur ein wüstes Brüllen ist, wird in den zarten Öhrchen der Liebenden eine Symphonie... Da geht die ganze Liebe hinein in die Maschine, und auch die ganze Zeit.

Neben ihrer Maschine steht im Fahrerlager der Transporter, auch selbst gebastelt, darin wohnen sie, mit dem fahren sie und ihr Yamaha wie die Landstörzer von Rennen zu Rennen zwischen März und September, ausgebucht fast jedes Wochenend, von ihrer Heimat bleibt ihnen nur die Nationalhymne, wenn sie doch einmal gewinnen. Ihre eigentliche Heimat ist der Töff, ein rasendes Vaterland mit Pannen. Drei oder vier Tage in der Woche wird trainiert, und samstags oder sonntags dann gilt es jeweils ernst: das Rennen in Hockenheim oder auf der Isle of Man oder in Imola oder Spa oder Barcelona oder Clermont-Ferrand.

So kommt man in die Welt hinaus, ringelum, irgend etwas treibt sie auf allen europäischen Rennbahnen im Kreis herum. Das Geld? Nicht der Rede wert, die Startgelder und Prämien sind bescheiden, damit kann man kaum die laufenden Unkosten berappen. Der Kitzel? Sie empfinden die Schnelligkeit nicht als Kitzel, sondern als Rohmaterial für Präzisionsarbeit. Der Ruhm? Nur ganz wenige können sich einen Namen machen, wie man sagt, die andern bleiben namenlos im Schatten. Wer dann einen Namen hat, wie Barry Sheene oder Phil Read, der kommt wie diese beiden tatsächlich mit dem Rolls-Royce angefahren und mit vier, fünf Ersatzmaschinen, einem Camion voll Ersatzteilen und einem halben Dutzend Mechanikern, alles von Herrn Suzuki oder Harley Davidson bezahlt oder von Gauloises und Marlborough gesponsert, wie man sagt. Da schläft man auch nicht mehr im Fahrerlager (im Wohnwagen, den die meisten mit sich schleppen), sondern im Hotel, und hat einen ganzen Troß von Griten und Gritli bei sich, fast wie die Autorennfahrer; die Schönheit der Begleitmädchen nimmt mit dem Erfolg zu, versteht sich. Agostini hat in Assen die meisten, Barry Sheene die schönsten.

Und der Ruhm, wie kommt der? Am ehesten dort, wo die beste Maschine sich mit dem tüchtigsten Fahrer paart zu einem rasenden Zentaur. Die besten Maschinen muß man, bevor sie dem tüchtigsten Fahrer von einer Firma samt Zubehör und Mechanikern gratis gestellt werden, kaufen, eine Fünfhunderter-Suzuki für ca. 30 000 Franken, und dann die teuren Ersatzteile: Kolben nach 600 Kilometern oder schon vorher durchgescheuert, ständig neue Lager, Vergaser, Ketten usw. Ein reicher Vater kann auch in diesem Sektor nicht schaden, Leute wie Sheene oder Agostini konnten schon immer verschwenderisch mit ihrem Material umgehen, während die ärmeren Kollegen sparen und ihre Maschine nicht selten bis zur äußersten Risikogrenze belasten müssen. Klassenkampf, auch im Reich der

Zentauren. Und dann: *survival of the fittest*, der Mutigste überlebt, wenn er nicht verstirbt wie Pasolini, von dem es im Motorrad-Guide (Ausgabe 1974) heißt: »Renzo Pasolini wurde Werkfahrer bei Benelli, die mit ihren neuen Vierzylindermodellen viel Erfolg zu versprechen schienen. Bei den letzten Rennen des Jahres war die Sensation perfekt, als er mit einer aufgebohrten 350er in Vallelunga die 500er-Klasse vor Ventura auf Gilera gewinnen konnte und Agostini beim Versuch, den Benelli-Spitzenmann zu überholen, zu Fall kam... Endlich schien ihm der Durchbruch zur internationalen Spitze, zu der er von der fahrerischen Seite her schon längst gehörte, zu gelingen. Sein Ziel war es, auf einer italienischen Maschine einmal Weltmeister zu werden. Er verunfallte, vor Saarinen liegend, in Monza tödlich.«

Es war eine der seltenen Massenkarambolagen, bis zu 20 Maschinen sollen ineinandergebumst sein, das Rennen wurde abgebrochen, die rote Fahne geschwenkt: als Zeichen für den Abbruch. Die dabei waren, sprechen nicht gerne davon. Vom legendären Jarno Saarinen (1945–1973) heißt es im Motorrad-Guide: »Wenn ein ganz Großer des Sportes sein Leben verliert, so erschüttert das Millionen. Saarinen war ein ganz Großer, man sprach von ihm als einem der größten Fahrtalente aller Zeiten, und er besaß die Sympathie der ganzen Welt, wie jeder in der Rolle Davids, der Goliath (= Agostini) bezwingt. Er hatte kämpfen müssen um seine Karriere. Wenn andere schliefen, überholte er spät nachts eigenhändig den Motor seiner Maschine mit der Liebe zum Detail eines Uhrmachers, statt im Hotel nächtigte er in seinem Lieferwagen im Fahrerlager, er nahm alle Entbehrungen der Welt auf sich, um es zu etwas zu bringen, um Bester zu werden... Jarno Saarinen hatte schon einmal Ende 1972 von einem möglichen Rücktritt gesprochen. Die Angebote, die er für die Saison 1973 erhielt, und die damit verbundene Aussicht, einem Haus und einer Familie etwas näher zu kommen, ließen ihn seine Rücktrittsgedanken vergessen. Mit demselben Kampfgeist, der ihn schon zuvor beflügelt hatte, stürzte er sich in die Saison 1973 und gewann, was zu gewinnen war – und verlor am Ende doch alles.«

Nicht viele enden so dramatisch wie diese zwei und bleiben öffentlich als Helden in der Erinnerung kleben; den meisten geht mit dem Alter der Schnauf aus, das Kurvenfräsen wird ihnen unheimlich, ab Mitte 30 wird's kritisch, man zieht sich in den Beruf zurück, aus dem man gekommen ist: Garagist, Werkzeugmacher, Mechaniker, Schlosser, Motorradhändler; sozialer Abstieg ist selten. Aber wenigstens hat man einmal gelebt, bevor man in den Alltag zurückfällt. Man hat das Lebensgefühl gesteigert. Geschwindigkeit und das schräge Blochen in die Kurven ist Lebensgefühl; der Alltag ist für manche so trüb, daß man ihm gar nicht schnell genug entblochen kann. Man kommt vom Fleck, man bewegt sich, wenn auch nur zum gleichen Fleck zurück, man rast sich selbst und seinen Bedingungen davon, man ist frei, provisorisch. Man wird befördert mit einer unheimlichen Wucht, und man ist gleich wie die andern in der betreffenden Kubik-Klasse, wenn auch einige noch etwas gleicher sind. Und Brüderlichkeit gibt es auch, man hilft sich mit Ersatzteilen aus.

In den Kreisen, aus denen die meisten Fahrer kommen, kann man auch mit großer Tüchtigkeit fast nie Unternehmer, Kardinal, Dirigent, Autorennfahrer, Schriftsteller werden, aber Töffrennfahrer, das liegt vielleicht drin, da ist ein Ausbruch möglich, wenn man den Rank findet und keine Angst (zum Beispiel) vor dem *speed-wobbling* hat, wie man das leichte Schwabbeln des Lenkers nennt, durch welches ein bevorstehendes Abschmieren der Maschine angezeigt wird, meistens.

Es gibt auch Unfälle ohne Vorwarnung: Die überaus heiklen Antriebsketten können reißen. Wenn die Kette wegspickt, hat man Glück, sonst schlingt sie sich eventuell um die Radspeichen, das ist weniger glücklich. Oder der profillose Hinterpneu, sogenannter Slick, profillos, um höhere Geschwindigkeit zu erzielen, kann platzen, oder die stark beanspruchten Kolben können sich festbrennen, was ein geübtes Ohr allerdings einige Sekunden vorher hört, wird doch der Ton deutlich um einen Halbton tiefer, dann muß man nur noch auskuppeln und kann so das abrupte Blockieren der Räder und das anschließende Überschlagen der Maschine vermeiden. Oder ein Ölfleck kann die Straße glitschig machen, aber dann steht jeweils bald schon ein Rennfunktionär mit der Flagge da, welche bedeutet: Achtung! Ölfleck!, und dirigiert die Fahrer, wenn das noch geht, an der schlüpfrigen Stelle vorbei.

Oder man erwischt die Kurve nicht mehr, weil man, um einige Sekundenbruchteile zu gewinnen und in falscher Einschätzung der Fliehkraft, das Gas nicht zurückgenommen und nicht heruntergeschaltet hat, aber für diesen Fall stehen überall an den kritischen Punkten Strohballen bereit, so daß die Zuschauer vor der Maschine und dem Fahrer, die wie ein Geschoß auf sie einschlagen könnten, geschützt sind. In Assen waren die Strohballen mit Plastiktüchern umwickelt, damit sie auch nach einem eventuellen Regen noch brauchbar gewesen wären. Dreimal habe ich an jener Strecke erlebt, wie die Strohballen funktionierten; an derselben Stelle hat es dreimal hintereinander Maschinen verschiedener Klassen aus der Kurve gejätet (gejettet), und jedesmal sind die Fahrer elegant wie Ballettänzer abgesprungen, vielleicht auch abgepurzelt, man sah es nicht genau, so schnell ging's. Die Maschinen fetzten ins Stroh und die Fahrer zum Teil hinterdrein, doch alle konnten sich noch aus eigener Kraft davonschleppen, und die Sanitäter, welche alternierend mit den Strohballen alle paar hundert Meter bereitstanden, mußten nicht allzusehr schockiert werden. Motorradunfälle haben gegenüber Autounfällen den Vorteil, daß sich der Mensch im kritischen Moment von der Maschine trennen und geschmeidig der ihn umgebenden Natur anpassen kann.

Mittwoch, Donnerstag, Freitag: Training. Das Fahrerlager liegt im Herzen der Rennstrecke, begrenzt von den rasend ringsherum fegenden Mauern aus Töffs. Es ist ein Wohnwagendorf plus aufgebockte Maschinen vor den Autos. Seltsamer Kontrast zwischen den strotzenden Vollblütern und dem gemächlich schleichenden Leben in den Wohnwagen. Gardinen und Kanarienvögel, Lockenwickler in den Haaren der Gattinnen, und ihre Knirpse fahren auch schon Töff, speziell giftige Knirpstöffs, alles dreht sich um die heiligen Maschinen, den ganzen Tag werden Zündungen eingestellt, profillose Pneus mit Feilen leicht abgeschmirgelt, Kolben überprüft. Metall wird geschliffen, dann wieder werden Maschinen im ersten Gang ausprobiert zwischen den Wohnwagen, so daß einen der peitschenknallartig helle Ton in die Nerven beißt.

Der Auspuffrauch kommt bläulich aus den Auspufftöpfen. Rizinusöl. Es ist nicht ein Geräusch wie bei serienmäßigen Straßenmaschinen, sondern ein hundertfach verstärktes Gesumm von Libellenflügeln, Falsett-Töne der japanischen Exportindustrie, yam, yam, yaaaam, mit an- und abschwellendem hellem a, bis einem das Wasser in die Augen springt; nur die Europäer tönen anständiger, vor allem die MV-Agusta und die unvergleichliche Morbidelli, welche in der 125er-Klasse die zwei ersten Plätze belegten.

Morbidelli – im Namen steckt das ganze Programm fürs Rennen.

Die haben alle nur den Töff im Kopf, es geht vermutlich nicht anders, nur Monomanie bringt sportlichen Erfolg. Einer kam in die Kantine, setzte sich, bestellte ein Bier, legte die rechte Hand auf den Tisch, schloß die Hand um einen imaginären Gasgriff, während die linke Hand eine Zangenbewegung manisch wiederholte: Kuppeln, auskuppeln. Ob sie nachts, wenn sie bei ihren Frauen in den Wohnwagen liegen, auch immer kuppeln, schalten, Gas geben und die betreffenden Körper mechanisch traktieren? Ihre Maschinen jedenfalls streicheln sie manchmal so, wie man Frauen streichelt, und beim Start bespringen sie ihre Töffs, denn diese haben keinen elektrischen Anlasser und müssen also angeschoben und dann besprungen werden.

Das ist ein phallokratischer Anblick, wenn 28 Fahrer im gleichen Moment ihre Maschine bespringen und dann loszischen, nachdem die Stute Feuer gefangen hat. Dazu im Hintergrund die Fahnen, nicht nationale Flaggen der Rennfahrer, sondern multinationale Symbole des Imperialismus: Chevron-, Shell-, Esso-Fahnen.

»J'attendrai le jour et la nuit ton retour«, singen die Lautsprecher, und – die Knappen, Steigbügelhalter, Mechaniker, Vasallen und Zeitmesserinnen, welche die Maschinen ihrer Herren zum Start begleitet haben, warten, bis sie die Tiere nach der 16. Runde wieder in Empfang nehmen und in die Karawanserei zurückstoßen dürfen. Wenn ein Renner während des Rennens vorzeitig aufhören muß – Maschinenpech, Erschöpfung –, streckt er das rechte Bein hinaus zum Zeichen, daß er ausschert, damit die andern ihm nicht von hinten in die Maschine wetzen.

Wenn sie dann schwitzend bei den Fahrerboxen sich aushülsen, kommen überraschende Figuren ans Licht, unter kriegerischen Helmen und der windschlüpfrigen Lederrüstung stecken Sprenzel und magere Buben, selten richtige Fetzen. Sie sind jetzt geschrumpft, ohne Helm, Jockeyfiguren, besonders für die unteren Kubikklassen. Damit man mit einer 50er-Maschine, die soviel Kubik hat wie ein normales Moped, eine Spitze von 200 Stundenkilometern erreichen kann, und die erreichen die Fahrer tatsächlich, muß man sehr leicht sein, schon fast körperlos, ein reiner Geist. Auch ihre hochfrisierten Mopeds sind vergeistigte, zierliche Insekten. Körperlich an ihnen ist nur der Ton. Der fräst sich hinein bis ins Gekröse. Den wird man wochenlang nicht mehr los. Wenn man vier Tage lang beim Start das Aufheulen aller Klassen erlebt, kann man Gehörschäden davontragen.

Im Schlachtenlärm von Assen kommt mir die eigene Maschine in den Sinn, Erinnerung an die Natur, welche meine 750er vermittelt. (Assen ist eine abstrakte Maschinenwelt.) Sie ist in Auxerre geblieben, Engine trouble vor kurzem auf der Autoroute du Sud, bei 180 ein Kolben festgegangen, wenn rechtzeitig ausgekuppelt wird, kann man das Blockieren der Räder vermeiden. Kein Vehikel vermittelt die Welt so intensiv wie eine anständige Maschine: Man sitzt nicht eingesperrt in den eigenen vier Wänden wie die seltsamen Autofahrer, man riecht die Jahreszeiten und hat eine volle Rundsicht auf Werden und Vergehen, der Wind massiert die Haut und schlüpft gelegentlich in die Kleider; man ist auch nicht eingesperrt im Verkehr, bewegt sich frei noch in den schmalsten Korridoren zwischen zwei Wagenkolonnen, Hindernisse gibt es nicht außer den Verkehrsampeln, man lernt auf dem sensiblen 750er spielen wie auf einem Instrument, mit ihm spielen, Körper und Instrument beginnen zu harmonieren, die Maschine instrumentiert den Körper, der Körper die Maschine.

Vielleicht sollte man es einmal gespürt haben, bevor man leichtfertige Urteile über das Töff-Fahren abgibt, eine Paßfahrt im Sommer über Oberalp und Furka, oder ein Ausflug ins Elsaß, vielleicht auch die Landschaft zwischen Rocamadour und Montségur, oder die Cevennen. Sich in die Landschaft einfühlen, Bewegungsfreiheit spüren, die Natur wie am Film-Montagetisch beschleunigt abrollen lassen als Rush, dann wieder sanft vorübergleiten lassen, nichts um sich spüren als Licht und Wind, den man kräftig oder mild wehen lassen kann, dabei die Körperstellung verändern vom Liegen zum Schräg- und Aufrechtsitzen, bei einsamen Strecken die Füße auf den hinteren Fußrasten, und dann wieder ein Spurt auf geeigneten Straßen mit dem Gefühl der Allgegenwärtigkeit bei dieser Beschleunigung: Man ist sofort überall, in fünf Stunden von der Schweiz in Paris. Man wird nicht befördert wie im Auto, man befördert sich, man ist bei der Sache in einem Zustand höchster Wachheit und Konzentration, die man im Auto nicht braucht, eine Mischung aus Lustgefühl und Kurvenberechnung und leichtem Überschwang, den man hin und wieder drosseln muß, manchmal auch Lachen vor lauter Wohlbefinden, doch das eigene Lachen hört man nicht bei den Geschwindigkeiten, es wird sofort aus dem Mund gerissen.

Verschmelzung mit Maschine und Natur, abends nach einer langen Fahrt hineingeritten in die großen Städte, überall durchgeschlüpft und noch schnell über die Grands Boulevards geblocht, die Stadt ist befahrbar und erlebbar, man sieht wieder ihre Monumente und wie schön sie gebaut ist, eine große Synopse aller Sehenswürdigkeiten, alles zugleich bei dieser Geschwindigkeit: Zusammenschau, fast eine Flugaufnahme. Und dann einfach parkiert auf dem Trottoir, keine Parkprobleme (aber Eigentumsprobleme: mit einer dicken, auch von starken Beißzangen nicht zu öffnenden Kette die Maschine anbinden am nächsten Baum, sonst wird sie gestohlen, die serienmäßige Lenkerblockierung genügt nicht).

Da steht sie dann, ruhig, aber strotzend, man kann sie wieder einmal betrachten, die Vorurteile bedenken, welche von Töff-Feinden, Philistern, Banausen, Nicht-Töff-Fahrern verbreitet werden: es handle sich um Kompensationsobjekte, Sexmaschinen, unbefriedigte Menschen müßten sich so abreagieren, wer keine Freundin hat, fährt Töff, und was man sonst alles zu hören bekommt, Potenz-Maschinen usw. Dabei gibt's, bitte sehr, nichts Innigeres, als mit einer Freundin zusammen verschmolzen durch die Stadt zu reiten, nachts auf der Zielgeraden der Rue de Vaugirard, dann eng geschmiegt und angenehm schräg noch um das Grab des Unbekannten Soldaten zu wetzen, das heißt um den Triumphbogen, die schönste Rundstrecke in Paris, und dann dem Fluß entlang, Voie Express. Die Lust wird potenziert, nicht kompensiert. Und beim Bremsen die noch enger aufeinandergerutschten Körperchen! Auch hier Naturvermittlung. Schließlich, nachdem sie beim Absteigen gesagt hat, es sei halt wie ein Rausch, noch eine Zwiebelsuppe in der Coupole, zur Ernüchterung.

Freitag nachmittag in Assen. Es ist soweit, die Trainingsläufe sind vorbei, der Fahrer Stadelmann liegt im Spital mit leicht erschüttertem Gehirn, aber sonst wohlbehalten, Maschine gestaucht im Zelt, wo sie jetzt ganz allein ist, im Fahrerlager sonst keine großen Unfälle. Ueli Graf mit einer Sehnenzerrung, ein Kollege hat ihm den Lenker in den Oberschenkel gebohrt, zu nahe aufgeschlossen in der Kurve, vermutlich. Ein Geruch von Schweiß und Rennöl in der Luft, flimmernde Hitze über der Piste. Die berittene Königliche Reichspolizei, »Koninklijke Rijkspolitie«, mit langen, am Sattel herunterbaumelnden Schlagstöcken aus Gummi, hält die Ordnung aufrecht, ohne Schwierigkeiten, die Zuschauer friedlich, die Rocker aus Hamburg, welche früher jeweils herübergepreschst kamen und das Fest mit Schlägereien durcheinanderbrachten, werden dieses Jahr nicht erwartet. 140 000 Zuschauer waren es 1975, etwas mehr wurden diesmal erwartet. Die ersten sind schon da, eine gewaltige Armada aus ganz Europa ist unterwegs, es werden schließlich 100 000 Maschinen sein, die ihre Nachtmusik im Städtchen Assen veranstalten, später sieht man sie aufgebockt in ungeheuren, glitzernden Massen auf einer quadratkilometergroßen Wiese. Die Rennmaschinen der Rennfahrer ziehen magnetisch die Serienmaschinen der Straßenfahrer nach Assen, ein großer Sog ist entstanden, und die Kawasakis, Hondas, BMW, Ducatis, Laverdas, Nortons, Harleys, Yamahas konnten nicht widerstehen, es sieht aus, wie wenn sie selbsttätig zusammengeströmt wären, alle Maschinen Europas, mit Vier-in-eins-Auspuffanlagen, die bei schlankem, unnachahmlichem Styling das Drehmoment verbessern, kraftvolle Beschleunigung und dynamisches Spurtvermögen, elastisch, ruckfrei, leiser Lauf und sichere Handlichkeit. Chrom und Leder, Auspuffe wie Orgelpfeifen bei der sechszylindrigen Benelli, gewaltige Verschalungen, Abänderungen, Frisierungen.

Aus Schweden und Italien, Deutschland und Frankreich, aus Dänemark und Luxembourg und der Schweiz sind sie herbeigeritten, viele mit ihrem Mädchen im Sattel, und tauschen Erfahrungen aus. Wie hast du es mit der 1000er-Honda? Solid, aber ein bißchen schwerfällig in der Kurve. Und die 1000er-Laverda? Unerhörtes Spurtvermögen, aber weniger solid, reparaturanfällig. Welche Verbesserungen bringt die Vier-in-eins-Auspuffanlage bei der 750er-Honda gegenüber dem normalen, vierfach geführten Auspuff?

Aus Osnabrück ein ganzer Motorradklub, Arbeiter, Techniker, Handwerker, die gehen immer zusammen auf Reise, letztes Jahr waren sie im hohen Norden, einer von ihnen folgt im VW-Bus, dort sind alle Ersatzteile und das Campingmaterial. Der Moto-Club Lägern ist auch hier, von denen geht keiner ins Bett heut nacht, um vier Uhr wollen sie schon an der Abschrankung stehen, für einen guten Platz. Die meisten blutjunge Geschöpfe um die 20, aber auch ehrwürdige Leute; der Hausi aus Aarau mit dem grauen Bart, ein Rentner auf BMW 650, ist die Autobahn von Basel heruntergekommen, hat eine gute Zeit herausgefahren. Wie die Kreuzfahrer ins Heilige Land sind sie nach ihrem sakralen Rennort unterwegs gewesen, Richard Löwenherz auf Kawasaki, Gottfried von Bouillon auf Laverda, auf den Straßen der Niederlande haben sie die andern Maschinen mit leicht majestätischer Handbewegung gegrüßt, die niederen Kubik grüßen zuerst, die höheren grüßen zurück, einige kommen aus Flandern oder der Lombardei. Manche haben blaugemacht und sich Geld gepumpt und andere Schwierigkeiten bewältigt und kommen buntgefärbt in ihren polychromen Helmen, eine glühbunte Prozession, anzusehen wie ambulante Ostereier, in das beschauliche Städtchen hineingeschletzt und geben dort mit ihren Motoren ein Konzert, das die Scheiben der holländischen

Stuben klirren läßt, und morgen werden sie dann den großen Tag haben.

Kleine Fußnote: Combloux, Haute Savoie, 28. Juli 1980, Schlag 14.00 Uhr. Hans Stürm, on the road mit Bea Leuthold, will auf unserer BMW 1000 (blau metallisiert, günstige Occasion!), die wir gemeinsam besitzen, bei Tempo 50 einem landwirtschaftlichen Gefährt ausweichen. Aber es hatte Rollsplit auf der Straße.

Das Röntgenbild seiner rechten Hand, nachher, zeigte Frakturen Metakarpale II–IV. Außerdem: Trümmerfraktur des distalen rechten Unterarms. Leuthold: unbeschädigt. Maschine: Totalschaden. Noch mit dem Arm im Gips: eine neue gekauft.

Von der bestürzenden, gewaltsamen, abrupten Lust des Motorradfahrens

Aufgesessen!

Es geht jetzt zunächst durch den Stadtverkehr, über die breiter gewordene Brücke, über das Juwel der zürcherischen Brückenerweiterungskunst. Der Himmel nicht grade blau, nein, aber keine Regenwolken. Eher grau, aber kein Wasser zu befürchten. *Es schlug mein Herz, geschwind zu Pferde.* Es ist schon vorgekommen, daß man ursprünglich über das Emmental zurück nach Zürich blochen wollte, dann aber über Trubschachen gräßliche Ballungen am Himmel wahrnahm, links abbog und den Weg über Willisau nahm und noch unter dem Gewitter hindurchschlüpfen konnte. Heute geht es nach Süden. Weit voraus im Süden ist der Himmel blau geschlitzt, und darauf wird jetzt zugehalten, aber zuerst noch durchaus im Tempo des gemütlichen Velofahrers. Im Sihlwald würde es der Sihlherr Salomon Gessner nicht gerne sehen, wenn man ihm seinen Forst, durch allzu heftige Abgasentwicklung, zuschanden ritte. Gessner ist zu dieser frühen Morgenstunde noch mit dem Pudern seiner Perücke beschäftigt, summt aber doch schon ein Liedchen vor sich hin –

»Nach Süden nun sich lenken die Vöglein allzumal. Viel Wandrer lustig schwenken die Hüt' im Morgenstrahl.«

Die Sturzhelme sitzen gäbig auf den Köpfchen. Was hat denn die Obrigkeit befohlen im Sihlwald? Maximum 80, an vielen Stellen sogar 60. Das ist nicht gerade rücksichtsvoll und individuell gedacht, eine Vespa mit 80 ist, wenn noch ein bißchen Wind aufkommt, kein sicheres Gefährt mehr, während ein schwerer Tausender-Vierzylinder, dank tiefem Schwerpunkt, auch mit 180 noch ganz sicher auf der Straße liegt. Mehr Freiheit, weniger Staat. Einen kenne ich, diesen in Zürich lebenden Deutschen, der fährt die gleiche Marke wie ich, welche für den Gebrauch in der Schweiz nur im gedrosselten Zustand geliefert wird, bei 6500 Umdrehungen setzt die Zündung aus, man kommt also höchstens auf 190 im Fünften. Nun hat sich dieser Nimmersatt und Schletzerich den Geschwindigkeitsbeschränker ausbauen lassen – in Deutschland darf man unbeschränkt fahren! – und kann jetzt bis auf 220 beschleunigen, mit Verschalung sogar noch fünf Stundenkilometer mehr. Gerd, dir piepst es wohl.

Das Motorrad – Töff kann man diese leise summenden, manchmal brausenden, aber sicher nicht knatternden, elektronisierten Maschinen nicht mehr nennen, der lautmalerische Ausdruck kommt aus einer andern Zeit –, das Motorrad tuckert oder töfft nicht durch den Sihlwald, es *summt*. Es ist ein manisch-depressives Gefährt. Bei gutem Wetter, jedenfalls solange noch kein Wasser im Spiel ist, versetzt es den Fahrer in Stimmungen, die ihm ein sanftes Abheben vom Asphalt suggerieren. Sobald es regnet oder auch nur tröpflet – die Sicht wird schlecht, Scheibenwischer gibt es am Helm nicht, die Pneus drohen in den Kurven auszuschlipfen –, ist Schluß mit dem Richard-Löwenherz-Gefühl, man wird so vorsichtig wie ein Bundesrat bei einem Interview.

An diesem Samstag ging es also eben in den Süden. Auf dem Rücksitz hatte L. Platz genommen, die gebürtige Italienerin, welche in die Lombardei hinunterpreschen wollte, an den Flughafen von Mailand. Da ist die Autobahn. Der Fahrtwind massiert uns jetzt recht angenehm. ›Gotthard‹ rast eine Anzeigetafel beschleunigt auf uns zu, also nicht links abschwenken zur Papierfabrik Perlen (wie letzte Woche), wohin mich das Motorrad dreimal am frühen Morgen pünktlich brachte, also geradeaus – und was will der Ami-Schlitten hinter uns, warum schließt der so eng auf und blinkt so penetrant? Meint der wirklich, uns überholen zu müssen mit seinem Luxuschlapf? Das wäre ja gelacht. Also ein wenig die Sporen geben, aber immer im Rahmen. Auf der Axenstraße überholt er dann doch, ausgerechnet an gefährlicher Stelle, die Beifahrerin wedelt mit dem Arm zum Fenster heraus.

»Auf der Autobahn ist Ihnen der Paß aus dem hinten aufgeschnallten Sack geflattert und noch einige Gegenstände mehr, etwa sieben Kilometer vor dem Tunnel.«

Und wirklich, L.s Flugbillett, Paß, Necessaire, Fahrausweis sind nicht mehr im Reisesack, eine erste Trübung des Reiseglücks zeichnet sich ab. Wenden, neun Kilometer zurückfahren, nochmals wenden, auf dem Pannenstreifen Schritt gefahren, mit blinkender Warnblinkleuchte, nach drei Kilometern in der Straßenmitte, unter der Leitplanke, ein blaues Papier: der Fahrausweis. Später rechts unter dem Gebüsch etwas Gelbes: Was vom Flugticket übriggeblieben ist (mit Pneu-Abdruck). Später das Necessaire (ohne Haarbürste), nach sechs Kilometern, auf einer Autobahnbrücke von weitem sichtbar ein roter Punkt: der Paß. Der entscheidende Punkt. Der gute rote Schweizer Paß, den zu erhalten es die gebürtige Italienerin L. so viele Anstrengungen gekostet hat. Aufgeschlagen wie ein kleines Zelt, auf die Seite geschleudert von einem x-beliebigen Pneu, liegt er da, knapp vor dem Abgrund. Noch ein Luftzug, und er wäre über die Brücke hinuntergeflattert.

›Blick‹-Titel: *Frisch eingebürgerte Italien-Schweizerin verhühnert auf dem Weg nach Italien ihren Schweizer Paß.*

Jetzt ist wohl eine kleine Verschnaufpause, eine Glückspause gestattet in Brunnen (Zweier Fendant). Abgesessen. Vorfreude auf die zweite Paßfahrt. Wir wollen über den Gotthard, die Fahrt durchs Loch ist mörderisch für Motorradfahrer wegen der Abgase.

Nach Süden nun sich lenken, aber energisch. Die Axenstraße. Schön sich in die Kurven hineinwiegen, schmiegen, fast ein bißchen tanzen, von der Linkskurve die Maschine in die Rechtskurve umlegen. Dann schletzt es aufwärts, der Berg aspiriert und saugt, es geht gleitig. Das Loch vermeiden. Soll vorgekommen sein, daß ein Motorradfahrer, im Tunnel, von den Abgasen halb betäubt, bewußtlos in einen entgegenkommenden Lastwagen donnerte und auf der Stelle sein Leben aushauchte. Den alten Säumerweg, Söldnerweg, Kriegerweg über den Berg nehmen. Jetzt Schöllenen. In die Kurven ganz behutsam, wirklich mit 20 oder weniger (Haarnadelkurven). Nach dem fünften Linksrank, die Maschine ist wieder am Sich-Aufrichten, ich darf jetzt ein wenig beschleunigen bzw. den Gasgriff drehen – *Knirsch*.

Der Film ist gerissen, die Welt steht still.

*

Der menschliche Ellenbogen hat eine gute Konsistenz, ohne ihn kommen einige nicht aufwärts und überhaupt nicht durchs Leben. Aber Asphalt ist noch härter. Das merkt man, wenn der Ellenbogen unvermittelt gegen Asphalt schlägt. Das gibt dann ein Loch in die Pneujacke, und dort blutet es jetzt heraus. Aber weh tut es nicht, man hat glücklicherweise einen Schock, der überlagert die Schmerzen. Die Natur ist gütig, und L. hat einen Heulschock, sie muß weinen. Aber nur die Haut ist manchenorts ein wenig geschürft, und später werden sich bläuliche, dann gelbliche Stellen auf den Knöcheln zeigen. Der Fahrer hat einen Lachschock, er muß unaufhörlich lachen. Es ist aber nicht zum Lachen: dieser kleine, auf der vom Pneuabrieb geschwärzten Straße leider unsichtbare *Ölfleck*, der vermaledeite. Die Maschine hat anscheinend nichts abbekommen, ein Eisenbügel schützt den Motorblock. Sie ist uns unten hinaus schräg zwischen den Beinen entwetzt, und wir haben uns nicht festgeklammert, wir haben uns gehen lassen, darum sind wir noch ziemlich ganz. Es wäre aber besser, wenn beide die gleiche Art von Schock hätten. Der eine lacht, obwohl er nicht will, die andere weint, das gibt eine schlimme Diskrepanz. Und jetzt fährt man am besten – schön langsam! – weiter zur nächsten Apotheke oder Drogerie, in Andermatt, wo man sich ein wenig verarzten lassen wird. Da wird aber die sensible Apothekerin, als der Fahrer seine Jacke auszieht, sofort ganz bleich, sie sagt, der Knochen des Ellenbogens schaue häßlich zu der Haut heraus, und wann er die letzte Starrkrampfspritze bekommen habe? In Andermatt gibt es an diesem Samstag nachmittag keinen Arzt, auch nicht im Militärhospital, und der nächstliegende, in Göschenen, hat seinen Telefonbeantworter eingeschaltet. »Grüezi! Hier ist die Praxis von Tokter Schöllkopf. Ich bin gegenwärtig auf Hausbesuch. Bei dringenden Fällen können Sie mich über die Rettungsflugwacht erreichen.« Die Rettungsflugwacht... Mit ihr ist der Schriftsteller F. kürzlich aus Spanien zurückgeflogen worden, aber wegen eines löchrigen Ellenbogens lohnt sich das nicht, und ich gehöre nicht in dieselbe Berühmtheitskategorie, und die Maschine würden sie kaum an Bord nehmen. Also wenden und in Göschenen eruieren, ob Doktor Schöllkopf vom Hausbesuch zurück sei. Wie ein Velofahrer die Schöllenen hinunter, so beschaulich. Teufelsbrücke... Am Teufelsfleck (Esso) vorbei. An der Praxistür von Dr. Schöllkopf klebt ein Zettel: »Bin beim Heuen in der Abfrut.« Abfrut, Abfrut, das tönt so heimatlich, so stellen sich Albert Anker und Christoph Blocher die Samstagnachmittage eines urnerischen Landarztes vor, und dann dämmert es dem angeschlagenen Fahrer: Vermutlich hat Schöllkopf einen Piepser bei sich, auch beim Heuen, und er ist, per *long distance piepsercall*, via Rettungsflugwachttelefonnummer zu erreichen. Man telefoniere also am Bahnhof Göschenen, wo L. den Zug nach Mailand nimmt, der Rettungsflugwacht, welche Schöllkopf anpiepst, der sofort die Heugabel fallen läßt, der Rettungsflugwacht telefoniert, die ihm die Telefonnummer in Göschenen gibt, und in einer Viertelstunde ist Dr. Schöllkopf schon an der Arbeit, d. h. spannt einen Bogen in seine Schreibmaschine ein: »Name?«

»Meienberg.«

Wie er den Vornamen geschrieben hat, schaut er auf und sagt: »Dann sind Sie der berühmte, berüchtigte?«

Daran läßt sich nichts ändern, und ich liege auf dem Schragen und werde gespritzt und geshootet und strecke den berüchtigten Ellenbogen dem Arzt so hin. Er näht. Inestäche, umeschlah, dureziä und abelah. Es habe den Schmierbeutel verjagt am linken Ellenbogen, sagt er, und da könne er nur provisorisch nähen, die Einlieferung ins Spital von Altdorf sei unumgänglich. Nur eine *kleine* Operation, und ob der Patient noch fahren könne?

Alleweil.

*

Noch 30 Kilometer bis nach Altdorf, das geht ganz gut, aber so richtig blochen mag man jetzt eigentlich doch nicht mehr. Es will nicht mehr so libidinös werden. Eine Schleichfahrt mit 100. In Altdorf sind sie bereits avisiert. Der Aufnahmearzt spannt einen Bogen in seine Schreibmaschine, Name und Vorname?

»Dann haben Sie aber einen berühmten Namensvetter, der Bücher schreibt«, sagt er, »diese bekannten Computerbücher.« Nein, den kenne ich nicht. Krankenkasse? Telefonnummer? Der Aufnahmearzt ist weiß, die Operationsschwester grün. Das soll wohl beruhigend wirken. »*Sie chönned sich jetzt abziä aber d Underhösli dörffed mer abhalte*«, sagt sie mit dem Ausdruck des prophylaktischen Verzeihens. Hat man nicht in der Kindheit die Mutter sagen hören, die Unterwäsche des Kindes müsse immer in einem Zustand sein, daß bei einer unvermuteten Spitaleinlieferung es sich nicht zu schämen brauche und keine gschemige Situation entstehe?

Man ist jetzt wieder in der Kindheit. Und man darf auch in ein Nachthemd schlüpfen, wie lange ist das her, die Ärmel nach vorn, das ist vielleicht eine Zwangsjacke, und hinten klafft es. Gleich werden sie vorne die Ärmel zusammenbinden. So kommt man aus der brausenden Freiheit des Motorrads in die Spitalgefangenschaft, im Nu. Aber zuerst wird man auf den Schragen gebeten, obwohl man noch laufen könnte, und in den Operationssaal gewägelet und muß dort auf einen andern Schragen hinüberrobben, und eine Schwester sagt zur andern: »*Häsch au richtig brämset?*« Scheint so, der Schragen steht bockstill. Jetzt beugt sich dann schon bald ein fein modellierter Kopf, man sieht in die Nasenlöcher hinein, auch der Rachen präsentiert sich interessant, über den Patienten und sagt: »*Ich heiße Fernandez, komme aus Mexiko und bin Ihr Narkosearzt.*« Daß er von so weit hergekommen ist, um den Angeschlagenen zu narkotisieren, ehrt mich. Er sticht mir jetzt eins in den Hals und erläutert den Stich, man wolle nämlich den Nerv, welcher den Arm *inneviert*, mit dieser sogenannten Plexusnarkose abtöten; aber nur vorübergehend. Zu diesem Zweck müsse er aber zuerst ein bißchen suchen und pröblen. Das leuchtet ein. »Sobald ich den richtigen Nerv erwischt habe, werden Sie am Ellenbogen wie einen elektrischen Schlag spüren«, sagt Doktor Eisenbart. Der programmierte Zuck kommt aber nicht, oder am falschen Ort. Das rechte Bein schlägt jetzt plötzlich aus. Mithin werden die Beine angeschnallt, damit sie nicht mehr zucken können. Jetzt wären wir längst über dem Gotthard, und die Haut würde vielleicht selber wieder zusammenwachsen über dem Ellenbogenknochen, in der milden Luft des Südens. Nachdem der Hals schon tüchtig geschwollen, vielleicht könnte man auch einen Bienenschwarm engagieren zum Stechen, der linke Ellenbogen aber immer noch nicht entnervt ist, sagt der mexikanische Arzt: »Sie haben einen zu kurzen Hals.«

Der Patient denkt sich: ›Mein Name sei Korthals‹, und ist

zerknirscht, weil sein Hals nicht jene Länge aufweist – die Nervenenden liegen zu dicht beieinander –, welche ein unproblematisches Stechen und Treffen der Nervenenden und mithin eine moderne Plexusnarkose erlaubt, und bedauert, daß die Hebamme ihm bei der Geburt den Hals nicht genügend in die Länge gezogen hat. Fernandez entschließt sich jetzt zu einer klassischen Teilnarkose. Der Arm wird mit Gummischlingen eingewickelt, das gibt ein Lazarusgefühl, wir sind in einem Lazarett, und der Oberam bei der Achsel eingeschnürt, und dann erfolgt ein Stich. Auf der rechten Hand wird eine Kanüle angebracht – »nur für den Fall, daß Sie während der Operation kollabieren«, sagt der mexikanische Arzt, dann könne man dort Nährflüssigkeit einführen. Ich möchte aber gar nicht kollabieren! Nun wird der lädierte Arm, wenn ich mich richtig erinnere, nochmals geshootet. Die Schmerzen am kurzen Hals sind stark, aber vorteilhaft. Sie rücken den schmerzenden Ellenbogen in den Hintergrund.

Unterdessen kann man in die Operationslampe hineinschauen statt in die lombardische Sonne. Die Kunstsonne fängt langsam sich zu drehen an, der Patient/Delinquent wird ein bißchen groggy, die Landschaft dreht sich wie vorher in der Schöllenen. Es wird ihm kotzenbrodlig, gleich wird er speien müssen. Das läßt er aber sein, mit Rücksicht auf das nett gebügelte Nachthemd, sonst binden sie ihm zur Strafe noch die Ärmel vorne zusammen, wie das bei den Zwangsjacken zu geschehen pflegt. Der linke Arm rückt in immer weitere Fernen, er ist schon ganz immateriell geworden, ein reiner Geist, und wird jetzt mit grünen Tüchern abgedeckt. Den Leib in sein Schlafkämmerlein, gar sanft ohn' einge Qual und Pein. Klingelt nicht ein Besteck verheißungsvoll?

Aber sicher.

Nun beugt sich, fast liebevoll, ein Antlitz von der gebräunten Art, ein Gesicht wie aus einem Ärzteroman, eine zuversichtliche, einlullende, Vertrauen einflößende, beruhigende, entspannende Visage über den Patienten, und richtig! ist es der sportliche, in den Fünfzigern stehende Chefarzt im grünen Kleid, bestimmt ein Surfer, und stellt sich vor als Dr. Müller. Der erklärt nun, er müsse eine ›Bursektomie‹ vornehmen, bzw. muß er mir die *bursa* wegsezieren. So nennt man den Schleimbeutel, der sich an den Ellenbögen befindet und dazu dient, den Knochen – weil dort keine Muskeln sind! – nicht direkt auf der jeweiligen Unterlage scheuern zu lassen. Den Schleimbeutel nehmen sie mir weg im Moment, wo ich erfahre, daß ich einen habe. Das ist ungerecht, aber wem sind alle Details des Körpers bekannt? Dr. Müller sagt, er sei früher Assistent von Dr. Schweitzer gewesen in Lambarene. Also auch er: Hat sich von weither an das Bett des Angeschlagenen bemüht.

Temno, temneis, temnei. Ich schneide, du schneidest. Fünf Jahre lang Griechisch gelernt, nicht weit von hier hinter den Urner Bergen in einer Schule mit Matura Typus A, und jetzt geht es einfach nicht mehr weiter mit der Konjugation, hört abrupt auf wie die Reise in der Schöllenen. Und während Dr. Müller, der begabte Feldscher und Wundarzt, mir etwas wegnimmt, wurmt mich die Vorstellung, daß ich die erste Person Plural von *Temnein* nicht mehr weiß. Wir schneiden. Vielleicht *Temnomen*? Wir schneiden den Beutel. Wir Ärzte schneiden den Beutel. Wir Beutelschneider. Also –

Habe ich überhaupt eine Unfallversicherung? An die Krankenkasse kann ich mich erinnern: christlichsozial. Wer einer christlichsozialen Familie entstammt, ist christlichsozial versichert. Aber habe ich die Prämien auch richtig christlichsozial bezahlt und mein Gebetlein immer aufgesagt? Das wird dir eine Lehre sein. Haben wir dir nicht immer gut zugeredet und eingebleut, wie gefährlich diese schnellen Maschinen sind? Wer nicht hören will. Gestern noch auf stolzen Rossen, heute schon beim lieben Gott.

Jetzt kommt einlullender Singsang auf, die Operationslampe dreht sich schneller, der Raum füllt sich langsam mit speerschwingenden Negern in Baströcklein, ich liege im Urwald auf einem behelfsmäßigen Tisch, der gütige Schnauz des Urwalddoktors Dr. Albert Schweitzer beugt sich über mich. Man weiß, daß der begabte Elsässer auf eine Karriere als Organist verzichtet hat, um sich ganz den armen Wilden zu widmen in den traurigen Tropen, durch den Singsang hindurch hört man deutlich die Toccata & Fuge in d-Moll wabern. Die hat Dr. Schweitzer, als er noch im Elsaß wohnte, immer meisterhaft gespielt, es gibt eine Schallplattenaufnahme davon:

»Auf der Orgel der protestantischen Kirche von Günsbach bedient Sie Dr. Albert Schweitzer.« Das war ein Film, den hat der Delinquent als Bub gesehen im Kino Apollo in St. Fiden, und weil er jetzt wieder so wehrlos ist wie ein Kind, kommt ihm der Film in den Sinn, und auch weil Dr. Müller bei Dr. Schweitzer assistierte in Lambarene. *Il est minuit Docteur Schweitzer!* hieß der Film, und wenn die Erinnerung nicht trügt, ging es um einen kranken Negerhäuptling, den die Wilden dem Urwalddoktor zur dringenden Operation gebracht hatten, notfallmäßig. Höflich wurde dem Doktor bedeutet, daß man ihn, wenn die Operation bis Mitternacht nicht reüssiere, umbringen werde, aber nicht mit dem Operationsbesteck, und die Speere waren schon bereit. Als der Mond dann um Mitternacht zwischen den Wolken hervorschaute, war der schwierige Eingriff gelungen. Dr. Schweitzer schien äußerst zufrieden zu sein mit seiner Arbeit, und einer von den Negern sagte lächelnd: »*Il est minuit Dr. Schweitzer.*« Er hatte bestimmt in der Missionsschule Franz gelernt und beherrschte alle Konjugationen.

Jetzt noch gipsen. Der Gipser hatte einen knorrigen Urnerkopf. Der wirkte aus der Untersicht besonders heimatlich. Wie von Danioth gezeichnet. Schnell war der Arm bewegungslos gemacht, der Ellenbogen ruhiggestellt. Gipsen ist auch eine

Kunst. Jetzt den Leib noch eine halbe Stunde lang ruhig lagern, damit all die eingespritzten Gifte sich entfalten können. Zur Strafe darf der Bub nicht mit dem Motorrad heimfahren, er muß auf den Zug. Wäre auch nicht tunlich. Der Regen hätte den Gips bis Zürich aufgeweicht, und der Himmel ist an keiner Stelle blau geschlitzt. Aber Dr. Müller anerbietet sich, den Angeschlagenen bis nach Flüelen zu bringen, an die Bahnstation. Er fährt auch einen BMW, jedoch von der vierrädrigen Art. Wacker und viel hat Dr. Müller schneiden müssen, bis er sich so etwas kaufen konnte, der große Temnologe, der wirklich das Surfen, wie bereits vermutet, liebt. Es gibt jetzt neue Surfbretter, sagt er, seine Kinder benützen diese, man muß sie vor dem Besteigen unters Wasser drücken und nenne sie darum ›Sinkerli‹.

Châteaux en Espagne*

*Von hier sehe ich
Das trockene Antlitz Kastiliens
Wie einen Ozean aus Leder*
Pablo Neruda, *España en el corazón*

Der Reisende sieht diese hochaufgetürmten Wahnsinnsgebilde über der Ebene schweben wie einen gleißenden Traum, der beim Näherkommen nicht zerrinnen will und immer drohender Gestalt annimmt, bis man ihn betasten abschreiten fühlen kann, den Machttraum und Angsttraum der Eingemauerten, die mit ihrer versteinerten Imponiergebärde die Landschaft beherrschten und immer noch beherrschen und dabei ihre Furcht vor dem Untergang dokumentieren, denn so grausam baut nur, wer sich ständig bedroht fühlt und die nächste Belagerung erwartet oder den nächsten Bauernaufstand oder einfach den Tod. Manche stehen noch über den Dörfern, als ob sich nichts geändert hätte seit dem Mittelalter, drohende Herrschaftswolken, die nicht verdampfen wollen, von weitem sieht das Gemäuer aus wie neu oder restauriert und ist doch nur gut erhalten und auf eine derart solide Art gefertigt, daß auch die nächsten Jahrhunderte fast spurlos an ihm vorübergehen werden. Nur die Weichteile dieser phantasmagorischen Bestien sind unterdessen vermodert, die Dächer längst eingefallen oder von den Dörflern abgetragen, die Balken verfault und alle Innereien verrottet, aber die *Steine* haben Widerstand geleistet und der Mörtel, es muß eine besonders hartnäckige Mischung gewesen sein, kittet die leeren Hülsen des Feudalismus immer noch zusammen. Die Herren haben

---

* Im Französischen gebräuchlicher Ausdruck für Chimären, überrissene Projekte, Phantasmagorien, hoch hinaus (zu hoch).

für die Ewigkeit gebaut, oder bauen lassen, und haben sich riesige Grabsteine gesetzt über dem Land und ihre Herrschaft noch den Nachkommen der Dörfler, welche die Kastelle für sie gebaut haben, ins Gedächtnis graviert, und das macht nun den Eindruck, als ob die *castillos* dem jeweiligen Dorf, das sie beschirmen sollten, den Lebenssaft herausgesogen hätten und zu einer monumentalen Parasitenpflanze herangeblüht wären; das Dorf sieht aus, als ob es sich für seine Existenz entschuldigen müßte, und das *castillo*, dieser Machtpilz, demonstriert noch als Ruine die alten Omnipotenzphantasien. Die Bauleute, so scheint es, sind noch da in den geduckten, weißgekalkten Häusern am Fuß der Burgen in den winzigen Gassen, wo im Sonnenglast die Hunde träumen und schwarzvermummte Frauen die Kleider der Männer flicken vor den Hauseingängen, aber die Herren sind ausgezogen und nicht mehr heimgekehrt vom letzten Kreuzzug und sind vielleicht immer noch mit der *reconquista* von Spanien beschäftigt, das heißt mit der Wiedereroberung von Spanien, die auch ein Kreuzzug war, denn die Araber hatten das Land besetzt gehalten und sind von den christlichen Rittern in einem vierhundertjährigen Krieg zurückgedrängt worden bis in ihren letzten Stützpunkt Granada, den Isabella von Kastilien und Ferdinand von Aragon, welche man *los reyes católicos* nennt, die katholischen Herrschaften, schließlich auch noch den Mohren weggenommen haben, 1492. Und seither ist das Land in seiner Gesamtheit christlich oder bildet sich das ein, mit den Arabern, *moriscos* oder Mohren, wurden die Juden vertrieben, alles Unspanische getilgt oder bekehrt, die Vorfahren von Elias Canetti zum Beispiel, welche auch von einer solchen Burg beschirmt worden waren und später bis nach Bulgarien hinunter auswanderten; sogenannte Spaniolen, die heute im Exil noch das Spanisch des 15. Jahrhunderts sprechen. Die Burgen verloren dann allmählich ihren militärischen Wert, viele waren als Festungen der Christen gegen die Araber oder als Festungen der Araber gegen die Christen gebaut worden, eine befestigte Grenzlinie teilte das Land und verschob sich langsam nach Süden, und nachdem die *reconquista* von Spanien abgeschlossen war, begann 1492, im alten Kreuzzugs-Geist, der Drang nach dem Westen über die Meere und der Landraub in Amerika, die noblen Konquistadoren zogen an den Königshof und ließen sich einen Auftrag erteilen und beschlagnahmten im Namen der *reyes católicos* die Neue Welt, und ihre Burgen in der spanischen Provinz begannen den Jahrhundertschlaf und verlotterten, allgemach. Nur wenige sind heute noch bewohnt. Im Gemäuer der Zinnen dieser Ruinen oder Halbruinen sind oft die Fernsehantennen der Dörfler aufgepflanzt wie kleine Freiheitsbäume. Eine späte Revanche der Untertanen über die Herren, die *castillos* stehen ja gewöhnlich auf dem höchsten Punkt einer Erhebung, dort oben ist der Empfang besonders gut, und jetzt kommt die Botschaft der neuen Herren aus Madrid über die Burgzinnen in die bescheidenen Häuser geflimmert. Manchmal werden die Ruinen auch als Steinbrüche benutzt, und obwohl ein Burgenerhaltungsgesetz das heute verbietet, werden die Steine wieder in die Ebene hinuntergeschleppt, woher sie kamen, und neue Häuser gebaut mit den antiken Resten, und profitieren die Bauern dergestalt ein wenig von der Anstrengung der Vorfahren, welche die Burghügel mit ihrem Schweiß getränkt haben. Es bleiben auch so genug *castillos* erhalten, etwa 3000 dürften es noch sein, und wenn man alle Reliquien zählt und sämtliche bröckligen Burg-Grundmauern im Land dazurechnet, komme man sogar auf 5000, sagt der Verein der Freunde der spanischen Burgen (Barbara de Braganza 8, Madrid 4).

Kommt der Reisende heute nach Calatayud, südwestlich von Zaragoza, nach einer Fahrt durch das ausgedörrte, ockerfarbene Land, auf welches schon seit einem Jahr kein Regen mehr gefallen ist, dann sieht er auf felsigem Vorsprung die Burg leuchten von weitem. Darüber schweben Wolken in der harten

Bläue. Ein Kieswerk liegt zwischen Stadt und Burghügel, man hört, wie Steine zerkleinert werden und Lastwagen dröhnen. Dann wird es ruhig und ruhiger. Die Burg ist nur von hinten zu nehmen, vorne ist der Felsen abschüssig. Ein paar alte, ungebrauchte Schuppen stehen da und baufällige Hütten, in denen wohnen Zigeuner. Dann nur noch die Steine der Natur, langsam ansteigender Burghügel, kärglich bewachsen, und die Steine der Geschichte; die sind auf weite Strecken nicht mehr voneinander zu unterscheiden. Alles vermischt, drunter und drüber. Kilometerlange Festungsmauern verbinden die Hauptburg mit einer Nebenburg. Ganz allein ist man hier oben, es ist keine spektakuläre Burg für spanische Verhältnisse, in der Stadt unten kümmert sich niemand um sie, und Touristen gibt es kaum. Den Wind hört man durch die alten Türme pfeifen und einen Motocrossfahrer den Burghügel hinunterknattern, sein Helm taucht zwischen Olivenbäumen auf und unter, ein mittelalterlicher Topfhelm, der vorzüglich in die Umgebung paßt, das Motorrad nimmt die steilsten Hänge und belagert die Burg mehrmals und verzischt dann mit großer Geschwindigkeit, als ob es die Lanzenreiter des Königs geweckt hätte, die nun spornstreichs hinter ihm herjagen. Dann alles wieder ganz ruhig, der Angriff ist abgewehrt, und der Mittag blaut still über den Jahrhunderten. Man kann sich noch vorstellen, teilweise, wie die Burg im Innern ausgesehen haben mag, verwinkelt, wenig Licht, Feuerstellen sind erkennbar, ein Verlies, eine Zisterne, und vielleicht gab es auch Prachträume für den Minnesang und ähnliche Zerstreuungen. Der Grundriß dieser Anlage mit ihren Umfassungsmauern ist so groß, daß die ganze Stadt Calatayud in ihrer heutigen Ausdehnung mehrmals darin Platz fände. Sehr bröcklig und auf eine angenehme Art dem Zerfall überlassen, nicht wie in Westeuropa, wo der Denkmalschutz schon lange durchgegriffen und alles herausgeputzt und zu Tode geputzt hätte.

In den alten Büchern steht, daß im Jahre 720 der Emir Kalaat

Ayub an dieser Stelle zum erstenmal habe bauen lassen. Orientalischer Luxus blühte auf, eine raffinierte Kultur hatte Spanien erobert. Die Befestigungsanlage soll sich bis zur Ruine von Másillan, etwa drei Kilometer nördlich von Calatayud, erstreckt haben, dort sind noch Gewölbe und Tore mit maurischen Hufeisenbögen erhalten. Das ausgedehnte Kastell, mit Vorwerken, Festungstürmen, Gräben, Gewölben, Fallen, natürlichen Hindernissen, Waffenkammern, sei erst im Jahre 1120 von einem christlichen Heer unter dem Befehl eines gewissen Alfons I. von Aragon erobert, dabei aber nur teilweise zerstört, neu aufgebaut, umgestaltet und erweitert worden, heißt es in einer Chronik, welche keine Auskunft gibt über das Schicksal der arabischen Verteidiger. Dieser Alfons I. sei dann bis zum Jahre 1140 in dem Kastell geblieben, es habe ihm dort recht gut gefallen, und den Arabern sei die Rückeroberung ihrer Burg, an der sie vier Jahrhunderte lang so liebevoll gebaut hatten, nicht mehr gelungen. Der größte Teil dieser Architektur ist jetzt von Gras und Sträuchern überwuchert, irgendwo auf dem weiten Gelände soll auch ein Gottesacker sein, arabische und christliche Gebeine freundlich gemischt, und der Knochen, welchen der streunende Hund dort aus dem Boden zerrt, gehört vielleicht zum Skelett eines Streitrosses, das im Jahre 720 oder 1120 für die gerechte Sache gefallen ist, oder eventuell ist es ein Menschenknochen. Abgemagerte Hunde sind hier, soweit man sehen kann, die einzigen Archäologen, bekommen wenig zu fressen von den Spaniern und freuen sich über die bescheidenste Atzung. Und manchmal, so geht die Sage, werde Calatayud vom Geist des Emirs Kalaat Ayub besucht, jammernd und schlummerlos treibt ihn der Stachel umher, und könne er sich immer noch nicht abfinden mit dem Verlust seines Territoriums, und streife er seufzend über die Stätte der Verwüstung. Der Motocrossfahrer heult durch das Gelände und zieht eine Fahne aus rotem Staub hinter sich her. Der Himmel aber ist unterdessen von giftigen Wolken durchzogen, die wie Dampf aus einem der Festungstürme zu quellen scheinen. Von der Stadt tönen Glocken herauf.

Die Fahrt geht dann weiter durch das verdorrte Land nach Mesones, nördlich von Calatayud. Den Wasserläufen entlang wächst noch etwas Grün, dann hört die Vegetation abrupt auf. Viele Bäche und Stauseen sind vertrocknet, in den Kirchen betet man um Regen. Litanei beim Wettersagen, Bittgänge und Prozessionen werden abgehalten, Statuen der Jungfrau Maria über Land getragen und buntbestickte Fahnen. Die Bauern verfluchen das grausam schöne Wetter, welches vom Reisenden gelobt wird. Die Araber hätten, so heißt es, im Mittelalter ein vorzügliches Bewässerungssystem entwickelt, das später, wegen der extremen Parzellierung des Bodens und wegen der kleinbäuerlichen Engstirnigkeit, nicht mehr funktionierte. Seit Menschengedenken sei eine solche Dürre nicht mehr vorgekommen, sagen die Bauern. Vielleicht wären auch die maurischen Bewässerungstechniker hilflos gewesen und hätten ihren Gott anflehen müssen. »Daß Du die Früchte der Erde erhalten wollest, Herr, wir bitten Dich, erhöre uns«, heißt es in der Litanei.

Die Burg von Mesones sitzt wie eine fette Katze auf dem Dorf und bewacht die kleinen, einstöckigen Häuser. Sehr waghalsig ist sie auf den Felssporn hingepflastert worden, und die Bauern haben sich einst abrackern müssen, bis die Steine dort oben waren. Wie sind die riesigen Quader auf den Berg gekommen? Was haben sich die Bauleute gedacht? Konnten sie vor Anstrengung noch denken? Als Lohn hatten sie die Sicherheit im Krieg, und Krieg gab es oft, sie durften sich dann jeweils in die Burg flüchten. Aber den Krieg machten nicht sie, der war das edle Handwerk der Ritter, und eigentlich wären sie gut ohne ihn ausgekommen. Und wenn es ganz brenzlig wurde, verkrümelten sich die Burgherren nicht selten, die waren mobil mit ihren

Pferden und ließen Kastell und Bauern auf der angestammten Scholle zurück. Ein kastilisches Klagelied aus der Zeit der Ritterfehden sagt:

> »Zu dieser Zeit ritten
> die Adligen nach Kastilien
> die armen Bauern
> litten große Not
>
> Man nahm ihnen alle Habe
> aus Schlechtigkeit und Raffgier
> die Felder lagen brach
> aus Mangel an Gerechtigkeit
>
> Sobald sie konnten, kehrten die Schutzherren
> auf ihre Ländereien zurück
> hörten nicht auf Krieg zu führen
> wie gewohnt
>
> Jeden Tag brachten neue Schwadronen
> den geringen Leuten Verwüstung
> und raubten das Land
> und töteten die Bauern.«

Bevor man die Ruine von Mesones sehen kann, läßt man sich in einer Dorfschenke zwei riesige Schlüssel aushändigen, wie sie früher für die Stadttore gebräuchlich waren, und hat ein seltsames Gefühl dabei. Nachdem eine Stadt bezwungen war, wurden jeweils den Siegern solche Schlüssel dargebracht. Auf einem Pfad mit Spitzkehren zum Felssporn hinauf, kreischend öffnet sich das Eichentor, Bergdohlen segeln über die Mauern, der zweite Schlüssel ist für die Kirche, welche in der Umfriedung steht. Dort drin flackert ein Ewiges Licht, und sehnsüchtige Barockaltäre dämmern im Schatten, und Statuen warten auf das Gesinde, aber das Kastell liegt gottverlassen ausgeweidet in der Sonne, ohne Dach, Ansätze von gotischen Gewölberippen deuten ins Leere, unter den Kapitellen ein Wappen mit Halbmond und seitwärts zwei fast intakte Türme mit Wendeltreppen. Die führen in die Höhe zum Erker, wo eine steinerne Sitzbank eingelassen ist, darin sind zwei Löcher verschiedener Größe, dort geht es gut 50 Meter in die Tiefe, unten klatschen die Fäkalien dann an die Fundamente der Burg, es geht auch heute noch. Die Latrine hat alle weltlichen Einrichtungen in diesem Kastell überlebt, außer ihr funktioniert nichts mehr, Kemenaten, Söller, Wachstuben, Rittersaal, Waffenkammer, Küchen, Zisternenwinde, Zugbrücke, Vorratskammer, alles kaputt, vorbei, bemoost und vermodert. Nur für die Seele ist noch gesorgt, aber wer soll hier die Kirche benutzen; und auf die Entleerung der adligen und kommunen Leiber warten die beiden ungleichen Löcher. Man sieht von der Zinne weit ins Land hinaus, das Dorf dort unten scheint für Pygmäen gebaut, und der Burgherr wartet ungeduldig auf Gaukler und Spielleute oder den nächsten Krieg, ihm die Langeweile zu vertreiben. Gebückt arbeiten die Bauern auf den dürren Feldern, der Zehntenvogt bringt die Abrechnung vom letzten Jahr, und ein Düsenjäger fliegt den Horizont entlang. Der nächste Krieg wird die Langeweile vertreiben und den geringen Leuten Verwüstung bringen. Ungeduldig scharrt der Huf des edlen Rappen im Schloßhof. Turnier! Turnier! Und dann sofort ein Gelage.

Von Mesones ist es nur ein Katzensprung bis Illueca, ein paar Hügelzüge muß der Reisende überwinden, enge Dörfer *(pueblos)* mit vielen nähenden, vor den Haustüren sitzenden Frauen, vorsichtig durchqueren, unvermutet in der Dämmerung auftauchende Maultiere mit ihren Reitern (Sancho Pansa) nicht beschädigen, in Illueca den Pfarrer *(párroco)* finden. Der will zuerst die Abendmesse einläuten, schnelles nervöses Bimmeln, begleitet den Reisenden dann zu einer Mauer, welche die Dorfkinder am Betreten des Ruinengrundstücks hindern soll, schließt eine Tür auf, sagt: *Natürlich* könne man das Gebäude dort hinten im Schatten besichtigen, *warum nicht*, aber auf eigene Gefahr *(peligro)*. Dann verabschiedet er sich mit auffälliger Herzlichkeit, als ob es für immer wäre, geht in die Kirche zurück, schon hört man das Bimmeln wieder: Wandlungs-, Feierabend-, Totenglöcklein? Das Gebäude zeigt eine langgestreckte, etwas verdrossene Fassade, halb Burg, halb Kloster, in der Mitte zwei schiefstehende Türme mit Rissen und abblätterndem Verputz, oben Galerien und zahlreiche Fenster, zerbrochene Scheiben. In Deutschland würde man sagen: Ein Juwel! Sofort renovieren! Hier nicht. Es hat zuviel davon. Eine schiefe Stiege mit halbzerstörten Stufen führt auf einen Treppenabsatz, das Feuerzeug gibt wenig Licht. Fledermäuse sirren durchs Gewölbe, die Treppe macht kehrt, die Stufen sind jetzt auf zwei Dritteln ihrer Länge zerbröckelt, und der obere Stock ruht nur noch auf drei leichten Säulen, nicht solid, aber elegant. Ungefähr Renaissance. Die hintere Wand fehlt, ein Stück vom Abendhimmel ist jetzt dort, das ist auch schön, und der Fuß tritt auf irgend etwas Weiches. Dieses huscht, einen klagenden Laut ausstoßend, die Treppe hinauf, und oben wird das Rieseln im Gemäuer immer lauter. Viele Steine sind schon von der Decke auf die Treppe gefallen. Lohnt den Besuch! (Mit Helm.)

Molina de Aragón, Provinz Guadalajara. Abends sich der Festung genähert: uneinnehmbar. Kein Loch in der unendlichen Umfassungsmauer. Biblische Stadt auf dem Berg, Wolkenschatten auf brandrotem Boden. Alles gerüstet für die Belagerung, Fallgitter gesenkt, überall verriegelt und verpicht, keine Mauerritze, die den Blick freigäbe ins Innere. Ein besonders düsteres oder prächtiges Geheimnis muß hinter diesen Wällen liegen, eventuell die verbotene Stadt? Erst von der Zinne des frei zugänglichen Turmes auf der Hügelkuppe, Torre de Aragón, sieht man, daß die erste Umfassungsmauer nichts verbirgt als eine zweite Mauer mit Türmen, die ihrerseits einen leeren Innenhof umfaßt. Nur roter Sand und Steine, aber alt. Die Türme sind allerdings recht gut gelungen mit ihrem gezahnten Oberteil. In der Stadt unten, die früher von der Burgmauer umfaßt worden ist, interessiert sich niemand für die Militärarchitektur. Das ist vorbei, die Leute haben andere Sorgen. Nur Fortunato Martinez, der alte, von der Gemeinde beauftragte, aber nicht besoldete, freischaffende Burgwächter, könne die Tore öffnen und eine Führung machen.

Am nächsten Morgen steht er vor dem Haupteingang, drahtig und frisch, achtzig Jahre alt, kein Alter im Vergleich zur Burg, wie er sagt. Rüstig trippelt er voraus, hüpft beinahe, erklettert Mauerkronen, läuft über Wehrgänge. 1921 hatte er unter dem Kommando des Generals Franco die Rifkabylen bekämpft in Spanisch-Marokko; weshalb, habe man ihm nie erklärt. Es sei ein anstrengender Krieg gewesen gegen die Araber, damals, und unbegreiflich lange habe er sich hingezogen, und wenn er sich richtig erinnere, hätten die Spanier schließlich gesiegt, trotz der Hitze. Dann sei bald der nächste Krieg gekommen, diesmal im Mutterland, und alle wehrfähigen Männer in Molina de Aragón hätten begierig auf die Roten, *los rojos*, gewartet, 1936, die sich aber wohlweislich nur bis an den Stadtrand vorgewagt hätten und nach drei Tagen endgültig vertrieben worden seien für den Rest des Bürgerkriegs, »und nur die Schußlöcher in der blechernen Windfahne auf der Kirche dort unten sind uns als Erinnerung geblieben«, sagt Martinez, bevor er die Funktion der Pechnasen erklärt und das schöne Becken zeigt, worin das Öl erhitzt wurde, welches man im Mittelalter auf die Araber hinuntergoß oder auf die feindlichen spanischen Brüder in den vielen Kriegen. Heißes Pech und Öl aus den Pechnasen auf die Belagerer gegossen, das habe Wunder gewirkt, sagt der Kriegsveteran nicht ohne Begeisterung, und würde immer noch Wunder wirken, die Pechnasen seien noch im Stande, Öl könne man auch immer auftreiben.

Von den Zinnen herunter erläutert der Wächter die Stadt. Rechts außen das Barrio de la Juderia, Judenvorstadt, die man immer noch Juderia nenne, obwohl die Juden vor 500 Jahren vertrieben worden sind und seit 1492 kein einziger mehr dort gelebt habe. Dann das Stadtgefängnis, zwei oder drei Klöster, Asyl, Spital, die Kirchen San Gil, Aescolapius, Santa Clara. Ein wenig Industrie am Rand, garstige neue Blöcke, die Altstadt in der Mitte zusammengekuschelt. Während des Bürgerkrieges habe man versucht, Löcher für den Luftschutz in die Erde des Burghügels zu graben, was aber trotz maschineller Bearbeitung nicht richtig gelungen sei, dort unten zwischen erster und zweiter Umfriedung. Man sieht noch die Kerben. So hart sei hier die Erde. Den Ratten allerdings gelinge es immer wieder, sich durch den Boden zu nagen. Immer mehr Rattenlöcher in letzter Zeit auf seinem Territorium, das macht ihm Sorgen, auch die jungen Leute aus der Stadt, die manchmal nachts hier einbrechen und vagabundieren und aus Mutwillen eines der alten Tore angezündet hätten. Und dann zeigt der Wächter Martinez auch noch den Söller, von dem im 13. Jahrhundert Doña Maria de Molina zu Tode gestürzt ist, ob zufällig, weil sie das Gleichgewicht verloren habe beim Kämmen ihres langen goldenen Haars, oder in selbstmörderischer Absicht, wolle er dahingestellt sein lassen.

Über der Festung ziehen die Wolken, ballen sich, wandern weiter, unter dem roten Boden ist ein Friedhof, 1808 sind die Franzosen durch das sogenannte Franzosentor ins Kastell eingedrungen, und Fortunato Martinez regiert jetzt allein auf Molina de Aragón, Don Fortunato de Aragón. »Dentro mi corazón«, sagt er, ein altes Gedicht zitierend, »in meinem Herzen steht der Turm von Aragón.« Das Große bleibt groß nicht und klein nicht das Kleine, die Nacht hat zwölf Stunden, dann kommt schon der Tag. Und Franco ist ja auch schon tot. Aber Fortunato lebt noch, der drahtige Veteran aller spanischen Kriege.

Belmonte steht in La Mancha, diese Ebene hat Cervantes hervorgebracht, der in arabischer Gefangenschaft seine Bücher schrieb, und gleich neben der Burg Belmonte steht eine Windmühle, und auch die Burg von Consuegra, Provinz Toledo, ist von Windmühlen umstellt, zahlreichen ungeschlachten Riesen, mit denen Don Quixote ein Treffen zu halten und ihnen sämtlich das Leben zu nehmen gedachte. Es war ein redlicher Krieg, und es geschah Gott zu Dienst und Ehren, wenn man solch böse Brut vom Angesicht der Erde vertilgte. Der Bürgermeister von Consuegra hat bei den letzten Wahlen seine Gegner vertilgen wollen, füllte die Urnen mit gefälschten Zetteln aus Angst vor der roten Brut, aber die Sache ist ans Licht gekommen, der Bürgermeister wurde blamiert, und eine große Demonstration zog durch das Dorf unter den Windmühlen. Der Fall ist in ganz Spanien bekannt geworden. Schon früher ist Consuegra einmal in die Geschichte eingegangen, weil König Alfons VI. von den Almoraviden, einer arabischen Dynastie, hier besiegt worden ist, als die Mohren noch in der Offensive waren. Und das war so gekommen: Der Mutamid von Sevilla hatte in der Hoffnung, seinen christlichen Widerpart Alfons VI. zu besänftigen, diesem seine Tochter Zaida zur Frau gegeben, und Schloß Consuegra, das mehrmals den Besitzer wechselte, war Teil ihrer Mitgift gewesen. Zaida nannte sich fortan Isabel. Solche Toleranz war damals, vor 1492, nicht selten, die drei Religionen lebten in manchen Gegenden friedlich neben- oder miteinander, es gab christliche Enklaven im arabischen und arabische im christlichen Gebiet. Auch in den Köpfen gab es Enklaven. Mutamid war ein Dichterkönig, vertraute mehr den guten und gescheiten Worten und der Versippung als dem unangenehmen Krieg. Jedoch, sein

Schwiegersohn verstand keinen Spaß und blieb ein aggressiver Mensch, der sich von keiner Poesie besänftigen ließ, und wollte weiter expandieren. Da mußte der sanfte Mutamid den harten Yussuf, seinen arabischen Rivalen, zu Hilfe rufen. Dieser übernahm die Macht, schickte seine besten Truppen gegen den christlichen König in Consuegra, welcher sich schon bald geschlagen in die Burg zurückzog. In dieser Schlacht starb, 1079, der einzige Sohn des großen Cid, ein sogenannter Nationalheld, und viele andere, weniger berühmte Söhne, deren Namen nicht überliefert sind. Die Almoraviden gaben jedoch auf und zogen sich zurück, vielleicht hat ihnen eine langwierige Belagerung nicht behagt. Erst dem nächsten Araberstamm, der von Afrika herüberkam, den Almohaden, gelang es, die Burg Consuegra zu brechen. Später ist sie von Alfons VII. wieder zurückerobert worden und der Christenheit dann nie mehr verlorengegangen. Darüber sollen die historischen Steine sehr glücklich gewesen sein. Die Untertanen, so heißt es, hätten jedoch die arabische Herrschaft vorgezogen, weil Handwerk und Handel dort mehr prosperierten, und seien in ihres Herzens Grund noch lange Zeit keine rechten Christen geworden.

Belmonte, Sonnenuntergang mit Windmühle und Burg. Der Himmel ist ganz ausgefranst, strähnig, violett, rechts oben pathetische Ballungen, die Landschaft leicht gerippt, ruhig, ausgeglichen. Kein Hindernis für die Augen, ringsherum nichts Abruptes außer dieser Burg. Hier hat Eugénie de Montijo gelebt, bekannt geworden als Frau von Napoléon III., Kaiser von Frankreich. Nur kurz soll sie hier verweilt haben, die preziöse Dame, ihre Familie besaß so viele Schlösser, daß sie alle paar Monate den Wohnsitz wechseln konnte. Hat trotzdem einiges umgebaut, wollte den letzten pariserischen Chic in Belmonte haben, prunkvolle Kamine, schön gearbeitete Fenster, zweistöckige Spitzbogengalerie. Die Burg ist gut im Stande, danke, heizbar, bewohnbar, aber nicht bewohnt. Der Dorfpolizist schließt auf. Unendliche Zimmerfluchten, alles bezugsbereit. Eine Burgbesetzung müßte man anzetteln, Instandbesetzung ist nicht nötig. Nach dem letzten Krieg war hier eine staatliche Mütterschule einquartiert, Vorbereitung der christlichen Mütter auf ein christliches Familienleben, oder was sich Franco darunter vorstellte. Die sind jetzt in ein anderes Schloß umgezogen. Wie es der Zufall so bringt, ist unter den Besuchern von Belmonte ein Ehepaar aus Barcelona, Stickereifabrikanten auf der Durchreise nach Madrid, wo sie ihrer adeligen Kundschaft die letzten Kreationen unterbreiten und Maß nehmen für neue Kleider, und die kennen zufällig die Besitzerin von Belmonte, eine Gräfin von Penaranda, und die wohnt in Madrid und werde den Reisenden gern empfangen, sobald ihn seine Geschäfte dorthin führen würden. Übrigens sei hier ganz in der Nähe ein bewohntes Schloß, Guadamur, die Familie stünde als Sehenswürdigkeit den Gebäulichkeiten in nichts nach. In Guadamur öffnet sich jedoch, solange man auch mit dem Türklopfer klopfen mag, keine Tür. Es ist ja auch schon dunkel. Warum ist der Wassergraben nicht gefüllt? Sehr unordentlich! Muß dem Verein der Freunde der spanischen Burgen gemeldet werden. Auf dem Bergfried flattert ein langer Wimpel. Vielleicht hat der Stickereifabrikant Guadamur mit Layos verwechselt, paar Kilometer weiter Richtung Toledo.

Und wirklich gibt's in Layos ein Schloß mit pulsierendem Inhalt. Der *jefe* sei abwesend, sagt eine Magd am Dienstboteneingang hinter dem großen Hoftor, aber die Herrin *(jefa)* würde sogleich eintreffen, der Reisende möge sich doch bitte von dem Jungvolk, das sich übers Wochenende im Schloß aufhalte, in den Salon geleiten lassen; was er denn auch tat. Durch den Innenhof, den geschmackvoll restaurierten, rechteckigen, die Stiegen hinauf in den ersten Stock, wo in einer Wandelhalle Jagdtrophäen ausgestellt sind, vorbei an Elefantenzähnen, Hirschgeweihen,

Wildschweinköpfen, Antilopenhörnern in den Salon. Hölzerne Decke in Zeltform, reich geschnitzt, ca. 14. Jahrhundert, *mudéjar:* So nennt man den Stil, welchen arabische Künstler unter christlicher Herrschaft herausbildeten. Alte Tableaux, die nur in Schlössern recht zur Geltung kommen, großflächig, auf Distanz zu betrachten, dazu knappes, modernes Mobiliar, auch ältere Möbel. Doch, das hat Geschmack. Die Marquise, welche bald erscheint, in gut sitzenden Reitstiefeln; jung-dynamisch, Innenarchitektin. Das Jungvolk aus Madrid, Verwandte, welche hier, wie die Marquise selbst, das Wochenende zu verbringen pflegen, streicht sich die Gesichter mit schwarzer Farbe ein, um den Reiz der Mondscheinpartie zu erhöhen, gleich geht es hinaus auf die Latifundien, und der Reisende wird sich ungestört mit Carmen Icáza de Oriol, die ihm jetzt auch wirklich einen Wein kredenzt, unterhalten können.

Das ganze Dorf Layos, so beginnt die Marquise von O. ihre Erzählung, habe vor dem Bürgerkrieg einem gewissen Conde de Mora gehört. Illustre Familie! Der erste seines Geschlechts sei Botschafter des Ferdinand von Aragón in Rom gewesen, später habe eine Tochter des Suezkanal-Erbauers Lesseps einen Mora geheiratet, auch Eugénie von Montijo habe zur Sippe gehört, und die Herrlichkeit habe eigentlich erst 1936 ein Ende gefunden, als die Familie fluchtartig Dorf und Schloß verließ, sonst wären sie von den aufgebrachten Bauern, wohl nicht ganz zu Unrecht, sagt die Marquise, umgebracht worden, wie viele ihrer Gattung. Die Bauern hatten nämlich genug von den Grundherren, damals, und wollten sich dieselben definitiv vom Halse schaffen. Das Schloß oder *Schlößchen*, wie sie es nennt, eine Burg sei das nicht, weil zu wenig wehrhaft, sei dann von der Republikanischen Armee besetzt gewesen, die leider etwas übel gehaust und alles brennbare Material verfeuert habe, rücksichtslos den kunsthistorischen Wert des Holzes einem krassen Materialismus opfernd, nur die hölzernen Mudéjar-Decken hätten den Vandalismus überdauert, wie, sei ihr schleierhaft. Später seien dann auch Teile der Internationalen Brigaden hier einquartiert gewesen, welche ebensowenig Sinn für die Schönheit der Gebäulichkeiten entwickelt hätten wie die Soldaten der Republik. Die Bauern aus dem Dorf hätten sich außerdem verschiedentlich am Mobiliar schadlos gehalten. In einem der Zimmer des Schlößchens habe sie eine Wandzeichnung (Kreide, 20. Jahrhundert) obszönen Inhalts gefunden, zwei nackte, ineinander verschlungene Körper, signiert: John Cunningham, Chicago, diese sei höchstwahrscheinlich von einem Internationalen Brigadisten hinterlassen worden; und sie habe den Dorfgipser von Layos ausdrücklich gebeten, weil sie nämlich den Originalitätswert des Gekritzels und auch seinen historischen Erinnerungswert schätzte, die Zeichnung bei der Renovation nicht zu zerstören. Der Dorfgipser jedoch, ein etwas kruder Mann, habe in der Annahme, ihr einen Gefallen zu tun, die Obszönität weggekratzt; bedauerlicher Mangel an Einfühlungsvermögen. Überhaupt seien die Leute hier auf dem Land etwas prosaisch und utilitaristisch eingestellt, an schönen Hunden sei ihnen nichts gelegen, man sehe fast nur Köter im Dorf, es würden nur Bäume gepflanzt, aus denen die Bauern unmittelbaren Nutzen zögen, vor allem Olivenbäume. Pferde gebe es auch kaum, nur Nutzesel, und an der Natur werde Raubbau getrieben; wenig ökologisches Bewußtsein, wenig Schönheitssinn. 1965 habe ihr Mann, der Architekt, welcher in Madrid gut und gerne 40 Angestellte in seinem Büro beschäftige und internationales Ansehen genieße und auf der ganzen Welt baue, aber auch jage, kürzlich wieder in der Äußeren Mongolei (Büffeljagd) – habe er also das heruntergekommene Schlößchen gekauft und fachgerecht restauriert, im gleichen Zug auch sozusagen alles Land im Dorf erworben, das ja traditionellerweise zum Schlößchen gehört habe, alles zu einem Preis, den man noch christlich werde nennen können; und habe den Dörflern dann, weil er nicht alle

1500 Hektaren selbst bewirtschaften möchte, 900 Hektaren zum Kauf angeboten, wodurch die Bauern zum erstenmal in den Besitz eigenen Landes gekommen wären. Die seien jedoch finanziell nicht in der Lage gewesen, das dergestalt angebotene Land zu erwerben, also habe die Regierung Geld lockergemacht und an Stelle der Bauern dem Marquis von O. eine gewisse Anzahlungssumme entrichtet; die Abstotterung des ganzen Betrags ziehe sich allerdings über Jahre hin, und die Bauern könnten dann ihrerseits wieder der Regierung den vorgeschossenen Betrag zurückzahlen. So sei es nun gekommen, daß die Familie Oriol nur noch 600, die Bauern aber 900 Hektaren besäßen, und habe man ihnen auch großzügig die Gründung einer Genossenschaft offeriert, an welcher der Marquis, der sich, wie sie selbst, in die agrarischen Belange überraschend gut eingearbeitet habe, sich auch beteiligen wollte. Die Bauern jedoch, mißtrauisch gegenüber Neuerungen, wie sie nun einmal seien, hätten nicht mitmachen wollen in der Genossenschaft, deren Gründung dann unterblieben sei; leider. Der Marquis habe auf seinen Ländereien, welche nach den allermodernsten Methoden bewirtschaftet würden – 9500 Schafe, 200 Kühe und allerhand Kleinvieh obendrein –, große Bewässerungsprojekte realisiert, in deren Genuß auch die Dörfler gekommen seien, außerdem habe er 30 Personen aus dem Dorf, die auf den Oriolschen Latifundien beschäftigt seien, Arbeit verschafft. Diese seien sehr gut gehalten und würden so mehr verdienen als auf dem eigenen Gütchen. In ihrer Abwesenheit, denn die Oriols seien nur über das Wochenende und einige Sommermonate auf den Ländereien, würden diese von einem tüchtigen Verwalter beaufsichtigt.

Erwähnenswert sei noch die Jagd (Rebhuhn), von der exklusiven Art, welche jährlich nur an zwei Wochenenden stattfinde, dafür aber stets mit netten Jagdgästen bestückt sei. Man müsse immer wieder Rebhühner züchten und aussetzen, damit die edlen Vögel nicht ausstürben. Die pauschalen Jagdarrangements über ein verlängertes Weekend – die Gäste wohnen und essen im Schlößchen, die Pflege der Geselligkeit ist inbegriffen – brächten einen weiteren Batzen in die Familienkasse, und auch den als Treibern angestellten Bauern ein Zubrot. Hansi sei auch schon hier gewesen, ein Hohenzollernprinz, auch Nando (von Hohenlohe) und der liebenswürdige Moritz (von Hessen), während Franzl (Burda) ihr eher etwas sauertöpfisch vorgekommen sei, er mache immer so ein Senatorengesicht. Aber Sven (Simon), der Sohn des Verlegers Springer, sei äußerst nett gewesen; schade, daß er sich entleibt habe.

Gleich hinter der Marquise hängen zwei Bilder, schön im Gesichtsfeld des Reisenden. Ein gemaltes, welches die Marquise vor ca. 20 Jahren darstellt, im Stil der spanischen Granden, und ein fotografisches aus neuerer Zeit (Porträt, farbig). Auf der Fotografie ist unten mit Filzstift eine längere Widmung hingemalt, am Schluß steht deutlich abgehoben ein R. Auf die Frage, was die Inschrift bedeute, sagt die Marquise, indem sie nochmals Wein nachgießt, der König von Spanien habe das Bild geknipst und darunter geschrieben: »Meiner lieben Carmen, in der Hoffnung, daß mein nächstes Foto besser gerät, mit den besten Wünschen Dein Juan Carlos, R.« Das R. steht für Rey (König). Ein besseres Foto könne man eigentlich kaum anfertigen, sagt die Marquise von O., und der König sei doch allzu bescheiden. Auch *er* sei schon zur Jagd auf ihren Gütern gewesen. Nicht nur sie selbst, auch Spanien insgesamt habe ihm viel zu verdanken, weil er doch kürzlich die Demokratie gerettet habe. Die alten Generäle aus der Franco-Zeit, diesen rabiaten Milans del Bosch und den dümmlichen Tejero und all die vulgären Frankisten könne sie nicht leiden, die hätten kein Format und keinen Horizont, und bestimmt würden die wieder einen Putsch versuchen, aber seien wegen ihrer Dummheit zum Mißerfolg verurteilt. Die Basken mit ihrem Terrorismus arbeiteten den altmodischen Trotteln leider in die Hände. Übrigens ihr Onkel, ein in der Elektrizitätswirtschaft führender Oriol, sei auch einmal von der ETA entführt, aber nach einigen Monaten unverletzt freigelassen worden. Der wisse eben, wie man mit Entführern umgehe.

Abschließend müsse sie übrigens betonen, daß im spanischen Bürgertum und Adel keine wirklich bedeutenden Reichtümer angehäuft seien, alles sehr bescheiden, verglichen mit dem Geld der Reichen in Westeuropa. In Gstaad oder St. Moritz, während der Winterferien, käme sie sich immer vor wie Aschenbrödel. Schließlich arbeite sie, ihr Mann auch. Und ob der Reisende, wenn ihn sein Weg nach Madrid führe, sie in ihrem kleinen Innenarchitektenbetrieb besuchen wolle?

Versprochen.

Und jetzt wieder zurück über den rechteckigen, im zweiten Stock mit Holz verkleideten Hof *(mudéjar)*, vor dem Abschied noch ein Blick in die Stallungen. Die Magd steht wieder am Tor. Carmen Icáza de Oriol hat eine Vorliebe für die spanische Pferderasse, der Name der Spanischen Hofreitschule sei davon abgeleitet. Eigentlich zöge sie die Spanier den Arabern vor: mehr Charakter. Ein Blick auf die Pferde zeigt, welch sicheren Geschmack die Marquise auch auf diesem Gebiet hat. Die feinen Nüstern! Lebhaften Augen! Wohlgebildeten Kruppen! Die zwei Araber halten den Vergleich mit den Spaniern nicht aus. Temperamentvolle und doch verläßliche Tiere mit recht viel Blut, fein modellierte Köpfe. Ein solches sei heute ohne weiteres seine hunderttausend Dollar wert, umgerechnet. Ideal für Spazierritte, weniger für Dressur. Und grüßen Sie mir die schöne Schweiz, aber auch Deutschland!

Auf den Straßen von Layos lungern die Hunde im spärlichen Lampenschein, alte Männer mit ledrigen Gesichtern hocken noch immer vor den Haustüren, schweigend. Ein kleines Monument erinnert an die Gefallenen des Bürgerkriegs. Nur die

Namen der gefallenen Frankisten sind eingraviert, die andern hatten vielleicht keine Opfer zu beklagen? Morgen ist ein staatlicher Feiertag, da wird die Entdeckung Amerikas gefeiert, *dia de la hispanidad* nennen sie es. Die erdumspannende hispanische Völkerfamilie, von Spanien über Südamerika bis zu den Philippinen. Die Köter sind wirklich sehr häßlich, da hat die Marquise schon recht, kurzbeinig, triefäugig, struppig, sabbernd und räudig. Man wird ihnen auf den Pelz rücken müssen, wenn man die Dörfer verschönern will. In den Spelunken füllen sich die Gläser mit wohlfeilem Brandy, und im Hinblick auf den Feiertag lassen sich die Leute vollaufen, erzählen ein wenig von Arbeitslosigkeit, schlechten Löhnen, Auswanderung, abstumpfendem Landleben. Gstaad oder Sankt Moritz kennen sie aus der Perspektive des Servierpersonals, vielleicht haben sie die Marquise auch dort bedient. Aber besser kennen sie das Ruhrgebiet. Auf einer Mauer in Layos steht geschrieben ›la mierda de la provincia‹. Noch bis in die Morgenstunden dringt der Lärm durch die dünnen Wände in die Schlafkammer des Reisenden herauf.

Morgen werden sie Amerika entdecken.

Vielfach
Nebel und Hochnebel

Die Filmequipe, die 1979 auf den Spuren von Maurice Bavaud, der 1938 ein Attentat auf Hitler plante, nach Berchtesgaden kam – der Attentäter war nach seiner Verurteilung durch den Volksgerichtshof zweieinhalb Jahre in Isolationshaft gesessen und im Mai 1941 hingerichtet worden – konnte in dieser Gebirgswelt verschiedene Aufnahmen machen; und da der Schreibende, nebst Willi Hermann und Hans Stürm, zur Equipe gehörte, wurde nicht nur gefilmt, sondern auch notiert.

*

Die Urteilsbegründung des Volksgerichtshofes, 2. Senat, betr. die öffentliche Sitzung vom 18. Dezember 1939, hält fest:

>»Nachdem der Angeklagte auf der Nebenstelle der Dresdner Bank unter den Linden noch den gesamten Restbetrag seines Reisekreditbriefes in Höhe von 305.– RM sich hatte auszahlen lassen, begab er sich nach dem Anhalter Bahnhof und fuhr nach Berchtesgaden ab. Dort traf er im Laufe des 25. Oktober 1938 ein, nahm im dortigen Hotel ›Stiftskeller‹ Wohnung und blieb bis zum 31. Oktober 1938 im genannten Ort.«

Der genannte Ort muß damals, wenn man dem ›Berchtesgadener Anzeiger‹ Glauben schenken kann, eine beträchtliche Anziehung auf Touristen ausgeübt haben. Für den Monat August 1938 wurden, wie das Fachorgan ›Der Fremdenverkehr‹ vermerkte, in Berchtesgaden und Umgebung 77 948 Übernachtungen gezählt. Man konnte hier oben Schuhplattler-Aufführungen sehen, verträumte Kapellen, eine bedeutende Stiftskriche, relativ unberührte Berge, ein Ganghofer-Denkmal und Hitler. Dieser hatte, seit er in seinem Berghof die Landschaft genoß, eine erkleckliche Vermehrung des Fremdenverkehrs bewirkt. Man hatte ihm auf einer Erhebung, der Reichskanzler-Adolf-Hitler-Höhe, einen Gedenkstein hingesetzt, das dankbare Gewerbe hatte allen Grund dazu. Die Präsenz des bekannten Politikers brachte nicht nur zusätzliche Touristen ins Gebirge, sondern auch einen Troß von Bediensteten, Polizisten, Soldaten, Ministerialbeamten. Gleich hinter Berchtesgaden, in Bischofswiesen, war eine Außenstelle der Reichskanzlei gebaut worden.

»Fast jeden Tag«, schreibt Josef Geiß in seiner schön bebilderten Broschüre, »besuchten Hitler Hunderte von Menschen.« Er hat sich ihnen gern und oft gezeigt und Tuchfühlung mit dem Volk gehabt, Hände gedrückt, Kinder gestreichelt, ein paar freundliche Worte gewechselt. Hier war er zugänglicher als in Berlin, volkstümlicher, fast unzeremoniös, die Höhenluft hat ihn halt entspannt. Man konnte gruppenweise zum Berghof pilgern, Metalldetektoren wie heute in den Flughäfen gab es nicht, eine manuelle Durchsuchung fand nur in Ausnahmefällen statt, die Besuchergruppen wurden von den Wachtposten oberflächlich gemustert.

Er war populär.

Im Oktober war allerdings die Führer-Sightseeing-Saison schon vorbei, es gab nur noch wenige Gruppen, denen ein unauffälliger Schweizer-Tourist sich hätte anschließen können. Aber so ganz unmöglich war das nicht. Ein PR-Film des Verkehrsvereins Berchtesgaden, der im Archiv des Verkehrsvereins Berchtesgaden liegt, und heute vom Verkehrsverein Berchtesgaden nicht mehr propagandistisch eingesetzt wird, denn er ist ein Stummfilm und auch politisch nicht ganz auf dem neuesten Stand, zeigt auf eine muntere Art, wie nahe man dem Führer auf die Haut rücken konnte. Man sieht eine Reisegesellschaft, die irgendwo im Unterland den Zug besteigt, einfache Leute, die sich an der Natur und den Monumenten freuen, erster Halt München, Frauenkirche, Feldherrnhalle, Braunes Haus. Dann zunehmend gebirgige Landschaft, Winken aus den Fenstern, Verzehr von Reiseproviant, gute Laune, Ankunft in Berchtesgaden, Schuhplattler von der brünstigsten Art, ein Hotel, zufällig der ›Stiftskeller‹, wo Bavaud abgestiegen ist, samt behäbigem Wirt, die Kapelle St. Bartholomä mit Watzmann-Ostwand, ein monumentales Berg-Kruzifix und abschließend, Sehenswürdigkeit neben andern, der Berghof. Die Reisegesellschaft säumt die schmale Straße, auf welcher gleich der Wagen des Reichskanzlers herunterkurven wird.

Da kommt er schon, langsam, ein schönes Kabriolett, vermutlich Mercedes, der Chef lässig neben dem Fahrer, ein Dackel rennt knapp vor dem Wagen über die Straße, das Kabriolett bremst, fährt Schritt-Tempo, der Volkskanzler ein bis zwei Meter vom Spalier der Leute entfernt und ungeschützt in nächster Nähe des Volkes – kein schlechter Moment für einen Pistolenschützen.

Der Film des Verkehrsvereins Berchtesgaden stammt aus dem Jahre 1935, als das Gelände um den Berghof noch nicht abgesperrt war. 1938 war der Zutritt viel schwieriger geworden.

Am 25. Oktober ist Bavaud in Berchtesgaden eingetroffen, am 28. Oktober kam H. »Der Führer wieder auf dem Obersalzberg, bei einem Besuch auf dem Kehlstein mit seinen Gästen, Reichsminister Dr. Goebbels und Frau und ihren Kindern Helga, Hilde und Helmut«, steht im Lokalblatt unter einem entsprechenden Foto. Während H., der Kinderfreund, mit den Kindern von Goebbels poussierte, trainierte Bavaud im Wald das Pistolenschießen; er habe, so heißt es in der Anklageschrift, zu diesem Zweck während der Spaziergänge im Walde auf Bäume aus kurzer Entfernung, etwa auf sieben bis acht Meter, insgesamt ungefähr 25 Schüsse abgegeben.

Die Schießübungen sind nicht aufgefallen, keine Polizei ist eingeschritten. Das ist eigenartig, denn Berchtesgaden liegt nicht dort, wo Schützenvereine und Milizsoldaten das Schießen zu einem festen Bestandteil der Landschaft machen.

Schüsse sind in dieser stillen Natur deutlich hörbar, auch solche aus einer kleinkalibrigen Pistole, der Schall trägt kilometerweit. (Wir haben für den Film die Szene nachgestellt. Man kann den Ton weit in der Runde nicht überhören. Und Bavaud besaß keinen Schalldämpfer.)

In Berchtesgaden ging damals alles seinen gewohnten friedlichen Gang. Ende Oktober spielte das Mirabell-Tonkino an der Rainerstraße ›Diskretion Ehrensache‹ mit Heli Finkenzeller, Hans Holt, Theo Lingen u. d. gr. Komikeraufgebot. Der Wetterbericht des Reichswetterdienstes stellte für den 26. Oktober in Aussicht: »Vielfach Nebel und Hochnebel, der sich auch tagsüber nur stellenweise auflöst, weiterhin schwach windig und kalt, in Höhen vorwiegend heiter, leichter Nachtfrost.« Im ›Berchtesgadener Anzeiger‹ suchte gebildetes älteres Frl. mit jahrel. Erfahrung in Pensionsbetrieb, gesund und arbeitsfreudig, gewandt im Verkehr, Maschinenschr., Nähen u. beste Köchin, auch Diät und Veget., passende Stellung, Schriftl. Angebote unter C. L. an die Geschäftsstelle. Auf dem Wimbachlehen, Ramsen, war eine Kuh, beim Kalb stehend, zu verkaufen, in Bad Reichenhall kam der Jud Veilchenblau vor den Richter, und die Bergführer waren unterbeschäftigt, wie das Lokalblatt vermerkte: »Daß sich die Eingliederung der Ostmark in bezug auf Nachfrage nach Bergführern in unserem Gebiet ungünstig auswirken würde, war wohl vorauszusehen nach der langen Grenzsperre und dem begreiflichen Verlangen des deutschen Bergsteigers nach verhältnismäßig leicht auszuführenden Hochtouren in den Gletschergebieten.«

Bavaud war hier fremd, er sprach fast kein Deutsch und suchte Anschluß. Die Anklageschrift hält fest:

»Auf Anregung des Betriebsführers des Hotels ›Stiftskeller‹ suchte der Angeklagte während der Schulzeit in der Oberschule in Berchtesgaden den dort tätigen Studienassessor Ehrenspeck auf und brachte diesem gegenüber nach der Vorstellung zum Ausdruck, daß er infolge seiner mangelhaften Kenntnis der deutschen Sprache einen Verkehr mit französischsprechenden Personen in Berchtesgaden suche. In der Folgezeit waren dann der genannte Studienassessor Ehrenspeck und der von diesem weiter hinzugezogene Studienassessor Reuther wiederholt mit dem Angeklagten in verschiedenen Gaststätten in Berchtesgaden zusammen.«

Die beiden Studienassessoren haben sich gefreut, sie konnten ihr Französisch praktizieren, und Ehrenspeck ließ den jungen Schweizer in der Schule auftreten; endlich jemand, der den Gymnasiasten einen französischen Originalton vorführte. (Vielleicht hat Maurice mit ihnen den Subjonctif durchgenommen oder eine Passage aus *Les Lettres de mon moulin* vorgelesen.)

Ehrenspeck ist unterdessen gestorben, aber Reuther, der in Würzburg lebt, erinnert sich genau an den manierlichen, sauber gekleideten jungen Mann, welcher kurze Zeit bei Ehrenspeck *hospitiert* und einen vortrefflichen Eindruck gemacht habe. Er habe sich als Bewunderer des Nationalsozialismus ausgegeben und sich nach den Möglichkeiten erkundigt, auf den Berghof zu gelangen und den Führer zu sprechen. So etwas sei damals häufig vorgekommen, schwärmerische Leute aus aller Herren Länder seien in Berchtesgaden aufgetaucht, um einen Blick auf den Führer zu erhaschen, und der junge Schweizer sei deshalb nicht besonders aufgefallen. Man habe ihm bedeutet, daß es wohl unmöglich sein dürfte, in einer Privataudienz von H. im Berghof empfangen zu werden; und weil dieser sich sehr unregelmäßig dort oben aufhielt, habe auch keine *Garantie* bestanden, ihn irgendwie, wenn auch nur kurz, zu Gesicht zu bekommen.

Deshalb habe man dem jungen Mann empfohlen, sich am 9. 11. nach München zu begeben, weil H. mit Sicherheit immer am Erinnerungsmarsch teilgenommen habe und Maurice dort den Gegenstand seiner Verehrung ohne jeden Zweifel würde sehen können.

Er, Reuther, sei dann aus allen Wolken gefallen, als ihn die Gestapo wegen Maurice verhört habe; desgleichen Ehrenspeck. Man habe dem jungen Mann nie und nimmer ein Attentatsvorhaben zugetraut, er sei auch nicht im geringsten nervös gewesen, und nichts, aber auch gar nichts in seinem Verhalten hätte sie mißtrauisch stimmen können. Auch Major Deckert von der Sicherheitsgruppe Berchtesgaden, der hin und wieder an ihrem Stammtisch in der ›Post‹ aufgekreuzt sei, habe keinen Verdacht geschöpft und wäre doch, als Mitverantwortlicher für die Sicherheit des Führers, sozusagen professionell in der Lage gewesen, etwaige unlautere Absichten des Hospitanten Bavaud zu durchschauen; dieser habe sich jedoch auch in des Majors Anwesenheit völlig locker verhalten. Man habe sich eben gar nicht vorstellen können, daß ein so korrekt gekleideter, anständiger, sanfter, ehrerbietiger junger Mann etwas Finsteres im Schilde führe; Attentäter habe man sich als dunkle, fanatische, eventuell glutäugige Individuen ausgemalt; und gar ein Attentäter aus der lieblich-harmlosen Schweiz –.

Der Vetter von Ehrenspeck, Adolf Ehrenspeck, der heute noch als Anwalt in Berchtesgaden tätig ist, hat Bavaud nicht kennengelernt, aber Willi hat ihm von der Geschichte erzählt. Auch ihm sei der Hospitant in keiner Weise verdächtig erschienen, und Attentate habe man sich generell nicht vorstellen können in dieser reinen Bergwelt. Sein Vetter sei übrigens nicht allzu gut angeschrieben gewesen bei der vorgesetzten Schulbehörde, weil er erstens nicht der Nationalsozialistischen Deutschen Arbeiterpartei beigetreten und zweitens, obwohl schon längst im heiratsfähigen Alter, immer noch ledig geblieben war;

das sei übel vermerkt worden, einen anständigen Schulmeister habe man sich damals nur *verheiratet* vorstellen können, und nachdem sein Vetter mehrmals freundlich darauf hingewiesen worden sei, habe er dann doch noch geheiratet, und zwar standesgemäß, nämlich die Tochter eines Oberbergrates aus den nahen Salzbergwerken, eine ehemalige Schülerin, und sei diese Ehe mit Elfriede aber nicht glücklich geworden, weil sein Vetter eher ein Einzelgänger gewesen sei und für die Ehe nicht talentiert. Auf dessen Schulkarriere habe es sich nicht positiv ausgewirkt, daß er, obwohl unwissentlich und unwillentlich, in die Sache mit diesem Attentäter verwickelt gewesen sei, eventuell sei ein kleiner Verdacht an ihm hängen geblieben, weil schon *andere Minuspunkte* gegen ihn vorgelegen hätten.

Das Gymnasium gibt es immer noch, und Studienrat Schertl, der schon zu Bavauds Zeiten dort unterrichtet hat, ist immer noch im Amt und sagt, alles sei damals, 1938, *ganz normal gewesen*, nichts Außerordentliches sei passiert in jenen Zeiten. Er hat deutsche Literatur, Altphilologie, Geschichte und Kunstgeschichte unterrichtet, damals. Gewisse Dichter seien in der Schule nicht behandelt worden, das empfinde er als ganz normal, auch ohne staatliches Geheiß hätte er keine Lust gehabt, Brecht, Thomas Mann, Alfred Döblin durchzunehmen. Juden habe man *natürlich nicht* im Schuldienst toleriert, auch Kommunisten nicht, das sei selbstverständlich gewesen. Er selbst sei politisch nicht engagiert gewesen, sondern habe sich ganz normal, wie andere Lehrer, verhalten.

Alles ganz normal, sagt Schertl nach jedem dritten Satz.

In der Geschichte habe man den Akzent mehr auf die Mythenforschung gelegt, zum Beispiel seien die Sagen rings um den Watzmann, den bekannten Berchtesgadener Berg, ein beliebter Schulstoff gewesen, auch die Geschichte des Oktoberfestes habe dazugehört. Vor dem Unterricht habe die Schülerschaft mit dem Hitlergruß gegrüßt, und nur wenige seien nicht Mitglied der HJ gewesen, Kinder von Generälen etc., deren Eltern mit Verachtung auf die Nazis hinuntergeschaut hätten.

Hitler-Bilder seien, soweit vorrätig, in jedes Zimmer gehängt und dafür die Kruzifixe entfernt worden, was allerdings die überzeugten Katholiken nicht als schön empfunden hätten, in dieser traditionell frommen Gegend, und so sei denn die Mutter eines Schülers, eine spinnerte Person, nachts durch ein Schulfenster eingestiegen und habe ein Hitler-Bild ab-, und das Kruzifix wieder aufgehängt.

Der Zwischenfall habe für die Frau keine Weiterungen gebracht, weil man sie als deppert angeschaut habe, so was mache ein normaler Mensch nicht. Abgesehen davon habe stets eine gute Disziplin und tadellose Ordnung geherrscht zu jener Zeit, die Kinder von Göring und Bormann seien hier zur Schule gegangen, ganz normal, ihre Väter hatten auf dem Obersalzberg den zweiten Wohnsitz. (Vielleicht hat Bavaud auch mit den Göring- und Bormann-Kindern die französische Grammatik geübt.)

Nur ganz zum Schluß sei ein unangenehmer Zwischenfall zu verzeichnen gewesen. Eine fanatische Lehrerin, die nicht merkte, daß sich das Blatt wendete, habe sich im Frühjahr 1945 auf die Straße gestellt und einen amerikanischen Panzer mit dem Hitler-Gruß begrüßt, worauf der Panzer mit einer Maschinengewehr-Garbe geantwortet habe und die Lehrerin tot umgefallen sei. Sonst habe die Politik im Lehrkörper keine Opfer gefordert, nur im Krieg seien einige Lehrer, und natürlich auch Schüler, umgekommen.

*

Auf dem Friedhof von Berchtesgaden sind innen an der Umfassungsmauer zahlreiche Grabplatten eingelassen. Es handelt sich nicht um eigentliche Gräber, die entsprechenden Gebeine sind abwesend. Jede Platte zeigt ein wetterbeständiges Foto, meist junge Gesichter. »Zum Andenken an den *tapferen Krieger* Anton Stangassinger vom Gebirgsjägerregiment 137. Teilnehmer am französischen, russischen und Afrika-Feldzug«, heißt eine Inschrift. »Er ruht in russischer Erde.« Andere ruhen in kretischer, rumänischer, ungarischer Erde. Die Fotos schauen in Richtung Berghof, die Blicke der Toten fixieren starr den Hang, wo der andere wohnte, der ihnen die Feldzüge samt Tapferkeit eingebrockt hat.

Auf manchen Platten sind auch die Orden erwähnt, Ritterkreuz etc. usw.

Alles ganz normal.

1938 waren die hier Verewigten noch fröhliche Soldaten gewesen.

»In den letzten Tagen«, schrieb das Lokalblatt zu Bavauds Zeiten, am 27. Oktober 1938, »hielt ein Bataillon des Gebirgs-Jäger-Regiments 137 seinen Einzug in Saalfelden. Am Samstag trat es zur Vereidigung an. Auf dem festlich geschmückten Hauptplatz hatten sich zur Begrüßung viele Saalfelder eingefunden. Der Führer des Bataillons, Major Heller, machte die angetretenen Rekruten auf die Mannes- und Soldatenpflichten aufmerksam und nahm ihnen den Eid ab. Jedem alten Soldaten lachte das Herz im Leibe angesichts der strammen Soldaten. Eine besondere Weihe erhielt die Feier durch die Teilnahme der Gebirgsjägermusik aus Bad Reichenhall, die nachmittags auf dem Hauptplatz ein Konzert gab.«

An Allerseelen werden die Grabplatten regelmäßig mit Blumen geschmückt.

*

Man habe sich damals angepaßt und ohne Anpassung keine Arbeit kriegen können, sagt Studienrat Schertl. Er sei nach der Ausbildung arbeitslos gewesen und habe erst nach seinem Beitritt zum Nationalsozialistischen Lehrerbund die Stelle in

Berchtesgaden bekommen. Man passe sich an, sagt die junge Referendarin Heike B., die seit kurzem am Berchtesgadener Gymnasium fungiert, und während der Ausbildung dürfe man zwar denken, was man wolle, aber bei der Stellenvermittlung spiele die Persönlichkeitsbewertung, wie sie es nennt, eine Rolle, und einige von ihren Kollegen seien deshalb stellenlos, und sie finde diese Entwicklung *beunruhigend*, aber am besten verhalte man sich *ruhig*, machen könne man nichts. Dann zahlt sie und geht mit Studienrat Schertl wieder ins Gymnasium, der nachmittägliche Unterricht beginnt pünktlich wie immer, und wir gehen auch wieder an die Arbeit nach dem gemütlichen Mittagessen im Gasthof, und seine Bodenständigkeit wird uns lange in Erinnerung bleiben und die Knödel lange den Magen beschweren.

Am Obersalzberg gibt es keine deutschen Soldaten mehr, die Amerikaner halten die Gegend besetzt seit 1945, ihre Soldaten erholen sich vom Militärdienst und fahren dort Ski, wo einst die Häuser der prominenten deutschen Politiker gestanden sind. Sie nennen das *recreation area,* Erholungsgebiet. Als Willi die Uniformen sieht, wird er ganz verstört, wir müssen ihn beruhigen, er hat prinzipiell etwas gegen Uniformen, und bleibt noch lange zapplig, das ist der Arbeit nicht zuträglich. Diese Seckel, sagt Willi, haben vor kurzem noch Krieg geführt in Südostasien und sich dann hier erholt, wo sich schon der andere erholte.

Willi tut, als ob der Vietnamkrieg noch nicht fertig wäre, und als ob, im Winter 1979, nicht ein Präsident regierte, der für die Menschenrechte schwärmt. Des Führers Residenz ist geschleift worden von den Amerikanern, es ist Gras darüber gewachsen. Nur die unterirdischen Gänge sind intakt geblieben, der Unterbau. Man muß eine Mark einwerfen, das Drehkreuz bewegt sich, es geht in die Tiefe, ›Das Verschmieren der Wände wird von Kontrollorganen zur Anzeige gebracht‹, steht auf den von dieser Inschrift verschmierten Wänden. Es sind aber keine Kontrollorgane zu sehen, wir sind allein hier unten, und es ist kalt.

Irgendwo tropft Wasser. ›Hier befinden Sie sich ca. zehn Meter unter der Erde. Geradeaus sehen Sie: einen Maschinengewehrstand und einen Sehschlitz.‹ Bei jeder rechtwinkligen Biegung des Ganges wieder einen Maschinengewehrstand und ein Sehschlitz. ›Hinter dieser Backsteinmauer befanden sich die privaten Räume von Adolf Hitler und Eva Braun. Nicht betreten. Einsturzgefahr.‹ Wendeltreppen, rostige Türen, verrostete Geschichte, der Widerhall vom Schlurfen unserer Schuhe in den endlosen Gängen, Wendeltreppen und wieder ins Licht, dann Hundegebell. Ein fletschender Wolfshund, ein deutscher Schäfer, ein historischer Hund, wartet am Ausgang des Bunkers, bedroht Willi, der Hunde nicht riechen kann und wegrennt und auf das Autodach flüchtet, wohin ihm der Hund nicht folgen kann.

Hier hat früher ein renommierter Wolfshund gelebt, Blondi, der hat H. auf seinen Spaziergängen begleitet und sei von ihm geliebt worden.

*

Bei der Rückkehr in die Pension Watzmann sitzt einer am Tisch, der uns bekannt vorkommt. Irgendwo haben wir den schon gesehen. Der sitzt starr vor seinem Bier und hat eine Haarsträhne in die Stirn gekämmt, schräg. Dann reißt er die Hand hoch und ruft: »Wir brauchen wieder einen Führer.«

Das meint er nicht ernst, er macht sich einen Jux, und alle finden das lustig, wenn Herr L., der tagsüber in einem Comestibles-Laden arbeitet, zur Karnevalszeit den H. mimt, hier, wo der richtige H. gelebt hat. Man klopft sich allgemein auf die Schenkel. Nachdem er sein Schnäuzchen abgeschminkt hat und die Strähne nach oben gekämmt ist, findet L. wieder zurück zu seiner eigenen Stimme und sagt jetzt in ruhigem Ton, er spiele den H. schon lange und mit immer gleichbleibendem Erfolg, zuerst für die amerikanischen Soldaten, dann auch für deutsches

Publikum, und ein *kleiner* H. könne, Spaß beiseite, nicht schaden in der deutschen Politik, damit die Situation *bereinigt* und alles Fremde *ausgemerzt* werde, das alte Reich werde nicht wieder kommen, aber ein kleines Deutschland, ein echtes Deutschland, und eine Ordnung.

Niemand widerspricht, im Gegenteil; breite Zustimmung am Stammtisch.

Auch die Plaketten auf dem Friedhof finden alle ganz normal. Es war ein Raubkrieg, die halbe Welt wurde verwüstet, die jungen Berchtesgadener in die Armee gepreßt, Bauchschüsse, abgefrorene Glieder in Rußland, Hunger, Verlassenheit und Krepieren. Vor sich den Feind und hinter sich den General, und auf dem Friedhof sind es tapfere Krieger geworden. Das muß vermutlich so sein, sonst wäre der Nachschub nicht in den Krieg gezogen, wenn die Wahrheit auf den Gräbern ständ.

Von Bavaud weiß man, daß er Pazifist gewesen ist.

In den Kanälen

> *In den Tiefen der Finsternis unter allen großen Städten wimmelt es gräulich von stinkenden Tieren, giftigen Tieren, widerborstigen Perversitäten, welche die Zivilisation nicht zähmen konnte ... Eines Tages passiert es, daß der Wärter die unterirdische Menagerie zu schließen vergißt, und mit schrillem Geheul streifen die Bestien durch die erschrockene Stadt.*
>
> Théophile Gautier,
> Paris-Capitale 1871

Raton, Diminutiv von *rat* – doch die Verkleinerungsform hat nichts Liebliches. Unerwünschte Elemente werden in Frankreich *raton* genannt. Und das harte Durchgreifen gegenüber diesen Elementen nennt man *ratonnade*. Das Wort ist im Zusammenhang mit den Razzien während des Algerienkrieges aufgekommen. Doch bereits 1871, als die Kommune von Paris ausgerottet wurde, brauchten die Bürger eine Analogie aus dem Tierreich, um die Kommunarden vorerst einmal verbal zu erledigen. Wenn einer zur Ratte erklärt ist, darf man, muß man ihn aus hygienischen Gründen vernichten. Das Etikett macht ihn kaputt. 1968 führten die Ordnungskräfte das Wort *ratonnade* wieder im Mund. Ein Wunder, daß es keine Toten gab.

Rattus norvegicus, französisch *surmulot*. Ratten im eigentlichen Sinn bewohnen in ihrer schwänzelnden Leibhaftigkeit das Paris der Kanäle, seit sie im 18. Jahrhundert aus der Gegend des Kaspischen Meeres eingewandert sind. Die stattlichen Tiere, 25 bis 35 Zentimeter lang, ebenso langer Schwanz, stammen aus der Wüste Koman, die sie nach einem Erdbeben verließen. Ein Stamm wanderte nach Asien, ein anderer nach Europa. Gegen 1750 trafen sie in Paris ein, wo sie mit ihren scharfen Krallen und gesträubten Schnäuzen sofort über die braunen und grauen Ratten herfielen, die, von schwächerer Konstitution, ratzekahl aufgefressen wurden. Die braunen Ratten, auch Vandalen-Ratten genannt, waren als frühmittelalterliche Ratten im Troß des Königs Genséric nach Paris gekommen und hatten dort ihre unumschränkte Herrschaft aufgerichtet. Bis in die letzten Jahrzehnte des 16. Jahrhunderts besaßen sie ein Monopol in den Kanälen, Kellern, auf den Märkten des alten Paris. Aber dann kamen im Gefolge der Landsknechte, während der Religionskriege, die grauen Ratten, die man später die ›vulkanischen‹ nannte. Diese waren von der Hungersnot aus Deutschland vertrieben worden. Zwischen den braunen und den grauen entbrannte ein fünfzigjähriger Krieg, der eine schreckliche Dezimierung beider Arten zur Folge hatte. Dann wurde ein Modus vivendi gefunden, indem sie eine Demarkationslinie durch Paris zogen. Den grauen blieb das linksufrige, den braunen das rechtsufrige Paris vorbehalten. Dann kamen, wie gesagt, gegen 1750, mitten in der Aufklärung, die *surmulots* und fraßen alle braunen und grauen auf.

Seither bewohnen sie das unsichtbare Paris und können sich ganz auf den Krieg gegen die Menschen konzentrieren. Schätzungsweise sechs Millionen kräftige Schnauzen haben wir heute in der Unterwelt, und wenn die Kehrichtmänner streiken, sieht man sie auch in den Mülltonnen wühlen mit ihren fleißigen Krallen, und wenn sie nicht eine so hohe Sterblichkeit hätten, dann wären es bald Dutzende von Millionen, gewaltige Rattenprozessionen kämen voll Freßlust an die Oberfläche, von der sie der moderne Städtebau vertrieb, und man könnte wieder Rattenfänger brauchen und Rattenhunde, und in Zeiten der Hungersnot könnte man sie essen, wie das während der Belagerung von 1870/71 der Brauch war, als eine Ratte fünf Francs kostete, und sie würden die Menschen angreifen, wie das 1923 geschah, als die Lumpenhändlerpest an der Porte de Clignancourt ausbrach, weil die Clochards, die in Mülltonnen wühlten, von Ratten gebissen wurden, die auch dort wühlten, und zuerst würden natürlich die Kinder in lottrigen Häusern angeknabbert, wie das noch 1963 geschah, als die Ratten durch defekte Abflußrohre in manche Wohnung krochen. Zu diesem Zweck haben sie eine spezielle Technik entwickelt, indem sie sich, wie Bergsteiger zwischen zwei Felswände gestemmt, in den senkrechten Abflußrohren hinaufwuchteten, sodann durchs Klosettloch in die Wohnung schlüpfen. Das geschieht in vernachlässigten Häusern noch recht oft. Die Schwierigkeit für die Ratten besteht nicht etwa in der Überwindung ihrer Schlüpfrigkeit, sondern im Übertritt vom städtischen ins private Abflußsystem, wo ihnen ein Gatter im Wege steht. Aber in ihrer Rattenwut zerbeißen sie auch Blei und Eisen, denn sie drängen mit aller Macht nach oben.

Die Rattenvorsteher (*Préposés à la dératisation*, ein Service der Polizeipräfektur) wollen sie mit aller Gewalt nach unten verdrängen, Schmutz zu Schmutz in die Kloake, wollen sie ausräuchern, verscheuchen, vergiften, mit Phosphor, Strychnin, Arsenik. Aber die dauerhafte Vernichtung gelingt nur in den Kellern und oberirdisch, auf den Märkten, und auch dort nicht immer. Bei den Jahrmarktständen auf den Grands Boulevards hört man sie immer wieder pfeifen, auch in Stadtvierteln mit offenen Märkten und vielen Metzgern, wie im 4. und 20. Arrondissement, welche die größte Rattenfrequenz von Paris haben. Da fällt immer etwas ab, und die Concierges sperren ihre Kätzchen ein, weil sie von den Ratten aufgefressen würden. Nur die Terriers sind den Ratten gewachsen. Manche Schmutzarbeiter stiegen noch in den sechziger Jahren in Begleitung eines Terriers in die Kanäle hinunter, damit die Ratten ihnen vom Leibe blieben. In den achtziger Jahren des letzten Jahrhunderts fanden noch jeden Sonntag zur Mittagszeit Rattenkämpfe auf dem Boulevard de l'Hôpital vor dem Haus Nr. 64 statt; dort kamen mit ihren Terriers die Gerber, Metzger, Bäcker, Waschhausbesitzer zusammen, welche die Woche hindurch von Ratten geplagt wurden, und warteten auf den vereidigten Rattenfänger der Stadt Paris, der ihnen lebende Ratten brachte, und in einer von vier Brettern markierten Arena wurde ein Terrier nach dem andern auf die Ratten gehetzt, die immer unterlagen, nicht ohne in ihrer Verzweiflung die Hunde gebissen zu haben. Aber die Terriers, schreibt ein Journalist im ›Magazin Pittoresque‹ vom 12. März 1901, krepierten im Gegensatz zu den Menschen nicht an den Rattenbissen, sie hatten Salpeter in den Adern. Nach solchen Kämpfen lagen durchschnittlich 20 bis 30 Rattenkadaver auf dem Boulevard de l'Hôpital ausgestreckt.

Jetzt liegen ihre Leichen selten mehr zutage. Die Gifte werden ihnen im Hygiene-Laboratorium der Stadt Paris zentral gemischt, mit Vorliebe antikoagulierende Mittel, so daß sie an langwierigen Blutungen verrecken. Auf eine sichtbare Ratte kommen 99 unsichtbare, die in die Kanäle verschwinden, wenn sie den Tod nahen spüren. Die hohe Sterblichkeit ist aber nicht der polizeilichen Ausrottungskampagne zu verdanken, sondern den zahllosen Krankheiten, die ihnen in der Kloake zugeschwemmt werden. Nur dank ihrer enormen Fruchtbarkeit vermögen die Ratten ihre Bevölkerung auf dem gleichen Stand zu halten, und nur das Gewirr von Leitungen aller Art über den Wässern der Kanäle gibt ihnen Nistmöglichkeiten. Aber jetzt will man ihnen auch noch die Fortpflanzung nehmen, nachdem man ihnen die Hallen weggenommen hat. Im Rattenlaboratorium der Polizeipräfektur reift ein Produkt heran, das man bald überall ausstreuen will, ein Empfängnisverhütungsmittel für die Ratten von Paris. Dann werden wir nicht nur oberirdisch ein sauberes Paris haben, eine Stadt aus Beton und Glas und Plastik, ohne Märkte und Rattenfraß, sondern auch eine reinliche Ödnis in der Unterwelt und einen endgültigen Sieg der Polizeipräfektur über das untere Gelichter, und den Triumph der Unfruchtbarkeit.

By the Rivers of Babylone

Für Nicos Poulantzas und Roman Hollenstein

Eigentlich
bin ich mir längst abgestorben
ich tu noch so
als ob
Atem holen
die leidige Gewohnheit
hängt mir zum Hals heraus
Mein Kadaver
schwankt unsicher
auf tönernen Füßen
die wissen nicht
wohin mit ihm
und bin in meinem Leib
schon längst nicht mehr zu Hause
ich
sitze unbequem
liege schlecht
laufe mühsam
stehe krumm
Kopfstand
ist kein Ausweg
Jeden Tag kann die Einladung an Euch meine Feinde ergehen
an meine Leiche zu gehen
Vom Tod
erwarte ich grundsätzlich
keine Abwechslung
ein kleines Überraschungspotential

besteht noch insofern
als ich oft die Freiheit habe nicht zu tun
was ich mir vornahm
oder zu tun
was ich mir nicht vornahm
ihr seht ich bin nicht ganz
verplant
Bald
werd ich mir nichts mehr vornehmen
das aber gründlich
Jede Lust
magert ab wie Simmenthaler Vieh
im Exil von Babylon
Bald
wird dieser Tempel abgerissen
dieser Madensack bald bei den Würmern deponiert
bald ist Laubhüttenfest

Nachweis

›Elegie über den Zufall der Geburt. Für Blaise Cendrars‹, in: *Die Erweiterung der Pupillen beim Eintritt ins Hochgebirge*, 1981

Adressen

›Aufenthalt in St. Gallen (670 m ü. M.). Eine Reportage aus der Kindheit‹, in: *Reportagen aus der Schweiz*, 1984
›O du weiße Arche am Rand des Gebirges! (1133 m ü. M.)‹, in: ›Die Weltwoche‹, 14. November 1985
›250 West 57th Street. Mein Loft in New York.‹ Zuerst in: ›Weltwoche-Magazin‹, 7. Juli 1982, später in: *Vorspiegelung wahrer Tatsachen*, 1983
›Rue Ferdinand Duval, Paris 4e. (Mein Standort)‹, in: *Das Schmettern des gallischen Hahns*, 1976
›Auf einem fremden ›stern‹, 1983.‹ Zuerst in: ›Die Weltwoche‹, September 1983, später in: *Der wissenschaftliche Spazierstock*, 1985
›Zurick Zurick horror picture show.‹ Zuerst in: ›POCH-Wahlzeitung‹, 1981, später in: *Vorspiegelung wahrer Tatsachen*, 1983

Figuren

›Jo Siffert (1936–1971)‹, in: *Reportagen aus der Schweiz*, 1984
›Fritzli und das Boxen‹, in: *Reportagen aus der Schweiz*, 1984
›Bleiben Sie am Apparat, Madame Soleil wird Ihnen antworten‹, in: *Das Schmettern des gallischen Hahns*, 1976
›Herr Engel in Seengen (Aargau) und seine Akkumulation‹, in: *Reportagen aus der Schweiz*, 1984
›Im Kabinett des Exorzisten der Erzdiözese Paris‹, in: *Das Schmettern des gallischen Hahns*, 1976
›Frau Arnold reist nach Amerika, 1912.‹ Zuerst in: ›Die WochenZeitung‹, 14. Mai 1982, später in: *Vorspiegelung wahrer Tatsachen*, 1983
›Gespräche mit Broger und Eindrücke aus den Voralpen‹, in: *Reportagen aus der Schweiz*, 1984

Anlässe

›Der restaurierte Palast (und seine ersten Benützer).‹ Zuerst in: ›Schweizer Illustrierte‹, Dezember 1984, später in: *Der wissenschaftliche Spazierstock*, 1985
›O wê, der babest ist ze junc. Hilf, herre, diner Kristenheit.‹ Zuerst in: ›Die WochenZeitung‹, Juni 1984, später erweitert in: *Der wissenschaftliche Spazierstock*, 1985

›Denn alles Fleisch vergeht wie Gras.‹ Zuerst in: ›Die WochenZeitung‹, März 1984, später erweitert in: *Der wissenschaftliche Spazierstock*, 1985

Schätzungen

›André Malraux zum ehrenden Gedenken.‹ Zuerst in: ›Tages-Anzeiger‹, 12. September 1971, später in: *Vorspiegelung wahrer Tatsachen*, 1983

›Sartre und sein kreativer Haß auf alle Apparate.‹ Zuerst in: ›Das Konzept‹, Mai 1980, später in: *Vorspiegelung wahrer Tatsachen*, 1983

›Deutscher Schmelz, und der windhohlgeöffnete Mund des Prinzen.‹ Zuerst erschienen unter dem Titel ›Es bennt und rilkt, es hölderlint und georgelt‹, in: ›Die Weltwoche‹, 5. September 1985

›Wer will unter die Journalisten? Eine Berufsberatung 1972.‹ Zuerst in: ›Zürcher student/impuls‹, Juni 1972, später in: *Vorspiegelung wahrer Tatsachen*, 1983

Landschaften

›Ein langer Streik in der Bretagne‹, in: *Das Schmettern des gallischen Hahns*, 1976

›Blochen in Assen, und auch sonst.‹ Zuerst in: ›Tages-Anzeiger-Magazin‹, 24. Juli 1976, später in: *Vorspiegelung wahrer Tatsachen*, 1983

›Von der bestürzenden, gewaltsamen, abrupten Lust des Motorradfahrens.‹ Zuerst erschienen unter dem Titel ›Diese bestürzende, gewaltsame, abrupte Lust‹, in: ›Die Weltwoche‹, 15. August 1985

›Châteaux en Espagne‹. Zuerst im ›stern‹, 2. Dezember 1982, später in: *Vorspiegelung wahrer Tatsachen*, 1983

›Vielfach Nebel und Hochnebel‹, in: *Es ist kalt in Brandenburg*, 1980

›In den Kanälen‹. Zuerst erschienen unter dem Titel ›Ratten‹, in: *Das Schmettern des gallischen Hahns*, 1976

›By the Rivers of Babylone‹, in: *Die Erweiterung der Pupillen beim Eintritt ins Hochgebirge*, 1981

Buchveröffentlichungen

Reportagen aus der Schweiz. Darmstadt (Luchterhand) 1975, Zürich (Limmat Verlag) 1984
Die Erschießung des Landesverräters Ernst S. Darmstadt (Luchterhand) 1976
Das Schmettern des gallischen Hahns. Darmstadt (Luchterhand) 1976
Es ist kalt in Brandenburg. Ein Hitler-Attentat. Zürich (Limmat Verlag) 1980
Die Erweiterung der Pupillen beim Eintritt ins Hochgebirge. Poesie 1966–1981. Zürich (Limmat Verlag) 1981
Vorspiegelung wahrer Tatsachen. Zürich (Limmat Verlag) 1983
Der wissenschaftliche Spazierstock. Zürich (Limmat Verlag) 1985
Heimsuchungen. Ein ausschweifendes Lesebuch. Zürich (Diogenes) 1986

Schweizer Autoren im Diogenes Verlag

● **Rainer Brambach**

Auch im April
Gedichte. Leinen

Kneipenlieder
Mit Frank Geerk und Tomi Ungerer. Erheblich erweiterte Neuausgabe. detebe 20615

Wirf eine Münze auf
Gedichte. Mit einem Nachwort von Hans Bender. detebe 20616

Für sechs Tassen Kaffee
Erzählungen. detebe 20530

Außerdem ist Rainer Brambach Herausgeber der Anthologie
Moderne deutsche Liebesgedichte
detebe 20777

● **Ulrich Bräker**

Leben und Schriften in 2 Bänden
Herausgegeben von Samuel Voellmy und Heinz Weder. detebe 20581–20582

● **Beat Brechbühl**

Kneuss
Roman. Zwei Wochen aus dem Leben eines Träumers und Querulanten, von ihm selber aufgeschrieben. detebe 21416

● **Friedrich Dürrenmatt**

Achterloo
Komödie. Leinen

Minotaurus
Eine Ballade. Mit Zeichnungen des Autors
Pappband

Justiz
Roman. Leinen

Die Welt als Labyrinth
Ein Gespräch mit Franz Kreuzer. Broschur

Der Auftrag
oder Vom Beobachten des Beobachters der Beobachter. Erzählung. Leinen

Zeitsprünge
Leinen

Der Winterkrieg in Tibet
Stoffe I. detebe 21155

Mondfinsternis / Der Rebell
Stoffe II/III. detebe 21156

Der Richter und sein Henker
Kriminalroman. Mit einer biographischen Skizze des Autors. detebe 21435

Der Verdacht
Kriminalroman. Mit einer biographischen Skizze des Autors. detebe 21436

Werkausgabe in 29 Bänden
Herausgegeben in Zusammenarbeit mit dem Autor. Alle Bände wurden revidiert und mit neuen Texten ergänzt

Das dramatische Werk in 17 Bänden
detebe 20831–20847

Das Prosawerk in 12 Bänden
detebe 20848–20860

Als Ergänzungsbände liegen vor:

Über Friedrich Dürrenmatt
Essays, Zeugnisse und Rezensionen. Interviews, Chronik und Bibliographie. Herausgegeben von Daniel Keel. detebe 20861

Elisabeth Brock-Sulzer
Friedrich Dürrenmatt
Stationen seines Werkes. Mit Fotos, Zeichnungen, Faksimiles. detebe 21388

● **Konrad Farner**

Theologie des Kommunismus?
detebe 21275

● **Nicolas Gfeller**

»Du sollst...«
Eine kleine Geschichte der Ethik von Buddha bis Ernst Bloch. Diogenes Evergreens

● **Jeremias Gotthelf**

Ausgewählte Werke in 12 Bänden
Herausgegeben von Walter Muschg
detebe 20561–20572

Der Bauernspiegel
oder Lebensgeschichte des Jeremias Gotthelf. Von ihm selbst beschrieben. Mit einem Essay von Walter Muschg. detebe 21407

Als Ergänzungsband liegt vor:
*Gottfried Keller
über Jeremias Gotthelf*
Mit einem Nachwort von Heinz Weder.
Chronik und Bibliographie. detebe 20573

● **Gottfried Keller**
*Zürcher Ausgabe
Gesammelte Werke in 8 Bänden*
Herausgegeben von Gustav Steiner
detebe 20521–20528

Als Ergänzungsband liegt vor:
Über Gottfried Keller
Sein Leben in Selbstzeugnissen und Zeugnissen von C. F. Meyer bis Theodor Storm. Chronik und Bibliographie. Herausgegeben von Paul Rilla. detebe 20535

● **Hugo Loetscher**
Der Waschküchenschlüssel
Broschur

Der Immune
Roman. Leinen

Die Papiere des Immunen
Roman. Leinen

Wunderwelt
Eine brasilianische Begegnung. detebe 21040

Herbst in der Großen Orange
detebe 21172

Noah
Roman einer Konjunktur. detebe 21206

Das Hugo Loetscher Lesebuch
Herausgegeben von Georg Sütterlin
detebe 21207

● **Mani Matter**
Sudelhefte
Aufzeichnungen 1958–1971
detebe 20618

Rumpelbuch
Geschichten, Gedichte, dramatische Versuche. detebe 20961

● **Niklaus Meienberg**
Heimsuchungen
Ein ausschweifendes Lesebuch. detebe 21355

● **Hans Neff**
*XAP oder Müssen Sie arbeiten?
fragte der Computer*
Ein fabelhafter Tatsachenroman
detebe 21052

● **Emil Steinberger**
Feuerabend
Mit vielen Fotos. Broschur

● **Beat Sterchi**
Blösch
Roman. Leinen. Auch als detebe 21341

● **Walter Vogt**
Husten
Erzählungen. detebe 20621

Wüthrich
Roman. detebe 20622

Melancholie
Erzählungen. detebe 20623

Der Wiesbadener Kongreß
Roman. detebe 20306

Booms Ende
Roman. detebe 20307

● **Robert Walser**
Der Spaziergang
Erzählungen. Nachwort von Urs Widmer.
detebe 20065

Maler, Poet und Dame
Aufsätze über Kunst und Künstler. Herausgegeben von Daniel Keel. Mit zahlreichen Dichterporträts. detebe 20794

● **Urs Widmer**
Alois
Erzählung. Pappband

Die Amsel im Regen im Garten
Erzählung. Broschur

Das enge Land
Roman. Leinen

Indianersommer
Erzählung. Leinen

Das Normale und die Sehnsucht
Essays und Geschichten. detebe 20057

Die lange Nacht der Detektive
Kriminalstück. detebe 20117

Die Forschungsreise
Ein Abenteuerroman. detebe 20282

Schweizer Geschichten
detebe 20392

Nepal
Ein Stück in der Basler Umgangssprache
detebe 20432

Die gelben Männer
Roman. detebe 20575

Züst oder die Aufschneider
Ein Traumspiel. detebe 20797

Vom Fenster meines Hauses aus
Prosa. detebe 20793

Liebesnacht
Erzählung. detebe 21171

Die gestohlene Schöpfung
Ein Märchen. detebe 21403

Shakespeare's Geschichten
Sämtliche Stücke von William Shakespeare nacherzählt von Walter E. Richartz und Urs Widmer. detebe 20791–20792

Das Urs Widmer Lesebuch
Herausgegeben von Thomas Bodmer
detebe 20783

● **Liebesgeschichten aus der Schweiz**
Von Jeremias Gotthelf bis Max Frisch. Herausgegeben von Christian Strich und Tobias Inderbitzin. detebe 21124

Neue deutsche Literatur im Diogenes Verlag

● **Das Günther Anders Lesebuch**
Herausgegeben von Bernhard Lassahn
detebe 21232

● **Alfred Andersch**
»... einmal wirklich leben«. Ein Tagebuch in Briefen an Hedwig Andersch 1943–1975. Herausgegeben von Winfried Stephan
Leinen
Erinnerte Gestalten. Frühe Erzählungen
Leinen
Die Kirschen der Freiheit. Bericht
detebe 20001
Sansibar oder der letzte Grund. Roman
detebe 20055
Hörspiele. detebe 20095
Geister und Leute. Geschichten
detebe 20158
Die Rote. Roman. detebe 20160
Ein Liebhaber des Halbschattens
Erzählungen. detebe 20159
Efraim. Roman. detebe 20285
Mein Verschwinden in Providence
Erzählungen. detebe 20591
Winterspelt. Roman. detebe 20397
Der Vater eines Mörders. Erzählung
detebe 20498
Aus einem römischen Winter. Reisebilder
detebe 20592
Die Blindheit des Kunstwerks. Essays
detebe 20593
Ein neuer Scheiterhaufen für alte Ketzer
Kritiken. detebe 20594
Öffentlicher Brief an einen sowjetischen Schriftsteller, das Überholte betreffend
Essays. detebe 20398
Neue Hörspiele. detebe 20595
Einige Zeichnungen. Graphische Thesen
detebe 20399
Flucht in Etrurien. 3 Erzählungen aus dem Nachlaß. detebe 21037
empört euch der himmel ist blau. Gedichte
Pappband
Hohe Breitengrade. Mit 48 Farbtafeln nach Aufnahmen von Gisela Andersch
detebe 21165
Wanderungen im Norden. Mit 32 Farbtafeln nach Aufnahmen von Gisela Andersch
detebe 21164
Das Alfred Andersch Lesebuch. detebe 20695
Als Ergänzungsband liegt vor:
Über Alfred Andersch. detebe 20819

● **Heinrich Böll**
Denken mit Heinrich Böll. Gedanken über Lebenslust, Sittenwächter und Lufthändler, ausgewählt und zusammengestellt von Daniel Keel. Diogenes Evergreens

● **Rainer Brambach**
Auch im April. Gedichte. Leinen
Wirf eine Münze auf. Gedichte. Nachwort von Hans Bender. detebe 20616
Kneipenlieder. Mit Frank Geerk und Tomi Ungerer. Erweiterte Neuausgabe
detebe 20615
Für sechs Tassen Kaffee. Erzählungen
detebe 20530
Moderne deutsche Liebesgedichte. (Hrsg.)
Von Stefan George bis zur Gegenwart
detebe 20777

● **Manfred von Conta**
Reportagen aus Lateinamerika
Broschur
Der Totmacher. Roman. detebe 20962
Schloßgeschichten. detebe 21060

● **Friedrich Dürrenmatt**
Das dramatische Werk:
Achterloo. Komödie. Leinen
Zeitsprünge. Leinen
Es steht geschrieben / Der Blinde. Frühe Stücke. detebe 20831
Romulus der Große. Ungeschichtliche historische Komödie. Fassung 1980
detebe 20832
Die Ehe des Herrn Mississippi. Komödie und Drehbuch. Fassung 1980. detebe 20833
Ein Engel kommt nach Babylon
Fragmentarische Komödie. Fassung 1980
detebe 20834
Der Besuch der alten Dame. Tragische Komödie. Fassung 1980. detebe 20835
Frank der Fünfte. Komödie einer Privatbank
Fassung 1980. detebe 20836
Die Physiker. Komödie. Fassung 1980
detebe 20837
Herkules und der Stall des Augias
Der Prozeß um des Esels Schatten
Griechische Stücke. Fassung 1980
detebe 20838

Der Meteor / Dichterdämmerung
Nobelpreisträgerstücke. Fassung 1980
detebe 20839
Die Wiedertäufer. Komödie. Fassung 1980
detebe 20840
König Johann / Titus Andronicus
Shakespeare-Umarbeitung. detebe 20841
Play Strindberg / Porträt eines Planeten
Übungsstücke für Schauspieler
detebe 20842
Urfaust / Woyzeck. Bearbeitungen
detebe 20843
Der Mitmacher. Ein Komplex. detebe 20844
Die Frist. Komödie. Fassung 1980
detebe 20845
Die Panne. Hörspiel und Komödie
detebe 20846
Nächtliches Gespräch mit einem verachteten Menschen / Stranitzky und der Nationalheld Das Unternehmen der Wega. Hörspiele
detebe 20847

Das Prosawerk:
Minotaurus. Eine Ballade. Mit Zeichnungen des Autors. Pappband
Justiz. Roman. Leinen
Der Auftrag oder Vom Beobachten des Beobachters der Beobachter. Erzählung. Leinen
Aus den Papieren eines Wärters. Frühe Prosa
detebe 20848
Der Richter und sein Henker / Der Verdacht
Kriminalromane. detebe 20849
Der Hund / Der Tunnel / Die Panne
Erzählungen. detebe 20850
Grieche sucht Griechin / Mr. X macht Ferien. Grotesken. detebe 20851
Das Versprechen / Aufenthalt in einer kleinen Stadt. Erzählungen. detebe 20852
Der Sturz. Erzählungen. detebe 20854
Theater. Essays, Gedichte und Reden
detebe 20855
Kritik. Kritiken und Zeichnungen
detebe 20856
Literatur und Kunst. Essays, Gedichte und Reden. detebe 20857
Philosophie und Naturwissenschaft. Essays, Gedichte und Reden. detebe 20858
Politik. Essays, Gedichte und Reden
detebe 20859
Zusammenhänge / Nachgedanken. Essay über Israel. detebe 20860
Der Winterkrieg in Tibet. Stoffe I
detebe 21155
Mondfinsternis / Der Rebell. Stoffe II/III
detebe 21156
Der Richter und sein Henker. Kriminalroman
Mit einer biographischen Skizze des Autors
detebe 21435

Der Verdacht. Kriminalroman. Mit einer biographischen Skizze des Autors. detebe 21436
Als Ergänzungsbände liegen vor:
Die Welt als Labyrinth. Ein Gespräch mit Franz Kreuzer. Boschur
Denken mit Dürrenmatt. Denkanstöße, ausgewählt und zusammengestellt von Daniel Keel. Diogenes Evergreens
Über Friedrich Dürrenmatt. detebe 20861
Elisabeth Brock-Sulzer
Friedrich Dürrenmatt. Stationen seines Werkes. Mit Fotos, Zeichnungen, Faksimiles
detebe 21388

● **Dieter Eisfeld**
Das Genie. Roman. Leinen

● **Egon Friedell**
Die Rückkehr der Zeitmaschine. Phantastische Novelle. detebe 20177
Das letzte Gesicht. 69 Bilder von Totenmasken, eingeleitet von Egon Friedell. Mit Erläuterungen von Stefanie Strizek. detebe 21222
Abschaffung des Genies. Gesammelte Essays 1905–1918. detebe 21344
Ist die Erde bewohnt? Gesammelte Essays 1919–1931. detebe 21345

● **Heidi Frommann**
Die Tante verschmachtet im Genuß nach Begierde. Zehn Geschichten. Leinen
Innerlich und außer sich. Bericht aus der Studienzeit. detebe 21042

● **E. W. Heine**
Wie starb Wagner? Was geschah mit Glenn Miller? Neue Geschichten für Musikfreunde
Leinen
Kuck Kuck. Noch mehr Kille Kille Geschichten. Leinen
Der neue Nomade. Ketzerische Prognosen
Leinen
Kille Kille. Makabre Geschichten
detebe 21053
Hackepeter. Neue Kille Kille Geschichten
detebe 21219
Nur wer träumt, ist frei. Eine Geschichte
detebe 21278
Wer ermordete Mozart? Wer enthauptete Haydn? Mordgeschichten für Musikfreunde
detebe 21437
New York liegt im Neandertal. Die abenteuerliche Geschichte des Menschen von der Höhle bis zum Hochhaus. detebe 21453

● **Ernst Herhaus**
Die homburgische Hochzeit. Roman
detebe 21083
Die Eiszeit. Roman. Mit einem Vorwort von Falk Hofmann. detebe 21170

Notizen während der Abschaffung des Denkens. detebe 21214
Der Wolfsmantel. Roman. detebe 21393
Kapitulation. Aufgang einer Krankheit
detebe 21451

● Otto Jägersberg
Der Herr der Regeln. Roman. Leinen
Vom Handel mit Ideen. Geschichten. Leinen
Wein, Liebe, Vaterland. Gesammelte Gedichte. Broschur
Cosa Nostra. Stücke. detebe 20022
Weihrauch und Pumpernickel. Ein westfählisches Sittenbild. detebe 20194
Nette Leute. Roman. detebe 20220
Der letzte Biß. Erzählungen. detebe 20698
Land. Ein Lehrstück. detebe 20551
Seniorenschweiz. Reportage unserer Zukunft
detebe 20553
Der industrialisierte Romantiker. Reportage unserer Umwelt. detebe 20554
He he, ihr Mädchen und Frauen. Eine Konsum-Komödie. detebe 20552

● Janosch
Cholonek oder Der liebe Gott aus Lehm
Roman. detebe 21287

● Norbert C. Kaser
jetzt mueßte der kirschbaum bluehen. Gedichte, Tatsachen und Legenden, Stadtstiche. Herausgegeben von Hans Haider. detebe 21038

● Hans Werner Kettenbach
Sterbetage. Roman. Leinen
Minnie oder Ein Fall von Geringfügigkeit
Roman. detebe 21218
Hinter dem Horizont. Eine New Yorker Liebesgeschichte. detebe 21452

● Hermann Kükelhaus
»... ein Narr der Held«. Gedichte in Briefen
Herausgegeben und mit einem Vorwort von Elizabeth Gilbert. detebe 21339

● Hartmut Lange
Die Waldsteinsonate. Fünf Novellen
Leinen
Das Konzert. Novelle. Leinen
Die Selbstverbrennung. Roman
detebe 21213
Tagebuch eines Melancholikers. Aufzeichnungen der Monate Dezember 1981 bis November 1982. detebe 21454

● Bernhard Lassahn
Dorn im Ohr. Das lästige Liedermacherbuch.
Mit Texten von Wolf Biermann bis Konstantin Wecker. Herausgegeben und kommentiert von Bernhard Lassahn. detebe 20617

Liebe in den großen Städten. Geschichten und anderes. detebe 21039
Ohnmacht und Größenwahn. Lieder und Gedichte. detebe 21043
Land mit Lila Kühen. Roman. detebe 21095
Ab in die Tropen. Eine Wintergeschichte
detebe 21395
Du hast noch ein Jahr Garantie. Geschichten
Leinen

● Jürgen Lodemann
Luft und Liebe. Geschichten. Leinen
Essen Viehofer Platz. Roman. Leinen
Anita Drögemöller und Die Ruhe an der Ruhr. Roman. detebe 20283
Lynch und Das Glück im Mittelalter
Roman. detebe 20798
Familien-Ferien im Wilden Westen. Ein Reisetagebuch. detebe 20577
Im Deutschen Urwald. Essays, Aufsätze, Erzählungen. detebe 21163
Der Solljunge. Autobiographischer Roman
detebe 21279

● Hugo Loetscher
Der Waschküchenschlüssel und andere Helvetica. Broschur
Der Immune. Roman. Leinen
Die Papiere des Immunen. Roman. Leinen
Wunderwelt. Eine brasilianische Begegnung
detebe 21040
Herbst in der Großen Orange. detebe 21172
Noah. Roman einer Konjunktur
detebe 21206
Das Hugo Loetscher Lesebuch. Herausgeben von Georg Sütterlin. detebe 21207

● Mani Matter
Sudelhefte. Aufzeichnungen 1958–1971
detebe 20618
Rumpelbuch. Geschichten, Gedichte, dramatische Versuche. detebe 20961

● Niklaus Meienberg
Heimsuchungen. Ein ausschweifendes Lesebuch. detebe 21355

● Fritz Mertens
Ich wollte Liebe und lernte hassen
Ein Bericht. Broschur
Auch du stirbst, einsamer Wolf. Ein Bericht
Broschur

● Fanny Morweiser
Ein Winter ohne Schnee. Roman. Leinen
Lalu lalula, arme kleine Ophelia
Erzählung. detebe 20608
La vie en rose. Roman. detebe 20609
Indianer-Leo. Geschichten. detebe 20799

Die Kürbisdame. Kleinstadt-Trilogie
detebe 20758
Ein Sommer in Davids Haus. Roman
detebe 21059
O Rosa. Ein melancholischer Roman
detebe 21280

● **Hans Neff**
XAP oder Müssen Sie arbeiten? fragte der Computer. Ein fabelhafter Tatsachenroman
detebe 21052

● **Mathias Nolte**
Großkotz. Ein Entwicklungsroman
detebe 21396

● **Walter E. Richartz**
Meine vielversprechenden Aussichten
Erzählungen
Prüfungen eines braven Sohnes. Erzählung
Der Aussteiger. Prosa
Tod den Ärtzten. Roman. detebe 20795
Noface – Nimm was du brauchst. Roman
detebe 20796
Büroroman. detebe 20574
Das Leben als Umweg. Erzählungen
detebe 20281
Shakespeare's Geschichten. detebe 20791
Vorwärts ins Paradies. Essays. detebe 20696
Reiters Westliche Wissenschaft. Roman
detebe 20959

● **Das Ringelnatz Lesebuch**
Gedichte und Prosa. Eine Auswahl
Herausgegeben von Daniel Keel
detebe 21157

● **Herbert Rosendorfer**
Über das Küssen der Erde. Prosa
detebe 20010
Der Ruinenbaumeister. Roman. detebe 20251
Skaumo. Erzählungen. detebe 20252
Der stillgelegte Mensch. Erzählungen
detebe 20327
Deutsche Suite. Roman. detebe 20328
Großes Solo für Anton. Roman. detebe 20329

● **Emil Steinberger**
Feuerabend. Mit vielen Fotos. Broschur

● **Beat Sterchi**
Blösch. Roman. Leinen. Auch als
detebe 21341

● **Patrick Süskind**
Der Kontrabaß. Pappband
Das Parfum. Die Geschichte eines Mörders
Roman. Leinen

● **Hans Jürgen Syberberg**
Der Wald steht schwarz und schweiget
Neue Notizen aus Deutschland. Broschur

● **Walter Vogt**
Husten. Erzählungen. detebe 20621
Wüthrich. Roman. detebe 20622
Melancholie. Erzählungen. detebe 20623
Der Wiesbadener Kongreß. Roman.
detebe 20306
Booms Ende. Erzählungen. detebe 20307

● **Hans Weigel**
Das Land der Deutschen mit der Seele suchend. detebe 21092
Blödeln für Anfänger. Mit Zeichnungen von Paul Flora. detebe 21221

● **Urs Widmer**
Alois. Erzählung. Pappband
Die Amsel im Regen im Garten. Erzählung
Broschur
Das enge Land. Roman. Leinen
Indianersommer. Erzählung. Leinen
Das Normale und die Sehnsucht. Essays und Geschichten. detebe 20057
Die lange Nacht der Detektive. Ein Stück.
detebe 20117
Die Forschungsreise. Roman. detebe 20282
Schweizer Geschichten. detebe 20392
Nepal. Ein Stück. detebe 20432
Die gelben Männer. Roman. detebe 20575
Züst oder die Aufschneider. Ein Traumspiel
detebe 20797
Vom Fenster meines Hauses aus. Prosa
detebe 20793
Liebesnacht. Erzählung. detebe 21171
Die gestohlene Schöpfung. Ein Märchen
detebe 21403
Shakespeare's Geschichten. detebe 20792
Das Urs Widmer Lesebuch. detebe 20783

● **Hans Wollschläger**
Die bewaffneten Wallfahrten gen Jerusalem
Geschichte der Kreuzzüge. detebe 20082
Karl May. Eine Biographie. detebe 20253
Die Gegenwart einer Illusion. Essays
detebe 20576

● **Wolf Wondratschek**
Die Einsamkeit der Männer. Mexikanische Sonette (Lowry-Lieder). detebe 21340
Carmen oder bin ich das Arschloch der achtziger Jahre. Broschur

● **Das Diogenes Lesebuch moderner deutscher Erzähler**
Band I: Geschichten von Arthur Schnitzler bis Erich Kästner. detebe 20782
Band II: Geschichten von Andersch bis Widmer. Mit einem Nachwort von Gerd Haffmans. ›Über die Verhunzung der deutschen Literatur im Deutschunterricht‹. detebe 20776

Lesebücher
im Diogenes Verlag

Das Diogenes Lesebuch klassischer deutscher Erzähler
in drei Bänden: I. von Wieland bis Kleist, II. von Grimm bis Hauff, III. von Mörike bis Busch. Herausgegeben von Christian Strich und Gerd Haffmans
detebe 20727, 20728, 20669

Das Diogenes Lesebuch moderner deutscher Erzähler
in zwei Bänden: I. von Schnitzler bis Kästner, II. von Andersch bis Urs Widmer. Herausgegeben von Christian Strich und Gerd Haffmans
detebe 20782 und 20776

Das Diogenes Lesebuch amerikanischer Erzähler
Geschichten von Washington Irving bis Harold Brodkey. Bio-Bibliographie der Autoren und Literaturhinweise. Herausgegeben von Gerd Haffmans. detebe 20271

Das Diogenes Lesebuch englischer Erzähler
Geschichten von Wilkie Collins bis Alan Sillitoe. Bio-Bibliographie der Autoren und Literaturhinweise. Herausgegeben von Gerd Haffmans. detebe 20272

Das Diogenes Lesebuch französischer Erzähler
von Stendhal bis Simenon. Herausgegeben von Anne Schmucke und Gerda Lheureux.
detebe 20304

Das Diogenes Lesebuch irischer Erzähler
Geschichten von Joseph Sheridan Le Fanu bis Edna O'Brien. Bio-Bibliographie der Autoren und Literaturhinweise. Herausgegeben von Gerd Haffmans. detebe 20273

Das Diogenes Lesebuch deutscher Balladen
von Bürger bis Brecht. Herausgegeben von Christian Strich. detebe 20923

Das Günther Anders Lesebuch
Herausgegeben von Bernhard Lassahn
detebe 21232

Das Alfred Andersch Lesebuch
Herausgegeben von Gerd Haffmans
detebe 20695

Das Gottfried Benn Lesebuch
Ein Querschnitt durch das Prosawerk, herausgegeben von Max Niedermayer und Marguerite Schlüter. detebe 20982

Das Wilhelm Busch Bilder- und Lesebuch
Ein Querschnitt durch sein Werk, dazu Essays und Zeugnisse sowie Chronik und Bibliographie. Herausgegeben von Gerd Haffmans. detebe 20391

Das Čechov Lesebuch
Herausgegeben, kommentiert und mit einem Vorwort von Peter Urban. detebe 21245

Das James Joyce Lesebuch
Auswahl aus ›Dubliner‹, ›Porträt des Künstlers‹ und ›Ulysses‹. Aus dem Englischen von Dieter E. Zimmer, Klaus Reichert und Hans Wollschläger. Mit Aufzeichnungen von Georges Borach und einer Betrachtung von Fritz Senn. detebe 20486

Das Erich Kästner Lesebuch
Herausgegeben von Christian Strich
detebe 20515

Das Hugo Loetscher Lesebuch
Herausgegeben von Georg Sütterlin
detebe 21207

Niklaus Meienberg
Heimsuchungen
Ein ausschweifendes Lesebuch. detebe 21355

Das Sean O'Casey Lesebuch
Herausgegeben von Urs Widmer. Mit einem Vorwort von Heinrich Böll und einem Nachwort von Klaus Völker. detebe 21126

Das George Orwell Lesebuch
Essays, Reportagen, Betrachtungen. Herausgegeben und mit einem Nachwort von Fritz Senn. Deutsch von Tina Richter.
detebe 20788

Das Ringelnatz Lesebuch
Herausgegeben von Daniel Keel
detebe 21157

Das Georges Simenon Lesebuch
Herausgegeben von Daniel Keel
detebe 20500

Das Tomi Ungerer Bilder- und Lesebuch
Mit Beiträgen von Erich Fromm bis Walther Killy. Zahlreiche Zeichnungen. Chronik und Bibliographie. Herausgegeben von Daniel Keel. detebe 20487

Das Urs Widmer Lesebuch
Herausgegeben von Thomas Bodmer. Vorwort von H. C. Artmann. Nachwort von Hanns Grössel. detebe 20783